"信毅教材大系"编委会

主　　任	卢福财
副 主 任	邓　辉　王秋石　刘子馨
秘 书 长	廖国琼
副秘书长	宋朝阳
编　　委	刘满凤　杨　慧　袁红林　胡宇辰　李春根
	章卫东　吴朝阳　张利国　汪　洋　罗世华
	毛小兵　邹勇文　杨德敏　白耀辉　叶卫华
	尹忠海　包礼祥　郑志强　陈始发
联络秘书	方毅超　刘素卿

信毅教材大系·金融学系列

金融监管理论与案例

Theories and Cases of Financial Supervision

舒海棠 主编

胡少勇 钟小林 副主编

复旦大学出版社

总 序

世界高等教育的起源可以追溯到1088年意大利建立的博洛尼亚大学,它运用社会化组织成批量培养社会所需要的人才,改变了知识、技能主要在师徒间、个体间传授的教育方式,满足了大家获取知识的需要,史称"博洛尼亚传统"。

19世纪初期,德国教育家洪堡提出"教学与研究相统一"和"学术自由"的原则,并指出大学的主要职能是追求真理,学术研究在大学应当具有第一位的重要性,即"洪堡理念",强调大学对学术研究人才的培养。

在洪堡理念广为传播和接受之际,英国教育家纽曼发表了《大学的理想》的著名演说,旗帜鲜明地指出,"从本质上讲,大学是教育的场所","我们不能借口履行大学的使命职责,而把它引向不属于它本身的目标",强调培养人才是大学的唯一职能。纽曼关于"大学的理想"的演说让人们重新审视和思考大学为何而设、为谁而设的问题。

19世纪后期到20世纪初,美国威斯康星大学查尔斯·范海斯校长提出"大学必须为社会发展服务"的办学理念,更加关注大学与社会需求的结合,从而使大学走出了象牙塔。

2011年4月24日,胡锦涛总书记在清华大学百年校庆庆典上指出,高等教育是优秀文化传承的重要载体和思想文化创新的重要源泉,强调要充分发挥大学文化育人和文化传承创新的职能。

总而言之,随着社会的进步与变革,高等教育不断发展,大学的功能不断扩展,但始终都在围绕着人才培养这一大学的根本使命,致力于不断提高人才培养的质量和水平。

对大学而言,优秀人才的培养,离不开一些必要的物质条件保障,但更重要的是高效的执行体系。高效的执行体系应该体现在三个方面:一是科学合理的学科专业结构;二是能洞悉学科前沿的优秀的师资队伍;三是作为知识载体和传播媒介的优秀教材。教材是体现教学内容与教学方法的知识载体,是进行教学的基本工具,也是深化教育教学改革,提高人才培养质量的重要保证。

一本好的教材,要能反映该学科领域的学术水平和科研成就,能引导学生沿着正确的学术方向步入所向往的科学殿堂。因此,加强高校教材建设,对于提高教育质量、稳定教学秩序、实现高等教育人才培养目标起着重要的作用。正是基于这样的考虑,江西财经大学与复旦大学出版社达成共识,准备通过编写出版一套高质量的教材系列,以期进一步锻炼学校教师队伍,提高教师素质和教学水平,最终将学校的学科、师资等优势转化为人才培养优势,提升人才培养质量。为凸显江财特色,我们取校训"信敏廉毅"中一前一尾两个字,将这个系列的教材命名为"信毅教材大系"。

"信毅教材大系"将分期分批出版问世,江西财经大学教师将积极参与这一具有重大意义的学术事业,精益求精地不断提高写作质量,力争将"信毅教材大系"打造成业内有影响力的高端品牌。"信毅教材大系"的出版,得到了复旦大学出版社的大力支持,没有他们的卓越视野和精心组织,就不可能有这套系列教材的问世。作为"信毅教材大系"的合作方和复旦大学出版社的一位多年的合作者,对他们的敬业精神和远见卓识,我感到由衷的钦佩。

王 乔

2012年9月19日

前　言

《金融监管理论与案例》利用现代经济学的研究方法,对金融监管的演变历程、理论、体系、制度,以及对不同类型金融机构的实际应用和具体实施规则、在反洗钱和金融科技等领域的金融监管等进行全面系统的分析与总结。教材内容设计宏微观兼具,侧重于对各类金融机构监管的分析;与时俱进,突出金融科技监管知识前沿,融入思政元素,讲好"中国故事",顺应时代潮流的发展、变化和对金融人才教育的高标准要求。教材的基本目标是让学生更深刻地理解金融监管的理论、制度和基本内容;系统地掌握金融监管的政策制定和实施;了解金融监管国际合作的发展趋势和重要性;加强从宏观角度分析市场经济与金融潜在风险的能力,提高对经济和金融发展规律的认识,增强学生在社会科学方面的素养。此外,通过本课程的学习,为学生进一步学习其他金融专业课程夯实基础。

本教材为2021年江西省高等学校(本科层次)教学改革研究课题"新文科建设背景下OBE导向的课程建设与教改实践探索——以《金融监管》为例"(项目编号JXJG-21-4-13)的阶段性研究成果。本教材是为应用型普通本科院校本科生编写的教材,也可作为研究生和实际工作者的参考用书。教材配备相应的习题库、配套案例、PPT课件等,每章开头设计"本章概要""学习要点""引导案例",章末配有"延伸阅读""本章小结""关键词""复习思考题"等内容。本教材撰写逻辑连贯,章节衔接紧密,内容系统完整,共有12章,不是鸿篇大论,没有冗余,正好适用一学期的课堂教学,让学生全面掌握金融监管知识,并配有专业的教学课时安排建议,经济实用,满足各高等院校教学需要。本教材按内容结构可分为三部分。

第一部分为第一章至第五章,系统地讲述了金融监管的发展历程和理论体系,该部分内容分别为金融监管概述、金融监管发展、金融监管系统、金融监管理论和金融监管体制。"金融监管概述"介绍了金融监管需求与供给、监管博弈、《巴塞尔协议》的监管内容;"金融监管发展"根据金融监管在发展历程中的特点变化,分为逐步形成时期、严格管制时期、注重效率时期和国际合作时期四个阶段;"金融监管系统"讲述了监管目标、监管原则、监管工具、监管体系、监管途径和监管修正;"金融监管理论"基于不同的监管力度对监管理论进行了划分,包括信用管理的金融监管理论、强调约束的金融监管理论、注重效率的金融监管理论、规则引导的金融监管理论、宏观审慎的金融监管理论、金融监管理论的发展趋势;"金融监管体制"从金融监管体制的变迁、集权型金融监管体制、分工型金融监管体制、合作型金融监管体制、中国金融监管体制进行论述。

第二部分为第六章至第十章,围绕金融监管在不同类型金融机构的实际应用和具体规则来展开,在市场准入监管、市场经营监管、跨国经营监管、跨国业务监管、市场退出监管领域,分别对商业银行、证券机构、保险机构、其他金融机构、涉外金融机构的监管规则进行了详细的梳理。其中,"其他金融机构监管"包括对政策性金融机构、信托投资公司、金融租赁公司、金融控股集团、企业集团财务公司、信用合作联合社、汽车金融公司的监管;"涉外金融机构监管"包括境内外资金融机构监管、本国境外金融机构监管、跨国金融机构并购和涉外金融机构风险监管。

第三部分为第十一章和第十二章,结合当前数字经济及金融全球化的时代背景,展示了反洗钱金融监管和金融科技监管的国内实践和国际合作。第十一章"反洗钱金融监管"介绍了洗钱的主要渠道、反洗钱监管制度框架、国际反洗钱联合监管及中国的反洗钱监管;第十二章"金融科技监管"分为全球金融科技发展及其监管的影响、金融科技监管理论概述、金融科技监管的国际发展比较、中国的金融科技监管。该部分从国际化视角展开论述,目的在于增强学生们对新时代下新型金融监管形式和国际合作发展趋势的理解和认识。

本书由舒海棠主编,胡少勇、钟小林副主编。舒海棠、胡少勇及钟小林对全书各章节进行反复仔细审阅和修订,最后由舒海棠统一总纂和定稿。本书作者全部都在一线从事教学工作,并有兄弟院校的老师参与编写,既有从教二三十余年的老教师,也有年富力强的中年老师,又有刚出校门不久的年轻博士,可谓"老、中、青"相结合,充分保证"信毅教材大系"的长久生命力及学术风格的传承。各章编写人员如下:前言、第一章(舒海棠)、第二章(徐驰星);第三章(熊艳);第四章(舒海棠、周闯);第五章(牛子雨);第六章(寿晖);第七章(钟小林);第八章

(胡少勇);第九章(舒海棠);第十章(牛子雨);第十一章(钟小林);第十二章(邓茹莎);陈月明参加了第一章、谷钰琪参加了第四章、钱智强参加了第九章的材料收集与整理。

  本书的出版首先要感谢江西财经大学各级领导、老师的支持,感谢复旦大学出版社的同志们。本书的编写参考了国内外大量相关书籍和资料,谨向这些作者表示谢意。本书也是团队长期教学实践研究的经验总结,在此向所有关心过金融监管课程教学以及提出过建设性意见的老师和同学们表示衷心感谢。

  由于作者水平有限,不足之处在所难免,敬请读者批评指正。

作者

2024 年 6 月

教学建议

一、课程教学要求

（1）强调课程思政教育。在课程教学内容规划与设计上，将中国政治与制度认同、中国文化认同、马克思主义科学方法论运用、培育金融职业志向与操守、社会责任认知与人格养成、遵纪守法等方面的"思政"元素融入各章教学内容中，并通过鲜活的案例，熏陶学生的金融素养和爱国情怀。

（2）注重课程实践性训练。针对知识点结合国内外金融监管实例，提倡情景式教学，侧重培养和提高学生的实践能力，运用基本理论知识分析解决实践中出现的问题，从课堂上着手培养学生的金融从业素养和行业自律性。

（3）采用启发式教学。通过问题导向式教学，在传授本课程的基本概念、原理知识和技能基础上，拓展本学科的前沿知识，并结合布置适量的课后作业，夯实学生的知识基础，提高学生分析问题、解决问题的能力。

二、课时分配

章	节	课时分配
第一章 金融监管概述	第一节　金融监管需求 第二节　金融监管供给 第三节　金融监管博弈 第四节　《巴塞尔协议》的监管内容	3
第二章 金融监管发展	第一节　金融监管的逐步形成时期 第二节　金融监管的严格管制时期 第三节　金融监管的注重效率时期 第四节　金融监管的国际合作时期	3

续表

章	节	课时分配
第三章 金融监管系统	第一节　金融监管的目标 第二节　金融监管的原则 第三节　金融监管的工具 第四节　金融监管的体系 第五节　金融监管的途径 第六节　金融监管的修正	3
第四章 金融监管理论	第一节　信用管理的金融监管理论 第二节　强调约束的金融监管理论 第三节　注重效率的金融监管理论 第四节　规则引导的金融监管理论 第五节　宏观审慎的金融监管理论 第六节　金融监管理论的发展趋势	3
第五章 金融监管体制	第一节　金融监管体制的变迁 第二节　集权型金融监管体制 第三节　分工型金融监管体制 第四节　合作型金融监管体制 第五节　中国金融监管体制	3
第六章 商业银行监管	第一节　商业银行市场准入监管 第二节　商业银行市场经营监管 第三节　商业银行跨国经营监管 第四节　商业银行市场退出监管	3
第七章 证券机构监管	第一节　证券机构市场准入监管 第二节　证券机构市场经营监管 第三节　证券机构跨国业务监管 第四节　证券机构市场退出监管	3
第八章 保险机构监管	第一节　保险机构市场准入监管 第二节　保险机构市场经营监管 第三节　保险机构跨国业务监管 第四节　保险机构市场退出监管	3
第九章 其他金融机构监管	第一节　政策性金融机构监管 第二节　信托投资公司监管 第三节　金融租赁公司监管 第四节　金融控股集团监管 第五节　企业集团财务公司监管 第六节　信用合作联合社监管 第七节　汽车金融公司监管	2
第十章 涉外金融机构监管	第一节　境内外资金融机构监管 第二节　本国境外金融机构监管 第三节　跨国金融机构并购监管 第四节　涉外金融机构风险监管	2

续 表

章	节	课时分配
第十一章 反洗钱金融监管	第一节 洗钱的主要渠道 第二节 反洗钱监管制度框架 第三节 国际反洗钱联合监管 第四节 中国的反洗钱监管	2
第十二章 金融科技监管	第一节 全球金融科技发展及其监管的影响 第二节 金融科技监管理论概述 第三节 金融科技监管的国际发展比较 第四节 中国的金融科技监管	2
合　计		32

目 录

第一章　金融监管概述 …………………………………………… 001
　　本章概要 …………………………………………………………… 001
　　学习要点 …………………………………………………………… 001
　　引导案例 …………………………………………………………… 001
　　第一节　金融监管需求 …………………………………………… 002
　　第二节　金融监管供给 …………………………………………… 006
　　第三节　金融监管博弈 …………………………………………… 009
　　第四节　《巴塞尔协议》的监管内容 …………………………… 017
　　延伸阅读 …………………………………………………………… 019
　　本章小结 …………………………………………………………… 020
　　关键词 ……………………………………………………………… 020
　　复习思考题 ………………………………………………………… 020

第二章　金融监管发展 …………………………………………… 021
　　本章概要 …………………………………………………………… 021
　　学习要点 …………………………………………………………… 021
　　引导案例 …………………………………………………………… 021
　　第一节　金融监管的逐步形成时期 ……………………………… 021
　　第二节　金融监管的严格管制时期 ……………………………… 024
　　第三节　金融监管的注重效率时期 ……………………………… 029
　　第四节　金融监管的国际合作时期 ……………………………… 035
　　延伸阅读 …………………………………………………………… 040
　　本章小结 …………………………………………………………… 041
　　关键词 ……………………………………………………………… 042
　　复习思考题 ………………………………………………………… 042

第三章　金融监管系统 …………………………………………… 043
　　本章概要 …………………………………………………………… 043
　　学习要点 …………………………………………………………… 043
　　引导案例 …………………………………………………………… 043
　　第一节　金融监管的目标 ………………………………………… 044
　　第二节　金融监管的原则 ………………………………………… 046

第三节　金融监管的工具 …………………………………………… 047
　　第四节　金融监管的体系 …………………………………………… 048
　　第五节　金融监管的途径 …………………………………………… 051
　　第六节　金融监管的修正 …………………………………………… 053
　　延伸阅读 ……………………………………………………………… 056
　　本章小结 ……………………………………………………………… 057
　　关键词 ………………………………………………………………… 058
　　复习思考题 …………………………………………………………… 058

第四章　金融监管理论 ………………………………………………… 059
　　本章概要 ……………………………………………………………… 059
　　学习要点 ……………………………………………………………… 059
　　引导案例 ……………………………………………………………… 059
　　第一节　信用管理的金融监管理论 ………………………………… 060
　　第二节　强调约束的金融监管理论 ………………………………… 061
　　第三节　注重效率的金融监管理论 ………………………………… 064
　　第四节　规则引导的金融监管理论 ………………………………… 067
　　第五节　宏观审慎的金融监管理论 ………………………………… 070
　　第六节　金融监管理论的发展趋势 ………………………………… 077
　　延伸阅读 ……………………………………………………………… 078
　　本章小结 ……………………………………………………………… 079
　　关键词 ………………………………………………………………… 080
　　复习思考题 …………………………………………………………… 080

第五章　金融监管体制 ………………………………………………… 081
　　本章概要 ……………………………………………………………… 081
　　学习要点 ……………………………………………………………… 081
　　引导案例 ……………………………………………………………… 081
　　第一节　金融监管体制的变迁 ……………………………………… 082
　　第二节　集权型金融监管体制 ……………………………………… 085
　　第三节　分工型金融监管体制 ……………………………………… 087
　　第四节　合作型金融监管体制 ……………………………………… 092
　　第五节　中国金融监管体制 ………………………………………… 094
　　延伸阅读 ……………………………………………………………… 095
　　本章小结 ……………………………………………………………… 097
　　关键词 ………………………………………………………………… 097
　　复习思考题 …………………………………………………………… 097

第六章　商业银行监管 ······ 098
　　本章概要 ······ 098
　　学习要点 ······ 098
　　引导案例 ······ 098
　　第一节　商业银行市场准入监管 ······ 099
　　第二节　商业银行市场经营监管 ······ 102
　　第三节　商业银行跨国经营监管 ······ 106
　　第四节　商业银行市场退出监管 ······ 109
　　延伸阅读 ······ 114
　　本章小结 ······ 115
　　关键词 ······ 115
　　复习思考题 ······ 115

第七章　证券机构监管 ······ 117
　　本章概要 ······ 117
　　学习要点 ······ 117
　　引导案例 ······ 117
　　第一节　证券机构市场准入监管 ······ 117
　　第二节　证券机构市场经营监管 ······ 121
　　第三节　证券机构跨国业务监管 ······ 124
　　第四节　证券机构市场退出监管 ······ 129
　　延伸阅读 ······ 132
　　本章小结 ······ 133
　　关键词 ······ 134
　　复习思考题 ······ 134

第八章　保险机构监管 ······ 136
　　本章概要 ······ 136
　　学习要点 ······ 136
　　引导案例 ······ 136
　　第一节　保险机构市场准入监管 ······ 137
　　第二节　保险机构市场经营监管 ······ 147
　　第三节　保险机构跨国业务监管 ······ 152
　　第四节　保险机构市场退出监管 ······ 155
　　延伸阅读 ······ 159
　　本章小结 ······ 160
　　关键词 ······ 161

复习思考题 ·· 161

第九章　其他金融机构监管 ·· 163
　　本章概要 ·· 163
　　学习要点 ·· 163
　　引导案例 ·· 163
　　第一节　政策性金融机构监管 ·· 164
　　第二节　信托投资公司监管 ·· 172
　　第三节　金融租赁公司监管 ·· 176
　　第四节　金融控股集团监管 ·· 179
　　第五节　企业集团财务公司监管 ·· 183
　　第六节　信用合作联合社监管 ·· 186
　　第七节　汽车金融公司监管 ·· 188
　　延伸阅读 ·· 191
　　本章小结 ·· 192
　　关键词 ·· 193
　　复习思考题 ·· 193

第十章　涉外金融机构监管 ·· 194
　　本章概要 ·· 194
　　学习要点 ·· 194
　　引导案例 ·· 194
　　第一节　境内外资金融机构监管 ·· 194
　　第二节　本国境外金融机构监管 ·· 200
　　第三节　跨国金融机构并购监管 ·· 203
　　第四节　涉外金融机构风险监管 ·· 206
　　延伸阅读 ·· 209
　　本章小结 ·· 211
　　关键词 ·· 211
　　复习思考题 ·· 211

第十一章　反洗钱金融监管 ·· 212
　　本章概要 ·· 212
　　学习要点 ·· 212
　　引导案例 ·· 212
　　第一节　洗钱的主要渠道 ·· 212
　　第二节　反洗钱监管制度框架 ·· 218

第三节　国际反洗钱联合监管 ·················· 220
　　第四节　中国的反洗钱监管 ······················ 225
　　延伸阅读 ··· 230
　　本章小结 ··· 232
　　关键词 ·· 232
　　复习思考题 ·· 232

第十二章　金融科技监管 ······························ 234
　　本章概要 ··· 234
　　学习要点 ··· 234
　　引导案例 ··· 234
　　第一节　全球金融科技发展及其监管的影响 ········ 235
　　第二节　金融科技监管理论概述 ·················· 239
　　第三节　金融科技监管的国际发展比较 ········· 242
　　第四节　中国的金融科技监管 ···················· 244
　　延伸阅读 ··· 245
　　本章小结 ··· 246
　　关键词 ·· 246
　　复习思考题 ·· 246

参考文献 ·· 247

第一章 金融监管概述

本章概要

本章主要介绍金融监管的一般内容,包括金融监管需求、金融监管供给、金融监管博弈、巴塞尔协议的监管内容。

学习要点

本章重点学习金融监管需求的构成、金融监管供给主体、金融监管博弈分类及模型分析、巴塞尔协议的变化与主要监管内容。

引导案例

金融监管的早期发展与银行业密切相关,最早的银行大约出现在12世纪,主要功能是货币兑换。此后的数百年间逐渐发展出其他的功能,随着银行在商业交易中发挥的作用日益扩大,风险也日益引起了人们的重视,政府逐渐开始重视银行的行为。早在1374年,意大利商业中心城市的政府,就禁止银行从事某些投机生意,甚至银行的其他投资也不能超过它们在政府债券上投资的一半。英格兰银行于1694年根据英王特许建立,被认为是中央银行的起源,它在建立之初不仅经营一般商业银行业务,而且还拥有一些特权,如不超过资本总额的钞票发行权、对政府财政排他性的管理权、对政府贷款的权利。英格兰银行自创立以来一直兼具政府的银行和债务人的属性。英国国会于1833年通过了一项法案,将英格兰银行所发银行券定为国内唯一法偿货币;1844年颁布银行特许法,使英格兰银行成为全球第一家中央银行,该特许法明确规定了两项具有监管性质的措施,即阻止银行在没有增加黄金储备的情况下增发货币的措施和要求银行对它的货币发行情况用分开的平衡表单独统计发布。1847年、1857年、1866年,英国金融界经历了3次挤兑风潮与货币危机,使理论界意识到银行体系具有内部不稳定性,因此必须要有一个建立在安全性基础上的"最后贷款人"组织来保护金融中介系统的稳定性,并提供灵活的货币供给来保护债权人。不管市场条件和债务人债务状况如何,这个承担"最后贷款人"职能的无私利动机的机构都能保证兑换得以履行,从而消除了资产的违约风险。为应对严重的经济危机,英格兰银行开始使用两个工具来调整银行的现金流,一是对需要资金的银行进行贷款,二是调节贷款利率。这就确立了英格兰银行最后贷款人和利率决定者的地位。"最后贷款人"制度虽不能完全被视为金融监管,但是它却为中央银行的监管种下了种子。

第一节 金融监管需求

金融监管即金融监督与金融管理两者的总称,从广义上讲,金融监管是指一国或地区中央银行以及其他金融监管当局根据法律对金融业所进行的监督与管理,从狭义上讲,金融监管又包括同业自律性协会的监管和金融机构内部监管。金融监管旨在保护存款人利益,促进和保证金融体系以及其中微观机体的稳定、效率与安全,确保金融市场的公平竞争、高效稳健运行和一体化发展。简言之,金融监管就是政府通过制定一系列规则,并授权相应的机构来执行这些规则,从而规范参与金融活动的各方的行为。金融监管是在治理金融市场失灵中出现的,而金融市场失灵较其他产业更为严重,因而监管需求也较其他产业更为旺盛。就需求主体而言,主要有金融机构与社会公众两方面,前者是为了取得经营收入求保障,后者是为了减少信息不对称带来的风险。与此相适应,金融监管需求可以划分为经济性需求、预防性需求以及适应性需求三大类。

一、经济性需求

经济性需求是指在既定经济发展与金融环境中,金融机构为了保持自身垄断地位,希望监管部门在市场的准入条件以及金融机构的业务经营范围等方面进行制度安排。业务经营范围监管就是监管部门对金融机构性质、业务范围等作出严格规定,以此为依据对金融机构业务经营活动实施合规性的监督与管理。金融机构市场准入是指金融机构经合法批准设立并获得合法主体资格并能以其名义开展金融活动。市场准入监管是指金融监管机关对金融机构经营资格及能力在法律上予以审查。市场准入之所以成了金融监管的第一要义,是由于金融机构生存的结构和布局、发展的量和质、资本经营的容量和层次、特定业务范围的改变等等,在不同程度上直接影响着整个金融业甚至国民经济的平稳和发展。

金融机构在市场准入、业务经营范围等方面的监管需求主要体现在两个方面:一方面为了未雨绸缪、防患未然,把质量差、可能出问题而危害存款人利益和金融业秩序的金融机构挡在市场之外;另一方面是金融机构需要与经营发展相适应的市场秩序,在保持适当数量的前提下,其布局应适应经济发展需要,营造公平竞争的良好环境,避免过度集中、垄断经营或极度分散无序竞争等不利因素。良好的市场秩序为行业发展提供了前提条件,金融监管从健全相关法律法规方面对金融市场秩序加以规范,使得监管工作严格依法办事,从采取打击违法违规方面促进市场主体规范运行,金融监管可以为金融机构的运行提供良好的发展土壤。

二、预防性需求

预防性需求指为防范金融风险、维护金融体系稳定与金融业有序运行而形成的监管需求。市场经济中,利润是微观金融组织机构运作的最根本目标,而这种追求利益最大化的运作方式在不受约束的情况下易盲目向具有较高风险与较高回报的行业进行资产扩张,其后果是使资产组合结构恶化,经营风险加大,甚至引发市场调节失效与金融危机。这客观上要求有市场调节以外的以社会公共利益为代表的政府对其实施有效的监督管理,营造良性竞争、稳定运转的金融秩序与金融环境。

(一)金融市场信息不对称

在现实经济生活中,交易双方在信息掌握度方面存在差异,不对称的信息在交易发生前后会分别导致逆向选择和道德风险问题。金融市场发生这种情况会降低市场效率,而金融监管是预防此类金融风险的重要手段。

1. 逆向选择

逆向选择是由于事前信息不对称造成的"劣币驱逐良币"现象,即当市场交易中一方掌握了比另一方更多的信息而获益,另一方却遭受损失时,处于信息劣势地位的一方就很难顺利作出买卖决策,因而价格也就会发生扭曲,失去平衡供求和促成成交的功能,继而引起市场效率下降。在信贷市场上,逆向选择发生在金融机构与借款人之间,借款人为达到贷款目的可能会隐瞒真实经营信息或进行信息造假,而金融机构作为理性的货币经营者,往往选择提高贷款利率以防止过多的呆坏账,较高的贷款利率会导致那些资信较好本来愿意贷款的客户放弃贷款,而那些愿意冒风险却没有固定偿债能力的客户,却往往通过各种渠道获得了银行的款项。银行出于信贷信息的不确定性,会进一步地提高贷款利率以降低风险,甚至"惜贷"而放弃信贷交易,如此一来,越来越多的良性客户无法在借贷市场上获得贷款。为防范逆向选择风险,一方面需要加强金融机构内部监管,以确保每一笔贷款业务的公平和公正,另一方面金融监管相关部门需要对金融机构进行适当的窗口指导、行政干预、整风行动。

2. 道德风险

道德风险是由于事后信息不对称带来的"损人利己"行为,即市场交易的一方享有自己行为的收益,而将成本转嫁给掌握信息较少的另一方,从而造成他人损失。在信贷市场上,一些企业可能会利用信息优势,如利用金融机构无法有效地追踪已获得贷款企业的资金流向,而采取一些不利于金融机构收回本息的行为,如为获取高额回报率改变贷款用途,将其用于高风险项目投资。这种行为将风险转嫁给了金融机构,若企业投资失败,用破产、合资等方式逃脱债务,金融机构将产生大量的不良贷款,无法按期收回本息,若企业投资成功,金融机构收取的本息却不会随之增加。监管是规避道德风险的治本之策,银行需增强对贷后资金的监控,要求信贷员随时注意企业资金运用和经营管理等情况,并形成完善的考核管理机制。

(二)外部性问题

1. 系统失灵的外部性

与其他行业不同,银行最为显著的运营特征就是高负债运营,这一特征使得银行运营存在着固有的不稳定,银行的经营主要取决于大众对银行的信任度。当银行系统整体出现风险时,银行系统的"储蓄蓄水池"如同"木桶"一样,它所能承受的"水量",也就是储蓄额,是由"木桶"中最短的那块"木板"来决定的。所以,当社会公众发现某家银行流动性清偿能力或者(和)资本清偿能力降低后,债权人将对整个银行系统丧失基本信心,因为"蝴蝶效应"会波及其他正常银行,那些与问题银行有过业务往来的银行也会受到不利影响,容易产生挤提存款和抛售有价证券等金融恐慌情况,从而产生挤兑。所以一定要规范银行的经营活动,只有确保银行体系的稳健运行,才能够维护大众对于银行的信任度,进而确保国民经济的良性发展。

2. 金融风险的传染性

与其他行业相比，金融业更加容易出现系统性不稳定。由于金融体系中各金融机构以信用链相互依存，债权债务联系紧密且复杂，当某一金融机构出了问题以致无法维持正常流动性头寸时，整个信用可能会发生"断裂"现象，金融资产的虚拟性更是会加剧该问题，导致银行问题演变成全社会经济危机，金融体系与实体经济无法承受金融机构无序倒闭的代价。所以对金融机构经营行为的监管就显得更加有必要了，金融监管部门可通过对这些风险进行量化，以界定它们属于某一类风险，并且制定出控制措施来防止金融风险的再次出现。

（三）金融市场的不完全性

自由资本主义相信市场具有自我调节的功能，认为市场有一双看不见的手，市场自我调控功能要比政府"有形之手"更有优势，因此自由资本主义认为社会经济应该让市场来自主调控，不认同政府采取措施干预市场的行为。而现实经济生活中金融市场具有负外部性、信息不对称和价格黏性等特点，因此金融市场并非完全自由竞争，单靠市场机制自身很难从根本上化解金融风险。由于金融机构作为金融创新的主体，其思考问题时更多是从微观利益角度出发，即从金融机构本身利益出发，缺乏对宏观利益的全面考虑，因此在追求自身利益最大化的过程中，常常会采取一些规避监管等违规冒险行为，而在避免增加经营成本的前提下，也更易忽略操作程序上的调控和监督，进而影响金融机构风险防控能力的发挥。因此，需要在政府的帮助下通过执行法令和政策等监管方式来克服市场缺陷，从而避免发生市场失效的情况。

三、适应性需求

适应性需求是指为适应经济金融环境的复杂变化而促使对金融监管制度进行局部调整的需求。金融业混业经营趋势、金融创新、金融自由化等可能会导致既有的金融监管体系不能适应市场发展的趋势，这就需要新的金融监管体系的改革。

（一）金融业混业经营趋势对金融监管产生适应性需求

随着金融业混业经营趋势的逐步显现，各国金融模式也发生了一定程度的转变，为了顺应金融一体化的发展趋势，全球很多国家都开始改革以往的多元化监管体制，设立单一监管机构，例如英国、日本等。我国目前仍然采用传统的兼容监管机制，这种机制已经无法满足社会发展和需求。

金融机构实行混业经营，一方面有助于减少自身风险，另一方面也能够促进金融机构之间的竞争，从而更好地为实体经济提供服务。随着我国金融改革不断深化，商业银行也逐渐开始了混业经营，并取得一定成效。在金融机构混业经营的浪潮中，分业监管模式的实施可能会导致监管漏洞的出现。在混业经营模式下，银行和保险机构可以通过将资产证券化来开展证券业务。证券业务由证监会负责，而分业监管则以牌照管制为基础。因此，证监会无法对银行和保险机构实施监管。但是，由于证券业务又由证监会负责，银保监会（金融监管总局）不介入监管，这将导致监管上的空白。另外，在金融脱媒背景下，银行、保险公司、证券公司、信托投资公司等都纷纷涉足证券领域，这使得证券业务的发展成为一种趋势，也给金融监管带来新的挑战。以2015年6月我国股市危机为例，场外配资业务的过度依赖导致了大量的金融风险，除了证券公司和基金公司的介入，信托公司、银行和一些民间金融公司也参与其中,然而证监会却难以有效监管这些机构,造成监管缺位,金融风险加重。

为了适应金融环境的改变,金融监管体系进行了调整,2017年设立国务院金融稳定发展委员会,2018年银监会与保监会合并设立银保监会,从传统"一行三会"向"一委一行两会"发生转变。但伴随着中国金融业混业经营趋势日益明显、各类金融机构业务多元化程度显著增加、行业间边界渐趋模糊等诸多问题,现行监管体制在此背景下仍然呈现出一些不和谐、不适应等问题,从而对现行金融监管体系形成适应性需求。为了保证金融市场稳定和降低金融风险,金融监管体制必须做出适应性变革,才能应对金融混业经营的发展趋势,从而促进我国金融业的稳健发展并提高我国金融业整体应对风险的能力。

（二）金融创新挑战对金融监管产生适应性需求

近年来,金融科技的高速发展推动了金融创新活动的深入发展,金融创新对金融业所产生的影响使得整个金融业面貌焕然一新,金融创新在社会生产、社会生活等方面发挥着越来越重要的作用,但与此同时也对传统金融监管体制造成了诸多困境。由于监管技术手段通常建立在以往的经验与模式上,导致金融创新与金融监管常常会出现冲突,增加了金融风险发生的概率,由此对金融监管产生了适应性需求。

近年来,云计算、大数据以及区块链等新兴技术向金融核心业务层渗透,产生了许多新的金融风险,这些新型风险伴随着技术扩散的规模效应,且不受物理空间限制,更容易在短时间聚集蔓延,从而形成系统性风险,继而危及全国金融安全与社会稳定,而P2P网络融资恰好是其前车之鉴。对监管部门而言,算法与数据运用不透明导致难以通过传统监管手段控制风险,从而产生"一管就死、一放就乱"囚徒困境。

从实际情况来看,金融创新对金融业的长期发展具有重要的促进作用,但金融发展引发的金融创新也离不开金融监管对金融创新的制约与调节。所以,对于金融创新进行规制,不能搞"一刀切",监管的方式和措施应包容审慎,而这又赖于方法论的变革以改进监管手段。科学的监管模式不仅可以激励金融机构借助互联网开展金融创新,更能够为实体经济提供更加优质的服务,还可以避免虚假金融创新损害市场的有效运行和投资者权益。

（三）金融自由化对金融监管产生适应性需求

金融自由化就是一国在相对完善的市场机制中放宽或取消部分本国金融管制法律。金融自由化理论认为金融自由化促进了金融发展,推动了经济增长。从20世纪80年代起,很多国家都开始进行金融自由化改革,金融自由化进程有赖于健全的金融监管体系,而监管体系的职能强弱又会决定经济结构及监管机构能力的高低,金融监管体制的调整和发展是金融自由化和金融监管两方对立统一体间矛盾运动的过程。

发展中国家推行金融自由化改革政策是为了促进经济增长和消除金融抑制,但是一些发展中国家在推行金融自由化时发生了比较严重的金融危机,而且给经济发展带来了很大的负面影响。由此可见,金融自由化改革是要有一定前提的,若是条件未成熟,贸然推动金融自由化就会对经济金融带来严重的负面影响。金融监管则是金融自由化得以推行的重要前提之一,这是因为即便是运行良好的经济体,若金融市场高效运行所需要的制度与监管出现缺陷,也很难抑制金融中介的不法行为,进而埋下了系统性金融风险的祸根。另外,金融自由化速度过快还会造成金融监管不力,会给经济增长带来严重负面影响。所谓"有备无患",所以发展中国家如果想要进行金融自由化改革就需要建立一个强大的金融监管体系来对金融系统进行谨慎监管。

第二节 金融监管供给

金融监管供给是指政府以实现金融稳定和金融发展为目的,通过金融监管机构对金融交易行为主体进行的某种限制或规定。自 2018 年 3 月以来,我国的金融监管体制呈现出"一委一行两会+地方金融监管局"的格局。2023 年 5 月 18 日,我国银保监会退出历史舞台,在银保监会的基础上成立国家金融监督管理总局(以下简称"金融监管总局"),金融监管供给也呈现出了与新时代相适应的新局面。此次变革是为了解决金融领域长期存在的突出矛盾和问题,金融体系长期存在负外部性、信息不对称等问题,而且近年来金融领域出现了结构性变化,金融控股集团的出现,使混业经营与分业监管不相适应,金融创新的层出不穷、新型金融市场的形成、金融机构之间逐渐模糊的业务界限等现象,这些都对原先传统的金融监管机构的监管范围和职责划分产生了冲击,导致一些出现了监管真空、重复监管、监管效率不高等突出矛盾和问题。

一、国家金融监督管理总局

国家金融监督管理总局(简称"金融监管总局"),是在中国银行保险监督管理委员会基础上组建的国务院直属机构。为构建具有中国特色的金融监管体系,立足中国实际,2023 年 3 月,中共中央、国务院印发了《党和国家机构改革方案》。决定在中国银行保险监督管理委员会基础上组建国家金融监督管理总局,不再保留中国银行保险监督管理委员会。金融监管总局的揭牌,正式标志着我国金融监管形成新格局,金融监管进一步完善,将有效缓释我国综合经营和分业监管的制度性错配。

我国始终是以实体经济为主,方针政策上遵循着金融要扶持实体经济的核心思路,因而金融监管体系完善以后,有助于控制金融风险,防止各种金融爆雷的出现。当前,金融监管总局的主要职责包括两大部分:一是依法将各类金融活动全部纳入监管,统一负责除证券业之外的金融业监管,将中国人民银行对金融控股公司等金融集团的日常监管职责划入金融监管总局,具体监管职责上,要强化机构监管、行为监管、功能监管、穿透式监管、持续监管,我国传统金融监管存在盲区,而此次机构变革,把所有的合法金融行为和非法金融行为都纳入监管,让未来新出现的金融机构和金融业务都难逃监管,有助于形成全覆盖、全流程、全行为的金融监管体系;二是统筹负责金融消费者权益保护,金融消费者保护过去由三家负责,即央行、银保监会、证监会,现在由金融监管总局一家统一管理,根据改革方案,中国人民银行有关金融消费者保护职责,以及中国证监会的投资者保护职责划入国家金融监督管理总局,由其统筹负责金融消费者权益保护,此前"一行两会"均设立了消费者或投资者保护机构,金融领域的消保工作分散在不同监管部门,此次变革有助于强化行为监管的标准统一并提高监管效率,也将大大减少因不同标准而产生的合规成本和风险,也有助于提升消费者的金融体验,进而提振我国内需和消费。

二、中国人民银行

中国人民银行是我国中央银行,此次金融监管机构变革,央行剥离了微观审慎监管的职能,专注于货币政策与宏观审慎监管。央行不再行使金融机构监管职能,只负责业务监管和监控,央行也不负责金融消费者保护职能,央行保留维持金融稳定的职能,即"最后贷款人"功能,这个功能是无法替代的。在国务院的领导下,中国人民银行依法独立执行货币政策,致力于防范和化解金融风险,维护金融稳定,人民银行与其他商业银行区别之一是不受地方政府、社会团体和个人的干预,这体现了其作为中央银行的独立性。

中央银行金融监管供给的主要内容包括五个部分:一是制定相关的金融政策和法规,作为规范金融活动和进行监管的政策执行依据,《中国人民银行法》中明确规定了"中国人民银行在国务院领导下,制定和执行货币政策,防范和化解金融风险,维护金融稳定"。二是按照法律规定,对商业银行和其他金融机构的业务进行监管,如支付、征信、反洗钱、外汇等,对商业银行分支机构实行统一管理,对于商业银行和其他金融机构的经营活动,实施监管以确保其合法合规,通过稽核部门对各金融机构业务经营行为实施检查和评价,督促其提高经营管理水平,促进各项金融业务健康发展。三是管理信贷、资金、外汇、黄金、证券等金融市场,包括利率、汇率。四是监督检查商业银行和其他金融机构的清偿能力、资产负债结构、准备金情况。五是督促商业银行和其他金融机构在遵守法律法规的前提下,积极推进业务活动,确保经营稳健有序。

三、中国证券监督管理委员会

随着改革开放的推进,我国证券市场的蓬勃发展,迫切需要建立专门的监管机构,以对证券业金融机构、发行证券的公司等进行有效监管。1992年10月中国证券监督管理委员会(以下简称"证监会")成立,依照法律、法规和国务院授权,该机构负责对全国证券期货市场进行统一监督管理,以维护证券期货市场的秩序和保障其合法运行。过去企业类债券发行审批由三部门负责,银行间交易商协会负责监管短期融资券、中期票据等,证监会负责公司债,发改委负责企业债,为了健全资本市场功能,本次金融监管改革将国家发展和改革委员会的企业债券发行审核职责划入证监会,由证监会统一负责公司(企业)债券发行审核工作。这项变化有利于贯彻落实《证券法》,推动建立集中统一的债券市场监管架构。

证监会在金融监管供给方面的主要职责包括:①研究制定证券期货市场方针政策与发展规划。草拟证券期货市场相关法律、法规并提出拟订、修改意见。拟订证券期货市场监管相关法规、细则、办法。②垂直领导国家证券期货监管机构集中统一监管证券期货市场。对相关证券公司领导班子及领导成员进行管理。③对股票、可转换债券和证券公司债券,以及国务院规定由证监会管理的债券,包括证券发行、挂牌、买卖、托管、结算等进行监督;对证券投资基金的活动进行监督;核准企业债券上市;对上市国债、企业债券交易行为进行监督。④对上市公司及其依照法律法规规定须履行相关义务的股东在证券市场上行为进行监督。⑤对境内期货合约挂牌、交易、结算等进行监督;按有关规定对境内机构开展境外期货业务进行监督。⑥管理证券期货交易所;按有关规定对证券期货交易所高管人员进行管理;归口管理证券业和期货业协会工作。⑦监管证券期货经营机构、证券投资基金管理公司、证券登记结算公司、期货结算机构、证券期货投资咨询机构、证券资信评级机构;核准基金托管机构资格,对基金托管业务进行监督;拟订相关机构高级管理人员任职资格管理办法,并监督执行;指导中国证券业和期货业协会对证券期货从业人员的资格管理。⑧监督境内企业向境外直接或者间接发行股票并上市,境外上市公司向境外发行可转换债券的行为;监督国内证券、期货经营机构在国外设立证券、期货机构的行为;监督境外机构在国内设立证券和期货机构,开展证券和期货业务。⑨对证券期货信息发布活动进行监督,管理证券期货市场统计和信息。⑩会同有关部门审批会计师事务所、资产评估机构及其成员从事证券期货中介业务的资格,并监管律师事务所、律师及有资格的会计师事务所、资产评估机构及其成员从事证券期货相关业务的活动。⑪根据法律规定查处证券期货违法行为。⑫归口管理证券、期货行业对外交往与国际合作事宜。⑬国务院委托办理的其他工作。

四、地方金融监管

2017年,地方金融监管局开始设立,目的是切实整合地方政府金融监管资源,发挥好部门间的协同效应,但是发展过程中发现存在一些不足。一是地方金融监管部门存在明显的监管手段缺乏、专业人才不足等问题;二是有必要强化金融管理中央事权;三是必须压实地方金融监管主体责任。基于这些不足,2023年金融监管改革理顺了中央与地方的金融监管体制,建立以中央金融管理部门地方派出机构为主的地方金融监管体制,统筹优化中央金融管理部门地方派出机构设置和力量配备。地方金融监管权限适当集中到金融监管局,也是吸取地方金融风险频繁暴发的教训,如河南村镇银行事件等,避免地方政府对地方金融机构过多干预、不处置爆雷、怕影响形象等行为发生。

地方金融监管的职能发生了变化,地方政府设立的金融监管机构专司监管职责,不再加挂金融工作局、金融办公室等牌子。此外,因为过去地方政府要求地方金融机构为地方经济服务,会出现因业绩动机导致干预过多情况的发生,如买政府债易发生重经济发展轻金融监管,从而导致风险隐患的增大。因此,2023年金融监管改革后,地方政府对控股的金融机构不再有监管责任,仅是控股股东职责,监管责任由地方金融监管局承担。2018年机构改革中,明确了"7+4"类机构监管范围,包括小额贷款公司、融资担保公司、区域性股权市场、典当行、融资租赁公司、商业保理公司、地方资产管理公司七类金融机构,以及辖区内的投资公司、农民专业合作社、社会众筹机构、地方各类交易所。

2023年金融监管改革明晰了中央与地方金融监管分权的争议,着重强调金融监管的中央事权。通过提升中央金融管理部门派出机构设施和力量配备,提升金融监管权威性。地方政府将更加难以影响金融资源统筹和金融监管实施,相关金融风险,比如地方政府隐性债务问题,可能得到更好的治理。有利于压实省级政府防范化解隐性债务主体责任,加大存量隐性债务处置力度,优化债务期限结构,降低利息负担,稳步推进地方政府隐性债务和法定债务合并监管,坚决遏制增量、化解存量。

五、金融监管框架的基本特点

为了防范金融体系的风险,尤其是系统性风险,以及维持金融体系的稳定,现代金融监管的框架必须要有确定的金融监管最终目标,从而防止金融体系内不合规行为的发生,保护存款者利益,同时要尽可能降低监管成本,尽可能提高金融监管效率,此外,还要明确金融监管机构的职责,这样才能避免出现监管漏洞,实现金融监管的有效性。

(一)现代金融监管框架的基本特点

现代金融监管框架的基本特点主要体现在三个方面。一是先进性,先进性体现在金融监管的科学性、创新性、前瞻性、战略性,监管着眼于长期,不断适应金融行业环境的变化,在变化的环境中始终能够保持有效监管,在监管制度设计和结构安排上,充分考虑到未来环境变化和监管体制的适应性问题。二是有效性,有效性体现在实施金融监管的效率,金融监管体制安排能够使金融监管当局以最低成本实现既定的监管目标,通过利用现代科技达到金融监管降本增效的目标。三是灵活性,金融监管必须具有弹性,充分考虑各种因素,包括有效监管的反向激励因素、不同监管机构及不同国家监管制度的竞争因素、被监管者的监管套利因素等,使金融监管制度在变化的环境中能够自我调整、自我适应,既不会出现监管松懈及对有问题金融机构的过度宽容,又可以避免不计成本的严厉管制带来的各种副作用,如避免监管过严导致抑制了金融行业的创新与发展。

(二)中国式现代金融监管特点

各国经济发展尤其是金融发展的阶段、金融体系的规模与结构、金融管理能力与水平等各不相同,因此,一个能够放之四海而皆准的"最优金融监管框架"并不存在。中国式现代金融监管,既有金融监管的一般特点、各国金融监管的共同特征,更有基于自己国情的中国特色。一是政治性,我国金融监管坚持党对金融工作的全面领导。二是人民性,强化金融监督管理以满足人民群众多样化的金融服务需求,切实保护金融消费者、投资者的权益。三是数字技术赋能,当前我国金融监管相对于传统的金融监管,数字技术在金融监管中的作用愈发凸显,数字技术与金融监管更加深度地融合、渗透。在监管科技方面,以互联网、移动计算、人工智能为代表的数字技术所具有的信息联通、覆盖面广、智能高效、边际成本低等特点,高度契合金融监管在解决信息不对称、扩大监管覆盖面、提高监管效率、降低监管成本、有效监管风险等方面的诉求,可以更有效地支持、支撑金融监督和管理。

第三节 金融监管博弈

在金融自由化和金融全球化进程不断深化的背景下,无论是各经济体内部的金融系统还是全球金融体系,在技术进步和金融体系本身创新等因素的推动下,都发生了纷繁复杂的变化。传统的金融监管体制正面临着一些新的挑战,这些挑战的应对过程,实际上就是一个在不断调整的规则系统支配下的长期博弈过程。

一、金融监管博弈定义

金融监管中监管主体依法授权对监管客体实施监督管理,监管客体依法接受监管主体的监管。监管主体和监管客体都以理性为前提,实施监管和接受监管都按照最大化效用原则行事,但效用最大化都受到一定程度条件的约束,彼此必须根据对方的策略选择为前提做出自身的策略选择,形成一种博弈。金融监管博弈是指运用博弈论的思想来对金融监管进行分析,博弈行为分析的目的在于说明各个行为主体如何在缺乏其决策后果的充分信息的条件下做出合理的策略选择,通过建立博弈模型,分析监管主体和监管客体的利益博弈,探讨分析金融监管手段的有效性,并提出相关加强金融监管、化解金融风险的政策建议,为监管者提供最优的监管策略。

二、金融监管博弈分类

利益冲突是产生博弈关系的根源,金融监管实践中存在着多种博弈关系需要协调,主要有以下六种。

一是金融监管和金融创新之间的博弈。金融创新增强了金融机构的竞争能力,但由此带来的金融风险却不能用市场机制来消除,需要对金融监管做出调整。金融监管不仅需要提高金融效率,更需要维护金融安全,在博弈的相互作用下,监管和创新共同促进了金融业发展。

二是分业经营和混业经营之间的博弈。混业经营模式虽然提高了金融效率,降低了交易成本,但也使监管成本及内部成本上升,因此一国金融业在考虑成本与收益的前提下,对于分业经营或混业经营的选择意味着在安全和效率之间做出抉择。

三是机构型监管和功能型监管之间的博弈。功能型监管注重金融体系基本功能的发挥,跨产品、跨机构、跨市场地实施监管可以克服由多个监管机构带来的重复监管以及监管空白等问题的产生,但金融创新产品的不断涌现所增加新的金融功能,要求金融监管机构对监管体制不断进行调整。

四是中央银行和其他监管机构之间的博弈。监管主体因个性差异,监管各方出于各自利益考虑往往对联合监管采取消极态度或不合作策略,这时将导致单方面采取合作策略的参与主体收益减少,因此在两者博弈的相互作用下,容易使得金融监管最终陷入"囚徒困境"①低水平均衡状态。

五是金融监管者和反腐机构之间的博弈。金融监管者在正当合规履行其职责进行监管时,将丧失一切有形和无形的腐败收益,而腐败能否产生取决于反腐机构查处金融案件的可能性程度和金融监管者对腐败收益的预期。

六是监管机构和金融机构之间的博弈。当金融机构认为违规经营被监管机构检测到的概率非常小,且不能对另一方的行为进行精确预测时,违规经营即为最优决策。监管机构的严格监管不仅使监管成本增加,还会增加金融机构寻租行为,追求安全稳健的监管机构与追求利润最大化的金融机构构成了相互作用的一对博弈主体。

三、金融监管博弈模型分析

通常情况下,成熟市场经济的国家金融监管存在多种途径,包括监管部门的外部监管、

---

① 囚徒困境是指两个被捕的囚徒之间的一种特殊博弈,说明即使合作对双方都有利时,保持合作也是困难的。囚徒困境是博弈论的非零和博弈中具代表性的例子,反映个人最佳选择并非团体最佳选择。

金融机构内部控制、行业协会自律管理和社会力量公开监督。其中监管部门外部监管在监管中起到了关键作用,而其他的监管方式在外部监管中发挥了推动作用。为了突出文章重点进行分析,本书金融监管博弈模型在构建过程中会注重监管部门外部监管问题,同时也充分考虑了其他监管方式对其的影响。由于监管部门外部监管根据实施阶段划分为市场准入监管、业务运营监管、危机援助以及市场退出监管等环节,故而下文金融监管博弈模型相应地包括三个子模型。

(一)市场准入监管博弈

1. 博弈模型

市场准入监管就是监管当局通过分析当前经济金融发展与市场需求状况,遵循分业监管与金融机构科学布局、公平竞争相结合的原则,对金融机构设立与变更依法予以核准。为确保各类金融机构在数量、质量、结构和规模等方面与经济金融发展和市场需求相适应,并与监管部门的能力相协调,需要监管当局在金融机构审批环节对其进行严格把关。在此,C 代表监管部门的监管成本,R 代表申请机构合格时的预期收入,R' 代表申请机构不合格时被准入时的预期收入(通常 $R' > R$),A 则代表申请机构不合格时被准入给社会带来的预期损失。通过建立相应的博弈分析模型来确定监管成本最优解,从而得出监管机构应选择的最优策略及相应的监管方案(表1-1)。该模型所对应的监管机构代表政府,其所支付的是社会成本。

表1-1 市场准入监管博弈的战略空间和支付矩阵

监管主体	申请机构	
	合格	不合格
监管	$-C, R$	$-C, 0$
不监管	$0, R$	$-A, R'$

监管部门的战略空间位于表1-1中的左侧,其中包括监管和不监管两个纯战略领域;表中上行是申请机构的战略空间,一个是符合标准的,另一个则是未达到标准的。表1-1中的数据信息是对应的战略组合下各自的支付(效用)。在这个支付矩阵中,我们认为:监管部门的支付取决于自己的战略和金融机构选择的战略,申请机构的支付也一样;只要监管部门实施监管,那么申请机构选择不合格就必定会被发现和禁入。以监管部门不监管、申请机构不合格为例,此时监管部门的支付为社会预期损失 $-A$,申请机构的支付为预期收入 R'。

2. 博弈均衡求解

通过对支付矩阵的分析,我们可以知道:在这个博弈开始时,给定监管部门监管,申请机构的最优战略是合格;给定申请机构合格,监管部门的最优战略是不监管;给定监管部门不监管,申请机构的最优战略是不合格;而给定申请机构不合格,监管部门的最优战略是监管。因此没有一个纯战略组合构成纳什均衡。现在我们来考察这个博弈是否存在混合战略纳什均衡。我们用 α 表示监管部门实施监管的概率,β 表示申请机构选择合格的概率,则监管部门以 $1-\alpha$ 概率不监管,申请机构以 $1-\beta$ 的概率选择不合格。V_g 和 V_f 分别表示监管部门和申请部门的期望效用函数,则有:

$$V_g = \alpha[(-C) \times \beta + (-C) \times (1-\beta)] + (1-\alpha)[0 \times \beta + (-A) \times (1-\beta)]$$
$$= -\alpha C - (1-\alpha)(1-\beta)A$$
$$V_f = \beta[R \times \alpha + R \times (1-\alpha)] + (1-\beta)[0 \times \alpha + R' \times (1-\alpha)]$$
$$= \beta R + (1-\alpha)(1-\beta)R'$$

对上述效用函数分别求微分,得到最优化一阶条件:

$$\frac{\partial V_g}{\partial \alpha} = -C + (1-\beta)A = 0, 则 \beta^* = 1 - \frac{C}{A}$$

$$\frac{\partial V_f}{\partial \beta} = R - (1-\alpha)R' = 0, 则 \alpha^* = 1 - \frac{R}{R'}$$

该博弈模型存在混合战略纳什均衡:$\alpha^* = 1 - \frac{R}{R'}, \beta^* = 1 - \frac{C}{A}$。也就是说监管部门以 α^* 的概率实施监管,金融机构以 β^* 的概率选择合格。这一均衡的另一解释是:如果申请机构合格的概率大于 β^*,监管部门的最优选择是不监管;反之则要监管。如果监管部门实施监管的概率大于 α^*,申请机构的最优选择是合格;反之,则是不合格。由此得出监管部门实施有效监管的概率应为:$\alpha > 1 - \frac{R}{R'}$。

3. 博弈行为解释

通过对该博弈均衡的求解,我们知道该博弈存在混合战略纳什均衡:$\alpha^* = 1 - \frac{R}{R'}$, $\beta^* = 1 - \frac{C}{A}$。在这里,监管部门监管的概率取决于两个因素:申请机构选择合格时的预期收入 R,申请机构不合格而被市场准入的预期收入 R'。在给定合格时的预期收入 R 的情况下,申请机构选择不合格时的预期收入越多则监管部门实施监管的概率越大。这说明在理论上监管部门的监管行为是依据申请机构选择不合格时的预期收入而决定的。在市场准入监管的实际操作中,由于对申请机构不合格时的预期收入值判定较高,并基于不合格金融机构可能导致金融体系不稳定性的考虑,监管部门实施监管的概率实际上为 1。申请机构合格的概率也取决于两个因素:监管部门实施监管的成本 C,申请机构不合格而被准入给社会造成的损失 A。金融监管成本越高,监管部门实施监管的困难越大,申请机构选择合格的概率就越低。申请机构不合格给社会造成的损失越大(隐含 R' 越高),监管部门实施监管的概率越大,金融机构选择合格的可能性就越高。在市场准入监管的实际操作中,由于判定监管部门实施监管的可能性趋于 1,申请机构以 1 的概率选择合格战略。从而,实际操作的均衡战略组合为(监管,合格)。

(二) 业务运营监管博弈

1. 博弈模型

金融机构会在业务运营过程中与监管部门产生博弈互动,金融机构通过审批环节进入到金融市场之后,监管部门还要对金融机构的日常经营进行持续性监管,从而去保障金融机构能够规范经营,有效地降低和防范金融市场风险,也能够倒逼金融机构合规经营。在该博弈模型中,用 C 代表监管部门对金融机构进行持续监管所付出的监管成本,用 R 代表金融机构合规经营所获得的合理收入,用 A 代表金融机构违规经营给社会经济造成的损失,用 R' 代表金融机构因违规业务运营得到的额外收入,用 F 代表金融机构因违规经营被监管部门查处后需要支付的罚款,用 R'' 代表金融机构被监管部门惩罚后的日常经营收入,此时,由于查处导致金融机构声誉下滑,因此 R'' 是小于正常业务收入 R 的。该博弈模型的战略空间和支付矩阵如表 1-2 所示。

表 1-2 业务运营监管博弈的战略空间和支付矩阵

监管主体	金融机构	
	不违规	违规
监管	$-C, R$	$R'+F-A-C, R''-F$
不监管	$0, R$	$-A, R+R'$

从表 1-2 中可见,监管部门有两个纯战略——监管、不监管,金融机构有两个纯战略——不违规和违规。在这个支付矩阵中,我们认为:①监管部门的支付取决于自己的战略和金融机构选择的战略,金融机构的支付也同样;②只要监管部门实施监管,那么金融机构选择违规就必定会被发现和查处。以监管部门实施监管、金融机构违规被查处为例,这时监管部门的支付由监管成本 $-C$、违规造成的公共利益损失 $-A$、剥夺金融机构的违规收入 R' 以及罚款收入 F 组成,金融机构的支付由违规后的收入 R'' 和违规被查处后的罚款 $-F$ 组成。

2. 博弈均衡求解

我们同样可以通过对这个支付矩阵的分析得出结论:没有一个纯战略组合构成这个博弈的纳什均衡。在这个博弈开始时,给定监管部门监管,金融机构选择不违规;给定金融机构不违规,监管部门选择不监管;给定监管部门不监管,金融机构选择违规;给定金融机构违规,监管部门选择实施监管。现在我们来考察这个博弈是否存在混合战略纳什均衡。我们用 α 表示监管部门实施监管的概率,β 表示金融机构违规操作的概率,V_g 和 V_f 分别表示监管部门和金融机构的期望效用函数,则有:

$$V_g = \alpha[(-C) \times (1-\beta) + (R'+F-A-C) \times \beta] + (1-\alpha)[0 \times (1-\beta) + (-A) \times \beta]$$
$$= -A\beta - C\alpha + \alpha\beta(R'+F)$$
$$V_f = \beta[(R''-F) \times \alpha + (R+R') \times (1-\alpha)] + (1-\beta)[R \times \alpha + R \times (1-\alpha)]$$
$$= R + \beta R' + \alpha\beta(R''-F-R-R')$$

对上述效用函数分别求微分,得到最优化一阶条件:

$$\frac{\partial V_g}{\partial \alpha} = -C + \beta(R'+F) = 0, \text{则} \beta^* = \frac{C}{R'+F}$$

$$\frac{\partial V_f}{\partial \beta} = R' + \alpha(R''-F-R-R') = 0, \text{则} \alpha^* = \frac{R'}{R+R'+F-R''}$$

这个博弈模型的混合战略纳什均衡是:$\alpha^* = \frac{R'}{R+R'+F-R''}, \beta^* = \frac{C}{R'+F}$。也就是说监管部门以 α^* 的概率实施监管,金融机构以 β^* 的概率选择违规。这一均衡也可解释为:如果金融机构违规的概率小于 β^*,监管部门的最优选择是不监管;反之则要监管。如果监管部门实施监管的概率小于 α^*,金融机构从事违规行为;反之,则不违规。由此得出监管部门实施有效监管的概率应为:$\alpha > \frac{R'}{R+R'+F-R''}$。

3. 博弈行为解释

通过对该博弈混合战略纳什均衡解 $\alpha^* = \dfrac{R'}{R+R'+F-R''}$、$\beta^* = \dfrac{C}{R'+F}$ 的分析,能够看出在这个博弈过程中,监管部门监管的可能性由三个因素决定,一是金融机构选择违规经营时所获得的额外收入 R',二是金融机构因违规经营受查处需承担的罚款 F,三是金融机构违规经营被监管部门惩罚之后信誉下降而给其带来的经济损失 ΔR($\Delta R = R - R''$)。针对第一个因素,金融机构违反规定获得的收入越多,监管部门进行监管的可能性就越大,这就说明监管部门的监管行为以金融机构违反规定收入为标准进行相机选择,金融机构违规收入越多,表明金融市场秩序越乱,那么监管部门进行监管的可能性就越大。针对第二个因素,监管部门查处违规金融机构的力度越大,金融机构违规经营付出的罚款越高,那么监管部门的监管概率也就越小。针对第三个因素,金融机构因违规经营行为而被查处,声誉下降从而导致的损失越大,则监管部门实施监管的可能性也就越小,这说明行业自律和社会监督力量的介入有助于金融监管工作的开展。

金融机构的违规概率也取决于三个因素,一是监管部门执行监管所需的费用 C,二是金融机构在选择违规行为时所增加的收益 R',三是金融机构因违规行为而被查处的罚金 F。金融监管成本越大,监管部门进行监管的动机越弱,金融机构越易选择违规行为。如果这家金融机构违反规定所获得的额外收入越多,而在调查之后所受处罚越少,那么这家金融机构在这种情形下违反规定的概率也会更大。金融机构违规后被查处的罚款越多,说明违规所受到的惩罚力度越大,那么金融机构的违规行为就越少。由此可见,金融机构违规行为还根据违规受处罚力度大小相机取舍。此外,这里的 ΔR 充分反映了社会力量监督和金融机构行业自律能力。ΔR 在金融机构中的传导机制是 $\Delta R \uparrow \to \alpha^* \downarrow \to C \downarrow \to \beta^* \downarrow$。由此可见,行业自律与社会力量监督共同参与,不但将减少监管部门承担的成本,而且有利于增强金融机构内控能力,从而减少违规经营的可能性,有助于达到低成本高效能的监管目标。

(三) 市场退出监管博弈

1. 博弈模型

市场退出监管,就是指监管部门依据相关法律法规,对于经营不善的金融机构和严重资不抵债的金融机构,或者给予最后贷款援助,或者强行要求金融机构退出市场。市场退出监管的目的是维护金融体系稳定运行,避免金融市场出现动荡,以及有效地保障存款者利益。在构建该模型时,假定全部投资根据风险程度可以划分为高风险与常规风险投资两种类型。其中常规风险投资期望收益设为 R,风险成本设为 C;高风险投资附加收益设为 R',附加风险成本设为 C'。所有投资具有相同的收入均值,用 T 来表示,金融机构失败后不被援助有相同的损失,用 L 来表示;金融机构高风险投资失败之后被施以最后贷款援助而引发的其他金融机构道德风险成本是 C''(通常 $C''>L$)。该博弈的战略空间和支付矩阵如表 1-3 所示。

表 1-3 业务运营监管博弈的战略空间和支付矩阵

监管主体	金融机构	
	高风险投资	常规风险投资
最后贷款援助	$-C''$, $R+R'$	0, R
市场推出惩戒	$-L$, $T-C-C'$	$-L$, $T-C$

从表 1-3 可见，监管部门有两个纯战略：最后贷款援助、市场退出惩戒，金融机构有两个纯战略：高风险投资和常规风险投资。在这个支付矩阵中，我们设定：①金融机构在事先得到最后贷款援助承诺时为风险中性型，其支付唯一取决于投资的预期收入，而在收到市场退出惩戒信号时为风险厌恶型，其支付唯一取决于投资的确定性等价收入，即投资的收入均值减去风险成本；②监管部门在事后实施最后贷款援助时，其支付在金融机构从事高风险投资时为道德风险成本 $-C''$、在金融机构从事常规风险投资时为 0，而在实施市场退出惩戒时，其支付唯一取决于投资失败后的社会损失 $-L$。

2. 博弈均衡求解

通过对这个支付矩阵的分析，我们可以得出结论如下：和前两个博弈模型类似，没有一个纯战略组合构成这个博弈的纳什均衡。当这个博弈开始时，给定监管部门事先提供最后贷款承诺，金融机构选择高风险投资；给定金融机构选择高风险投资，监管部门事后实施市场退出惩戒；而给定监管部门事先发出退出惩戒信号，金融机构选择常规风险投资；给定金融机构选择常规风险投资，监管部门事后实施最后贷款援助。现在我们来考察这个博弈是否存在混合战略纳什均衡。我们用 α 表示监管部门实施最后贷款援助的概率，β 表示金融机构选择高风险投资的概率，V_g 和 V_f 分别表示监管部门和金融机构的期望效用函数，则有：

$$V_g = \alpha[(-C'') \times \beta + 0 \times (1-\beta)] + (1-\alpha)[(-L) \times \beta + (-L) \times (1-\beta)]$$
$$= -\alpha\beta C'' - (1-\alpha)L$$

$$V_f = \beta[(R+R') \times \alpha + (T-C-C') \times (1-\alpha)] + (1-\beta)[R \times \alpha + (T-C) \times (1-\alpha)]$$
$$= \alpha\beta R' + \alpha R - (1-\alpha)\beta C' + (1-\alpha)(T-C)$$

对上述效用函数分别求微分，得到最优化一阶条件：

$$\frac{\partial V_g}{\partial \alpha} = -\beta C'' + L = 0, \text{则 } \beta^* = \frac{L}{C''}$$

$$\frac{\partial V_f}{\partial \beta} = R' \times \alpha + (-C') \times (1-\alpha) = 0, \text{则 } \alpha^* = \frac{C'}{R'+C'}$$

这个博弈模型的混合战略纳什均衡是：$\alpha^* = \frac{C'}{R'+C'}$，$\beta^* = \frac{L}{C''}$。也就是说监管部门以 α^* 的概率实施最后贷款援助，金融机构以 β^* 的概率从事高风险投资。这一均衡也可解释为：如果金融机构从事高风险投资的概率小于 β^*，监管部门的最优选择是实施最后贷款援助，反之则实施市场退出惩戒；如果监管部门实施最后贷款援助的概率小于 α^*，金融机构的最优选择是从事常规风险投资。反之，则不从事常规风险投资。由此得出监管部门实施有效监管的概率应为：$\alpha < \frac{C'}{R'+C'}$。

3. 博弈行为解释

由该博弈混合战略纳什均衡解 $\alpha^* = \frac{C'}{R'+C'}$、$\beta^* = \frac{L}{C''}$，可以看出，在市场退出监管的博弈中，监管部门提供最后贷款援助的可能性由两个因素决定，一是金融机构从事高风险投资的额外收入 R'，二是额外风险成本 C'。金融机构进行高风险投资所获得的额外收益越大，金融机构进行高风险投资时的利益驱动程度越高,监管部门进行最后贷款援助的可能性越小;金融机构进行高风险投资所增加的风险成本越高,金融机构对高风险投资越倾向于回避,监管部门越倾向于进行最后贷款援助。由此可见,监管部门最后贷款援助基于金融机构附加收入与附加风险成本相机抉择。金融机构从事高风险投资的可能性也由两个因素决定,一是金融机构投资失败后不被贷款援助的损失 L,二是高风险投资失败后被施以最后贷款援助诱发的道德风险成本 C''。在给定金融机构投资失败后的损失 L 的情况下,监管部门认定高风险投资失败后被贷款援助诱发的道德风险成本 C'' 越大,监管部门越不愿实施最后贷款援助,相应地,金融机构从事高风险投资的概率也就越低。这说明金融机构从事高风险投资的概率也是根据监管部门认定的高风险投资诱发的道德风险成本而决定的。一般情况下,因为监管部门认定高风险投资会带来更大的道德风险,故而,金融机构多倾向于进行常规风险投资。

(四) 金融监管博弈的政策含义

受外部效应以及信息不对称的影响,金融市场的失灵是难以避免的。因此,以政府为代表的监管部门对于金融行业进行监管,就成为现代金融体系高效运转的重要保证。当监管部门对金融机构进行监管时,监管部门与金融机构是博弈参与双方,双方在所给战略空间及支付矩阵内进行博弈来寻求自身效用最大化。应该看到,监管部门参与监管博弈既是参与主体又是博弈规则制定主体。因此,监管部门有可能通过制定监管博弈规则,在金融效率得到保障的前提下,通过实施有效监管以最大限度地降低金融体系的系统性风险(市场准入和退出时产生)和非系统性风险(业务运营时出现)。基于这一可能,根据前文分析,本文提出以下政策建议,供监管部门借鉴。

在市场准入监管中,为了有效防范与减少金融体系系统性风险,监管部门应对其战略选择进行严格约束,并对每个申请准入机构进行严格审核,保证各金融机构无论从质与量上满足国家经济金融与金融市场稳定要求。

在业务运营监管中,为了减少金融机构违规概率、防范化解金融风险,监管部门应当致力于金融监管信息化推进工作,大力推进金融电子化建设工作,从而降低金融监管成本;建立并完善金融市场交易制度与规则,降低金融机构违规操作获利空间;强化违规金融机构制裁,增加金融机构违规经济成本;培育多渠道全方位金融综合监管制度,促使金融行业强化行业自律,发挥社会力量监管作用,从而达到金融监管低成本高效能。

在市场退出监管时,因实施纯战略监管存在不足,监管部门应该考虑采取相机选择策略。也就是说,当金融机构经营失败时,监管部门应在最后贷款援助与市场退出惩戒策略中做出抉择。前面已经提到,若监管部门对最后贷款援助有严格偏好,则有可能引发金融机构道德风险行为。金融机构依靠监管部门最后贷款援助保险单方面将风险转移给政府及社会公众;若监管部门对市场退出惩戒表现出严格偏好,则监管部门未能起到应有的效果,个别金融机构存在风险会造成金融体系系统性失效。正因为采取了相机选择策略,为金融机构带来了不确定因素,金融机构才会不选择风险更高的纯策略进行投资,而是据此采取混合策略来实现自身效用的最大化。从而最终达到减少金融体系风险和增进社会整体福利。

第四节 《巴塞尔协议》的监管内容

《巴塞尔协议》是巴塞尔银行监管委员会（下简称"巴塞尔委员会"）为了统一银行资本和风险监管标准而制定的全球性文件。经过多年发展，《巴塞尔协议》的三个重要内容包括：最低风险资本要求、资本充足率监管和内部评估过程的市场监管。巴塞尔委员会最初由十个国家的央行和监管部门自愿成立，约定十国自愿遵守巴塞尔委员会制定的一系列银行监管协议。

一、《巴塞尔协议Ⅰ》

第一份巴塞尔协议是在两家著名国际性银行倒闭的背景下出台的。1974年赫斯塔特银行和富兰克林国民银行倒闭，它们的倒闭使得各国开始正视银行监管问题，1974年美国、日本、德国、英国、法国、意大利、加拿大、荷兰等十国集团和瑞士、卢森堡两国在英国的倡议下召开了会议，会议地点位于瑞士的巴塞尔，次年2月巴塞尔委员会正式成立。

1975年9月，正式出台第一份巴塞尔协议——《巴塞尔协议》，它的核心是规定国际合作监督的标准。《巴塞尔协议Ⅰ》按照股权不同对银行类型进行划分，而且以此监督银行的流动性和清偿能力。第一份巴塞尔协议极为简单，不够丰富、完善，为后期巴塞尔协议的修改奠定了基础。其内容主要包括以下几方面：第一，各国监督当局要加强合作，信息共享，增强对海外分支机构的监管，甚至可由东道主代为检查。第二，任何银行都要接受监管，母国和东道国监管当局共同承担监督义务。第三，总行监督国外附属银行的流动性及国外分行的清偿性，东道国则相反，负责监督相对应的流动性和清偿性。至此，第一份巴塞尔协议落下帷幕。

二、《巴塞尔协议Ⅱ》

第一份巴塞尔协议约定的职责略显粗糙，没有对各国权责进行细分，不够具体化。1983年对《巴塞尔协议Ⅰ》进行了修改。修改后的巴塞尔协议——《巴塞尔协议Ⅱ》不仅对监管责任进行了细分，还将范围进一步扩大到全世界。具体监管细则包括以下三部分：第一，母国监管当局需监督国外分行、附属银行的清偿力，还需监督银行集团的流动性和外汇头寸。第二，东道国则负责监督国外附属银行的清偿力、流动性，以及国外分行的资产流动性、外汇和敞口头寸。第三，各合资国分别负责合资银行的清偿力。以母国监督为主，东道国监督为辅。第二个巴塞尔协议虽然进一步细化了各国职责，但监管内容均较抽象，没有具体可行的监管标准。

1988年7月，《关于统一国际银行资本衡量和资本标准的报告》（简称《巴塞尔报告》）出台，巴塞尔协议取得实质性进步。首先，体现在资本的分类；其次，为风险权重的计算标准，此外，包括资本与资产的标准比例和过渡期的实施安排；最后，还包括过渡期和各国自由度的安排。

《巴塞尔协议》认为资本包括核心资本和附属资本，核心资本又称为一级资本，由实收资本、普通股、资本公积、未分配利润、少数股权和盈余公积组成,除实收资本外,其余部分共同构成公开储备。附属资本又叫二级资本、补充资本,包括重估储备、一般储备、可转债等。《巴塞尔协议》规定,银行资本中的核心资本最少占全部资金的50%,附属资本则最多不超过全部资本的50%。《巴塞尔协议》根据资产类型不同,分别赋予不同的风险权重比例,分别为0%、20%、50%、100%四种,风险越大,权重越大。其中,库存现金和在中央银行的存款流动性较大,风险性较低,风险权重比例为最低档0%,而对于托收中的现金、多边发展银行的债权及由其担保的债券等均赋予20%的风险权重,以完全资产担保的房地产或个人零售贷款为50%,私人机构债权则为100%的权重。《巴塞尔协议Ⅰ》建立了资本充足率和银行风险管理的统一标准:所有签约国的资本充足率不低于8%,核心资本充足率不低于4%。对银行的监管由资产管理向风险管理过渡,突出信用风险的重要性。但是《巴塞尔协议Ⅰ》没有考虑到市场风险和操作风险的影响,过分强调资本充足率,对银行的效益性不够重视。

为进一步完善《巴塞尔协议Ⅰ》,1996年以后出台了众多补充协议,如《资本协议关于市场风险的补充规定》《有效银行监管的核心原则》及2004年的新资本协议《巴塞尔协议Ⅱ》。1997年,《有效银行监管的核心原则》提出了全面风险管理的理念,有效的银行监管需遵守以下原则:①适度监管原则。银行监管是以监督风险为主,不能限制银行的盈利能力和创新能力。②市场原则。有效监管是建立在市场调节的基础上,应减少人为干预。③动态监管原则。市场不是一成不变的,监管方式、内容、措施要随市场变化而变化。④补充性原则。市场调节存在一定的局限性,还需政府监管部门作为辅助,促进市场的有效监管,提高市场监管效率,但金融监管不是万能的,不能保证银行不倒闭。《巴塞尔协议Ⅱ》最重要的内容就是它的三大支柱:最低资本要求、监督检查过程及市场约束。对资本定义和最低资本充足率的要求没有变化,而是把风险分为进一步扩展到包括市场风险和操作风险,还提供了更多计算方法,除传统标准法以外,还包括基础内部评级法、在险价值法和高级计量法。监督检查是过程对最低资本要求的补充,监管当局除了要检查银行资本充足率情况,鼓励银行建立高于监管资本比率的资本水平,还要求银行建立一整套完善的内部风险评估机制,

评估和降低银行存在的风险。市场约束更强调银行有效信息的披露,将披露分为核心披露和补充披露,银行有效信息至少每半年披露一次。

三、《巴塞尔协议Ⅲ》

2008年次贷危机的爆发使巴塞尔银行监管委员会意识到《巴塞尔协议Ⅱ》制定的标准尚且不够完善,存在标准偏低和缺失的问题。2010年《巴塞尔协议Ⅲ》出台,对主要内容进行强化,将一级资本充足率下限上调至6%,核心一级资本充足率下限上调至4.5%;为弥补资本充足率的不足,将杠杆率纳入第一支柱,提高资产证券化和表外资产的资本要求,引入流动性指标,如流动性覆盖率、净稳定融资率,加强银行流动性管理。

《巴塞尔协议Ⅲ》对我国银行监管产生巨大影响,《巴塞尔协议Ⅲ》颁布以后,我国对最低风险资本要求也进行了界定,规定核心一级资本、一级资本及总资本充足率分别不低于5%、6%、8%。系统性重要银行的杠杆率要在2013年底达4%的要求,非系统重要银行可在2016年完成。拨备率原则上不低于2.5%,非系统重要银行允许存在一定差异,流动性指标不低于100%,两年缓冲期后执行。

2017年《巴塞尔Ⅲ：后危机改革的最终方案》正式发布，标志《巴塞尔协议Ⅲ》正式确立。

延伸阅读

美国次贷危机与金融监管

21世纪伊始，网络经济泡沫崩溃和"9·11"事件使美国经济陷于低谷。为了挽救经济免于衰退，美国长期实行极度宽松的货币政策。从2001年初至2003年6月，美联储先后13次降低利率，由最高6.5%降至1%，此后整整一年联邦基金利率都维持在1%。这是1958年来的历史最低水平。长期宽松的货币政策环境造就了超强的流动性，并流向房地产市场。受逐利驱动，一些银行和金融机构相继降低了贷款信用的门槛，并推出了新的融资工具，从而推动了多年来房贷市场的持续繁荣。尽管房地产的繁荣在一定程度上抑制了经济的下行趋势，但也不可避免地引发了美国房地产市场泡沫和金融风险的不断膨胀。

在房地产蓬勃发展的时期，创新的主要融资工具包括次级贷款和次级抵押贷款证券化。在我国，次级债是一种新型的金融工具，也被称为次级债证券或信用衍生产品。次贷是一些贷款机构向那些信用程度较低、收入不高的借款人提供的一种贷款形式。次级抵押贷款又分为标准抵押贷款和普通抵押贷款两类。相较于标准抵押贷款，次级抵押贷款对借款人的信用记录和还款能力并无过高要求，然而贷款利率却显著高于一般抵押贷款。由于这种信贷产品具有较低的违约风险，所以，在次贷危机爆发前就已经成为金融机构进行投资的首选对象。因此，次级贷款作为一种典型的高风险、高回报的融资工具，具有不可替代的重要性。

在20世纪，次级贷款主要面向企业客户，成为金融机构贷款的主要对象。随着经济的发展和金融市场竞争加剧，金融机构开始关注那些具有较高信用水平并有良好还款能力的借款人，并将其作为信贷配给的目标之一。然而，在房地产蓬勃发展的时期，为了获得更高的回报，一些金融机构开始降低贷款标准，向那些因信用记录不佳或偿还能力不足而被银行拒绝提供高质量抵押贷款的人提供次级抵押贷款。次级抵押贷款是一种以借款人住房价值为基础，由贷款申请人通过抵押方式取得银行贷款的行为。新的抵押发放方式是以贷款申请人现有住房的升值部分为基础，由金融机构进行发放，借款人无须提供任何证明文件，包括但不限于收入、资产等，甚至忽略其实际偿还能力，即可获得贷款。贷款者只需要向贷款人支付利息，然后将利息转嫁给贷款人，借款方就能从贷出方处获得收益。随着房价的不断攀升，借贷人得以通过新的贷款来偿还旧的贷款，这种循环机制不仅维持了借贷人、金融监管和金融市场之间的资金链，同时也推动了房地产虚假繁荣的进程。在这种情况下，次级贷款便应运而生，它也被称为"抵押"贷款。在美国房地产市场的繁荣和利率较低的时期，次级贷款得以发放，但一旦借款人无法偿还贷款，资金链就会因利率上升或楼价下跌而断裂。由于次级贷款的高杠杆率以及信用评级机构的监管缺失，导致次级贷款危机频频发生。毫无疑问，次级贷款难以抵御由系统性风险所带来的冲击。次级贷款证券化作为一种信用衍生品，能够降低金融风险的传递速度。次级抵押贷款的证券化加剧了风险的传递性和传播性。

次贷证券化将次级贷款的风险扩张至整个金融市场，加剧了金融市场的脆弱性。一旦经济下滑，借贷人无力偿还贷款，资金链的崩溃就会像多米诺骨牌，将危机迅速传播到整个金融市场。

本章小结

1. 金融市场失灵的根源在于信息不对称性、垄断性、外部性、传染性和脆弱性等因素,因此实施金融监管是一种制度安排,旨在克服这些问题,金融市场失灵的严重性滋生了金融机构、社会公众需求主体强烈的监管需求。金融监管需求分为经济性需求、预防性需求和适应性需求三类。

2. 金融监管的需求催生了金融监管供给,金融监管供给即为监管主体制定的监管规则以及实施的监管内容。我国的金融监管供给主要由国家金融监督管理总局、中国人民银行、证监会、地方金融监管提供。

3. 博弈行为分析的目标在于揭示各个行为主体在缺乏充分决策后果信息的情况下,如何做出明智的策略选择,以确保其决策的合理性,金融监管实践中存在着多种博弈关系需要协调,包括金融监管和金融创新、分业经营和混业经营、机构型监管和功能型监管、中央银行和其他监管机构、金融监管者和反腐机构、监管机构和金融机构等监管博弈。外部监管按实施阶段可分为市场准入监管、业务运营监管、市场退出监管三种博弈类型。

4. 随着金融全球化迅猛发展,各种金融风险日趋多样化和复杂化。1988 年 7 月,《巴塞尔协议Ⅰ》从资本和风险资产两方面对银行提出监管要求,确立了国际统一的资本监管框架。20 世纪 90 年代后期,金融衍生品大肆泛滥,银行通过多种渠道规避表外业务监管。为应对不断变化带来的挑战,《巴塞尔协议Ⅱ》出台,构建了以资本充足率、外部监管和市场约束为三大支柱的监管框架。此后的次贷危机演化成为全球金融危机暴露了《巴塞尔协议Ⅱ》的不足。2017 年《巴塞尔Ⅲ:后危机改革的最终方案》正式发布,标志《巴塞尔协议Ⅲ》正式确立。

关键词

金融监管需求　金融监管供给　市场准入监管博弈　业务运营监管博弈　市场退出监管博弈　巴塞尔协议

复习思考题

1. 简要说明金融监管的定义及重要性。
2. 简述金融创新与金融监管之间的博弈关系的形成。

第二章　金融监管发展

本章概要

本章主要介绍全球金融监管发展史，按其特点分为逐步形成时期、严格管制时期、注重效率时期、国际合作时期四个阶段。在内容上，从金融监管产生及变化的时代背景、重大经济危机事件的爆发、代表性国家进行金融监管采取的主要措施、颁布的金融监管法律文件、主张的经济学思想的变化等方面来展开介绍。

学习要点

本章重点学习全球金融监管发展史在不同时代背景下的主要内容、在不同发展阶段主张的经济学思想、诱发金融监管发生重大改革的主要事件，以及颁布的重要法律文件等。

引导案例

美国储贷协会的危机

20世纪70年代，高通胀率和高失业率让美国痛不欲生，加上共同基金的冲击，大批储贷机构出现清偿困难。然而此时的美国并未意识到问题的严重性，以为危机会随着市场经济自由化而得到缓解，当政府开始挽救时却发现为时已晚。1980年联邦政府采取紧缩性货币政策以期控制高通胀现象，然而却导致短期利率飙升，储贷协会发生了系统性清偿危机。1985年，石油价格猛跌导致美国西南部经济严重下滑，储贷协会的大量投资因此石沉大海，到了1986年，美国已存在超过1 400家问题银行，而1982—1992年，平均每年有130家银行破产。1987年，联邦储贷保险公司已无力回天，公开宣布无法履约，储贷协会几乎全面破产。在此次长达十年之久的储贷协会危机中，监管当局受到相关利益集团的束缚而监管不力，使美国付出了惨痛的代价，公众信心也严重下滑。

第一节　金融监管的逐步形成时期

一、金融监管雏形起源于意大利

意大利是世界上资本主义发展最早的国家，也是金融监管的起源地。1252年佛罗伦萨发行的金币弗洛林在整个欧洲通用,佛罗伦萨成为世界上最早的国际金融中心。英文单词"bank"最早是由意大利语"banca"变形而来,在意大利 BANCA 是板凳的意思,这是因为过去在意大利的港口城市,货币兑换商是坐在板凳上进行交易的,由此形成了最早的银行概念。13 世纪末至 14 世纪,意大利的银行如同雨后春笋般不断涌现,1171 年成立的"威尼斯共和国公债经营所"是西方第一家国营贷款取息机构,1580 年此机构发展为"里亚尔布市场银行",成为世界上首个银行,1587 年该银行改名为"威尼斯银行",当时其最主要的功能是帮助商人保管财产。

随着意大利金融市场的繁荣发展,金融监管也应运而生。世界上最早的金融监管可追溯到 1266 年,从那时起威尼斯的金局(Gold Office)每个月都会对银行家和货币兑换商使用的称量仪器进行检查,一个世纪之后,改由银局(Silver Office)每三个月检查一次。从 1270 年开始,威尼斯制定了开设银行的门槛,银行家需要取得合法的营业执照方可经营,并设立了专门的机构提供营业执照,检查银行的担保金额情况以保障银行的稳健运行,同时对银行的破产、清算进行管制,这些最原始的管理办法为后来银行业监管制度的建立奠定了良好的基础。

对于货币领域的监管,政府为禁止伪造和残缺铸币的流通采取了一系列举措。1280 年,在威尼斯政府的强制要求下,该城市的所有商人对绝不使用伪造和残缺的货币进行了保证,同时订立了一项制度,要求货币兑换商将铸币摆在桌面上进行交易以方便政府进行监管,该制度体现了公开、透明的原则。1354 年,政府当局严抓使用伪造及残缺货币的行为,一旦银行被查出使用此类违法货币,则要遭受严重处罚并吊销营业执照。此外,政府当局对银行的营业时间进行了规定,15 世纪的银行每日营业时长不得低于 4 小时。

二、证券市场规则诞生于荷兰

16 世纪的荷兰崭露锋芒成为经济强国,该国首都阿姆斯特丹凭借着先进的城市化水平和发达的工农业一跃而上,发展为当时的世界贸易中心,与此同时金融贸易规则也逐步形成。1609 年,阿姆斯特丹汇兑银行成立,该银行是以威尼斯的利亚托广场银行为参考来建设的,对存款进行担保,且储户可以自由支配自己的账户金额,该银行的运作模式取代了过去货币兑换商和现金保管商的工作。为保持铸币兑换和保管行为井然有序,当地政府规定,凡大于 600 银行盾的票据必须由阿姆斯特丹汇兑银行支付,严防透支行为,该规定增强了各国商人对银行盾的信心。

与此同时,阿姆斯特丹证券市场逐渐形成,这是世界上最早的证券市场。1602 年,世界上首家具有现代股份制公司意义的"荷兰东印度公司"①成立,东印度公司凭借良好的社会信誉,成功收集了大量社会分散资金并转化为企业扩张的资本。1609 年,世界上第一个以股票交易为主的交易所"阿姆斯特丹证券交易所"成立,在维护和管理证券市场秩序的过程中催生了最早的证券市场监管规则。1688 年出版的书籍 *Confusio de Confusiones* 记载了当时阿姆斯特丹证券市场的交易规则,如市场管理者制定了保证金制度,投资者可借钱购买

---

① 荷兰东印度公司是第一个可以自组佣兵、发行货币,也是第一个股份有限公司,并被获准与其他国家订立正式条约,并对该地实行殖民与统治的权力,成立于 1602 年,1799 年解散。

股票,但最低要支付股票价值的20%作为抵押,还制定了远期合约、期权合约、股票转让制度的初始形式。

三、现代银行制度萌生于英国

1694年诞生了世界上首家股份制商业银行——英格兰银行,标志着现代银行制度的确立。英格兰银行设立的实际目的是为英国对法国的战争筹集资金,为英国政府提供低利率的长期贷款。为明确英格兰银行的特许地位,政府规定6人以上的团体不得成立银行,还允许英格兰银行的资本金翻一番。然而1820年爱尔兰和1825年英国发生了严重的金融危机,大量私人银行因稳定性较差和资本金不足而倒闭,彻底转变了政府原有的立场。当时有专家表示由6人以上控股,可以解决银行的稳定性问题,于是政府制定相关法律允许6人以上团体设立股份制银行,《1826年银行券法》规定英格兰银行的银行券只能在伦敦65英里(约104.6千米)以内的地区使用,随后股份制银行迅速发展,改变了英格兰银行独占市场的格局。

英国确立君主立宪制后建立了现代政府财政体系,在此背景下发生的金融革命和股份制公司的发展迅速扩大了伦敦证券市场的规模。伦敦证券市场在引进阿姆斯特丹证券市场交易技术的基础上,形成了不同类型的五种交易:现货交易、远期交易、看涨期权、看跌期权、回购协议。与此同时,证券经纪人与经销商的角色陆续出现,相应的证券基础设施也逐步形成。为规范经纪人与批发商的交易行为,1697年《约束经纪人交易商数量与不良行为》法案出台,对从事股票业务经纪人的数量和行为进行了约束,将经纪人数量限制在100名以内,法案还针对欺诈性发起活动、操纵股票价格、期权交易的滥用三个主要问题进行了规定。1773年伦敦交易所成立,不久便超越阿姆斯特丹交易所,成为当时世界上最大的交易所。

四、银行监管法律首创于美国

美国银行的产生晚于西欧各国,但可以说,银行监管的第一份法律文件诞生于美国。1781年美国第一家银行"美洲银行"成立,随后纽约银行、马萨诸塞银行等银行也相继成立,所有银行除了可以经营存贷款业务,还可以发行兑换金银的银行券。当时所有的银行均在州政府进行注册,各州政府并没有对银行进行全程管制,大多数州只关注银行的注册环节,个别州还对其他环节加以管理,然而联邦政府并没有采取任何监管措施,更没有制定银行管理制度。然而,不到十年的时间,这种银行管理方法就"翻车"了,出现了货币流通不畅、银行支付能力不足、银行挤兑危机频发等现象,大量银行由于经营不善和受市场影响而倒闭,银行倒闭之前所发行的大量银行券也变得一文不值,造成社会经济秩序的严重混乱。

为整顿社会经济秩序和解决银行管理缺陷,1790年美国财政部部长汉密尔顿发布《关于设立国家银行的报告》①,要求设立国家银行对各州银行进行统一的监管。设立国家银行的想法来自亚当·斯密的观点,即建立国家银行能促进经济稳健发展,方便政府征收税款以及筹集贷款,同时能够加强对商业银行的管理。由于当时人们缺乏对金融管理体系的认识,

---

① 除此之外,汉密尔顿还提出了《关于公共信贷的报告》和《关于制造业的报告》,促进了美国市场经济的发展,因此被誉为美利坚合众国宪法的"灵魂工程师"和美国资本主义"现代化之父"。

该提案备受质疑,经过了一年的讨论后,国会通过了该提案,1791年美国第一银行成立。

美国第一银行是美国中央银行的雏形,行使着中央银行的部分权利和义务,并开启了美国银行业的金融监管史。国会授予美国第一银行代理国库、发行银行券、监管各州商业银行的经营活动等权力。第一银行对商业银行的监管形式主要是监督各州银行及时清偿债务,当州银行发行银行券时,第一银行会收取部分保证金,确保州银行拥有足够的现金支付能力以应对现金取款和银行券兑付需求,防止挤兑的发生。这种制度自然使得第一银行成为银行的银行,形成特殊的金融监管职能,可以说,中央银行的确立是各国金融监管从自由走向管制的开端。

然而,由于第一银行遭到所有州银行的强烈反对,并出现管理不善等问题,第一银行在1811年执照期满后被迫停业。之后联邦政府再次为金融监管做出尝试——成立美国第二银行,第二银行在管理银行券的发行和流通、引导货币市场正常运行、规范全国货币清算系统等方面做出不懈努力,其功绩大于第一银行。然而好景不长,1836年第二银行迫于外部压力以及未能取得继续营业执照而停业。此后美国市场经济逐渐萧条,大量银行倒闭,陷入了长达27年的经济混乱,史称自由银行时期。这时人们才开始意识到中央银行的不可或缺性,统一货币流通和金融监管的欲望强烈。1863年,国会通过了《国民通货法》,次年通过《国民银行法》,这两项法案标志着联邦政府开始全面介入金融监管,全新的联邦特许经营银行体系开始建立起来。

第二节　金融监管的严格管制时期

一、现代经济学奠定了金融监管的理论基础

1929年10月24日,纽约股票市场价格下跌12.8%,以此为导火线随后在美国掀起了一场严重的经济危机,不久该经济危机发生国际传播,历史上规模最大、打击最沉重、历时最长的"世界经济大危机"①爆发。这场经济危机彻底宣布了主张自由主义的古典经济学在美国的失败,让人们意识到完全以"看不见的手"维护市场秩序是行不通的,要想拯救美国于水火之中,必须依靠外部力量。于是凯恩斯主义经济学大行其道,凯恩斯主义经济学主张政府对市场运行进行干预,通过制定财政政策和货币财政来维持宏观经济的稳健发展,在现代经济学的影响下,西方国家本着严格监管、安全优先的原则开始全面实行严格的金融管制。现代经济学奠定了金融监管的理论基础,其中"市场失灵理论"和"信息经济学"的贡献最大。

金融行业具有很强的负外部性,如银行倒闭会传染其他银行并牵连到各行各业,通过货币信用再一次危害经济发展,严重时会引发全国经济危机,导致金融市场自发调控功能失灵。福利经济学认为庇古税可以弥补负外部性,但这种方法对于那些与社会利益严重偏离的企业却无能为力。科斯定理也表示存在交易成本时,自由开放的市场机制无法解决外部

---

① 世界经济大危机又称大萧条,是指1929—1933年发源于美国,并后来波及整个资本主义世界,其中包括美国、英国、法国、德国和日本等资本主义国家的经济危机。大萧条是现代社会持续时间最长的经济萧条,不仅导致了长期的大规模失业,也改变社会关系,摧毁了执政政府,帮助纳粹党及法西斯上台,最终导致了第二次世界大战的爆发。

性问题。这时就必须由金融监管机构出面进行干预,纠正市场失灵现象,控制负外部性的蔓延。

金融市场普遍存在信息不对称和信息不完备的现象,掌握信息更充分的人会处于优势地位,由此造成道德风险、逆向选择和代理问题等,信息经济学表示这正是古典经济学不适用于现实社会的原因之一。"有效市场假说"表示,当股票价格未能完全反映所有信息时,内幕消息能够帮助投资者获得超额收益,这说明了信息的重要性。无论是对于个体投资者,还是金融机构来说,搜寻信息的代价是很高的,这时政府部门有责任进行监管,提高信息透明度和维护社会的公平正义。

稳健、有效的金融体系能够服务于社会公众利益,从宏观的社会福利角度来看,金融体系具有准公共产品的性质,该特性使得社会存在"搭便车"现象和道德风险问题。金融行业是买卖货币及其服务的特殊市场,再加上准公共产品的性质,这就决定了其不能进行自由竞争。自由竞争容易使得具有优势的金融机构垄断整个市场,而其他实力薄弱的企业将被驱逐出市场,出现大量金融机构倒闭的现象。一方面,垄断不利于资源配置和社会福利最大化,对社会生活和经济发展都具有不良影响;另一方面,金融体系的负外部性会将危机波及其他领域,严重时将危及整个国家经济秩序。因此,为弥补金融市场的不完善和自由主义经济学的缺陷,政府部门应加强金融监管以增强资源的配置效率,从而达到增进社会整体福利、维护金融市场稳定运行的目的。

二、美国金融监管的严格管制时期

1929—1933年美国爆发了严重的经济危机,经济的负外部性使危机传播到全世界,在此期间,美国的金融发展原则由主张自由改变为严格管制,此后美国开启了金融监管的严格管制时代。

(一)美国加强金融监管的历史背景

美国在1929—1933年"大萧条"中损失惨重,国民生产总值下降近30%,失业率最高达25%,消费物价指数也下降近25%。美国金融危机具体表现在以下几个方面:第一,股市崩溃、投资暴跌。1929年9月1日—1932年7月1日,纽约证券交易所的全部股票市值由896亿美元降为150亿美元,股市暴跌约85%,这使得投资下跌得更加严重。1929年10月11日—1931年底,道琼斯指数由358点跌至41点,下降了317点。第二,大量银行倒闭。1930年12月,美洲银行宣布倒闭,直接损失约2亿美元。世界经济大危机期间,大量银行和储蓄贷款机构挤兑现象严峻,美国平均每年倒闭2 000家商业银行,银行部门的货币和存款总量损失了1/3,而储贷机构减少了近40%,其资产累计损失30%。第三,最后贷款人的失职。在经济危机背景下,人们失去对银行的信任,纷纷将钱从银行取出,银行不得不动用储备金以满足取款需求,而当时联邦储备体系未能尽到最后贷款人的义务。第四,货币职能不稳定。1931年英国政府宣布终止英镑兑换成黄金,同年有47个国家退出金本位制,这使得美国商业银行面临着沉重的挤兑压力,美国黄金储备大幅减少。1933年2—3月,美国的黄金存量就减少了20%,大批银行因支付能力不足而倒闭;1933年3月,美国国会宣布终止银行券兑换黄金,禁止黄金输出和外汇交易;4月,美国放弃金本位制,转而采取信用货币制度,使金价大幅上涨。第五,金融市场的大量丑闻被曝出,使人们失去了对美国政府的监管信任。

这场经济危机不仅使得美国经济萧条、社会秩序混乱,还让人们失去了对金融市场的信心,胡佛总统卸任时叹气道:"我们已经无能为力了。"人们逐渐意识到,继续坚持"自由放任"原则的古典经济学只会让美国在危机中越陷越深,此时强调安全发展、加强对市场干预的呼声极高,自此美国政府开启了对金融市场的全面管制。

(二)美国加强金融监管采取的措施

在美国政治衰退、经济萧条的背景下,政治家们迫切寻找出路,从制定新的营业准则、建立资本市场和货币市场的划分标准以及存款保险制度等方面制定法律法规,立法是金融监管的主要形式。美国政府首先从银行业开始进行管制:1933年,美国金融监管的法律基石——《1933年银行法》(即《格拉斯-斯蒂格尔法》)出台,该法案的大部分内容沿用至今,也成为许多国家建立金融市场制度体系的模范。该法案的主要规定有:第一,命令不得混业经营,将商业银行与证券业明确区分开来,这不仅为商业银行和投资银行的稳健经营提供良好的环境,还维护了广大储户的利益。因此许多大型公司被拆分开来,例如巨头公司"摩根公司"被分成了投资银行"摩根士丹利"和商业银行"J. P. 摩根"。第二,为保护储户的利益、确保商业银行的安全发展,美国设立了联邦存款保险公司(FDIC)。FDIC建立了一套稽核、监察体系以监管所有商业银行的经营活动,同时为商业银行提供具有安全保障的存款保险服务。第三,制定了"Q条例"①,对商业银行存款利率的范围进行了规定,储蓄存款和定期存款的利率不得高于2.5%。第四,严禁商业银行发起或分配共同基金。之后政府又出台了《1935年银行法》,这两项法案终止了过去银行业的自由竞争模式,金融业开始遵循全面监管的原则。

经济大萧条让人们失去了对证券市场的信心,美国政府开始立法改变这种局面。《1933年证券法》②规定发行新证券时要经过联邦政府的登记,并发布注册说明书和招股说明书以披露相关信息,确保投资者在做决策时能够享有信息知晓权,该法案只针对一级市场。注册说明书要披露新上市证券的承销合同、资金用途、章程和公司的经营情况等,具体内容如表2-1所示。发行者要全权对说明书内容负责,而承销商也要负部分责任。证券法还含有反欺诈条款,如果证券发行过程中出现欺诈性内容,发行者要受到民事或刑事处分。

表2-1 《1933年证券法》要求注册说明书披露的内容

1. 发行人的综合情况及相关复印件
2. 发行人筹资的用途
3. 公众购买价格
4. 特殊团体购买价格
5. 筹办或帮助者佣金
6. 承销人佣金

---

① Q条例的内容是:银行对于活期存款不得公开支付利息,并对储蓄存款和定期存款的利率设定最高限度,即禁止联邦储备委员会的会员银行对它所吸收的活期存款(30天以下)支付利息,并对上述银行所吸收的储蓄存款和定期存款规定了利率上限。当时,这一上限规定为2.5%,此利率一直维持至1957年都不曾调整。

② 《1933年证券法》是世界各国证券市场监管立法的典范,更成为各国仿效和借鉴的对象。该法案共28条,是第一部真实保护金融消费者的联邦立法,也是美国第一部有效的公司融资监管法,包含了州蓝天法的许多特色。《证券法》最引人注目的是确立了信息披露制度,并在附件A中详细列举了发行人必须披露的具体内容。

续 表

```
 7. 发行人净收入
 8. 发行人产品、历史及地理位置的信息
 9. 影响新证券发行的任何契约复印件
10. 年收入为 2.5 万美元以上的职员姓名和报酬
11. 任何不寻常合同的细节,如管理层红利分配方案
12. 资本来源表
13. 详细的资产负债表
14. 三年内收入费用详细情况登记表
15. 发行公司职员、董事和承销人的姓名、地址
16. 在任何种类股票中持股占比超过10%的投资者姓名和地址
17. 任何即将发生的诉讼的详情
18. 承销协议的副本
19. 关于证券发行的法律意见的复印件
```

资料来源:J.C.弗兰西斯,《投资:分析和管理》。转引自张荔,《发达国家金融监管比较研究》,中国金融出版社,2003年,第49页。

《1934年证券交易法》在《1933年证券法》的基础上进行了完善,将法案适用于一级市场和二级市场,并设立了美国证券交易委员会(SEC),其组织结构如图2-1所示。美国证券交易委员会负责监管证券市场的信息披露工作,同时制定证券市场交易规则。在该法案规定下,除了《1933年证券法》要求的信息披露之外,上市公司还要定期向美国证券交易委员会和股票交易所提供财务报告。对于投资者赊购股票及可转债的行为,该法案在初始保证金规定中设定了首付金额比例和折扣率,严禁人为操纵市场价格、传播虚假信息及误导性说明等不良行为的发生。为限制过度投机的行为,该法案规定证券交易者的全部贷款不得超过股东权益的20倍,而证券信贷不得超过所持股票市价的55%,或是之前36个月里所持股票的最低价格。这两个证券法案为之前"奄奄一息"的证券市场注入了新能量,增强了股民们对市场的信心。

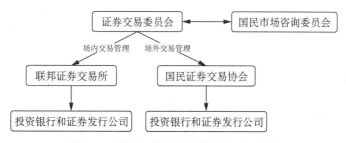

图 2-1 美国证券交易委员会的组织结构

《1938年曼罗尼法》在《1934年证券交易法》的基础上又得以进一步升华,1939年又颁布了《1939年信托契约法》。1956年国会通过了《银行持股公司法》,禁止银行控股公司拥有其他公司的表决权。1960年《银行合并法》出台,规定若银行从事兼并重组活动需取得联邦银行主管的同意,六年后出台的《银行兼并法》对其进行了修正,1966年颁布了《利息限制法》等等,一系列的法律文书彰显了联邦政府为实施全面监管所做出的努力,有关货币政策的金融监管法律体系逐渐完备和规范了起来。

三、英国金融监管的严格管制时期

针对金融市场乱象,英国政府制定一系列规章制度。对于银行业,颁布了《1948年公司法》《1963年存款人保护法》等法案;对于证券业,颁布了《1939年防欺诈法》《1958年防欺诈法》等法案;对于保险业,颁布《1958年保险公司法》《1967年公司法》等法案。1946年出台的《英格兰银行法》将英格兰银行国有化,英格兰银行的权威性和影响力得以增强,并协助政府开展监管工作。1958年英国的二战信贷控制措施解除,政府高度强调货币的流动性,于是信贷消费行业蓬勃发展,"五大银行"①在激烈的市场竞争中不断推出新型金融产品,1973年共有230万人持有巴克莱卡,340万人持有"Access"信用卡。1971年5月,英格兰银行发布了"竞争与信贷控制"文件,该文件的主要意图在于:一是刺激金融机构进行公平竞争,二是提供一种更加有效的信贷市场管理办法。根据新的信贷政策,英格兰银行取消了原来的信贷上限和选择性指导方法,以利率变动为管理工具;伦敦清算银行放弃了以利率卡特尔竞争存贷款的模式,转为使用更具竞争力的利率。然而,这些行为都为1973—1975年的二级银行危机的爆发埋下了伏笔。为了化解危机,英格兰银行引导成立了救助委员会竭力挽回局面,最终使得存款人没有损失一分钱,这次胜利行为被称为"救生艇"活动。

通过此次事件,英国议会意识到了当前政策的局限性,经过多番商讨,新的银行法于1979年出台。《1979年银行法》是英国金融监管史上的一个关键转折点,首次以法律形式赋予英格兰银行对商业银行的合法监管权,从此英格兰银行正式成为中央银行,并垄断了英镑的发行。1979年之前英国尚未形成正式的金融监管体系,监管形式以道义劝告为主,而从《1979年银行法》开始,英国逐渐构建了完备的金融监管体系,通过立法的形式对金融市场进行全面监管。该法案以是否吸收存款对银行进行了划分,吸收存款的银行被划分为"承认银行"(accepted bank)和"许可银行"(licensed deposit taker),承认银行可以对外宣传自己是银行,而许可银行不能在名称、广告等中使用"bank",但成为承认银行的要求较为严格。该法案规定所有银行要向英格兰银行缴纳存款保险,保险费为总存款的0.3%,出资额在2 500英镑和30万英镑之间。

四、日本金融监管的严格管制时期

全球经济大萧条后,凯恩斯主义大行其道,日本政府也开始积极干预经济活动,构建了"一线多头"的严格金融监管模式。"一线"是指日本中央政府一级是金融监管的最高权力机关,以大藏省为核心管理全部的金融事务,以央行为辅助发布和执行金融政策;"多头"是指中央政府一级设有多个监管机构,如银行局、证券局、关税局等,分别对不同行业进行专门管理,以控制经营风险。日本的金融市场以间接金融为主,银行的经营状况对国家经济发展情况至关重要,任何行业都与银行有着千丝万缕的关联,分业经营的模式提高了资金的利用效

---

① "五大银行"指巴克莱银行、密德兰银行、劳埃德银行、西敏寺银行、国民地方银行,均属私营大型商业银行。原在英国金融资本中占统治地位,1968年7月西敏寺银行与国民地方银行合并为国民威斯敏斯特银行,1975年起,该银行与前三个银行统称为英国四大银行。

率,促进了日本战后经济的恢复。《1947年反垄断法》在不同类型的金融业务之间设立防火墙,严禁交叉经营活动,此后日本金融业严格遵循分业经营模式。《1927年银行法》《1948年证券交易法》《1939年保险业法》对金融机构的市场准入条件、价格竞争、存贷款利率、业务经营范围等都制定了相应的政策,反映了政府当局审慎监管和防止过度竞争的原则。20世纪70年代的日本金融监管体系如图2-2所示。

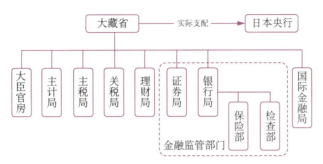

图 2-2　20 世纪 70 年代的日本金融监管体系

第三节　金融监管的注重效率时期

20 世纪 70 年代,资本主义国家的经济发展陷入了"滞胀"①泥潭长达十年之久,崇尚凯恩斯主义的经济学们使尽浑身解数仍无法改变局面,于是新自由主义的思想浪潮开始席卷全球,"无形的手"市场机制重回历史舞台,各国的经济政策方向也随之发生变化。

一、金融监管由严格管制转为效率优先的历史背景

20 世纪七八十年代,西方国家先后出现高通货膨胀率和高失业率齐发的怪象。根据菲利普斯曲线原理,高通胀率和高失业率不可能同时发生,面对一系列新难题,凯恩斯主义经济学者们束手无策。于是货币学派、供给学派等新自由主义经济学家开始崭露头角,他们表示政府当局对经济发展的严格管制会造成金融市场的压抑,从而引发经济乱象,而放松管制可以加强金融机构的公平竞争,恢复市场经济活力和提高效率。与古典经济学完全否认凯恩斯主义经济学的观点不同,新自由主义学承认政府干预对市场失灵具有纠正作用,但对干预的范围、手段、力度和有效性存在质疑。当时,货币学派的领军人物弗里德曼挺身而出,提出货币数量论、消费函数理论和自然率假说以驳斥政府过度干预的行为,他表示大量的货币供给是导致通货膨胀的本质原因,通货膨胀率与失业率之间不存在必然的联系,政府应抑制货币增长以降低通胀率,此观点有效地解决了"滞胀"问题,弗里德曼因此于 1976 年荣获诺贝尔经济学奖。

在经济自由化的浪潮中,发展中国家采取金融体制改革的形式,而发达国家通过放松监管的范围和力度实现金融自由化。美国、英国、日本、瑞典等国家陆续舍弃了金融监管的严格管制模式,转而遵循"放松管制,效率优先"的监管原则,采取了一系列放松管制的举措,如

---

①　"滞胀"特指经济停滞,失业及通货膨胀同时持续高涨的经济现象。

解除存贷款利率的限制、放松金融产品价格的管制、废除金融机构分业经营及分业监管的模式,放开国外资本进入,经济危机逐渐得到缓解,促进了金融市场的发展。

二、美国金融自由化的立法措施

20世纪七八十年代,美国经济命运多舛。高失业率和高通胀率齐发让美国饱受双重煎熬,市场大量资金也因高通胀率从银行业而流向金融市场,从而造成"金融脱媒"[①]危机,同时国际收支不平衡让美元过剩,美元信用逐渐下降。1971年8月,尼克松政府颁布了"新经济政策",宣布放弃美元与黄金挂钩,改为使用浮动汇率制,这标志着布雷顿森林体系的瓦解,美国的金融霸权出现了动摇,到了20世纪80年代后期,金融自由化到达了高潮,各国金融市场呈现出开放型、全球化的竞争格局。美国的银行业与世界前十大银行榜单失之交臂,在世界前50家银行中只有2家美国商业银行,美国的许多银行因濒临破产而被国外机构所收购,如表2-2所列。

表2-2 1921—1988年美国银行倒闭的数量

年份	倒闭数量	年份	倒闭数量	年份	倒闭数量	年份	倒闭数量
1921	506	1938	81	1955	5	1972	3
1922	366	1939	72	1956	3	1973	6
1923	646	1940	48	1957	3	1974	4
1924	775	1941	17	1958	9	1975	14
1925	617	1942	23	1959	3	1976	17
1926	975	1943	5	1960	2	1977	6
1927	669	1944	2	1961	0	1978	7
1928	498	1945	1	1962	3	1979	10
1929	659	1946	2	1963	2	1980	10
1930	1 350	1947	6	1964	8	1981	10
1931	2 293	1948	3	1965	9	1982	42
1932	1 453	1949	9	1966	8	1983	48
1933	4 000	1950	5	1967	4	1984	79
1934	61	1951	5	1968	9	1985	120
1935	32	1952	4	1969	9	1986	138
1936	72	1953	5	1970	8	1987	203
1937	84	1954	4	1971	6	1988	221

资料来源:转引自张荔,《发达国家金融监管比较研究》,中国金融出版社,2003年,第189页。

---

① "金融脱媒"是指在金融管制的情况下,资金供给绕开商业银行体系,直接输送给需求方和融资者,完成资金的体外循环。随着经济金融化、金融市场化进程的加快,商业银行主要金融中介的重要地位在相对降低,储蓄资产在社会金融资产中所占比重持续下降及由此引发的社会融资方式由间接融资为主向直、间接融资并重转换的过程。金融深化(包括金融市场的完善、金融工具和产品的创新、金融市场的自由进入和退出、混业经营和利率、汇率的市场化等)也会导致金融脱媒。

面对内忧外患的局势,20世纪80年代美国颁布了一系列新法以放松金融管制,激发市场主体活力。《1978年充分就业和经济平衡增长法》将美国经济发展目标制定为经济增长、充分就业、稳定货币和国际收支平衡,明确规定了货币政策的法律地位,货币政策成为实现经济发展目标的关键手段。《1980年存款机构放松管制和货币控制法》被认为是美国金融监管由严格管制变为效率优先的转折点,该法案的主要内容有:取消了《Q条例》对存款利率的限制,在一定程度上缓解了"脱媒"现象;取消及放宽了贷款利率限制,例如取消州政府对居民住房抵押贷款的利率限制,信贷工会贷款利率的上限上调2个百分点;放宽存款机构的业务经营范围,允许部分交叉经营业务。1982年《吸收存款机构法》和SEC《415条款》、1987年《公平竞争银行法》和《银行控股公司修正法》等法律文件几乎涉及了金融市场规则的各个领域,为金融机构的自由竞争、创新发展提供了良好的条件。

三、英国以"金融大爆炸"为代表的改革

1979年,在新自由主义的浪潮中,主张市场自由竞争原则的撒切尔夫人被推选为英国第49任首相,并以其杰出的领导水平连任三届。当时英国经济发展缓慢,被美国、日本甚至是意大利超越,撒切尔夫人表示正是中央集权的管理制度导致英国国力的衰退,于是她果断行事,强力推动英国的供给侧改革。1986年10月27日《金融服务法》出台,随后在全英国进行了一项重大金融改革,史称"金融大爆炸"①,此次金融体系的全面改革是英国金融业从分业经营转变为混业经营的标志。"金融大爆炸"实行的主要内容有:第一,解除对经销商和经纪商的业务区分,双方可以从事相同的业务。第二,废除固定佣金制度,允许券商在佣金差异上展开业务竞争。第三,放开商业银行禁足投资银行的限制,批准大型商业银行也可从事股票、保险等业务;建立了"股票交易所自动报价系统",与遍布世界的上万个互联网终端相连接,为证券交易提供了极大便利。第四,颠覆交易所的旧常规,同意会员设立有限责任公司,非交易所的会员也能实现对交易所会员公司的完全控股。这次金融大改革打开了商业银行迈向证券市场的大门,大型商业银行因此发展为全能金融机构,而金融监管模式仍沿用的是分业监管体制。1986年金融改革后,英国金融体制情况如图2-3所示。

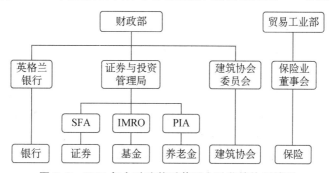

图2-3 1986年金融改革后英国金融监管体制情况

(资料来源:国泰君安研究所)

---

① 金融大爆炸是指英国在1986年由撒切尔政府领导的伦敦金融业政策变革。该变革旨在大幅度减少监管。改革后,外国财团被允许购买英国上市企业,伦敦金融城投资银行和经纪公司的构成和所有权发生了翻天覆地的变化。金融城引入更国际化管理作风,使用电脑和电话等电子交易方式取代了过去传统的面对面谈价,使竞争激烈程度剧增。

1984年,英国著名的约翰马丁银行(JMB)由于无法收回巨额贷款导致资金链断裂而倒闭,这使英格兰银行意识到《1979年银行法》的薄弱性,于是在1987年推出了新的银行法,以更好地防范银行业的潜在风险。1986年,新建筑协会法出台,创新性地扩大了建筑协会的服务范围,准许其参与个人银行、房地产、保险行业、投资顾问等多领域的服务。另外一个重要的创新是,根据新银行法的规定,符合规定的建筑协会可以申请变更为银行,比如英国第二大的阿贝国民建筑协会于1989年依法银行化。这两大法案的颁布加强了不同金融机构之间的激烈竞争,促进了金融体系的创新发展。

四、意大利和日本的金融自由化改革

根据意大利《1936年银行法》的规定,不同期限层次的资产、负债交由不同类型的银行专门负责,此后意大利的银行体系一直保持着严谨的专业化分工。直到20世纪80年代,经济自由主义的浪潮将意大利卷入其中,面对开放的世界经济格局以及法国、西班牙放弃使用金融业分业经营模式的现实,意大利开始妥协,逐步放松了金融监管的范围和力度。到了80年代后期,意大利加快了金融自由化改革的步伐;1987年意大利政府批准所有商业银行发放中长期贷款,但总额度不得超过全部贷款金额的3/10;90年代,这种专业化分工模式已不见踪影;1987—1990年,政府当局逐步放开了对银行业分支机构的设立要求,以促进银行的自由竞争;1990—1992年,意大利对外国银行的态度从限制进入,转变为鼓励银行业的国际化竞争。

在日本,20世纪70年代后期,经济发展速度放缓,政府扩大支出以促进经济增长,然而税收却不尽如人意,渐渐地日本积累了大量的财政赤字,于是政府当局大举发债以筹集资金,这一行为引发了一系列政策的变化,逐步推动了以放松管制为主题的金融自由化改革。1979年日本银行业开始发行自由利率存款证,1985年开始流通货币市场存单,1993年对定期存款利率限制进行松绑,次年又解除了活期存款的利率限制,大部分利率均由金融机构自由竞争而决定。除了利率自由化之外,此次金融改革还推动了融资自由化和日元国际化。1984年,《金融自由化与日元国际化的状况与展望》报告出台,随后日本的金融监管实现了由严格向宽松的跳跃。

五、金融自由化改革的局限性及后果

20世纪80年代,在凯恩斯主义宣告失败和新自由主义兴起的大背景下,各国先后制定了一系列促进金融自由化的立法措施。然而这样的监管制度并未真正改变僵硬的金融制度体系,放松管制改革并未真正促进良性的市场竞争,反而使必要的金融监管制度被废除,新型金融风险得以滋生,新一轮经济危机又开始在全球范围内蔓延。

以美国为例,金融自由化改革的立法措施在一定程度上促进了金融机构的创新,但同时也存在很大的局限性。第一,国会没有对旧法体系进行全面系统的修正。由于美国三权分立制度的政治特点,再加上改革内容牵扯多方利益关系,立法过程复杂而缓慢。在对州银行业务范围、存款保险制度等重要问题进行改革时,由于侵犯了利益集团的权力而遭到强烈反对,对旧法的改革措施并不充分,没有产生根本性的突破。第二,对存款保险制度的调整不

到位。在1991年之前,所有银行均以相同的固定比例缴纳存款保险,部分冒险银行仗着有联邦储蓄贷款保险公司(FSLIC)的担保,便铤而走险进行中高风险交易。在利率自由化政策出台后,冒险银行为吸引资金而制定了较高的存款利率,而存款人由于信息不对称,对银行的稳定性情况并不知情,盲目追求高利率而选择了冒险银行,造成了严重的逆向选择问题。第三,未能及时应对储贷协会的危机。经济学家马丁·费尔德斯坦表示,如果20世纪70年代监管当局及时对储贷协会危机采取对策,则可以避免80年代的大部分危机。70年代,亨特委员会曾提议了几项放松管制举措以应对危机,然而其意见并未得到采纳,直到1986年监管当局才意识到危机的严重性,然而为时已晚,储贷协会已"遍体鳞伤",如表2-3所示。

表2-3 20世纪80年代的美国金融危机

年份	危机	对危机的反应
1980—1982	存款机构按市场价值计算已资不抵债	放松存款利率管制;扩大存款机构的权力;提高存款保险上限;放松监管
1982	欠发达国家债务危机	联储协调新的银行贷款
1984	大陆伊利诺斯银行倒闭	规制保护无存款保险的储蓄者(太大了不能倒闭)
1985	俄亥俄和马里兰州出现对储蓄存款的挤兑	冻结账户;联储贴现窗口提供贴现
1987	股市崩溃	联储贴现窗口提供贴现
1988—1989	储蓄机构危机的第二阶段	实施联邦清理计划;提高资本标准
1989	一次小型股市下泻	无措施
1989	垃圾债券①市场的崩溃	无措施

资料来源:转引自马丁·费尔德斯坦.20世纪80年代美国经济政策[M].北京:经济科学出版社,2000:461.

这场经济危机波及美国的储贷协会、银行业和证券业,宣告了金融自由化改革的失败。储蓄协会,在20世纪80年代一共遭受了三次危机。第一次危机发生在1980年,美联储采用收缩性货币政策来抑制通货膨胀,造成短期国库券利率飙升至15%以上,对银行业和储蓄机构造成了严重的打击;1981年,储蓄机构的存款净减少额达到了320亿美元,其中亏损的储蓄机构占比高达84.8%,且亏损的储蓄机构总资产占全部储蓄机构总资产的91.3%(表2-4);1982年储贷协会最低资本占总债务的比值为3%,大量储贷机构倒闭,在《加恩·圣杰曼法》相关政策落实后,名义利率飙升的问题得以解决。然而在1985年,该行业经历了第二次危机。大量储贷机构存在资不抵债的问题,为谋取生存机会继续铤而走险,然而此举并未引起监管机构的重视,仍允许濒临破产的储蓄机构继续营业;1987年,政府当局投入108亿美元以填补储贷协会的大窟窿,然而这对于巨额债务来说已是于事无补,联邦储贷保险公司已无力回天,公开宣布无法履约,储贷协会几乎全面破产。1988年乔治·布什(老布什)当选为美国总统,同年发生了第三次危机,当时约有30%的储蓄机构处于亏损状态,联邦住宅贷款银行委员会(FHLBB)向205家储蓄机构的收购者担保,未来机构的损失由其全权

---

① 垃圾债券亦称"高息债券",是美国公司发行的一种非投资级的债券。

负责,并投入了386亿美元。

表 2-4 1978—1989 年储蓄业利润率

年份	盈利储蓄机构占比(%)	盈利储蓄机构资产占所有储蓄机构资产的比值(%)
1978	97.3	98.7
1979	93.5	95.9
1980	64.4	67.0
1981	15.2	8.7
1982	32.2	39.4
1983	64.8	66.8
1984	72.1	73.3
1985	78.8	84.9
1986	73.0	72.4
1987	64.8	66.2
1988	69.7	68.2
1989	63.0	60.1

资料来源:怀特(1991)。转引自马丁·费尔德斯坦.20 世纪 80 年代美国经济政策[M].北京:经济科学出版社,2000:463.

美国银行业在 20 世纪 80 年代发生了两次危机,第一次危机发生于 1982 年,当时墨西哥爆发的债务危机传播到第三世界,导致美国商业银行的许多债权面临着收不回来的风险。而 1984 年曾位居美国银行业第六的大陆伊利诺斯银行宣布破产,引发了美国商业银行的第二次危机,最终,由联邦监管机构为该银行的所有存款人提供了全部担保。对于之后倒闭的大型银行,美国政府对未投保的存款人也都给予担保,如资产超过 250 亿美元的得克萨斯州第一共和国银行、资产 310 亿美元的加利福尼亚美国储蓄和贷款协会,但这种政策加剧了银行的道德风险。此外,房地产经纪的衰退和"杠杆收购"①活动加剧了银行业的危机。

美国证券市场在 20 世纪 80 年代发生了三次严重危机。1987 年 8 月道琼斯指数下降近 500 点拉开了第一次危机的序幕,10 月 19 日"黑色星期一"当天,道琼斯指数再次下降 508.32,该日总市值暴跌 5 000 亿美元。从 8 月至 10 月,股票投资者们共计亏损了一万多亿美元。1989 年 10 月 13 日股市暴跌是第二次证券市场危机的标志,当天道琼斯指数跌幅 191 点。1989 年发生了第三次危机,当时"垃圾债券"价格暴跌,罗伯特·坎波等几家大型债券发行机构倒闭,垃圾债券市场逐渐崩溃,而该市场的创始人德雷克塞尔·伯纳姆也于 1990 年宣布破产。

---

① 杠杆收购又称融资并购、举债经营收购,是一种企业金融手段。这是指公司或个体利用收购目标的资产作为债务抵押,收购此公司的策略。杠杆收购的主体一般是专业的金融投资公司,投资公司收购目标企业的目的是以合适的价钱买下公司,通过经营使公司增值,并通过财务杠杆增加投资收益。通常投资公司只出小部分的钱,资金大部分来自银行抵押借款、机构借款和发行垃圾债券(高利率高风险债券),由被收购公司的资产和未来现金流量及收益作担保并用来还本付息。

第四节 金融监管的国际合作时期

一、加强金融监管国际合作的历史背景

金融自由化改革导致新一轮金融危机波及100多个国家和地区，对全球经济发展造成了沉重的打击，各国强烈呼吁金融监管时代的回归。20世纪90年代以来，随着互联网技术的进步以及证券交易所自动报价系统（STAQ）在全球联网互通，资金跨国交易得到了极大便利，企业为谋求更大的发展空间纷纷出国闯荡，跨国集团和境外投资企业的队伍不断发展壮大，初步形成了金融行业的国际化竞争格局。在经济流通自由化和金融发展国际化的局势下，全球金融市场之间的联系更加紧密、影响更加深刻，跨国银行和跨国金融机构扮演着促进国际经济流通和维护世界经济秩序的重要角色。然而，在金融国际化的发展过程中，由于原生性金融工具和衍生工具的风险、利率、汇率、价格的波动，以及杠杆原理的刺激等催生出巨大风险，同时金融危机在全球范围内传播的速度和影响的深度增加，使得国际金融市场尤为脆弱，曾一度造成了全球金融市场的混乱。1997年泰国放弃盯住美元的固定汇率制度，改为使用浮动汇率制度，结果泰铢大幅贬值，且由此引发了一场亚洲金融危机[①]。2007年美国大量的借款人无法偿还次级房屋信贷导致次贷危机爆发，该金融危机席卷全球并在2008年引起全球金融海啸[②]。

因此，经济全球化和金融国际化是一把双刃剑，各国在享受资本自由流动带来好处的同时，金融风险蔓延使得各国患难与共，加大了各国金融监管的难度。各国开始意识到全球化金融风险难以防控的根本问题在于，金融监管范围的国别性使各国无权防控金融风险的蔓延而被动成为受害者，任何单一国家都无法化解和遏止金融风险的国际传播，要想有效防控金融风险再次侵袭，各国必须联手共同制定金融法律体系以维护国际金融秩序，加强金融监管的国际化合作。

二、加强金融监管国际合作的动因

（一）金融国际化、金融创新是促进金融监管国际合作的直接原因

在金融国际化的发展趋势下，跨国金融机构的竞争、货币在国际的流通、互联网技术的革新等成为塑造世界经济格局的重要方式，成为发展中国家提升国际地位的重要手段。全球一体化的金融市场逐渐形成，创新了一系列新型金融机构、产品和服务，让各国金融体系

---

① 1997年7月2日，亚洲金融风暴席卷泰国。不久，这场风暴波及马来西亚、新加坡、日本、韩国、中国等地。泰国、印尼、韩国等国的货币大幅贬值，亚洲主要股市大幅下跌。亚洲各国外贸企业均遭受冲击，许多大型企业倒闭，工人失业，社会经济萧条。打破了亚洲经济急速发展的景象。亚洲一些经济大国的经济开始萧条，一些国家的政局也开始混乱。

② 2007—2009年环球金融危机，于2008年起名为金融海啸或华尔街海啸等，是一场在2007年8月9日开始浮现的金融危机。早期次级房屋信贷危机爆发后，投资者开始对按揭证券失去信心，引发流动性危机。即使多国中央银行多次向金融市场注入巨额资金，也无法阻止这场金融危机的爆发。直到2008年9月9日，这场金融危机开始失控，并导致多个大型的金融机构倒闭或被政府接管。

变得更加复杂,跨国金融机构和境外投资企业面临着巨大的不确定性。资本自由流动的情况下随时都有可能爆发危机,为防止金融危机在全球范围的冲击,制定国际协调机制、加强金融监管国际合作是势在必行的。

在全球金融市场一体化的形成过程中,催生了许多金融创新工具,而当时大部分金融创新的初衷是为了规避金融监管,使得资本盲目膨胀。因发达国家的金融监管制度相对完善,而发展中国家的金融管制相对薄弱,在金融创新活动下,发展中国家很有可能成为遭受冲击的对象。对于规避金融监管的金融创新工具而言,若无国际监管规则的约束,不法分子会从各国金融体系差异中钻法律的空子,为跨国投机者提供了一个在他国谋取横财的"避风港",金融创新活动极有可能孕育金融危机的"温床"。因此,各国仅进行国内监管是远远不够的,还需加强金融监管的国际协调、沟通与合作。

(二) 防范金融风险国际传播是加强金融监管国际合作的主要目的

在经济自由化、金融国际化的同时,最应警惕的是难以预料的金融风险在国际的大规模传播。金融风险在国际的传播形式丰富多样:第一,一国金融风险可在经济周期的衰退阶段中扩散,当一国出现投资不足、购买力下降、股市暴跌,尤其是银行业倒闭、跨国集团破产等情况时,会从国外金融市场中提前收回资金,或无力偿还他国到期债务,从而可能会引起国外货币市场资金短缺、债权人破产等情况。第二,金融风险可通过一国利率的波动传播,如当一国由于市场经济的波动引起利率的大幅调整时,投资者看到国际的利率差异会采取投机或套利行为,从而影响国际利率水平,而利率波动又会通过国际金融市场传播到其他国家,由此引起经济危机的国际传播。第三,金融风险可通过国际收支差额传播,如当一国通货膨胀率高于国际水平时,该国过剩的货币会流向国际金融市场,导致国际收支赤字。而该国为维持国际收支平衡,会采取收紧的货币政策降低通货膨胀,调整到世界通货膨胀率水平。第四,汇率的波动可以通过两种形式进行传播。在汇率下调之前,由于人们的预期,纷纷抛出该国货币,导致该国货币危机爆发;汇率正式调整后,货币贬值将会扩大出口造成贸易顺差,造成他国外贸逆差,或是引起该国通货膨胀,进一步通过国际市场机制引起经济危机的传播。第五,短期投机资本的大规模跨国流动会引起国际金融风险的传播,如1993年墨西哥有近200亿美元的净流出,次年墨西哥金融危机爆发。

金融危机的根源是公众对市场信心不足,信心不足不仅会造成一国的金融危机,也会引起国际危机,除了对国内金融市场进行监管,国际金融市场监管也尤为重要。而面对不断变化的国际金融市场,仅依靠国际货币组织(IMF)等国际机构的管理是远远不够的,各国要联起手来共同防范金融风险、维护公众信心,加强金融监管的国际合作。

(三) 金融业的外部性和脆弱性是加强金融监管国际合作的重要因素

金融行业具有脆弱性①、准公共物品属性以及其他属性,导致金融机构的外部性显著,而负的外部经济效应不利于金融资源的最优配置。引发金融机构溢出负外部性的类型可分为两种:一种是由债权债务关系引起的金融外部性,当一家企业倒闭时,与其具有债权债务关系的企业会受到牵连,严重情况下也会发生倒闭;另一种是由信息差异引起的对同行业机

---

① 狭义的金融脆弱性是指金融业高负债经营的行业特点决定的更易失败的本性,有时也称之为"金融内在脆弱性"。广义的金融脆弱性是指一种趋于高风险的金融状态,泛指一切融资领域中的风险积聚,包括信贷融资和金融市场融资。

构的负外部性,金融机构之间并不存在债权债务关系,但当一个企业经营不善时,投资者对该机构的信心下降,由于投资者对该行业其他机构所掌握的信息不充分,同行业的机构也会受到排挤。

金融国际化为资本在各国间的自由流动打开了大门,各国市场主体之间形成了复杂的债权债务关系,这也为金融负外部性在国际的传播提供了便捷,严重的负外部性会对别国造成巨大的冲击。因此制定监管规则防控金融负外部性的国际传播至关重要,这需要各国加强金融监管合作,共同采取措施稳定跨国投资者的信心,防控两种类型的金融负外部性在国际的传播。

(四) 各国金融监管体系存在差异需要加强国际合作以维护秩序

由于不同的发展历史、经济结构和文化背景,各地区金融监管体系的特点存在区别。进入 21 世纪以来,对于金融业经营模式和监管体制而言,例如,中国、法国、意大利实行的是分业经营、分业监管的模式,韩国实行的是分业经营、混业监管的模式,美国、荷兰实行的是综合经营而分业监管的模式,英国、日本、德国实行的是综合经营且混业监管的模式。对于银行业监管而言,大部分发展中国家的银行监管由中央银行负责,而部分发达国家的银行业监管由对应监管部门负责,高度市场化是金融监管部门独立于央行的必要条件。据 1998 年大卫·卢埃林对 123 个国家和地区金融监管体制的统计,由中央银行负责银行监管的国家占比 72%,由非央行部门负责银行监管的国家占比 28%,具体情况如表 2-5 所列。此外,各国金融监管目标也存在差异,美国银行业注重保护消费者,支持银行随经济发展而调整,英国银行业注重保护存款人以及银行发展的效率。

表 2-5 各国金融监管体制汇总

监管体制	中央银行监管	非中央银行监管	合计
银行单独监管	63	7	70
银行和证券统一监管	7	6	13
银行和保险统一监管	16	13	29
银行、证券和保险统一监管	3	8	11
合计	89	34	123

资料来源:David Lewellen. *How Countries Supervise Their Banks, Insurance and Securities Markets*[M]. London: Central Banking Publications (英国中央银行出版社),1999.

在各种原因的重叠下,各国金融监管的政策和态度各异,从而在国际形成了许多监管漏洞和薄弱点。第一,各国监管当局对金融市场的规定不同,造成国际金融机构之间的严重不平等竞争。第二,离岸金融市场的金融机构不受各国管制,成为非法贸易的聚集地。第三,各国对驻外金融机构的管理办法不同,对金融风险管控能力参差不齐,如东道国和投资者母国的金融监管当局对跨国集团、境外投资公司的要求存在差异,这加大了国际金融监管的难度。国际金融监管的差异以及形成的监管漏洞,都需要各国联手加强对金融监管的合作,将漏洞堵住,营造良好的全球金融市场氛围。

(五) 遏制监管竞争、监管套利等跨国犯罪行为需要加强国际合作

在金融国际化的趋势下,由于各国金融监管体制参差不齐,会发生监管竞争和监管套利,从而干扰国际金融秩序。"监管竞争"是指一国为了在国际金融市场中占得优势,通过放

松本国金融管制的方式以拉拢金融资源,而其他国家也不甘落后,从而造成了各国竞争性的金融管制宽松,20 世纪 80 年代金融自由化的后果很好地证实了监管竞争的不利影响。"监管套利"是指由于各国监管体系的差异,金融机构从中找到监管漏洞以规避金融管制,在国际金融市场中牟取利润的行为。跨国金融集团通过观察各国利率、税率、经济政策以及监管制度的差异,将资金在国际调动以实现监管套利最大化,这意味着金融监管的失灵。在没有形成统一的国际监管规范时,全球范围内监管竞争和监管套利活动猖獗,同时会造成金融机构的负外部性,各类风险叠加从而引发国际金融危机。因此,为了维护国际金融秩序的稳定和金融监管制度的有效性,加强金融监管国际合作是时代的必然选择。

三、加强金融监管国际合作的主要内容

各国加强金融监管国际合作的主要内容包含以下六个维度:建立国际金融监管制度;对管辖权的明确界定;全球金融市场的准入监管;并表监管;监管信息的交流共享;欧盟的统一金融监管。

(一)建立国际金融监管制度

国际金融监管制度的建立是加强金融监管国际合作的结果表现,是维护全球金融市场公平和正义的核心手段。迄今为止,在各国的共同努力下,众多国际组织先后出台了多项全球通用的国际标准和原则,制定了较为完善的全球金融监管制度体系。国际会计准则委员会(IASC)在兼顾各国会计标准基本原则的基础上,制定了国际会计准则,以规范各国会计活动的科学性和公允性;世界银行的宗旨是为成员国提供资金支持,协助国际经济贸易稳定发展,致力于缩小国际的贫富差距;国际货币基金组织(IMF)是以促进国际货币合作为宗旨而设立的,该组织对成员国的汇率浮动、经常项目往来、货币兑换等制定政策并进行监管,维护国际汇率稳定,促进国际贸易有序进行;国际证监会组织(IOSCO)协同各成员国制定了国际证券业的行业标准,共同制止跨国不法交易的发生,并颁布了《国际证监会组织原则》《谅解备忘录》等相关规定;巴塞尔银行监管委员会(BCBS)改善了全球银行监管的效率和质量,1997 年该委员会颁布的《有效银行监管核心原则》正式成为各国银行业监管规则的国际标准。

(二)对管辖权的明确界定

建立了国际金融监管制度后,对管辖权的界定与分配也尤为重要,以此形成权责明确的有序监管。1982 年意大利最大的银行阿姆布罗西诺银行面临破产,而意大利政府当局对国外子公司的做法,引起了意大利中央银行和卢森堡政府当局之间严重的争执,该案例很好地诠释了明确界定管辖权的必要性。当时阿姆布罗西诺银行濒临倒闭,意大利政府当局立即冻结了该银行的全部资产,并将仅有资金悉数返还给了在意大利母行的所有存款人,却拒绝向卢森堡子行的存款人兑付。对此,意大利政府当局给予的答复是,卢森堡子公司并非阿姆布罗西诺银行的全资公司,且不属于银行,因此他们没有义务对该子公司负责。而卢森堡政府当局认为该卢森堡子行是阿姆布罗西诺银行旗下的子银行,意大利政府当局应该保护子银行的储户。

两国政府当局的矛盾焦点在于母行破产后是否应该对国外子公司负责,而 1975 年《巴塞尔协定》规定"子行的偿付能力由东道国负责",这一规定受到大量批评。于是 1983 年,巴

塞尔委员会在《对银行国外机构的监管原则》中对原协议进行了修正，重新划分了母国和东道国之间的权责义务，规定国外子行的清偿能力由两国共同负责。1996年出台的《跨银行监管》对母国和东道国的管辖权进行了进一步的界定，银行管辖权界定原则分为了四种：东道国原则、母国原则、管制政策协调一致原则、互惠原则，各国可以在适当调整的基础上进行选择。

（三）全球金融市场的准入监管

1992年，美国、加拿大、墨西哥三国签订的北美自由贸易协定正式生效，该协定的目的是加强三国在全球经济贸易中的地位和竞争优势。依照协议的规定，三国之间建立了自由贸易区，可以互相自由进行对外贸易并减免关税，三个会员国要互相遵循最惠国待遇原则、国民待遇原则和程序透明化等规定，以消除贸易壁垒。而欧盟各国采用的是母国原则，即只要一所金融机构在其中一个成员国中取得了营业许可权，那么该机构可以在其他所有成员国中设立分支机构并经营相同的业务，该规定放松了对欧盟范围的境外金融分支机构的准入监管。

在世界贸易组织（WTO）长达十多年的努力下，1997年12月12日，近100个国家达成了《金融服务自由化多边协定》，为降低全球金融市场的准入门槛、促进各国金融市场开放作出了杰出的贡献。该协定的主要内容为：①放宽对设立境外金融机构及其子公司的限制要求，如印度允许境外银行在合理合法的条件下设立12家分行；②降低对境外企业持有东道国银行和金融机构股权份额的限制，如泰国同意境外企业对本国证券机构进行全资控股；③放宽对境外金融机构的经营约束，如日本增加境外银行自动存取款机的每日营业时长。

（四）并表监管

1979年，巴塞尔委员发布了《对银行国际业务的并表监管》，并表监管的方案首次被提出。并表监管是指监管当局将银行集团分散在各国的监管信息汇总起来，对银行集团在全球范围内的经营情况和面临的风险进行监管，建立起一份完整的监管信息档案。在金融全球化的时代下，跨国银行的经营业务遍布全世界，仅对母国银行进行监管是远远不够的，还要对其境外设立的分支银行、子银行、非银行金融机构以及附属公司进行监管，协助银保监会了解到银行集团真实的经营情况，并表监管在这个时代显得至关重要。

对银行集团的并表监管模式已为各国所广泛采用，然而这并不意味着并表监管等同于金融监管国际合作的有效性。首先，因为并表监管不能防止监管失灵的发生，监管套利行为仍然存在。其次，并表监管的前提是母国监管当局能够拥有东道国分公司的相关信息，但此条件通常会因国家保密法而难以满足。此外，对于东道国为引入境外金融机构而放松监管政策的行为，并表监管没有将其纳入考量。

（五）监管信息的交流共享

监管信息的交流共享有助于提高金融监管的效率，目前各国对监管信息的交流共享拥有普遍的共识：每位监管者要进行有效监管，掌握充分的信息；监管者应主动与其他监管者之间建立良好的合作关系，签署相关协议，及时进行信息交流共享；主要监管者与其他监管者应分享信息，对于新颁布的政策、潜在风险因素以及实施的监管行为等，应及时告知。

在国际上，金融监管的交流形式分为双边合作和多边合作。对于双边国家的监管信息交流一般有三种形式：①双边国家经过商讨达成共识后，在谅解备忘录中记录双方国家监管信息交流共享的条约；②通过签订双边援助协议的形式进行监管信息的交流共享，因为东道国只有在双边援助协议下，才有权了解境外金融机构的具体信息；③关系往来密切的国家之间约定的非正式信息交流共享。多边国家之间的信息共享，主要是在国际组织的法律规定下展开的。众多文件对其做出了规定，1990年由巴塞尔银行监管委员会订立的《银行监管当局之间的信息交流》出台，1995年国际保险监管官联合会颁布了《关于双边援助、合作和信息共享的建议》，51个国家签署了该文件，推动了成员国之间的监管信息交流共享，保护金融市场免受欺诈性交易的冲击。

（六）欧盟的统一金融监管

1993年11月1日，《马斯特里赫特条约》正式生效，该条约给予了欧洲央行实施货币政策的职能。1977年《第一号银行指令》出台，对金融监管的各个方面作出了规定，推动了欧盟金融监管的统一。20世纪90年代，欧盟初步形成了对成员国统一金融监管的法律体系，其主要内容可分为三个方面：①存款保险制度。1994年5月出台的《存款保险计划指导原则》对存款保险制度制定了一个最低标准，允许成员国在该最低标准之上自由进行调整。②资本标准。1995年颁布的《资本充足性指令》对欧盟成员国银行和投资公司的资本充足性做出了要求。③审慎监管。对于统一加强成员国金融市场的审慎监管，欧盟在包含《第一号银行指令》在内的一系列文件中做出了详细规定，审慎监管内容包括：制定并表监管的框架；对年度财务报表、会计核算方法进行规范；统一对银行业的监管要求；规定最低风险加权资金；等等。

延伸阅读

英国金融大爆炸

第二次世界大战结束后，受凯恩斯主义经济学的影响，英国开始全面加强金融监管，然而伦敦金融市场的自由竞争却因此受到强烈束缚，导致伦敦金融市场的全球第一地位即将被美国取代。1979年撒切尔夫人当选英国首相，崇尚市场自由竞争的撒切尔夫人认为必须对英国金融体系进行大刀阔斧的改变，否则伦敦将失去全球第一金融市场的地位，英国也会陷入"滞胀"泥潭难以自拔。英国一共进行了两次重大的金融改革，史称"金融大爆炸"。

1986年10月27日，第一次金融大爆炸开始，改革的核心目的是解放政府干预的束缚，促进金融市场的自由化发展。此次大爆炸全面废除了英国金融业严禁混业经营的规定，开始允许商业银行从事股票经纪活动和投资银行业务，于是市场中涌现了一大批"全能银行"，能够满足公众对存贷款、投资理财、保险信托等一系列需求，金融机构之间的竞争活力高涨。另外，这场改革还打开了外国机构准入的大门，进一步加剧了英国金融市场的竞争，许多不具备混业经营能力的金融机构难以抵御国际市场激烈的竞争，被其他强大的境外企业所收购（表2-6）。第一次金融大爆炸不仅对英国造成了强烈的冲击，也让其他国家的金融市场受到震撼，金融自由化改革运动由此席卷全球。

表 2-6　英国投资银行业所有权变化情况

原英国公司	外国收购公司	原英国公司	外国收购公司
华宝	瑞银	富来明	大通摩根
克林沃特	德累斯顿银行	Smith New Court	美林集团
摩根建富	德意志银行	巴克莱银行（股票及公司融资部）	高盛
巴林	ING	国民西敏士（股票业务）	银行家信托
施罗德	花旗集团		

资料来源：Philip Augar. The death of gentlemanly Capitalism[M]. London：Penguin Books LTD., 2001.

第二次金融大爆炸发生在20世纪90年代末，其核心目的是促进金融监管的统一。在分业经营的体制下，英国有9所审批与监管机构共同对金融业进行监管，然而随着混业经营的发展，传统的金融监管体制与混业经营模式显得格格不入，严重影响了金融市场的效率与创新。于是，英国政府取消了英格兰银行的金融监管权，转而将金融监管权集中赋予英国金融服务局（FSA），同时制定了更合理的通货膨胀目标。这两次金融大爆炸有效提高了英国金融监管效率，为市场提供了良好的竞争环境，吸引了大量国外金融机构常驻于伦敦，到了2005年，伦敦金融市场管理的资产已占据全球资产的1/5。

本章小结

1. 金融监管起源于中世纪中后期，起初是对货币的发行和兑换进行管理，发展为对储蓄机构、股份制公司设立准入门槛和对经营权责的规定，再到中央银行的设立。中央银行的设立是一国金融监管从自由迈向严格管制的开端。

2. 20世纪30年代经济大危机爆发，金融风险波及所有资本主义国家，让古典经济学的完美形象幻灭，此后主张政府干预市场经济的凯恩斯主义大行其道，以"市场失灵理论"和"信心经济学"为代表的现代经济学奠定了金融监管的理论基础。各国监管当局通过立法的形式全面加强对金融市场的监管，中央银行的监管权力得以扩大，正式成为银行的银行。

3. 20世纪70年代，资本主义国家的经济发展陷入"滞胀"泥潭长达十年之久，宣布了凯恩斯主义的失败，于是新自由主义的思想浪潮席卷全球，各国的经济政策方向也随之发生变化。金融自由化改革浪潮在80年代后期达到顶峰，然而由于放松管制成效的局限性，新型金融风险得以滋生，新一轮金融危机在100多个国家和地区此起彼伏。

4. 20世纪90年代，各国饱受经济危机的冲击，强烈呼吁严格监管的回归。随着互联网技术的进步和金融创新发展，跨国集团和境外投资企业的队伍不断发展壮大，逐渐形成了全球金融市场一体化的格局，全球金融监管迈入了国际合作时期。加强金融监管国际合作主要具有两个特点，即巴塞尔银行监管委员会的升级进化和金融监管国际组织彼此深化合作。加强金融监管国际合作的主要内容为：建立国际金融监管制度、对管辖权的明确界定、全球金融市场的准入监管、并表监管、监管信息的交流共享、欧盟的统一金融监管。

关键词

金融立法　市场失灵　金融大爆炸　储贷危机　次贷危机　凯恩斯主义　新自由主义　国际合作

 复习思考题

1. 20 世纪 30 年代引起西方国家加强金融监管的事件是什么，该时期主张的经济学思想是什么？
2. 20 世纪 70 年代引起西方国家放松金融管制的事件是什么，该时期主张的经济学思想是什么？
3. 对金融监管理论基础贡献最大的现代经济学是什么？
4. 20 世纪 90 年代加强金融监管国际合作的动因是什么？
5. 加强金融监管国际合作的主要内容有哪些？

第三章　金融监管系统

本章概要

本章介绍金融监管系统的主要内容,立足于新形势金融监管背景下,展示了金融监管目标的新趋势。本章内容主要包括:金融监管目标、金融监管的原则、金融监管工具、金融监管体系、金融监管的途径及金融监管的修正等。

学习要点

1. 明确金融监管目标、原则。
2. 掌握金融监管工具的具体内容。
3. 掌握金融监管体系重要组成部分。
4. 熟悉金融监管的途径。比较现场检查监管、非现场检查监管的不同点和优缺点。
5. 了解金融监管修正的原因和具体内容。

引导案例

1998年6月21日,海南发展银行成为我国首家由于支付危机而倒闭的商业银行。海南发展银行成立于1995年8月,总行位于海南省海口市,并在其他省区市设有少量分支机构。注册资本为16.77亿元,最大股东为海南省政府,出资达3.2亿元。成立以来,海南发展银行共兼并了5家信托公司和28家信用社。成立之初,海南发展银行债务已达44亿元,兼并时坏账损失总额为26亿元。经营过程中,海南发展银行出现大量违规经营的现象,向股东发放大量无法担保的贷款。1995年5—9月,海南发展银行共发放贷款10.6亿元,其中股东贷款就占86.71%。大部分属于担保贷款且用途不明确。此外,28家信用社在被海南发展银行兼并前,大多通过高息方式揽储,靠新的高息存款支付到期存款,部分利率达25%,以此循环,逐渐资不抵债。1997年5月,海口人民城市信用社主任作案潜逃成为海南发展银行倒闭的导火索,公众逐渐意识到问题的严重性,开始出现挤兑行为。为防止风险蔓延,国务院和中国人民银行宣布于1998年6月21日关闭海南发展银行。同时宣布由中国工商银行托管海南发展银行的全部资产负债,存款则根据自然人和法人采取不同措施,居民储蓄由工行兑付,而法人债权先登记,再清算全部资产负债,并按折扣率进行兑付。6月30日,在原海南发展银行各网点开展兑付业务,基于中国工商银行的信用,并没有出现大量挤兑,大部分储户只是把存款进行转存,没有造成严重后果。

海南发展银行为何倒闭?与监管有何联系?

金融监管理论与案例

第一节 金融监管的目标

经济全球化和金融业务的多元化,使得金融风险随时可能出现,对金融监管提出了更高要求。确立金融监管目标则是金融监管理论发展及制定政策的基石,金融监管理论和政策随经济环境变化而变化。因此,金融监管目标并不是一成不变,反而不断发展和完善。

一、金融监管目标的演进

金融不断创新,金融监管目标也在不断地转变和完善。20世纪30年代,金融危机的教训促使金融监管目标向维护金融稳定转变。直至70年代,全球范围内的消费者保护运动的盛行,美国建立了一系列法律法规并成立消费者保护委员会及金融稳定委员会,如《诚实信贷法》《金融隐私权法》。因此,保护金融消费者权益逐步成为金融监管目标之一。严格的金融监管虽然维护了金融业的稳定性,同时也限制了其快速发展,此时,效率问题被考虑入内。21世纪以来,金融监管目标在追求公平、稳定、效率中不断完善。

目前,金融监管目标包括三种类型:单一目标型、双重目标型和多目标型。单一目标型指的是监管过程中注重实现某一个目标的监管类型,双重目标型则在监管过程中更侧重实现两个目标的监管类型,多重目标型则同时兼顾两个以上目标的监管类型。其中,英国、德国是典型的单一目标型,英国以保护存款人利益为目标,德国以保护资产安全和业务正常为监管目标。日韩两国则是双重目标中的典型,而美国是多目标型监管国家,不仅维护消费者的权益,还注重维护银行业信用,建立有效、有竞争的银行系统服务,我国金融监管目标随经济发展而有所侧重。

1986年《中华人民共和国银行管理暂行条例》(下称"条例")出台。条例强调了监管的重要性,金融监管既要保障宏微观经济政策的实施,还要维护金融稳定、保护公众利益、防范金融风险,促进经济健康发展和社会主义现代化建设。条例对遵守对象进行了界定,认为经营存贷款、外汇、信托、结算、租赁及代募证券等金融机构都应遵守本条例,不包括在内的机构禁止经营。此外,还对中央银行、专业银行和其他金融机构的权责进行界定,金融机构的货币发行、信贷资金、利率、存贷、结算等业务要符合条例规定。违反条例则依法追究刑事、行政、经济责任。

20世纪80年代后期,我国经济秩序混乱,市场上出现众多用信贷资金炒房、炒股、乱投资的现象,出现严重的支付危机,经济稳定和金融安全性受到挑战。为了维护金融稳定,规范金融机构行为,1994—1995年我国先后出台了众多法律法规,1994年颁布了《金融机构管理规定》《外资金融机构管理条例》,1995年先后出台《中华人民共和国中国人民银行法》《商业银行法》《票据法》《担保法》等金融法律,为后期金融监管和维护金融秩序提供了法律依据。

2003年以后,消费者保护成为热点话题,包括我国在内的众多国家都希望在保护公众权益方面做出努力。尽管《商业银行法》《银行业监督管理法》均提到要保护消费者,但是保护职责和规范都不够明确,没有强调消费者保护的特殊性,仅仅局限于安全和保密这类问题上。内部监管机制、纠纷解决机制都不够完善、透明,业务和金融机构界限不够清晰,投诉机构难以分辨。2003年银监会和国家发改委颁布的《商业银行服务价格暂行办法》对银行金融机构的服务价格进行了规范,但是一刀切的收费标准往往存在一定局限。在2008年金融危机之后,各国均将保护消费者权益纳入金融监管目标之中,各文件中均有所体现,如《多德-弗兰克法案》《信用卡履责、责任和公开法》《美国财政部现代化金融监管架构蓝图》和金融白皮书。

二、金融监管的目标

各个国家、各个时期金融监管目标有所不同,经过长期实践各国金融监管目标大致分为以下三种。

(一) 维护金融体系的稳定

金融体系是关乎资金流动和集中分配的一个体系,连接着资金供求双方、金融中介等众多市场主体。各行业、市场主体联系日益密切,众多违规事件频出,各市场和行业之间的风险相互影响、相互叠加,给金融体系稳定带来挑战,更甚则会造成经济危机。2022年政府工作报告指出把防范化解重大风险作为稳定宏观经济大盘的重要工作之一,提出设立金融稳定保障基金,丰富和完善风险处置的资金来源。持续完善金融安全体系,追求风险处置成本的最小化,维护金融体系稳定。因此,防范化解金融风险、维护金融体系稳定是金融工作永恒的主题,维护金融体系的稳定是金融监管的首要目标。

(二) 保护公众的合法权益

科技金融推动了金融业的创新,同时也带来了新的风险。相对传统金融机构,互联网金融服务平台的监管力度相对宽松,存在为消费者提供不符合自身条件的金融服务,导致出现过度信贷的现象,使消费者超前消费。此外,众多金融服务平台的相关条款使消费者被动放弃数据共享选择权。在使用金融产品和金融服务时,由于金融和法律相关知识的缺乏,或者为快速获取该金融服务,消费者在选择是否同意用户注册协议和隐私条款时,往往被迫选择同意,丧失主动权。除往常数据泄露与侵权风险外,信息过度收集与滥用同样侵害着公众的合法权益。一旦丧失对金融业的信心,不仅不利于维护消费者利益,更不利于保护金融机构甚至是国家的长期利益。因此,加强金融监管,保护消费者的合法权益有利于降低金融风险。

(三) 促进金融业良性竞争

竞争是市场经济不断发展的重要方式,通过优胜劣汰不断地对整个市场进行筛选。金融业作为竞争性服务业,过多的保护将助长懒惰,不利于金融业的健康发展。进一步扩大金融开放,减轻部分领域垄断问题,促使国内外金融机构在竞争中共同进步。但是竞争不完全是良性的,恶性竞争会导致金融混乱,不利于金融业的健康有序发展。因此,避免过度竞争和非自然垄断是金融市场有序竞争的关键,要以公平规范的行业秩序促进金融竞争,提高金融服务效率,保障金融安全。

第二节　金融监管的原则

金融监管原则是监管过程中需遵循的准则,为金融监管目标服务,主要包括公平公正原则、依法监管原则、适度竞争原则、综合监管原则及有机统一原则。

一、公平公正原则

公平公正原则表明每个金融机构都是平等的,所享有的权利和承担的义务具有一致性。而且要求对于不同规模、性质、背景的金融机构,金融监管机构都要以相同标准对其进行监管,以公平的理念处理金融机构间的纠纷,促进机构间的有序竞争,规范金融机构的市场行为。

二、依法监管原则

与市场调控的频繁变化不同,金融监管不能凭主观想象、推测或想当然处理违法行为。任何监管行为都必须在深入实际的基础上,以事实为依据,以法律为准绳,严格执法,不因个体差异而有所不同,保证监管和法律的严肃性和权威性。

三、适度竞争原则

适度竞争原则强调对金融机构的监管要适度,而且金融机构的相互竞争也要适度,从而形成适度竞争的市场环境,推动金融业的业务创新,吸引客户,提高市场占有率,促进经济发展。监管过严或不到位都将起着相反的作用。如果监管不到位,各金融机构间将可能存在打价格战的情形,导致恶性竞争的出现,市场秩序混乱,情形严重时有可能导致金融危机。而监管过严不利于金融创新,遏制金融业的健康发展。俗话说:"信用是企业的财富,竞争是企业的生命。"适度竞争能够激发金融机构活力,提升银行业的效率。

四、综合监管原则

综合监管原则要求无论是金融监管工具,还是金融监管方法,都要根据实际需要得以充分利用。例如:在进行监管时既可以采用法律工具、技术工具,又可以采用经济工具或行政工具,还可以将四种监管工具相结合,实现金融监管的有效性。在监管途径的选择上,既可以选择现场检查监管,也可以选择非现场检查监管,当然还可以同时采用这两种方法,确保监管结果的准确性和全面性。

五、有机统一原则

有机统一反映的是要求各级金融监管机构的监管标准和口径要统一,以防各级金融机构各自为政,建立的标准和口径互相矛盾,不利于监管工作的顺利开展。经济全球化背景下,国内外交易日益密切,国内金融监管法规、政策、措施要紧跟世界步伐,与国际金融监管相协调。国内的宏微观金融政策措施也要相互统一,不能相互抵触,影响政策效果。

第三节 金融监管的工具

与监管目标相适应,不同国家、不同时期监管工具不一样。金融监管工具大致分为以下四种:经济工具、法律工具、行政工具和技术工具。这四个金融监管工具构成一个有机统一体,缺一不可。法律工具作为金融监管的基础,为金融监管提供了制度保障;经济工具作为金融监管的核心,是金融活动有机化、协调化的重要工具;行政手段是金融监管的辅助,通过直接干预和管理的方式,减缓巨大波动;而技术手段作为金融监管的补充,将风险进行量化以便快速反应。金融监管仅仅依靠某一种工具是很难达到预想效果,只有各个工具相互配合,视情况有所侧重,金融监管才能发挥有效作用。

一、金融监管的经济工具

经济工具是指金融监管当局通过间接影响金融活动和参与主体,达到监管金融活动和金融机构的目的。我国已有众多金融监管的经济手段,如存款保险制度、最后贷款人手段、金融信贷手段及税收政策等。

作为监管当局常用手段,金融监管的经济工具在管理过程中发挥重要作用。在生产经营过程中,如果一项经营活动能够带来利润或收益,那么管理者会主动加大人力、物力、财力的投入,金融机构也不例外。由于金融机构与各行业之间联系密切,一旦出现问题,将会带来风险甚至经济危机。所以,金融监管除了强制性金融监管工具外,还需经济工具作为补充。金融监管的经济工具有利于金融机构在同一金融市场环境下自发调整、提高经营效率。但经济工具缺乏时效性,不能及时发挥作用,或者发挥作用的时间较长,监管效果大打折扣。

二、金融监管的法律工具

金融监管的法律工具是指通过法律手段,强制要求金融市场中的参与主体依法行事,提供良好的竞争环境。监管对象不仅包括金融机构,还包括监管机构。各金融机构经营行为均须符合规范,同样监管机构监管行为也要符合法律规定,体现了一定的公平公正性。在金融机构存在如内幕交易、欺诈及恶意操纵股价等违规行为时,监管机构可以运用法律手段行使监管职能,从而保证法律的权威性、强制性及有效性。当然,这就要求立法具有超前性,确保监管时有法可依。同样,如果监管行为出现超越权限、失之偏颇及恶意刁难等行为时,金融机构可以借助相关渠道投诉,维护自身的合法权益。因此,法律工具是金融监管的基础,对众多违法行为起到警示、遏制及处罚的作用。但互联网不断推动着金融创新发展,相反,法律一旦制定就不得随意更改,所以部分法律相对落后,不能覆盖所有市场行为,存在一定的滞后性。因此,在金融监管过程中还需借助其他工具共同发力,提高金融监管的效率性。

三、金融监管的行政工具

行政工具是除法律工具外另一干预手段,是指金融监管当局通过制度、办法、通知等形式,对金融机构直接干预和管理的手段,有针对性强、见效快的特征。尤其针对短期金融活动出现剧烈波动、法律尚不能覆盖的新金融业务或者需针对某一特定领域进行治理等情形。对于上述情形,行政工具使用效果显著,而且具有不可替代的地位。但是,行政工具监管不够全面,而且副作用大,缺乏稳定性和持续性,还与市场规律相冲突。因此,行政工具既不能作为首要监管手段,也不是可有可无。它通常作为一种辅助工具,与经济工具、法律工具及技术工具配合使用,当行使其他工具仍没有达到预想监管效果时,则可利用行政工具达到强化效果的作用。

四、金融监管的技术工具

随着各领域发展逐步科技化,金融监管当局在实施监管权力时要充分利用先进的技术手段。金融监管的技术工具指的是借助电子计算机,通过相应程序和算法收集、处理信息资料,对金融机构进行实时监管的手段。通过技术工具可以迅速了解各个金融机构的经营状况和风险状况,还可以扩大金融监管当局的监管范围,提高监管效率和准确性。将监管内容量化,通过数据、模型、程序等形式直观地反馈监管结果,对金融机构进行实时监控,还能发现各金融机构经营过程中潜在的问题,降低金融风险发生的可能性,发挥着预防作用。同样,技术工具也是金融监管的重要工具之一,是法律工具、经济工具的重要助手。

第四节 金融监管的体系

在进行监管之前,需以完善的金融监管体系为前提。既要有丰富、权威的法律体系为基础,还要有相应的金融监管行使主体,更要明确监管范围。因此,金融监管体系包括金融监管的法律体系、金融监管的组织体系、金融监管的内容体系。

一、金融监管的法律体系

金融法律体系是指在进行金融交易的过程中,为保证金融交易、金融调控、金融监管的安全性和有效性而制定的法律总称。其调控对象包括金融交易关系、金融调控关系和金融监管关系,金融法律体系的内涵种类丰富,包括银行法、证券法、期货法、担保法、保险法、票据法等。全国人大常委会颁布的金融法律有 8 部,国务院颁布的金融法规则有上百部,其他相关法规总数达 3 000 余部。金融法律体系以一定金融市场环境为基础,旨在保证金融市场的公平、安全、效率以及三者的相互协调。因此,金融法律体系调控的对象是复杂的、多元化的。而金融监管法律体系仅处理金融监管关系,其对象是单一的。狭义上,其表现为政府监管机构依法对金融机构和业务活动的监管;广义上,还包括自律性组织的监管、中介机构的监管及社会舆论的监督。

根据调整金融关系不同,金融监管的法律体系分为金融基础法、金融监管法。金融基础法是对金融监管关系和金融业务关系进行调整的法律总称。首先,金融基础法的调整对象更为广泛,涉及银行等金融机构与非金融机构的间接融资关系、金融中介服务关系,非金融机构与个人的融资关系等。其次,金融基础法的范围广泛,不仅仅局限于法律,还包括法规、规章、地方性法规、自律性规范。金融监管法包含在金融基础法之中,以金融基础法为依据进行制定。但是,两者又具有一定的区别:金融监管法更强调金融监管当局的监管行为,以维护金融稳定、保护公众合法利益为目标,更强调对金融机构的规范和约束。金融基础法是为促进金融机构业务顺利开展而制定的,两者在行使主体、内容及地位均有所不同:金融基础法的行使主体包括金融机构和政府机构;金融基础法不仅对义务进行规定,还对权力进行了规范;金融基础法的独立性更强,是金融监管法的制定基础。

根据法律渊源不同,法律、行政法规、规章。法律构成金融监管的基础性框架,为金融监管提供法律依据。我国相关法律包括《中国人民银行法》《商业银行法》《银行业监督管理法》等;行政法规对市场准入、市场退出、日常业务行为进行规范,如《金融资产管理公司条例》《金融违法行为处罚办法》《个人存款账户实名制规定》《金融机构撤销条例》等;规章则是金融监管机构根据其职权范围制定的规定、决定、通知等。

二、金融监管的组织体系

各国金融监管模式有所不同,金融监管的组织体系则是根据监管模式设立的一整套监管系统。从监管对象的角度看,金融监管的组织体系大体上包括以下四部分。

(一)金融监管当局的监管

目前,我国实行的是分业经营、分业监管的金融监管体制,与其他国家仅由财政部或中央银行进行监管不同,我国实行的是财政部与中央银行共同监管原则,除财政部外,具体包括"一行一局一会"。其中"一行"为中国人民银行,"一局"为国家金融监督管理总局(下简称金融监管总局),"一会"为中国证券监督管理委员会(以下简称证监会),分别对银行业、证券业、保险业实施监管。

为及时、准确掌握金融机构的经营状况、风险水平及财务信息,国家金融监督管理总局及证监会既可以通过金融机构公开披露的信息全面监管,还可以与其他机构共同交流,如与外部审计机构构建三方会谈机制,或邀请商业银行、资产托管机构、证券交易所等协助调查。《保险集团公司监督管理办法》规定:"保险集团公司应当将本公司及集团整体的基本情况、重大事项、年度信息披露报告登载于公司网站上。"

银保监会根据《中华人民共和国保险法》(以下简称保险法),《中华人民共和国公司法》(以下简称公司法)规定,按实质重于形式的原则,对保险公司实行全面、持续、穿透的监管原则。除设立需经国家金融监督管理总局批准外,还对保险公司经营管理、风险控制、信息披露、监督管理等具有严格规定。正如,保险公司在经营过程中可投资保险资产管理机构、保险专业代理机构、保险经纪机构和保险公估机构及其他保险类企业,还可以投资非保险类金融企业。保险集团公司及其子公司对境内非保险类金融企业重大股权投资的账面余额,合计不得超过集团上一年末合并净资产的30%。而且,投资同一金融行业中主营业务相同的企业,控股的数量原则上不得超过一家。此外,保险集团公司及其境内子公司对境外主体重大股权投资的账面余额,合计不得超过集团上一年末合并净资产的10%。银保监会还将通过直接或间接监管的方式对保险公司的资本、财务以及风险进行全面和持续的并表监管,规定其按要求报送财务报告,监管报告、重大事件及其影响措施。对于不按监管规定执行,或不符合审慎监管要求的将要求其采取相应措施。

由于公司公开披露的信息反映的都是历史的数据,仅依靠这些信息将减弱监管效果。因此,为保证能够更加有效、精准对金融机构进行监管,金融监管当局通常还会借助现场检查这一途径获取更多信息,深入了解金融机构的经营状况和风险状况,维护众多相关者的共同利益。

(二) 行业自律组织监管

行业自律组织是为维护市场秩序、促进行业发展、提高从业人员素质和会员服务水平依法成立的非营利性组织。早年间行业自律组织已经存在,采用同业自愿的方式,发挥着制定行为规范、产品最低价及防止恶性竞争的功能。当前,为进一步加强金融监管的有效性,维护各方的共同利益,行业自律组织功能得到进一步完善,成为除金融监管当局的审慎监管外的重要补充,如我国的银行业协会、证券业协会、保险业协会等。

行业自律组织的存在促使金融机构遵守法律法规、行业协会章程,加强行业自律,形成公平、有序竞争市场环境。一方面,行业自律组织协助处理各会员之间的矛盾和纠纷,及时反馈社会公众的意见和要求,维系金融机构与客户之间的关系。另一方面,还能代表本行业与其他行业或政府部门进行沟通协调,维护金融业的利益,传达本行业诉求。对于违规经营行为,违反行业协会章程致使行业利益受损的会员,依法采取自律性处罚,并上报业务主管单位。在中国香港和台湾地区,对于严重违反法律法规及协会章程的会员,行业协会有权制止甚至停止其清算资格。同时,行业自律组织能够健全从业人员信用信息体系,组织人员培训,对从业人员进行自律管理,提高从业人员素养。

(三) 社会监督

社会监督主要包括社会舆论体系、社会监督机构及有关政府部门。社会舆论监管是一种外部监督方式,通过借助传播工具行使监督权,实现对金融业的监管。信息化时代的进一步发展,众多信息暴露在公众的视野中,社会公众都可以通过网络、电视、报纸、广播等方式获取各种信息,较为完善的投诉、举报机制提升了社会舆论的威力。社会舆论监管成为金融监管体系中的另一重要组成部分,可以鼓励社会公众关心和协助金融业的监管,督促各金融机构依法经营和规范行事,能够迅速发现并以较低成本减少金融违规现象。会计师事务所、评级机构、审计师事务所和律师事务所等中介机构在金融监管中起着协助的作用,帮助审计、核实金融机构的财务数据,提高信息披露的客观性。

(四) 金融机构的内部监管

金融机构内部控制体系也在发挥监管职能。合理的组织机构明确了银行各部门、岗位职责,避免一人担任相冲突的岗位,造成重大损失。金融机构内部稽核部门不仅对日常经营活动进行持续监督,还会通过专项评估的方式对某个部分进行专项检查,并对内控系统的有效性进行评价。此外,风险管理机构借助风险监测系统对客户、产品和区域风险进行实时监测,对风险额度进行连续监控。另外,各金融机构还建立了相应的内控制度,把内控制度融入运作之中,了解金融机构所有活动,通过内部稽核部门将信息反馈至最高决策层并促使其改进。

三、金融监管的内容体系

根据监管内容的不同,金融监管可以分为金融行政监管和金融业务监管。金融行政监管主要包括对市场准入和退出的监管。而金融业务监管则是对金融机构的经营运作进行监管。市场准入监管是对机构、业务、高级管理人员准入进行监管,也是商业银行监管的首要环节。《中华人民共和国商业银行法》规定商业银行及其分支机构设立要符合经济发展的需要,实缴资本、财务经营状况、盈利能力和人员、场所等要符合准入门槛要求;管理人员需具有与职务相匹配的学历和专业素养且无不良记录,熟悉、贯彻法律法规。金融机构在开展相关业务前首先要符合客观需要和法律规定,而且要具备相应比例的专业人员,建立科学完善的风险控制系统和业务操作流程。市场退出监管要做到抓、放并进,责令改正并对严重违规、资不抵债、破产倒闭等金融机构强制退出市场。市场运作过程中金融机构的资产、负债、风险投资三者之间需要保持相应比例。此外,监管部门还会对金融机构的存贷款利率、结算、信贷资产规模和质量、经营风险、存款准备金等进行管理和监测。

第五节 金融监管的途径

为规范金融机构经营活动,维护金融环境和市场秩序,金融监管途径主要分为非现场检查监管和现场检查监管两种。2022年《中国人民银行执法检查程序规定》中强调了金融监管当局在监管时要更注重非现场检查、现场检查或者二者相结合的方式,二者不是相互对立、非此即彼的关系,在实际监管过程中,二者相互补充、相互促进,所以非现场检查和现场检查都是金融监管不可或缺的一部分。

一、非现场检查监管

非现场检查是利用互联网、大数据等技术手段,对采集到的数据资料进行分析研究,主要包括各类报表(如资产负债表、损益表、投资债券分析表、大额存贷款分析表、收支分析表等),及时了解金融机构的风险、经营状况,发现被检查人的违法违规行为。非现场检查为现场检查监管提供依据和指导,使现场检查监管更有针对性,非现场调查借助计算机、大数据分析技术为现场调查提供了补充,降低了监管成本。

根据检查内容的不同,非现场检查分为合规性检查和风险性检查。通俗地讲,合规性检查是检查银行的业务是否符合法律和政策规范,信贷规模、流动性、呆账准备金等是合规检查的重要计算指标。而风险性检查更强调评估金融机构的风险性,检查金融机构的业务活动是否处于合理的风险范围内,计算分析金融机构的杠杆资本率、逾期贷款比率、市场风险等指标,有利于金融机构的稳健经营。非现场检查的具体流程包括:采集数据、核对和整理数据、生成风险监管指标、风险监测分析与质询、风险初步评价与早期预警和指导现场检查。

（一）非现场检查流程

第一，银行等金融机构需要按照金融监管当局的要求统一报送相同口径和格式的数据资料至数据库，金融监管当局根据实际情况获取相应数据。

第二，金融监管当局将对数据进行审核，确保数据的真实性、准确性和完整性，如有必要可前往金融机构进行核实；再由统计部门对数据进行分类整理，为后期计算监管指标奠定基础。

第三，以前期整理分类的数据为基础，运用数据分析软件生成衡量金融机构合规性和风险性的指标，对其进行监测和分析。

第四，通过对比分析法和趋势分析法评估金融机构已经或可能出现的问题，提出质询，规定金融机构在指定时间内按要求说明情况及提供相应材料。对比分析法，即找到一个与被查机构规模、经营环境类似的金融机构，将两者进行对比，从而找到被查机构存在的问题。与对比分析法不同，趋势分析法是对同一家被查机构的不同时期指标进行对比分析，预测该金融机构的发展趋势。

第五，金融监管当局将针对前期分析结果撰写非现场调查分析报告，并对此次调查进行初步评价，及时向被查机构发出预警信号，提出措施和建议，必要时可做处理决定，情形严重时，须撰写专题报告向上级领导和部门汇报。

第六，非现场检查可以为后期制定现场检查方案提供依据。

（二）非现场检查监管优缺点

与现场检查相比，非现场检查成本更低、更有效，信息化时代发展使得金融监管获取数据更加方便快捷，而且在进行综合分析时通过借助计算机和数据分析软件能够更加迅速地得出分析结果；此外，非现场监管间隔时间短，具有及时性、连续性的特点，凭借数据优势实现对金融机构持续性监管。当然，非现场监管同样具有一定的问题，仅依靠收集的数据金融机构进行监测分析并不能了解问题的深层原因，掌握的信息没有现场检查来得真实、全面。

二、现场检查监管

现场检查监管是指监管机构为了解金融机构制度、风险和经营管理状况成立检查小组，运用审阅、计算、对比分析、比较分析等方法，并借助计算机对金融机构的数据和资料（如财务报表、文件档案、原始凭证和规章制度）进行实地调查。

根据调查范围的不同分为专项检查和全面检查。全面检查是指对金融机构某一时期的所有业务进行实地检查，对金融机构的整体经营状况、风险水平进行总体评价。专项检查是指对金融机构部分问题或业务进行有针对性的检查。相对于全面检查，专项检查重点更突出，涉及范围相对更窄。无论是全面检查还是专项检查，现场检查都是以规范金融机构行为为目的，具体流程包括：检查准备、检查实施、检查报告、检查处理、检查档案处理等。在实际监管过程中，应遵循依法、公正、效率原则，对不同规模、复杂程度的金融机构选择相应检查程序。

（一）现场检查流程

在检查准备阶段，一般情况下，一旦确定进行现场检查，首先将成立检查组，对小组成员进行培训，成员主要包括检查组组长、主查人及检查人员，其中检查组组长与主查人可由一人兼任。通常情况下，将把检查组进一步划分成若干小组，且每组至少包含两名检查成员。

在计划制订阶段，将根据被查机构以往情况、经营状况和安全性等因素，确定检查时间及重点检查的内容。为进一步细化现场检查方案，金融监管当局根据实际需要会提前发放"现场检查通知书""检查前问卷"及相关资料，收集往年现场调查资料、内外部审计报告、整改情况、处理报告、举报材料媒体报道及其他相关资料。材料基本收齐后，检查组对收集的材料进行审核和综合分析，提前了解各种可能出现的问题，确定具体的检查目标、检查任务及检查重点等，以便节省时间和人力。

准备工作完成后，正式进入检查实施阶段，检查组将告知此次检查的目的、方式、范围及被查机构的权利与义务，基于掌握的材料向被查机构了解和质询，并生成相关材料并留存。最终，按照实事求是、客观公正的原则，对被查机构存在的问题进行定性评价，对不确定性问题不作评价。在实施阶段使用的检查方法包括：总体查阅、现场审查和调查取证。总体查阅即对被查机构的内外部审计报告、账表数据进行查阅，确定账账、账实及账表之间的一致性，了解被查机构的基本情况和资产负债情况，确保账表数据的真实、完整性。

检查报告阶段，检查小组根据检查过程中生成的现场检查资料，对检查过程中掌握的情况和发现的问题进行客观、公正的详细评价，并形成"检查事实评价"。当然，它并不是最终的检查报告。在生成最终检查报告前，还需要与被查机构进行总结会谈，听取被检查机构的合理意见，如若未反馈则视为无异议。金融监管当局依据情况不同，对被查机构采取不同处理措施。对于不涉及行政处罚的问题，形成检查意见书，督促被查机构进行整改；若涉及行政处罚，还应按规定做出相应处罚。接着，金融监管当局将意见书、被查机构整改方案、具体整改情形等记入到年度监管报告中，为下一次监管方案提供依据。

最后，进入收尾阶段，即检查档案整理阶段。把整个现场检查过程中各种资料文件按照检查的四个流程进行分类整理，并生成电子版检查档案入档。

（二）现场检查监管的优缺点

现场检查是通过实地交流、沟通了解情况和存在的问题，因此它的灵活性强，而且掌握的信息更加真实、具体。然而现场检查从准备阶段到生成检查报告，再到检查档案整理阶段需耗费大量的人力、物力、财力，付出的成本过高。而且生成检查报告阶段的会谈内容具有很大的主观性，与被查机构相关负责人的沟通表达能力、性格和价值观具有重大联系，会在一定程度上影响信息的真实性。

第六节 金融监管的修正

一、金融监管系统修正的原因

一般来说，金融监管提供促进金融机构有序竞争，提高金融服务效率。首先，在金融监管的过程中，也存在监管成本大于收益的可能。被监管者有可能把自身的管制成本转嫁给客户，此时监管效果会打折，当然转嫁能否成功以及转嫁程度依赖于金融服务的供给弹性。金融监管还可能引起道德风险，破坏金融机构间的有序竞争。金融管制会给人一种只要不突破管制边界就是可行的信号，甚至部分金融机构会为了获取更高的利润而突破金融监管边界。正如2008年美国的次贷危机,在房地产行业火热的背景下,银行类金融机构在贷款限额内将资金贷给客户,不认真审查或者不审查客户信息、信用状况和还款能力等,因为此时利润远高于成本。此外,金融管制,顾名思义,是对金融机构进行限制,如经营活动范围、存贷额度、准入、兼并等等。虽然金融管制是为了维护金融机构间的有序竞争,但统一、开放的平台是有序竞争的基础,准入管制同样抑制它们的有序竞争,因此,限制与促进的边界难以掌握。而且,随着市场的逐步发展,前期的金融监管条例必然将不合时宜,不能顺应创新需求,而金融创新是金融监管的内在动力,推动着金融监管逐步完善和发展。因此,金融监管需要不断进行调整和修正,遵循监管—创新—再监管—再创新的动态循环规律。

二、金融监管系统修正的内容

随着经济金融状况的发展,金融监管理论在实践中不断地丰富和完善,金融监管系统的修正主要包括以下内容。

(一)金融监管目标与原则的修正

金融监管在不同时期有着其不同的目标与原则。在20世纪30年代,由于经济大危机使整个金融体系处于稳定运行状态成为金融监管的首要任务。20世纪六七十年代,经济形势好转,金融自由化及金融创新需求日益加大,监管的主导目标是提高金融机构经营效益。21世纪20年代,全球暴发严重疫情,金融形势严峻,金融监管的核心是使整个金融体系处于稳定运行状态。金融监管在不同时期理应有不同的侧重点,但维护金融体系的安全与稳定在任何时期都是金融监管的首要任务。金融作为现代经济的核心,金融监管的原则也日益完善。内容主要表现为依法监管原则、公平公正原则、适度竞争原则等。

(二)金融监管制度的修正

2002年前后,由于美国政府完全放松金融监管,导致美国时不时出现上市公司作案,金融市场的信用受到很大影响,这迫使人们开始尝试建立更为有效的新的金融监管体制,2008年,以雷氏兄弟银行破产为标志,发端于美国的金融危机迅速向全球金融市场扩散,引发了全球的经济、金融大动荡。对此,美国在2008年3月31日和2009年6月17日提出了重建金融监管的一揽子计划,这一改革成为当前全球金融监管发展中最为重要的里程碑。这是符合经济和金融日益全球化下的金融监管,是既能保持金融稳定又能有效监管金融市场运行的金融监管体制。2017年,我国央行发布了强化资产管理企业监管条例的指导意见,这是金融监管的一个关键的转折点,是防范规模庞大的"影子银行"行业出现系统性风险的最新举措。

(三)金融监管理念的修正

20世纪30年代到90年代的金融监管理论只关注经济的特色性,忽略了金融活动本质性和金融体系运作的特殊性。金融监管目标难以实现,主要是因为以前金融监管以经济学原理为基础,忽略了法学理论。美国次贷危机引发的全球性金融危机就是很好的证明。对此,现代金融监管的理念必须重新塑造,可从下面三个方面进行:①金融体系运行的特殊性和金融的本质属性。主要体现在金融体系内在的脆弱性,债权债务关系的不稳定性,因为实际经济运行起伏不定,融资类型和信贷资金的结构及规模不断变化。②金融资源思想的基础。建立金融资源观念能让金融资源开发和配置更加合理,甚至金融监管制度也可以作为金融资源。③法律的目标。目前,我国法律日趋完善,法律目标同样作为金融监管的核心。

(四) 金融监管模式的修正

各国的金融监管模式都是根据实际国情来确认的,但金融监管模式的修正大致可以分为四个特征。

1. 分业监管向混业监管的转变

美国以前按照不同的金融机构分别进行监管,如证券有证券法、保险有保险法等。1999年,美国的《格拉斯-斯蒂格尔法案》宣布废除,与此同时,《金融服务法案》开始实施,这是联邦政府、州政府和专门机构建立的新的监管模式,这是现代金融业混业监管的潮流。

2. 机构性监管向功能性监管的转变

机构性监管是指,针对不同的金融机构类型,各国均设立了不同的监管机构,它们各司其职,互不干涉。而功能性监管更关注金融产品实现的基本功能。功能性监管有很多优点,监管全面、减少监管职能的冲突,盲点易于发现等;但其缺点也很明显,协调程序复杂。不过随着电子计算机的快速发展,功能性监管的不足会逐渐得到弥补的。

3. 单向监管向全面监管的转变

金融监管的监管范围逐步扩大到了所有业务,如早期的金融监管对信用风险比较在意。2001年巴塞尔银行监管委员会吸取了《有效银行监管的核心原则》,成功颁布了《新资本协议》,以此加强全面监管。

4. 封闭性监管向开放性监管的转变

巴林银行的倒闭让各国的信息沟通显得愈发重要,国际金融危机也使得各国的国际性监管合作有了很大的发展。封闭性监管已成过去式,国内国际的多边监管、开放性监管已然登上国际舞台。

(五) 金融监管体系的修正

目前,我国的金融监管主要由政府主导,目前存在偏重合规性检查、风险检查不足、金融业自律机制的作用没有充分发挥、监管漏洞多等问题。想要解决这些问题,根本的解决方案是要提高金融机构从业人员的素质,加强对决策机构和决策人以及内部工作人员和职能部门的风险控制和制度管理,促使金融机构得以持续发展。

(六) 金融安全网的修正

金融安全网是指为了防范金融风险向其他金融机构甚至是整个行业蔓延,政府根据本国实际情况制定的一系列制度安排。所以,金融安全网起着维护金融稳定的作用,可以降低系统性风险发生的可能性。金融安全网的具体原理是通过一系列制度和监管工具,从多个角度(经济周期、金融市场、金融机构行为)衡量金融系统的潜在风险。目前,广义的各国金融安全网主要包括存款保险制度、最后贷款人制度、审慎监管三大支柱。狭义的金融安全网只包括存款保险制度、最后贷款人制度这两项。首先,存款保险制度中金融机构的风险状况很难进行评价。1994年以来,存款保险费率是以金融机构的风险程度为依据,根据风险程度的不同,存款保险费率有所差异,有利于降低金融机构的风险程度,但对风险程度进行客观评价仍具有一定的难度。此外,最后贷款人制度同样存在一定问题。最后贷款人制度给社会公众传递一种大而不倒的信号,此时会导致道德风险,金融机构,尤其是一些中小银行将为获取利润而承担更大的风险。而且,最后贷款人的存在会降低整个社会对金融机构进行监管的积极性。

(七) 监管金融监管者的修正

斯蒂格勒在《经济监管理论》中提出:"作为一种规律,监管者容易被所监管的行业所俘获,监管的设计和动作基本上被监管行业的利益而展开。"该理论强调监管人员会被实力强大的银行、证券等金融机构所"俘获",因为监管人员可以从中获得便利和收益,甚至可能直接是货币的补贴。斯蒂格勒提出的"监管俘获理论"从反方向说明了监管金融监管者的必要。研究表明,美国证券交易委员会和日本大藏省这两个金融监管机构都存在被监管对象所"俘获"的情况。建立科学的监管金融监管者的机制就显得尤为重要。首先可以引进外部监管机制。比如,让媒体、银行的利益相关者参与监督金融监管者。媒体和市场对金融机构监管往往比监管机构更直接,它们可以在事情刚发生时就发挥作用,而金融监管则比较晚,事情都快到尾声了才开始介入。这样可以减小金融监管者犯错的风险。其次,对监管人员的资格要严格要求,严格限制。比如要求监管人员离职后一定时间内不得从事可能获得好处的职位,否则,对其进行从业处罚。对于金融监管者的监督,要保持高压态势,发现一起严处一起。

延伸阅读

存款保险制度

存款保险制度是指为了保护存款人利益,维护金融稳定,规定存款性金融机构缴纳一定比例的存款保险准备金,在存款性金融机构发生经营性危机和倒闭风险时,存款保险机构支付部分或全部存款的保障制度。存款保险制度起源于美国:1921 年以后美国经济直线下降,众多放贷机构倒闭,直至 1933 年达到顶峰,同年出台《紧急银行救助法案》《格拉斯-斯蒂格尔法案》重拾存款人信任,并创立联邦存款保险公司,1950 年还专门出台《存款保险法》。第二次世界大战结束以后,各国在引入存款保险制度的基础上,因地制宜地制定相关法律,如印度的《存款保险法》、加拿大的《存款保险公司法》、欧盟的《存款保障计划法》等。2008 年次贷危机以后,美国又制定了《多德-弗兰克华尔街改革与消费者保护法案》,进一步深化了存款保险机构的职责;2014 年对《有效存款保险制度核心原则》进行修订,从各个角度提出该制度需具备的要素,明确存款保险在防范金融风险中的作用。

2015 年,通过总结他国经验并结合实际情况,我国于 5 月 1 日正式实施《存款保险条例》,要求各家银行向保险机构统一缴纳保险费,一旦银行出现危机,保险机构将对存款人提供最高 50 万元的赔付额。同时,《关于促进民营银行发展的指导意见》通过风险差别费率和早期纠正机制纠正和释放风险,根据资本充足率、资产质量、流动性状况和存款规模等因素确定费率。此外,通过测算、建模及定性分析建立存款保险评级体系,促进差别费率的确定。对于风险较高的金融机构实行较高费率,反之实行较低费率。

最后贷款人制度

最后贷款人制度是指商业银行出现短暂清偿能力不足或筹资困难的情形时,中央银行通过贴现或公开市场业务的方式为商业银行提供资金支持,避免银行破产倒闭造成公众恐慌,承担最后贷款人的角色。当然,贷款提供资金的前提是商业银行需提供抵押品并缴纳惩罚性利率。众所周知,银行在进行资产负债管理时,倾向于将短期资金用于长期贷款,获取借贷利差提高自身的收益水平,也就是我们通常说的借短贷长,这势必会加剧商业银行资产负债结构不匹配问题。一旦出现外部冲击或信任危机时,公众恐慌情绪触发便一发不可收拾,造成挤兑现象。信息的不对称性会引起公众对整个金融体系产生怀疑,不愿意将资金存入银行类金融机构,整个金融系统面临崩溃,出现多米诺骨牌效应。所以,承担最后贷款人的角色面临很大的风险和压力,因此,提供资金的机构除了中央银行还包括政府财政部门,因为向这类商业银行提供资金会恶化中央银行的资产负债表,随着市场环境变化,部分抵押品的实际价值将低于所获得的贷款价值,此时,中央银行会要求政府财政部门分担部门风险。出于维持市场经济稳定的目的,政府财政部门具有很大的主动性参与注资。从另一个角度来看,最后贷款人制度为事后保险措施,这一角色的存在有时反而会加剧危机,出现道德风险,尤其是大型商业银行。大型商业银行认为即使自身面临破产倒闭危机时,政府也会提供救助,因为政府和社会公众不会希望出现这样的情形。那么这类商业银行将放松风险约束和危机管理,甚至追求高风险、高收益的银行业务。另一方面,也正因为社会公众坚信大型商业银行不会倒闭,也就是通常说的大而不倒,将疏于监督,降低社会公众监督的积极性。地方政府监管部门只是风险处置的牵头者,实际风险处置资金由中央银行承担,监管职能分离,监管部门在前期风险揭示、处置、纠正的主动性不强。信息共享机制在一些地方难以落实,中央银行又缺乏风险监测、评估手段,最终只能作为一个"买单者"出现,具有很大的被动性。虽然最后贷款人救助陷入流动性危机的银行金融机构,但现实情况并不如此,救助标准进一步降低、救助范围进一步扩大,最后贷款人制度被滥用,不利于市场主体的有序竞争。

目前,我国承担最后贷款人这一角色的是中国人民银行,2003年出台的《中国人民银行法》规定中国人民银行可以根据实际情形救助筹资困难的商业银行,对商业银行提供贷款,维护金融稳定,其中期限不超过一年,可通过再贷款、再贴现的形式提供资金支持,而且,利率、数额、期限要符合法律规定。2005年以来包商银行资本充足率不达标,资不抵债,出现信用风险,直至2019年中国人民银行接管包商银行,发挥最后贷款人职能,通过并购、新设和抵押担保的方式解决包商银行的债权债务问题。此后,中国人民银行意识到最后贷款人制度的缺陷。2021年,中国人民银行发布的《中国金融稳定报告》指出,最后贷款人这一角色使中国人民银行被动承担部分金融风险处置成本,还易引发道德风险,最后贷款人制度还需结合国际国内经验进一步完善。明确各方处置风险的权责,中国人民银行原则上只为陷入流动性危机的银行提供资金支持,不包括资不抵债风险。首先,金融机构和股东需承担主要责任,应以自有资金或向市场筹资的方式补充资金、承担风险,风险处置成本由债权人承担。其次,地方政府部门承担第一责任,可借助财政资金化解风险。最后,金融机构接受贷款时要提供足额抵质押物。

本章小结

1. 随着时间推移,金融监管目标不断发展和完善,各个时期、各个国家金融监管目标有一定差异,但基本包括维护金融体系的稳定、保护公众合法权益、促进金融业良性发展。在实施监管过程中,需要借助一种或多种金融工具,如经济工具、法律工具、行政工具和技术工具;遵循公平、合法、适度竞争、综合监管、有机统一原则,实现金融监管目标。

2. 金融监管体系包括：法律体系、组织体系和内容体系。组织体系包括金融机构的内部监管、金融监管当局的监管、行业自律组织的监管和体制外的金融监管。此外，金融监管内容则是对金融机构的准入、运作和退出三方面进行有序监管。

3. 金融监管途径主要包括现场检查监管和非现场检查监管。二者具有一定差异，但又相互补充，是金融监管的重要途径，能全面、真实、准确地反映金融机构的经营和风险状况。

4. 在监管过程中，金融监管系统不断暴露问题，不能对金融创新进行有效监督。所以，金融监管系统应该是在动态发展之中逐步修正。金融监管的修正包括目标与原则、制度、理念、模式、体系、金融安全网和监管金融监管者的修正。

关键词

金融监管工具　金融监管体系　现场检查监管　非现场检查监管

复习思考题

1. 简述非现场检查监管和现场检查监管的关系。
2. 简述金融监管修正的主要内容。
3. 简述金融监管的工具有哪些？
4. 论述金融监管的组织体系由哪几部分组成？
5. 论述金融监管的目标和原则。

第四章　金融监管理论

本章概要

本章主要介绍五种金融监管理论：信用管理的金融监管理论、强调约束的金融监管理论、注重效率的金融监管理论、规则引导的金融监管理论和宏观审慎金融监管理论，并分析了金融监管理论未来发展趋势。

学习要点

1. 建立金融监管理论相关发展框架。
2. 掌握理论概念，如金融脆弱性理论、监管供求理论、激励相容理论等。
3. 分析金融监管理论未来发展趋势。

引导案例

日本经济"泡沫"危机

日本从20世纪70年代起逐步推行金融自由化，到了80年代以后，经济得到了迅猛的发展。在我国，推动金融自由化的措施有：放款利率、金融业务的自由化；这些政策对日本的经济发展起到了很大的推动作用，也是日本顺应时代变化的重要举措。自由化是一种"风险投资"，它的执行需要相应的金融监管和法律法规，但日本政府却没有制定相关的监管措施，金融自由化对日本的"泡沫"产生了很大的影响。

1985年"广场协议"签署后，日元大幅升值，导致国际贸易急剧下滑，尽管日本政府出台了五项紧急的财政政策，连续五次降低贴现率，但由于对投资方向的迷茫，大批资本流入股市，导致日本的投资热潮，"泡沫"危机也随之出现。自1986年以来，日经指数一路飙升，1989年达到了38 915点的历史新高，较原来的12 598点增长了2.1倍。其间日本政府通过引入消费税、提高官方贴现率等手段来稳定市场，但效果并不明显。此后，日本政府实施了一系列的财政紧缩措施，导致日经指数在1990年2月大幅下挫，1992年年初出现了数次跌停。于是，股票市场泡沫破裂，同时对日本经济造成了很大的影响。在泡沫经济时期，公司的房地产投资推动隐性利润的增加，而隐性利润的增加反过来推动了日经指数的上涨。泡沫经济表面是由"广场协议"造成的，但其产生与扩展，根源在于日本内部的基础经济环境的改变，使得以往对日本经济有利的诸多因素都发生了相反的转变，主要表现在基本的经济形势、金融自由化、金融体制、公司的市场行为等方面。

所以，日本的经济"泡沫"到底是怎么来的？"自由"与"监管"究竟应该如何抉择？

第一节 信用管理的金融监管理论

20世纪30年代之前，世界各国的货币体系都是以金属货币体系为基础的。在流通过程中，人们发现了黄金本身就具有自然的货币性质。因此，人们不愿意对其进行人为的控制。随着经济和贸易的发展，人们对货币的需求日益增长，硬通货的数量远远无法满足市场的需求，人们迫切需要新的金融工具，现代货币信贷体系由此出现，主要体现为：商业银行的崛起、信贷工具的迅速普及以及中央银行的建立。19世纪后，随着经济危机的频繁发生，人们对"无形之手"的盲目崇拜也随之破灭，监管理念进入经济领域。英国国会为了规范股票市场，先后出台了几项法案，但其中所体现的政府对金融的管制还不能算是真正意义上的现代金融管制，而是政府对股市动荡的干预，这仅仅是现代金融监管的一部分。

一、关于信用管理的金融监管理论

早期的经济危机的发生，很大程度上源于脆弱的货币系统和混乱的银行系统。一个国家有多个国家的货币流通，导致了不同国家的货币间的恶性竞争，从而导致货币价格的上涨和交易效率的下降。银行系统的混乱主要是因为银行准入机制不健全、标准偏低，造成了银行发行体制的紊乱，制约了货币功能的发挥，本已十分脆弱的金融系统变得更加不稳定。为了克服货币制度的脆弱性，产生了信用监管理论。

（一）货币信用的管理

18世纪亚当·斯密提出了"真实票据理论"。他相信，只要银行的资金主要集中在反映实际商品流通的短期商业票据上，国家外贸与商业银行的自由竞争能有效地控制货币的发行，限制信贷的供应，从而保障个别银行的稳定运营，甚至是整个银行业的安全。只要把银行的资金投入到流通的短期商业票据中，就不会引起通胀和财政紧缩，"无形之手"可以起到一定的作用，而银行则可以自由地进行竞争，无须强加限制。桑顿在《纸币信用》一书中提出反对意见，认为必须实行货币信贷控制。他认为，"真实票据理论"无法保障银行的流动性和提供充足的资金弹性，不能使银行免遭挤兑。所以，按照原则发行，存在着"超量发行"的风险，需要对其进行集中监管。这两种思想在随后的"银行学派""通货学派"中得到了传承和发展。

"通货学派"在"物价决定于通货数量"的基础上，承认对货币流通速度具有一定的影响，认为货币只包括金属货币以及银行券，除这些之外的其他信用货币都只能起辅助作用。同时，通货学派认为由于贵金属具有良好的市场退出机制，因此不会引起通货膨胀，而银行券有可能会造成通胀。因为银行券的发行无任何可循的规律，发行数量完全由银行所决定，这会导致银行面临承兑风险，所以想要维持通货稳定，便需要银行来控制发行。因此，中央银行的建立是众望所归。"银行学派"则对"通货学派"的理论表示质疑，该学派主张"流通媒介的数量由物价所决定"。虽然兑现是银行券发行的必要条件之一，但他们更重视发行方式与回流规则，只要银行券是基于商品流通现实需要，那么是否兑现就显得无关紧要了。这场两个学派之间旷日持久的辩论赛，最后以"通货学派"的胜利暂时告一段落，"通货学派"的论点也在庇尔法中得到彻底的应用，中央银行开始建立。

（二）最后贷款人制度

最后贷款人制度是指由央行向处于危机中的银行发放应急资金。通常情况下，央行会给那些暂时缺少流动资金但仍然有偿付能力的银行以惩罚性的利率，并在保证充足的情况下，避免危机的扩散。它的产生源于近代的两大特征：银行的储蓄和国家货币发行的垄断。这种垄断的货币发行使央行既充当了货币供应者，又充当了储蓄转换为货币的担保人。1802年亨利·桑顿在《对大不列颠票据信用的性质和效果的调查》一书中，对最后贷款人制度进行了全面系统的概述。他发现了最后贷款人的三个重要特点：①最后贷款人创造和维系高能货币，是金融体系具有流动性的保证；②是黄金储备保管人，采取措施维持本国黄金数量的稳定；③最后贷款人担负公众责任，需要对整个金融体系负责。

央行作为货币的发放者和管理者，逐步担负起了信贷"保险"的职责，作为众多金融机构的最后贷款人，必须对其进行融资和信贷担保，避免因为恐慌性挤兑而导致银行破产，从而引发经济危机。最后贷款人虽然不属于金融监管的范畴，但却为央行监管打下了基础。

总体而言，20世纪30年代之前，金融监管尚未形成一个完整的理论体系，有关金融监管的研究也比较狭窄，主要围绕"自由"与"监管"展开，其核心问题是货币信贷与防范挤兑。此外，由于研究手段单一，仅从逻辑上来解释"自由"和"监管"的优劣，尚无有力的论证。当然，这与当时的自由资本主义处于全盛状态，以及新古典经济的主流信条是"无形之手"有关。

1913年美联储的诞生，标志着真正具有现代意义的金融市场开始建立。这也是百年金融史的第一大分水岭。美联储的建立，使得政府垄断货币发行权成为现实，建立了较为完善的银行准入机制，稳定了货币基础。逐步消灭混乱的多币种竞争体系，为经济发展提供了稳定的货币支持。后来，人们开始探寻新的金融创新工具，创新必然伴随着不稳定，于是金融监管重点逐步从货币稳定过渡为金融市场稳定。

第二节　强调约束的金融监管理论

20世纪30年代的"大萧条"，导致大量银行和金融机构倒闭，使资本主义经济陷于混乱和衰退。持续的经济危机、对自由经济的冲击，这些问题都是由于市场的不完善而引起的，经济学家也逐渐意识到，"无形之手"的万能只是一个传说，人们注意到经济内部的不稳定。新自由主义经济学的"市场万能论"逐渐被取代，凯恩斯的经济思想逐渐成为主流，中央银行传统上的货币管制已转化为货币政策，并服务于宏观调控的目标，政府管制与经济活动相伴而生。随着金融监管问题的日益突出，金融监管理论研究也逐渐成形。

一、关于公共利益的监管理论

公共利益的监管理论以市场失灵和福利经济学为基础，指出管制是政府对公共需要的反应，力图使市场失灵得以弥补，提高资源配置效率，实现社会福利最大化，发展规划更加符合全民利益。这一思想后来也成为金融监管理论中的重要组成部分。市场失灵主要表现为外部效应、信息不对称、不完全竞争或自然垄断等。监管是一种公共产品，是能够降低或消除市场失灵的手段。相应地,形成了自然垄断监管理论、负外部性监管理论、公共产品监管理论、信息不对称监管理论。

（一）自然垄断监管理论

自然垄断是指企业在市场竞争中,通过自由竞争,公司的规模不断扩张,最后形成优胜劣汰的竞争格局。总之,在金融市场上,竞争是非常普遍的,只要有竞争,便会有垄断的可能,行业的集中必然会出现垄断者和垄断企业,当自然垄断出现之后,市场中的自由竞争机制被破坏,继而引起市场失灵,甚至会造成政治上的不利影响。所以,设立分支机构、银行合并管制等措施,都是为了避免某个公司的力量太大而形成垄断。

新自由主义经济学主张自由竞争是经济发展的动力,如果自由竞争的市场能自发地产生,那么它就会自然而然地达到平衡,而各国只是扮演"守夜人"的角色,以提供有利的外部环境。但是,2007年的经济危机显示,自由竞争带来的并非都像新自由主义人士所声称的一样只有利益,而是金融寡头垄断,威胁经济和社会的繁荣。因此,金融监管是必要的。

很多学者认为,银行业中有一定规模的经济,而且随着银行规模的扩大,其成本和利润也会随之增加,这就说明了其在某种程度上存在着天然的垄断条件。金融行业的垄断行为,会造成价格歧视、寻租等损害资源分配效率、损害消费者权益的行为,严重损害了金融服务的质量,降低了金融服务的效率,造成了金融市场的巨大损失。因此,要通过管制来避免过度垄断。

（二）负外部性监管理论

金融体系正外部性是指金融机构发挥其金融中介的作用,吸收储蓄,释放投资,盘活社会中闲置资金,从而促进经济增长。金融体系负外部性与之相反,是指当一个金融机构面临破产状况时,它会导致货币信贷的紧缩,破坏经济增长,甚至有可能会产生一系列连锁反应。我们可以从以下几个方面来判定积极的外部因素和消极的外部因素。在供给某种商品或服务时,若不能完全占有所有的利益,即个人的收入少于社会的利益,就具有正的外部性。同时,也可以从个体成本与社会成本的比较来解释外部性的存在。当存在外部性时,市场机制所反映的不是社会效用最大化,而是市场主体的效用最大化。比如,高污染企业往往会产生大量的废气废水,从而污染大气、水体、土壤等自然资源,形成自然环境退化的损失,并间接影响公众生命安全健康,这些都会造成社会经济资源的损耗,因此高污染企业的私人收益要比社会收益大得多。

在金融市场中,负外部性的表现尤为明显。金融机构运用非自有资金,进行大规模的资产运作,杠杆率是其他行业的近十倍,当经营出现问题时,由客户承担主要风险。而一家金融机构的风险很有可能会导致连锁风险,一家银行出现挤提行为,由于民众的"恐慌心理",其他银行也有可能出现挤提风险。因此,要从政府制定规则、标准、市场准入审批、建立审慎的财务监督体系等方面着手,控制金融机构对其他企业的外在影响。

（三）公共产品监管理论

在一个稳定、有效、公平的金融体系中,公共品具有非排他性和非竞争性的特点。非排他性是指社会中所有的人都可以享受公共品所带来的便利;非竞争性是指任何人都可以享受公共品带来的便利的同时,与其他人不产生竞争关系。在公共品中总会面临的问题是,私人消费者具有消费公共品的动力,却没有为公共品贡献的激励。所以,必然会出现有人不劳而获,在享受社会为其提供的产品的同时,没有为维护公共品而作出贡献,即吸收与产出不对等,那么就会使得供给越来越少而需求与日俱增。要解决这一问题,就必须由政府出面进行统筹安排。

公共品监管理论的核心就是,对金融市场而言,政府应发挥其作用,通过各种方法,限制个体金融机构风险性行为,降低金融机构非理性行为,保证金融体系健康稳定地运作,维护消费者利益,维持市场经济的稳健运行。

（四）信息不对称监管理论

信息不对称是指交易双方有关交易的信息掌握不均衡,有可能是由于当事人的有限理性,也有可能是由于当事人的机会主义。信息的不完备和不对称,导致经济学理论不能完美运用。信息不够充分的一方有可能因逆向选择而损失自己的利益,从市场中撤出。信息越多,就越容易产生道德风险,致使金融市场效率低下,风险提高,从而导致市场失灵。信息不对称、准入成本高和市场准入限制,造成了金融市场潜在利益损失。在这种情况下,如果信息较少的一方想要进入金融市场,那势必要损失一些自身利益,而这部分损失的利益使得投资收入降低,若进行非理性决策,有可能威胁到其他金融参与者的利益,信息不对称使他们不能做出理性的决策,也不能进行有效监督。

在存款业务信息不对称的条件下,存款人选择金融机构更多的是根据其现有的信息进行的判断,而金融机构往往在信息获取方面更具有优势,也要比存款人更加了解业务模式与相应的风险。所以金融机构可以利用信息不对称的优势,吸引存款人资金投入,存款人的资金就这样很有可能流向经营绩效差、收益率低的金融机构,若该金融机构将资金运用在风险性高的投资上,那么存款人就会承担一定的风险,这部分资金也会降低社会资金利用效率。金融领域除存款业务外还有各种存在信息不对称风险的业务,即使是信用评级高的金融机构,也有可能会因为信息不对称等原因决策失误,进而造成严重后果。然而,收集信息的代价很大,这使得金融机构很难承受。

信息不对称管制理论就是基于上述可能的风险形成的,其核心是,在信息不完备的环境下,信息获取较少的投资者或金融机构往往处在相对劣势,导致金融效率低下、金融风险升高,政府的外部监管能够逐步完善信息的完备程度,降低信息获取成本,降低金融风险,减少经济损失。

（五）关于公共利益监管理论的评价

金融管制被认为是应对市场失效的一项措施。首先,一些学者对以市场失效理论为基础的政府调控途径进行了批判。实际上,市场机制往往可以弥补一切效率低下,金融机构也能自行解决反向选择的问题,如提供品质保证、使用商标、进行广告宣传等。认为垄断的力量或外部性会导致资源分配的无效化,其前提是没有交易费用。若将交易费用纳入分析,则可以实现对资源的有效分配。其次,最初的市场失效理论认为,政府财政管制是有效的,而且在实施过程中不会产生高额的费用。然而,由于市场失灵所引起的交易及资讯成本,却被政府所忽略。最后,主流的公共利益理论都认为,金融调控的目的在于解决经济效率问题,但是它并不能很好地解释金融调控有时候甚至会损害经济效率的现象。

二、关于金融脆弱的监管理论

金融脆弱性是指金融体制和结构出现不平衡而造成风险累积,金融系统失去某些或所有功能的金融状况。这一理论指出,金融系统本身就是一个不稳定的系统,所以金融风险是无处不在的,金融危机是必然的。金融脆弱性分为广义和狭义两种类型:狭义的金融脆弱性是指金融内部的脆弱性,其根源在于高负债企业的产业特征和资产价格的不稳定;广义的金融脆弱性是指所有高风险集中的金融状况。其主要表现为下面几个方面。①金融机构资产和负债的流动性难以配合。②存在信息不对称,客户无法准确评估金融机构的财务状况,不能将经营状况良好的金融机构从众多金融机构中剥离出来。所以当他们对于合作金融机构产生怀疑时,所能做的就是终止合作,由此形成的挤兑可能会蔓延至其他经营状况好的金融机构,甚至造成整个行业的连锁反应,最终危害经济正常发展。③存在个体理性与集体理性的冲突,每个人都理性行事,并不能保证加总之后的结果还是理性的。金融脆弱性是引发金融危机的微观原因,是金融微观管制需求的关键所在。

银行业自身固有的不稳定导致了银行的脆弱性,银行自身的脆弱性则是导致金融体系脆弱的主要原因。金融系统的风险是指金融市场出现系统性危机或崩溃的可能性。纵观历史,在各种金融中介组织中,银行是最基础、最重要、最易引起金融危机的部门。在我国的金融监管体系中,银行监管是其中的一个重要环节。相对于银行而言,非银行的金融中介机构总体上具有较低的系统性风险。即便有,它也是通过与银行体系的连接来运作的。因此,从制度风险的视角出发,对非银行金融机构实施特殊监管并不十分必要。当然,为了维护消费者的权益,必须对其进行有效规制。金融体系的薄弱环节,使得金融体系必须由政府来监管,以维护公众的信任,进而维护金融安全。

1936年,凯恩斯公开挑战了"无形之手"这一理论,这为严格、广泛的金融管制提供了有力的支持,也是第二次世界大战结束后西方发达国家强化金融管制的重要依据。受凯恩斯宏观经济学思想的影响,传统的央行货币控制转向了货币政策,实现了宏观调控的目的,而干预金融机构的运作成为这一阶段的重要内容。

无论如何,"大危机"以后的政府干预经济理论和金融管制理论的发展,导致了世界主要经济体步入了近半个世纪的严格金融监管时期,它们不仅在理论上没有根本的分歧,在管理机构上也趋向专业化,典型标志是相当一部分国家建立了独立的金融监管机构。即使有些国家没有专业的金融监管机构,在中央银行内部,金融监管部门的地位也相当突出,金融监管的法律体系逐步庞大和完善。

第三节 注重效率的金融监管理论

20世纪70年代以后,随着西方经济规模的不断扩大,金融发展不断深入,对金融创新的要求也越来越高。第二次世界大战结束后,新兴市场国家成为全球经济发展不可或缺的一部分。相较于发达国家,发展中国家"资金瓶颈"严重,对资本的极度渴望,这使发展中国家亟须金融自由化。

金融自由化理论的观点主要包括两点。第一,自20世纪30年代以来,政府一直对市场经济实行严格的监管,甚至涉及具体经营行为。而此时,存款保险制度稳定发挥作用,银行挤提现象大幅减少,这样严格的监管与经济发展目标相悖。第二,即使政府进行监管是为了维护金融稳定,促进经济发展,但避免不了掺杂政治斗争的因素,无法理想化地维护全民利益,因此政府的"内部性"使得政府监管逐步失灵。宽松的金融监管理论并不是对政府监管的全盘否认,而是依据目前的经济发展目标作出适当的调整,促进经济发展效率。

金融监管由管制型向效率型转变的过程中,理论界围绕利益和效率形成了多种解释,主要包括监管供求理论、监管俘获理论、监管寻租理论、管制成本理论、社会契约论和管制辩证理论等六种。其中,监管供求理论的影响最大,传播范围也最广。

一、监管供求理论

监管供求理论起源于乔治·斯蒂格勒1971年在《贝尔经济学与管理科学杂志》上发表的著名文章《经济管制理论》。他认为,一个企业支持政府进行监管,是因为政府为其经营创造隐性利益,比如货币供给、控制竞争者、价格规范等。政府在进行监管时主要是基于"公共品"的考量,各种政治因素必然会导致监管效率低下。监管也许就是行业一直在寻找的目标。其设计与执行大多是为了受控行业的利益;监管仅仅是在不同的利益群体中进行财富的转移。但是他同时也注意到,监管也可以对一个行业实施,而且会对被监管行业造成许多问题。随后,波斯纳与佩尔茨曼将这一理论进一步完善,逐渐趋于成熟。他们的观点主要分为三部分:①公共利益概念不清晰,忽略了其中还含有利益集团的可能。②在实证方面,很难找到政府支持公共利益的数据。③监管者的目标与被监管者的目标差异。在历史的发展中,我们发现,行业监管并没有建立在公共品利益的基础之上,当被监管者在监管者身上付出费用(如租金、税费、罚金等)时,这些费用最后往往会转移至消费者身上。也就是说,监管是一种金融服务,它的供应者是政府,它们通过交易来获取财政资源或者表决权;需求方则是特定的利益团体,它们在努力扩大自己的收入来源。

监管供求理论的主要观点认为,大企业通过利用选票和资源来控制政府,政府监管实际上是大企业在控制,当被管制企业对于监管规则越来越清晰时,就会出现各种应对管制的方法,甚至可能会利用这些规则,为自己带来利益。这些管制刚出台时,是为了保护消费者的利益,而最终也会由于违背这个目的被终结。

二、监管俘获理论

监管俘获理论认为,政府进行金融监管最初是为了维护公众利益。但是,随着时间的流逝,这种控制并不能保护和增进公众的利益,而常常被监管者所控制,从而违反其本意。乔治·斯蒂格勒在《经济管制理论》中通过实证研究得出:从经营效率方面来看,受到监管的企业并没有比不受监管的企业高。因此,他提出了"监管俘获理论"。这一理论的具体含义是:为了满足工业对监管的需求,政府监管最终将受制于工业。监管俘获理论的核心内容是:一个有特别影响的利益团体,即受监管的公司,以其自身的利益为目标进行寻租行为,以此来捕获和分享垄断利润,这使政府监管变成了一种寻求垄断利益的方式。

受管制者与消费者的利益目的可以通过经济手段加以定量和测量,但是监管者的目的难以测量。监管者与消费者的利益基本上是相同的,因为监管者是为了保障社会的分配公平和效率,所以它们的目的是保护消费者的利益。通常来说,管制产业的定价由政府管制部门最后决策,但是在实际定价过程中,却是消费者、被管制企业、管制单位,特别是被管制企业与政府间的博弈。博弈的本质是重新分配利润。一般来说,当一个利益团体和监管机构的联系愈紧密,它们的观点就愈发容易被监管机构接受,并在博弈中取得更有利的地位。

三、监管寻租理论

经济学上对"租"的解读来自"地租",它是与垄断和市场限制相关的稀缺要素的超额报酬。"租"是指政府通过对经济活动的干预和调控而产生的超常收入,这是一种权力租,它的特征是转移收入。更具体地说,它是一种以寻求政府干涉或控制为目的的非生产性行为。传统经济学相对于"寻利"而言,更多的是在研究利益寻租。

"寻租"的本质在于,"租"加大了市场竞争,而政府调控会增加监管中的"寻租"行为,从而为政府和中介机构带来"租",加剧了市场的不公平,所以,只有在理想的情况下,政府对金融进行监管才可以达到最佳状态。现实经验发现,越是金融管制严格的时期,寻租现象越是严重,越是金融监管范围大的国家,寻租现象越是普遍,虽然金融监管在一定程度上维护了经济发展的稳定性,但是随着时间的推移,"寻租"是不可避免的。

在经济改革时期,某些市场自发调节机制未得到有效发挥。与此同时,监管机构也在不断扩大其自身的力量。在金融监管领域,监管者用行政引导代替法律监督的情况也屡见不鲜,这就导致了政府监督的低效。因为监管可以获得利润,所以,政府会不断地为监管找借口,让监管的规模膨胀,将更多的产业纳入监管范畴,最终导致"全民寻租",滋生腐败。

四、管制成本理论

管制成本说将规制费用划分为两种类型,即直接资源费用和间接效益损失。直接资源费用包含行政费用和法律法规费用。其中,行政费用是政府在监督管理活动中花费的资源;法律法规费用是指受监管人员在遵守法规时所消耗的资源。管制的间接效益损失,是由受管人改变其原有的行为模式所引起的利益损失。这一损失既不体现在政府预算的开支中,也不体现在个人直接承担的费用上,而是表现为整体利益的损失。首先,由于金融管制而产生的间接效益损失是由道德风险引起的。存款人在没有过多考虑的情况下,会优先选择储蓄机构,这样就有可能导致不良的金融机构获得更多的存款。其次,由于这一原因,银行在资产中的高收益和高风险性将会增大,从而导致信贷资产的风险上升。另外,道德风险也会影响私营部门的其他各个领域,从而产生外部的经济规模影响。再次,金融监管造成的次要效应是由于规制会削弱竞争,从而造成静态的低效;阻碍金融中介的创新,从而造成动态的无效化。最后,效率损失源于过分严格的监管,这会迫使金融机构对其经营地点进行反思,以减少其合法经营的代价,从而导致该区域和国家的利益受损。

管制成本理论并非单纯地肯定或否定金融监管,而是将其视为与经济生活中一切活动相同的一种行为。如果在监管的过程中,使用的资源远大于监管后的收益,那么这就违背了监管的初衷。管制成本理论是用监管效率(目标完成度)和费用比率的最大值来代替成本-效益比。

五、社会契约论

1976年,戈德伯格·维克多提出了社会契约理论。这一理论的中心思想是把监管者当作消费者的代理,通过与生产商订立一份长期合同来保护消费者的利益,从而对合同的实施进行监督。但是,由于法治不完备,导致契约具有很多漏洞,所以需要通过政府监管来弥补这些漏洞。在实际的生产生活中,上述这种政府代替消费者进行签约的情形很少见,主要是由于政府以契约来对生产者进行监管,中间会产生大量签约成本,事后成本也极高,而且经济效率必然低下。

六、管制辩证理论

凯恩斯发现,上述理论都是在静态场景中分析的,并没有考虑到经济生活中的变化。因此,他利用黑格尔的辩证法,建立了管制辩证理论。从动态的角度对于金融监管做出了解释:在微观层面分析,金融机构会受到各个方面的约束,因此会基于上述约束进行调整,以便在限制中寻求利益最大化,而监管机构也会在被监管机构做出反应后,调整监管措施,于是就会形成监管、逃避、再监管、再逃避的无限循环。由于每次调整之后,双方的技术、组织等都会发生相应改变。而政府监管的调整需要时间,所以监管总是存在滞后性,于是出现了管制辩证理论。监管与被监管是个不断博弈的过程,所以引入竞争机制才能消除监管供给不足的问题。

这段时期,经济学家一直试图在管制与效率中寻找平衡点,金融监管理论也逐渐完善。金融供求、金融俘获、金融寻租等理论的出现,使人们了解利益集团的存在,揭露了监管效率低的原因,为追求高效率的金融运行奠定了基础。由于放松了管制,金融危机成为经济体的困扰,对于新兴经济体更是极大的威胁——对外开放程度越高,受国际游资威胁也就越深。这一阶段金融危机形成的主要原因是金融市场自由化程度和监管措施的不配套,虽然自由化促进了金融发展,但金融监管没有跟上,缺乏相应配套措施。经济学家虽然提出了大量的理论,但重点都在于解释严格的金融监管如何降低金融效率,并未提出具体的解决方案。

第四节 规则引导的金融监管理论

自20世纪90年代以来,随着金融自由化浪潮而来的是金融风险大幅上升,国际金融市场动荡不安。收益与风险的平衡、效率与监管的平衡、金融体系稳定和经济发展的平衡成为研究的重点。与以往不同的是,在这一阶段,金融领域的研究更多地侧重于其本身的特殊性、实效性,而非"市场"和"政府"之间的优劣,并试图寻求二者之间的契合点,在市场和政府的协同作用下实现金融系统的协调发展。

一、功能监管理论

金融中介理论主要可以分为机构观和功能观。机构观认为当金融机构确定时,监管的目的是帮助金融机构发展,而功能观认为在经济发展中,金融职能是固定的,金融机构仅仅是依靠其职能所衍生的附属产品,监管是为了寻找运作这些功能的最佳机构。功能监管理论是基于功能观点而发展起来的。

莫顿认为,金融职能的稳定性要高于金融机构,金融职能要优于组织结构,金融机构的形态也要随着职能的不同而发生改变,金融机构的创新与竞争将会增强金融体系的各种职能。而确保金融要素对经济发展起到良好的、稳定的、持续的、最优的资源配置作用是金融监管的基本目的。核心内容可以分为以下四点:①纵观过去的经验发现,不同的经济体中金融服务功能是基本稳定的,但金融机构却在历史洪流中不断更新迭代。所以依据功能来制定政策和金融监管方案,更能有效避免监管混乱,提高监管效率。②基于金融功能制定方案,监管具有通用性,不论各个国家具有何种需求,都可以很好地适应。③增加金融监管机构监管专一性。这就是为不同的金融服务设置专门的监管机构,增强监管专业性。第四,降低金融机构进行监管套利的可能性。金融机构通常都会在不违背金融监管的前提下,降低监管资本。这里的监管资本主要说的是监管税收,会使金融机构利益下降,这就是金融机构进行监管套利的动机,但当金融机构根据金融功能进行专一监管时,就可以及时针对各种套利行为调整措施。

功能监管理论突破了传统的金融监管模式,为混乱不堪的金融监管秩序带来了新思路,但目前仍处于理论模式,具体的配套措施还未明确。

二、激励相容监管理论

激励相容监管理论是指在金融监管中不仅应考虑政府的监管目标,还应该从金融机构的经营目标出发,为金融监管引入更多市场化的机制,利用外部约束和内部管理一起实现监管目标。政府也存在失灵状况,没有人可以保证政府措施一定可以达到既定目标。过度的监管甚至会抑制企业积极性,形成道德风险。此时,可以利用市场规律来弥补政府管制缺陷。首先,提升金融机构自我负责意识,加强金融机构信息透明度,健全内部控制系统,而监管机构负责设计一种可以激发被监管机构自我负责具有内生动力的机制。其次,市场规律与政府管制不是敌对的关系,它们之间应该是相辅相成的。

新巴塞尔协议充分体现了激励兼容的思想,当金融机构在选择更简单的风险管理系统时,需要更多的资金,反之不需要更多的资金。激励相容监管理论的关键在于推动银行的健康发展,遏制不良的银行,对其施加一定的压力,鼓励企业实行自我监管。

三、资本监管理论

国际银行监管的原则是巴塞尔银行委员会提出的,主要内容是以资本监管为核心的微观审慎监管。1988年旧巴塞尔协议确立了全球统一的银行资本充足率标准,银行开始将重点转移至资产管理。2004年新巴塞尔协议的出台,正视了银行之间的差异性,对指令性规则的依赖减少,增加了可供被监管机构选择的成分,将资本监管的框架拓展为最低资本成本要求、官方监管和市场约束三大支柱。

（一）基于存款保险的期权定价资本监管模型

霍瓦基米安、凯恩斯等人把莫顿的股票期权模型扩展成了一个无限展期的股东回报模型,并对1985—1994年的美国商业银行的风险转移和资本管制的有效性进行了研究。我国商业银行的资本管制未能有效地防止银行的风险转移,而且还会对银行进行政府的补贴,从而对其进行风险转移。

（二）基于银行特许权价值的资本监管博弈模型

基里和德姆塞茨的经验分析表明,银行的特许经营价值对银行的审慎管制有着重要的作用：特许经营价值的下降会使银行更倾向于增加投机行为,从而使资产分配的风险增大；相反,则会降低投资的概率,降低资产配置的风险。而且,激烈的竞争会使特许经营权的价值下降。汉尔曼等以巴塔查亚利率管制的静态模型为依据,结合罗彻的资本需求与投机者之间的相互关系,构建了一种比较静态的资本规制模型来研究帕累托效应。结果表明：资本的增长会降低银行的预期收益,因此,银行会尽量降低资本金,如果其他条件不变,那么存款市场上的激烈竞争会使银行的特许经营价值大大降低。因此,在金融自由化、充分竞争的市场条件下,若没有对存款利率进行必要的约束,那么,银行必然会选择投资于高收益的风险资产,而基础充足性监管则难以实现帕累托最优。

四、市场纪律监管理论

由于政府管制的失败以及金融安全网所带来的诸多问题,金融监管体制的变革在西方学界引发了一场激烈的讨论。与此同时,随着金融监管理论的不断深化,我国的金融系统也出现了两种失灵：市场失灵和监管失灵。在激励管制理论的基础上,对"双重失灵"问题的研究,也为"市场自律"理论作出了重要的贡献。这一理论主张把市场和政府有机地结合在一起,并着重指出了市场自律在金融监管中的重要作用。

凯恩斯在银行存款保险制度改革的六项提案中,着重指出市场自律的必要性,自那以后,市场自律作为金融监管的三大支柱（金融机构的内控、政府监管和市场自律）之一,逐步为人们所熟知,尤其是在1999年《美国现代服务法案》颁布之后,市场自律成为人们关注的焦点。

凯恩斯认为,在以往金融监管体系中,由于监管者的能力问题,他们制定的监管措施往往难以达到理想状态。其中,设立存款保险制度的原因是为了保证资金安全,但却让金融机构有机可乘,他们提高了风险资产占比,将风险转移给存款保险制度,最终由监管者来承担后果。想要解决这个问题,就要运用市场机制约束金融机构,对于存款保险进行合理定价。

当前,大部分学者都同意将市场自律和政府管制相结合。他们主张,应该在市场自律为主的基础上,逐渐增加对市场的限制,最终使得政府监管和市场自律共同作用。汤姆森认为,缩小金融安全网的范围和规模是非常重要的。比如降低存款保险的额度,对于存款保险制度精准定价,为保证上述措施有效,还应改革最后贷款人制度。凯恩斯认为恢复市场纪律的核心任务,在于控制信息不对称所带来的风险。另外,可以通过自己报告和市场价值核算相结合的方法，衡量各个参与组织的运作情况。弗莱纳通过一系列系统分析后得出结论，个人投资者对证券收益和风险进行合理评估是市场约束发挥作用的基础。所以，弗莱纳瑞认为，政府监管应该和市场约束相结合，帮助市场对金融机构进行准确评估。

20世纪90年代以来，由于一系列的金融危机，金融自由化的研究也遭到了广泛的批判。然而，一方面，至今并没有足够的证据证明，金融市场的自由化必然会引起金融系统的动荡，也没有任何一个金融系统能够保证其安全和稳定。另一方面，某些国家的金融机构效率的提升以及金融行业的蓬勃发展则恰恰证明了这一点。在经历了一系列监管、放松、再监管、再放松的循环往复后，金融监管也进入全新的时代：金融监管理论不再拘泥于纯理论研究，开始更加注重实操性；不再是非黑即白的对立研究，开始更加注重政府监管与市场调节的融合，开始更多地运用实证研究，运用具体的数据，增加结果可信度。

第五节　宏观审慎的金融监管理论

一、金融稳定与宏观审慎

（一）金融稳定的概念

虽然每年有越来越多的央行定期发布自己的金融稳定报告，但是没有一家能够精确地界定"金融稳定"这一概念。到目前为止，国际上对金融稳定的认识还不够统一、准确。金融市场的不稳定是金融危机的主要特点，主要表现在金融市场的大量挤兑、倒闭、金融资产的大幅波动、巨大的资产损失、金融市场的金融环境等。就像美联储的副主席罗杰·W. 富古森所说，要界定金融动荡，看起来就容易多了。他认为，金融不稳定性主要表现在三个方面：某些主要的金融资产的组合价值已严重偏离其基本价值；市场作用和其国际和国内的信用严重失真；前两个项目的结果使总开支与实际经济的生产能力相去甚远。

国际上对金融稳定的概念界定并不统一，但对其含义的理解却是大同小异。从上述定义可知，金融稳定实质上是指一种包括机构、市场、金融基础结构三个层面的协调发展的状况，而在这些基础设施中，除了硬件如支付系统或网络系统之外，还应该包括诸如法律框架等软环境。从整体上看，金融稳定是一个有效运行的金融系统，其终极目标是使资源最优化配置。在欧洲央行的定义中，没有特别提及货币稳定性，这并不意味着货币的稳定性是无关紧要的。实际上，稳定的物价和高效率的支付体系是保证金融稳定的两个基础，如果出现了货币危机（恶性通胀或汇率剧烈波动），则会导致不能有效地把储蓄转换成投资。另外，金融稳定的概念也应当包括：①在一个稳定的金融系统中，有利润的项目必须获得必要的资金支持；②个人应当能够在不同的时间内进行支出的分配；③市场参与者有能力应对（也就是选择承担或转移）风险；④买卖双方能够在一个合理的价位内完成付款。这些是一个健全的金融系统所应该具备的特性。

通过以上的分析，我们可以得到以下几个基本观点：①金融稳定性是宏观经济的概念，而非特定的制度；②一个稳定的金融制度未必就是一个高效的制度，一个制度在某种程度上是稳定或高效的，但是两者之间的平衡却很难实现；③金融稳定的重点是防范系统性的风险，但也要注意到对系统安全有重大影响的个人和事件；④稳定不是一成不变的，尤其是金融系统的稳定性。

金融稳定可以分为三个层次：金融基础稳定、金融恶化和金融危机。与金融稳定有关的是金融发展与安全，要维护好金融发展、金融稳定与金融安全的关系。

（二）金融稳定的特征

金融稳定的特征主要包括以下三个方面。

1. 整体性

中央银行应注重维护宏观金融发展稳定，同时将金融各领域、各行业的发展变化都纳入监管范围，对影响较大的机构密切关注，在潜在问题暴露时，及时采取措施。

2. 变化性

金融稳定的概念是在不断变化的，一国的金融状况需要健全的金融机构、健全的金融市场、健全的监管框架、健全的金融监管体系、高效的结算系统，并在体制和机制上进行调整，形成一套能够有效地调节金融系统的体系结构，以满足金融环境的变化。

3. 效益性

一国财政制度的稳定应包含提高储蓄和投资的效率、改善全社会资源的配置等内容。以效率不断提高、资源配置不断优化、防范风险能力不断提高为前提，为构建具有可持续性、竞争力、经济效益良好的金融系统奠定了坚实的基础。

（三）促进金融稳定的原则

鉴于金融体系自身的脆弱性，以及金融危机对实体经济造成的严重影响，在防范道德风险与维护金融稳定之间，应寻求一种均衡的制度安排。保持金融稳定，应遵循四个基本原则。①预防原则。运行稳健、效率良好和结构合理状态下的金融稳定可以为金融安全奠定有力的基础。②市场原则。金融稳定不是温室，不是低效率金融机构的保护伞。竞争机制是必须存在的，而不具备条件的情形是需要差别对待的。③最低保护原则。金融稳定是需要成本的，因为金融风险化解直接意味着要付出代价。④权责对称原则。当前金融稳定的最大隐患来自权责不对称。严格的权责关系，才能够真正地控制金融风险。

（四）促进金融稳定的制度安排

促进金融稳定的制度主要包括以下五个方面。

1. 逐步完善结算支付体系

人们普遍认为，付款结算制度是整个金融体系的中心，付款制度的安全性保证了交易的顺利进行。因此，各国央行都将其安全和效率放在了保证金融稳定的第一位，努力实现对其监管，监管涉及大量资金交易的各个方面。

2. 微观审慎监管与宏观审慎分析

人们相信，金融管理与金融稳定的责任是一样的，而这一观念产生的根本原因在于，只要每个金融机构都是好的，那么整个金融系统就会好。这一认知源自金融体系中的一场危机，往往是一家银行破产，导致另一家银行破产。但是，若只关注个别金融机构的微观审慎监管，则会忽视宏观层面上的其他重大风险。为此，央行应该引进具有前瞻性的宏观审慎分析方法，以增强对整体风险的衡量。

从世界银行和 IMF 的"财政部门评价计划"的角度来看，中国在宏观审慎分析中使用了三种方法。

（1）财政稳定指数。财务稳定指数是由国际货币基金组织制定的一套衡量金融系统力量和脆弱程度的指标,用以监控一国的金融机构和市场,并评估其顾客(包括企业和居民)的强弱。财政稳定指数分为两大类:一是核心指标,二是激励指标。我国建立了一个金融稳定的统计系统,金融稳定统计将成为央行维护金融稳定的一个重要基础。

(2) 压力测试。压力测试可以很好地辅助金融稳定指标的分析。压力测试旨在对宏观经济和金融行业的内部关系所造成的风险和脆弱性进行评估,以分析宏观经济因素的变化对系统稳定性的影响,以及利率、汇率、信用、流动性、资产价格等因素对 FSAP 评价的影响。我国使用了多种方法,以测量宏观经济震荡对金融稳定指标的影响,从而评价其潜在的脆弱性。

(3) 评价标准和规范。财务会计政策的另外一个要素是评价财政部门的标准和指导方针。在 FSAP 之下,目前包括了最多 9 个方面的标准和评价准则。近年来,我国央行对金融机构所做的关于宏观审慎分析、提示风险等方面的研究越来越受到人们的重视。

3. 应急资金救助和伦理风险防范的权衡

央行在维持宏观金融稳定方面有两个特别的要求,一是最终放款功能,二是保证支付系统的安全和有效运作。各国中央银行(除了欧元区国家的中央银行)大多充当最终贷款者的角色。当金融机构在支付上遇到困难而无法从其他途径获取流动资金时,它只能请求央行(如果它希望继续运作)提供流动性。因此,当一家具有系统性特点的金融机构发生流动性风险时,由于缺乏存款保险体系,央行为了保持宏观金融的稳定性、保障存款者的利益,必须为其提供流动性保障,否则会引发系统性金融风险,乃至金融危机。

最终放款功能,也就是所谓的应急流动资金救助,可能是央行最常用的应对金融动荡的手段。这涉及通过开放市场运作向整个金融系统提供流动性以及向个人金融机构借贷提供流动性。但是,流动性支持会对金融机构的行为造成两方面的反作用:一是提供风险激励,使其获得更多的隐性资助;二是由于金融机构的债权人期望政府会帮助有问题的金融机构,从而减少监管和选择。鉴于有可能出现的道德风险,经济学家们提出了多种对策,包括:对不良金融机构实施惩罚性的利率;在发放应急贷款时,采用"建设性的、含糊的"战略,即预先不公布向它们提供流动性援助的相机抉择战略;对有问题的金融机构提供担保,并组织私人部门参与对有问题的机构的援助。

4. 危机管理应急机制的协调构建

早分析早纠正是预防金融危机的关键。应尽快建立金融机构的风险预警体系,并完善风险处理措施,在发生危机时,能够迅速地采取补救措施,即"及时修正"。因此,要构建金融危机的应急组织制度,统筹规划与部署,并组织实施。另外,在应对突发事件的机制方面,还应该建立应急备用体系、加强对突发事件的信息交流、建立央行的应急流动性保障体系等。

(1) 建立应急备用体系。统筹拟定并部署财务突发事件处理计划,并组织实施。

(2) 加强对突发事件的信息交流。首先,央行与其他监管机构应当制定相关的监管信息交流机制;其次,建立中央银行与相关部门的紧急情况沟通机制;最后,在金融稳定性评价中,需要建立不同的信息交流机制。

(3) 建立央行的应急流动性保障体系。在出现突发事件时,应根据具体情况,适时作出判断,并作出适当的决策。

5. 完善金融机构的市场退出机制

金融机构的退出机制包括法律框架、处置主体、处置方式、损失分担、债权处置五种。

从长期来看,必须建立一种优胜劣汰的激励机制,强化对市场的制约,才能保证金融的稳定性和防范道德风险。从短期来看,要想解决银行破产和信贷危机,就必须在中长期避免道德风险的发生,并推动健全的金融系统。市场退出机制应尽量遵循市场化的原则,市场手段与政府干预相结合。

二、宏观审慎的基本理念

（一）为什么需要宏观审慎

1. 金融脆弱性

明斯基指出,长期的宏观经济稳定可能诱使产生金融不稳定,金融系统内在的运行特点具有自身的脆弱性,因而不得不经历周期性的危机,进而对经济系统造成影响。从明斯基第一次提出金融脆弱性理论以来,金融脆弱性问题受到普遍的重视与争议,他们认为,为了实现最大收益的目的,必须在整个体系中开展更多的风险业务和活动,在经济增长的时候,放款者(银行)的放贷条件日益宽松,而借款者(工商企业)则利用宽松的信用环境进行积极的借贷,这就造成了系统内部的不稳定,这就要求对其进行监管。从金融体系的传染性和系统性风险两方面来看,个人银行在外部环境中的脆弱性要大于其他公司;银行业的脆弱性和感染力也要高于其他行业。银行的负债比例越高,其资产分配与存款人之间的信息不对称性越大,就会使市场的预期越不确定;而且,由于银行间的借贷和付款制度关系密切,一家银行发生的危机很容易蔓延到其他银行,甚至是整个金融体系。另外,从银行挤兑模型分析来看,银行作为一种中间商,其最根本的作用就是转换货币的期限,而正是这一职能使银行很容易受到挤兑。

2. 既有货币政策和微观审慎政策的短板

(1) 货币政策。从功能定位来看,货币政策承担维护物价稳定和促进经济增长的作用,更多关注的是一般消费品的价格变动,而鲜对资产价格做出及时的反应,但资产价格的大幅波动却常常与金融风暴相伴而生,因而需要新的政策框架来更多关注资产价格变动。在传导机制上,货币政策可以通过风险分担途径影响个体的风险认识和风险偏好,进而对宏观金融风险产生额外的影响,故需要其他政策作为补充和配合来管控宏观金融风险。此外,货币政策是一种对整个经济系统产生一定影响的总量宏观调控政策,但金融风险在早期可能集中于某一重点领域,因而需要更为针对性的、定向型的政策作为事前预防的手段。

(2) 微观审慎政策。事实上,政策制定者们高度关注防范金融风险问题,并构建了成体系的监管机制,微观审慎政策便是其中最为典型的代表。长期以来人们认为,如果单个金融机构是安全和稳健的,那么整体必定也是稳定的。微观审慎就是把重点放在个人金融机构的稳定性上,并往往采用内部评级方法进行压力测试以评价稳健程度。金融危机频频暴发的事实揭示了,即使在微观审慎框架下的单个金融机构是稳健的,也不能确保金融体系的整体稳健,这就对微观审慎的理念基础提出了质疑。首先,金融机构通过复杂的金融活动相关联而使风险具有显著的传染效应,因而系统整体的金融风险不是单个金融机构风险水平的简单加总;其次,微观审慎所采用的风险评估方法是基于"风险是外生的"这种假设,但金融风险的产生实际上具有内生机制;最后,微观审慎在政策实践中通常是静态化的,对所有金融机构不加区别地实施同一标准,同时在所有的金融环境下也不加区别地实施同一标准,前者如同对卡车和轿车设定同样的行车限速标准,后者如同在不同的道路交通环境下设定同样的行车限速标准,这显然值得商榷。

(二)宏观审慎政策的目标

在上述背景之下,出于应对金融脆弱性和防范金融风险的需要,具有逆周期动态调控特征的宏观审慎政策应运而生。事实上,宏观审慎并不单独指某一种政策,而是一种政策导向和施策理念,通过贯彻这种宏观审慎理念来缓解金融活动过程的顺周期行为,最终达到维护金融稳定的目的。这种目标可分解为两个维度:一是在时间维度上,增强金融系统应对金融风险冲击的韧性,避免金融过度繁荣;二是在截面维度上,提升金融系统功能的稳健性。

根据历史上暴发的金融危机特点以及近年来各国审慎监管的实践,银行和影子银行系统、房地产和资本市场是宏观审慎政策关注的重点领域。需要指出的是,现有研究表明宏观审慎政策具有显著的非对称效应,在繁荣期可以有效抑制金融过度繁荣,但在衰退期促进金融繁荣却缺乏效力。

三、宏观审慎政策工具

银行是金融体系的核心。现有研究表明,金融风险的暴露乃至金融危机的暴发尽管成因众多,但其严重程度往往与银行体系是否稳定密切相关。因此,银行活动是开展宏观审慎干预的重点。根据政策工具的作用领域和范围,宏观审慎政策工具主要分为应对信用过度扩张和高杠杆、应对期限错配程度和流动性风险、应对金融体系风险传染和应对特定金融市场潜在风险等四种类型。

(一)应对信用过度扩张和高杠杆的宏观审慎政策工具

这类工具侧重于审慎管理银行体系的信贷供给能力,包括逆周期资本缓冲、杠杆率、动态贷款损失准备、信贷增速限制等。

1. 逆周期资本缓冲

从经济周期视角来看,金融活动天然具有鲜明的顺周期特征。在经济繁荣时期,银行经营的风险暴露较小,受资本充足率监管要求的约束较小,信用扩张往往加速发展,这进一步促进了经济的繁荣,进一步弱化了资本充足率的监管强度,加速了银行信用的扩张。但进入经济衰退后,情况变得完全相反,银行经营风险出现上升,受资本充足率监管要求的约束较大,银行的信用扩张受限,以至于出现惜贷现象而信用萎缩,这进一步恶化了经济衰退,进一步加大了受资本充足率的监管,加剧了信用过度收缩。

逆周期资金缓冲器的目的在于解决上述银行信贷周期下行的问题。在经济景气的时候,适当地增加对银行的资本充足率的要求,以此来遏制信贷膨胀,使经济持续升温;同时,在经济不景气的时候,适当地降低银行的资本充足率,以减轻银行信贷紧缩,使经济早日摆脱萧条。《巴塞尔协议Ⅲ》已经明确规定,在风险权重资产中,银行的逆向资金缓冲量应在 $0\sim2.5\%$,并且必须全部由核心一级资本来承担。

2. 杠杆率

风险加权资产对资本充足率有很大的影响,但对风险加权的计算也具有先天的弊端:一是在经济繁荣的时候,总体上的风险水平是比较低的,对资产进行风险加权的计算可能会低估了真实的风险水平;二是风险权重本身具有较强的主观性。在不考虑各种资产的风险程度的情况下,只考虑总体风险的大小,可以很好地规避这种不利影响,即总杠杆率指标。《巴塞尔协议Ⅲ》引入了最低杠杆率指标,作为风险加权指标的补充,并规定在计算杠杆率指标时,应当以一级资本衡量资本规模。

3. 动态贷款损失准备

传统的贷款损失准备是指银行按审慎的会计准则,按贷款的可能损失准备,因此,它的损失准备是比较静态的。动态贷款损失准备是在经济繁荣的时候,银行为应对经济衰退期间的亏损做好准备。与逆周期资本缓冲区相似,动态贷款损失准备可以有效地抑制信贷的过分膨胀,从而达到平滑信贷循环的目的。

4. 信贷增速上限

前述逆周期资本缓冲、杠杆率和动态贷款损失准备等宏观审慎工具都仅能起到缓解银行在经济繁荣时期信贷过热和在经济衰退时期信贷过度收缩的作用,而无法有效地把信贷增速调控到合意水平。信贷增速上限则为控制经济繁荣时期的合意信贷增速提供了新的审慎工具。政策当局通过设定合意的信贷增速上限,能更有效地控制繁荣时期的信贷增长的速度,为信用过度扩张降温。显然,由于信贷增速上限工具直接作用于信贷活动,其对信贷增长会造成显著的抑制作用,因而该工具更适用于信贷增长强劲且系统性风险快速积累的时期。

(二)应对期限错配和流动性风险的宏观审慎政策工具

银行的一项职能就是使资金的供需发生变化,但同时也可能会产生流动性风险,这在一定程度上会导致银行流动性不足。流动性覆盖率、净资本稳定率、流动性成本是应对期限错配与流动性风险的宏观审慎政策手段。另外,由于货币政策中的准备金制度在某种程度上缓解了银行的流动性不足,因此也起到了宏观审慎的作用。

1. 流动性覆盖率

流动性覆盖率是银行持有的、无变现障碍的优质流动性资产与未来30日净现金流出的比值,反映了银行对流动性风险的短期应对能力。为提高流动性覆盖率,银行既可以增加无变现障碍的优质流动性资产,也可以降低短期负债以减少未来30日净现金流出,由此降低银行的短期流动性风险。根据《巴塞尔协议Ⅲ》的规定,流动性覆盖率应从2015年的60%开始,逐年提高10%,至2019年达到100%。

2. 净稳定资金比率

与针对短期流动性风险的流动性覆盖率指标不同,净稳定资金的目标在于增强银行规避长期资本风险方面的能力,引导银行以稳定的负债来源支持非流动性资产。净稳定资金比率是可用稳定资金与所需稳定资金之比,稳定资金是指一年以上的资产和债务的加权值,资金来源越稳定,其加权系数就越大。根据《巴塞尔协议Ⅲ》,净稳定资金比率的最低要求为100%,该要求自2018年起生效执行。

3. 流动性费用

流动成本是指银行非核心资本所产生的相关成本。费率可以依据资金期限或币种而细化征收。所征收的流动性费用被集中纳入专项应急基金,当出现流动性风险时,为有关银行提供流动资金。

(三)应对金融体系风险传染的宏观审慎政策工具

大量现实案例表明,金融机构通过错综复杂的金融活动交织在一起,因而单个机构的风险可能产生整个金融系统的传染效应,现有研究也从理论上揭示了金融体系网络结构存在脆弱性。为应对金融体系风险传染,主要可从两个方面入手:一是加强对系统重要性金融机构的审慎监管,因为系统重要性金融机构的风险暴露极易对整个金融系统造成巨大冲击;二是降低金融机构之间的风险关联性,从而削弱金融体系风险传染的强度。

1. 对系统重要性金融机构额外的审慎监管要求

系统重要性金融机构往往被审慎监管当局要求额外增加附加资本、更高的流动性比率以及更严格的杠杆率要求。附加资本将提高系统重要性金融机构吸收损失的能力,该附加资本比例可随金融机构的系统重要性程度而有所变化。《巴塞尔协议Ⅲ》提出,对全球系统重要性银行实施附加资本要求,比例为1%~2.5%。审慎监管当局还可对系统重要性金融机构提出更高的流动性覆盖率或流动性费用等监管要求,以增强系统重要性金融机构的稳健性。此外,部分国家还对系统重要性金融机构施加了额外的杠杆率要求,如美国规定系统重要性银行的补充性杠杆率在最低要求的基础上上浮2个百分点至5%。

2. 防范金融机构间风险传染的措施

一方面,通过净稳定资金比率等流动性要求间接引导银行减少对同业拆借等短期资金的依赖,可有效地减少银行同业之间的关联度;另一方面,通过对金融机构间风险敞口的技术性处理和严格限制,也能弱化金融机构间的风险关联。例如,对不同类型的风险敞口实行差异化的权重计算方法,根据潜在金融风险所集中的领域不同、发展阶段不同而有侧重地对相应领域的风险敞口进行更为严格的限制。

(四)应对特定金融市场潜在风险的宏观审慎政策工具

金融风险产生的领域众多,历史上风险事件常常集中出现的一些重点领域更值得受到审慎监管的关注,为此发展出一系列针对特定领域的宏观审慎政策工具。

1. 特定金融活动的资本要求

特定金融活动的资本要求是指银行需要对某一特定金融活动的风险敞口持有更高的资本准备,以应对该金融活动一旦出现风险而可能带来的损失。这一工具目前已被广泛地运用于居民按揭贷款、商业地产贷款、无抵押的消费贷款等方面。

2. 贷款价值比率(LTV)限制

运用债务性金融杠杆是现代金融活动中进行大宗耐用品抵押交易的主要形式,但过高的债务极易酿成金融风险,为此可考虑限制大宗耐用品交易的贷款价值比率,以降低信贷过热的风险。严格限制贷款价值比率,一方面限制了贷款者可以获得的贷款金额,另一方面也抑制了资产泡沫与信用扩张之间相互强化的"金融加速器"机制效应。该工具通常运用于居民住房按揭贷款、商业地产按揭贷款和汽车金融贷款等。

3. 债务收入比率(DTI)限制

与贷款价值比率限制类似,审慎监管当局还可以对贷款者的偿债能力提出要求,通过实施债务收入比率限制,将贷款者的债务水平严格限定在相对较低的水平,以提高贷款质量、减轻信用风险。

4. 外汇风险管理

审慎监管当局一方面可借助限制外币债务占比、外币债务占GDP的比例等工具直接控制外汇风险,也可规定对不同币种的外汇贷款采用不同的风险权重,进而引导金融机构减轻币种错配程度,以防范外汇风险。

第六节 金融监管理论的发展趋势

随着经济全球化的发展,金融活动对监管的要求越来越高,既要求安全又要求效率,监管也随着全球经济趋势不断升级。信息技术的广泛应用以及国际银行业的巨大变化,各国金融监管当局的监管理念、监管方式与手段也都随之发生了很大变化。特别是亚洲金融危机的爆发,促使各国金融监管当局进一步认识到金融监管变革的重要性。在这种背景下,金融监管理论也呈现出一些新的发展趋势。

一、宏观层面

(一)重视内部约束

金融的本质就是追求利润,所以,仅仅依靠外部的制约是不够的,必须从自身的特点入手,通过制定一些激励措施,激发金融机构积极性,引导被监管机构自觉主动地防范金融风险,在最大程度确保利益的同时,降低金融风险。

(二)事后监管变为事前监管

金融监管最开始出现就是为了解决金融危机所留下的隐患,专家学者的研究也都围绕着如何避免金融危机,这种研究就会产生监管的时间差,提出的理论具有滞后性,对实践的指导意义不大。当今社会,金融局势瞬息万变,不仅传递渠道更加广泛,种类也日益繁多。造成的金融危机破坏性更强,影响范围更广。所以,更需要以事前监管来取代事后监管。这也成为全球金融监管的主要趋势。

(三)重视协调合作

随着发展中国家的不断发展,其经济影响力也不同以往,因此发展中国家与发达国家的合作势在必行。因为发展中国家与发达国家在发展路径上的差别,我们对于发达国家金融监管的经验不能照搬,应该吸收经验并与本国国情相结合,探索"监管"与"自由"之间的平衡关系,追求"安全"和"效率"。

(四)在金融安全性与效率方面取得较好平衡

政府最大限度减少对金融机构经营活动的直接干预,通过自由竞争与市场约束来控制风险、提高效率。政府部门的主要任务是促进信息公开披露,并改进对宏观金融风险的监控。

(五)进一步加强金融创新的审慎监管

监管者的一系列行动显示出其在金融领域打击垄断的决心。对于资金的盲目扩张,监管部门也发出了强烈的谴责,而中央经济工作会议也一改之前的"包容审慎",将"在谨慎的监管下实现金融创新"作为一种全新的管理方式。目前,我国有关金融监管机构颁布的20多份规范性文件中,包括规范银行互联网存款、加强支付机构反垄断、推动村镇银行化解风险等方面,政策密度及力度均有所提升,审慎监管的风格将进一步显现。

二、微观层面

(一) 强化科学技术和模型运用

首先,既然有这么多的金融机构,那么就需要一个远程的监督系统。监管机构通过运用各种模型,开发相应监管程序,升级计算机数据处理能力,实现监管电子化。其次,监管机构运用数理模型统计,构建了金融机构复合评级和专项评级模型、单一账户风险评级模型和综合评级模型。最后,监管机构对我国金融机构的总体运作情况进行全面的分析,重点关注公司的运营情况、利润情况等对金融机构的具体业务的关注点则有所不同,如国际业务侧重于外汇指标,而信用卡业务则侧重于透支、还款指标等。

(二) 完善被监管单位程序操作机制

首先,引入常规评级记分卡制度,通过该制度,信息使用者可以很好地评估金融机构管理改进程度,如果一家金融机构的评级过低,可以引入类似股市的 ST 制度,及时对风险机构采取措施。其次,针对高管人员进行管理能力测试(如合作企业开发能力测试、金融创新业务能力测试等),针对金融机构进行测试(如经营潜力、人力效率等)。从这两方面激发金融机构服务功能与预警功能。最后,完善退出机制。对于银行,尤其是大型银行的风险,监管当局一般会采用风险隐性化处理,这会造成监管成本升高。所以对问题银行的识别,退出机制的设计等尤为重要。

(三) 积极激励金融机构分担监管责任

有些经济学家提倡一项激励兼容性的管理计划,即采取事先承诺的方法来监督银行的资金,由金融监管者设置一个试验周期,在试验之初,银行就其资本水平作出承诺,以便在这段时间里为可能发生的亏损做好准备。在这段时间里,如果累计亏损超出预先承诺的数额,则由金融监管部门进行处罚。而且,金融监管者的使命就是要制订适当的处罚计划,而不用担心银行的风险管理模式和资金充足情况。预先承诺制(PCA)不但可以减少资本成本,创造一个更为宽松的操作环境,也可以促进企业的风险管理技术创新。

另外,在经济一体化、金融全球化的背景下,国际金融的风险防范与国家间的协同监管已成为当今金融监管理论的一个重要内容。国际金融机构如国际清算银行、IMF 等,为国际金融监管理论的发展作出了新的贡献。

延伸阅读

博弈论与金融监管行为

博弈论是关于在各种利益的交互作用下,理性的决策者怎样做出决策,从而使自己的利益最大化。在金融监管领域,监管者和被监管者是利益冲突的双方。20 世纪 80 年代,博弈论在经济中的地位逐渐上升。博弈论按照博弈双方能否达成有效的协议,可以划分为合作和不合作两种博弈类型。纳什等人对于非协作博弈的研究的主要贡献在于:当一个协议在合作游戏中形成一个纳什平衡,而纳什平衡则是根据参与者的行为和可能的行为来决定自己的利益。

博弈论的研究方法主要有静态和动态两种。在静态博弈中,在所有的影响因素都被充分考虑之后,博弈者只有一次机会,并且一旦作出了决定就无法改变。在动态博弈中,博弈者将先后做出选择和行动,后手可以观察到先手的决定和结果,然后根据结果进行相应的战略调整。所以,决定的次序会对结果产生一定的影响。在动态博弈中,博弈必须反复进行多个阶段。

金融监管是一种动态的、不合作的游戏。无限博弈理论为许多金融机构的成立提供了依据,并且可以帮助我们理解诸如金融竞争、价格战、贸易战等各种经济矛盾,以及某些群体组织为何能有效地运用公共资源。在金融监管行为中引入无限重复博弈理论,可以将其视为一种长期的、反复的动态博弈。

综上所述,对金融调控的行为模式及其深层心理特征的研究将直接影响金融监管的行为效果,虽然二者在理论框架、方法和结论上存在差异,但仍需对其进行清晰的对比。以直觉、感性为特征的思维活动与行为模式,很难将它们固定在"理性"的范围内,由此造成"理性困惑"。对金融监管行为的研究应该着重于对不同主体的心理和行为进行分析,在继承和保持一定的理论范式的基础上,运用行为学和心理学的方法对其进行分析,以"行为金融"为依据,对其心理和行为进行分析。这也表明,金融监管行为的研究应该是一种跨学科的、综合性的研究。

金融监管是一个复杂的过程,其影响因素很多,其结果是不同的个人监管行为。金融监管的行为基于理性人假设,这就产生了金融监管中的监管者和被监管者之间的协调问题,不同的行为主体会做出不同的行为,最终会对金融监管的结果产生影响。因此,在复杂的博弈环境下,必须对金融监管行为进行分析,以达到对宏观调控的更深层次认识。

本章小结

纵观金融发展史可以发现,金融监管发展的更迭从侧面反映了社会的需求变化。20世纪30年代之前,由于不同种货币之间的恶性竞争大大降低了经济发展效率,所以诞生了货币信用管理理论和"最后贷款人"制度。为经济发展提供了稳定的货币支持。20世纪30年代的经济大危机使得人们对"看不见的手"开始产生怀疑,在市场自由调节的基础上,人们开始考虑金融监管供给,这个时期的金融监管强调约束性,范围由货币监管拓展至金融机构各个方面的监管,重点理论包括自然垄断、负外部性、公共产品信息不对称和金融脆弱性等理论。20世纪70年代之后,几十年的严格监管,虽然大大降低了金融危机产生的可能性,但经济发展效率也大幅下降,尤其是发展中国家面临严重"资金瓶颈",严格的金融监管模式已无法满足需求,于是金融监管强度逐渐放松,这个时期的重点理论主要有:监管供求论、监管俘获论、寻租理论等。20世纪90年代之后,放松型监管增加了金融风险。学者们试图在"市场"与"政府"之间寻找平衡点,使两者共同作用,并试图运用实证研究增加结果可信度。其中功能性监管理论和激励相容理论最具影响力。

金融监管理论是从经济干预学说中衍生出来的,但其发展却日益凸显出独立性和超越性。金融监管的有效性具有阶段性和多变性的特点,它与经济、金融发展的需要紧密联系在一起。金融监管理论的可操作性是未来金融监管理论研究的方向。

关键词

金融监管　监管俘获　激励相容　规则引导

1. 金融监管理论发展经历了哪几个发展阶段？
2. 简述监管俘获理论相关内容。
3. 金融监管理论发展有何规律？

第五章　金融监管体制

本章概要

金融监管体制的变迁是随着金融体系的演进演变的,本章介绍金融监管体制的变迁,不同类型的金融监管体制的内容及其特征,并就不同类型金融监管体制在各国的应用作比较。在此基础上思考金融监管体制的演进,并对我国金融监管体制的发展展开探讨。

学习要点

本章重点学习金融体制的不同发展阶段、统一金融监管、多头金融监管、集权型金融监管体制、分工型金融监管体制。

引导案例

2018年3月,第十三届全国人大第一次会议表决通过了关于国务院机构改革方案的决定,将银监会和保监会的职责整合,组建中国银保监会(中国银行保险监督管理委员会)。银保监会在2018年4月8日上午正式挂牌成立,银监会和保监会退出历史舞台。因为金融创新的发展,业务的交叉,所以,银监会和保监会进行整合,合二为一变成了银保监会,这也意味着在2018年3月,原来的"一行三会"正式调整为"一行两会"。

2023年5月18日,国家金融监督管理总局正式挂牌。继2018年中国银保监会组建之后,金融监管格局又迎来重大调整,这是深化金融监管体制改革、加强和完善现代金融监管、促进实现金融监管全覆盖的重大举措。随着金融监管机构改革不断推进,"一行一局一会"新格局正在加快形成。专家表示,通过理顺体制机制、提升监管效率,金融将在服务推动高质量发展中更好发挥作用。

根据改革方案,国家金融监管总局的职责是"统一负责除证券业之外的金融业监管",在具体监管职责上,方案提出"强化机构监管、行为监管、功能监管、穿透式监管、持续监管"的要求。此轮改革在中国银保监会基础上组建国家金融监督管理总局,通过构建"一行一局一会"的金融监管格局,把所有的合法金融行为和非法金融行为都纳入监管,让未来新出现的金融机构和金融业务都难逃监管,形成全覆盖、全流程、全行为的金融监管体系。这样一来,即便今后新出现金融机构和金融形式,也都在监管框架之内。

第一节 金融监管体制的变迁

一、金融监管体制的演进

金融监管体制是一国金融监管的制度基础,内容包括金融监管的职责划分、权力分配的方式和组织制度。金融监管体制是各国历史和国情的产物。确立监管体制模式的基本原则是:既要提高监管的效率,避免过分的职责交叉和相互掣肘;又要注意权力的相互制约,避免权力过度集中。根据实际的金融系统特征及管理的需要,合理的内部权力划分和职责分工可以保证监管权力的有效行使。

金融监管体制的演进主要分为以下四个阶段。

(一) 以中央银行为主要监管机构的金融监管体制

中央银行往往是一国最早的金融监管机构,作为最早期的金融监管机构,中央银行往往提供基础的金融监管职能。同时由于在这个时期,往往存在金融机构的绝大部分甚至全部为银行的现象,中央银行作为主要监管机构管理货币及银行,可以达到维持货币和经济的稳定的效果。1844年,英国议会在对1825年、1837年两次周期性经济危机讨论的基础上,通过了具有里程碑意义的《比尔条例》,奠定了英格兰银行作为英国中央银行的地位。

(二) 金融业推行分业监管的金融监管体制

1929—1933年美国爆发经济大萧条,并波及整个资本主义世界,其中包括美国、英国、法国、德国和日本等资本主义国家。经济危机的爆发打破了古典经济学"市场万能论"的神话,主张国家干预政策的凯恩斯主义取得了经济学主流地位,市场失灵理论和信息经济学的兴起为金融监管奠定了理论基础,金融领域广泛接受了管制思想,开始引入金融监管。1933年,美国出台了《格拉斯-斯蒂格尔法》,银行业与证券业务严格分离,标志着全面进入分业监管时期。随后,意大利、日本、德国、韩国、法国等国家相继实施了分业监管。

(三) 从分业监管到统一监管阶段

20世纪70年代,发达国家的经济"滞胀"凸显凯恩斯主义的不足,新古典宏观经济学、货币主义、供给学派为代表的自由主义理论复苏。以美国为例,早期的严格的分业监管严重束缚了商业银行的自主经营和发展,导致商业银行市场份额大幅度下降,同时存款保险制度充分发挥稳定作用维持了银行系统的稳定。金融机构在利益驱动下不断创新出新产品、新业务以及新的组织形式来规避监管提高竞争力,这也导致监管体制的变化,从分业监管回归集中监管。

(四) 统一金融监管广泛发展阶段

随着金融创新的发展,银行、证券、保险等业务之间的界限日渐模糊,出现大量的业务交叉,按照传统方法分业监管金融业务效率低下。而随着金融创新不断突破金融监管,各国认识到了加强金融监管和推进金融监管体制改革的必要性,许多国家开始转向统一监管。加拿大(1987年)、丹麦(1988年)、瑞典(1991年)、英国和韩国(1997年)、澳大利亚(1998年)、日本(2000年)相继成立了统一监管机构。美国在坚持"伞式"功能监管的基础上,进行了统一监管主体的尝试,设计成立联邦金融监管局(FFRS)的构想。法国则于2003年根据《金融安全法》将原有的三大金融管理机构：证券交易委员会、金融市场委员会和金融管理纪律委员会整合为一个全新的金融市场监管机构：金融市场管理局。部分国家采取将金融业中的一部分实施单独监管，其余实行统一监管的模式，通常牵头监管体制是在银行、证券和保险三家监管机构中确定一家主监管机构，负责协调监管机构间的关系，对金融集团的风险进行监管。

随着2009年次贷危机、欧洲主权债务危机的爆发，全球经济低迷，通过各种技术规避监管套利的现象大量出现。由于实现套利的前提是存在监管差异，通常是由于分业监管造成权力分散、缺乏协调，出现"监管重叠"和"监管真空"的情况，统一监管被认为是解决问题的方法。在统一监管体系下，监管机构被赋予明确的监管目标和责任，实行的监管标准具有统一性，降低分业监管所导致的监管套利风险。须注意的是美、英和欧盟的金融监管改革方案主要还是对原有监管体制进行修补，主要目的是加强统一监管，弥补监管漏洞，但其"打补丁"的方式有可能造成增加监管成本的问题，并且不能很好地解决"监管重叠"和"监管真空"的情况。

二、金融监管体制的类型

监管体制在具体形式上主要有两大模式：分业监管和集权监管。分业监管是设置不同的监管主体对不同业务类型的金融机构进行分类监管；集权监管是一个金融监管主体对所有金融机构进行监管。各国根据国情衍生出了多种形式，主要有三种类型：集权型金融监管体制、分工型金融监管体制和合作型金融监管体制。

（一）集权型金融监管体制

集权型金融监管体制也称集中单一式或一元集中式金融监管体制，指由国家监管机构集中行使金融监管权，代表性国家有英国（1997年后）、日本（1998年后）。集权监管体制是指同一个金融监管当局实施对整个金融业的监管。由一套金融监管机构承担监管的职责，绝大多数国家是由中央银行来承担。有时又称为"一元化"监管体制，即同一个金融监管当局实施对整个金融业的监管。

从规模经济和范围经济的角度讲，在考虑技术条件的情况下，集权监管能有效降低成本。集权监管拥有较少的机构数目，能更有效地利用金融监管人才和共享资源，达到规模效应。同时，集权监管机构还能够以较低的成本提供多种监管服务，实现范围经济，对于人才短缺的发展中国家具有重要意义。

从监管冲突与监管疏漏的角度讲，多数情况下金融监管冲突源于不同机构的监管目标不够一致。监管部门都声称自己有管辖权，可能导致重复监管，监管冲突则可能导致监管效力下降。同一个金融机构面对多个监管者时，每个监管者都坚持各行其是，最终往往是久拖不决。同时，监管冲突也给被监管者带来不便。为了应对多个监管机构，被监管者要采取不同的措施。如果监管冲突是由于监管机构的"争权"，那么，监管疏漏则是监管机构的"弃权"所导致的。产生监管疏漏的原因部分在于责权不清，部分在于对事件责任的推诿。集权监管体制可以很好地避免在分工监管体制中普遍发生的问题。

从金融业经营体制角度讲，随着金融自由化和国际化的发展，金融创新和金融衍生品层出不穷，金融机构之间相互渗透，传统金融机构的功能边界日渐模糊。金融机构从分业经营走向混业经营,尤其是金融百货公司和金融航母的出现,使得金融体系中各要素之间的联系由宏观层面拓展到了更为深入的微观层面,证券业、保险业、银行业的经营除了受宏观因素的影响以外,还受到内部因素的干扰。金融机构间的风险因素也因为混业经营而相互交叉渗透。此时,分工监管往往不能及时、有效地发现风险,即便在发现风险后,也不能有效地进行协调沟通。鉴于此,一些经济学家提出,尽管可以通过建立多边合作机制解决混业经营问题,集权监管机构却能更好地察觉潜在的危机。

从政策的稳定性角度讲,集权监管可以最大限度地实现监管政策的连续性和稳定性。由于集权监管机构更具有一致性和协调性,所以能够保持金融监管政策的稳定性,给被监管者带来稳定的"预期"。集权监管还可以提高监管者的责任心,增加公正执法的积极性,因为没有其他机构对监管事务负责。在分工监管体制下,社会公众需要解决问题、行使权利时,容易出现多方奔走而被四处推诿的现象。在集权监管体制下,可以避免上述额外的搜寻成本和识别困难。这也是金融危机爆发后,统一监管的理念得到重视和强化的主要原因。

(二)分工型金融监管体制

分工型金融监管体制由多个金融监管机构共同承担监管责任,分工型金融监管体制的形式多种多样,包括分业监管体制、"牵头式"监管体制、"双峰式"监管体制等。分业监管体制指的是由多个金融监管机构共同承担监管责任,一般银行业由中央银行负责监管;证券业由证券监督管理委员会负责监管;保险业由保险监督管理委员会负责监管,各监管机构既分工负责,又协调配合,共同组成一个国家的金融监管组织体系。"牵头式"监管体制指在分业监管机构之上设置一个牵头监管机构,负责不同监管机构之间的协调工作。"双峰式"监管体制则是指依据金融监管目标设置两头监管机构:一类机构专门对金融机构和金融市场进行审慎监管,以控制金融业的系统风险;另一类机构专门对金融机构进行合规性管理和保护消费者利益的管理。

尽管实施集权监管体制的国家不断增加,但仍有经济学家对此持怀疑态度,认为证券业、银行业、保险业在其核心业务上有区别,监管应有所不同。此外,整个金融置于集权监管之下往往会使监管机构缺乏内部监督和外部约束,机构庞大还会产生严重的官僚主义,降低监管效率。一些经济学家指出,不能建立集权的监管机构,就如同不能建立行业垄断的企业一样。由于金融机构多样化和分工逐渐消失,并不意味着所有金融机构都形成了综合经营的全能模式。即使少数金融集团占据金融业的绝大部分,也依然会有专门从事某一金融业的机构存在。虽然金融控股集团可从事银行、证券和保险等业务,但这些业务是由不同部门所从事的,只要集团内部建立起有效的风险控制制度,其效果与分业经营的情况差不多。

在选择金融监管模式时除了经济状况、金融环境、政治体制、历史传统甚至地理等因素,各国也要考虑监管成本、监管效率及监管能力等因素的影响。既要考虑监管体制与监管目标的兼容性,也要考虑监管体制带来的成本,有效的监管体制应尽可能减少监管冲突和疏漏,强化对监管机构的约束;监管体制的设置应有利于监管信息的沟通,有利于监管协调;监管体制应易于识别,特别是易于被监管者识别;监管体制应防止权力过度集中或过度分散,适应一国经济稳定和发展的需求。

(三)合作型金融监管体制

合作型金融监管体制是指在经济合作区域内对金融机构实施统一监督的一种金融监管体制。随着全球经济一体化的深入发展和金融创新,合作型金融监管的重要性逐渐加强。

通常在经济合作区域内,由统一机构负责区域内所有成员国金融监管的职责,现存的合作性金融监管体制常常是应对跨国货币联盟而产生的以确保经济合作区域或跨国货币联盟内部的金融市场稳定,制定相关金融及货币政策。

合作型金融监管体制的监管内容包括但不限于市场准入、业务范围、风险控制、信息披露、权益保护等。在重大金融危机爆发后,建立健全金融危机对应机制,协调稳定金融市场、加强跨国金融风险监管也成为合作型金融监管体制监管重点。

第二节 集权型金融监管体制

一、集权型金融监管体制的概念

集权型金融监管体制,也称集中单一式或一元集中式金融监管体制,是由一家金融管理机构对国内所有金融机构进行监管,可以是由中央银行行使监管职能,也可以由专门监管机构行使监管职能。在多数采用集权型金融监管体制的国家,尤其是发展中国家,是由中央银行实行集中监管。

二、集权型金融监管体制形成的原因

20世纪80年代以前的集权型金融监管体制主要在计划经济体制和中央集权制国家实行。其主要优点在于金融监管集中,金融法规统一,标准一致,有助于贯彻货币政策和金融监管指令,有利于克服相互推卸责任的弊端,容易做到令行禁止,便于统一调度和配置资源。但是,这种监管体制灵活性差,应变能力弱,不易因业务制宜,不易顾及具体行业的发展变化,金融监管任务过重,有可能使金融监管部门作风官僚化,增加权力寻租的现象;不利于提高金融监管人员的素质,阻碍了其为金融机构提供更好的服务。

三、英国的集权型金融监管体制

20世纪70年代以前,英国金融业在传统范围开展业务,形成了习惯上的分业经营和自律监管。20世纪70年代以后,英国政府放松了银行业竞争限制,金融交易工具不断创新,行业界限越来越模糊。20世纪80年代,英国形成了多元化的金融监管体制。英国财政部在名义上负责金融监管,实则由英格兰银行与其他金融监管机构执行。英格兰银行负责监管银行部门,证券与投资委员会负责监管证券与投资业务,英国贸易与工业部、证券投资委员会负责监管保险公司,行业自律组织作为补充。监管谨慎原则与弹性原则并存的非正式监管体系构成了英国金融监管主要风格。20世纪80年代以后,金融机构不断融合,多元化监管体制越来越不适应金融业的发展要求,监管效率低下,在一定程度上限制金融机构的发展。金融监管体制明显滞后于金融混业经营发展形势,发生了著名的"巴林银行事件"。为了使金融监管体制适应金融创新要求,1997年的金融监管改革方案将投资监管职能并入证券与投资委员会。同年,证券与投资委员会与原有八家金融监管部门合并成立了金融服务监管

局(FSA)。2000年6月,《金融服务与市场法》从法律上正式承认金融服务监管局为英国唯一的金融监管机构。金融服务监管局享有对银行、投资基金、清算机构、保险公司、住房信贷合作社、证券公司、期货交易机构等的审批注册、规范、监管和处罚的权力,成为世界上监管范围最广的金融管理者,意味着英国成为统一金融监管的典范。

全球金融危机不仅使英国金融业遭受重创,也使其引以为自豪的金融监管陷入信任危机,饱受质疑和批评。2009年7月,英国财政大臣达林发布《改革金融市场》白皮书,全面维护既有的三方监管体制(英格兰银行、金融服务局和财政部),重点放在建立正式合作机制和扩大金融服务监管局的职权上。而乔治·奥斯本同样在2009年7月发布了影子白皮书《从危机到信心:稳健银行业的计划》与之针锋相对,提出对金融监管体制进行更为彻底的改革,包括废除三方监管体制,赋予英格兰银行维护金融稳定和对所有银行及其他金融机构进行审慎监管的职责,强化宏观审慎监管;撤销金融服务监管局,建立全新的金融消费者保护局,负责消费者保护工作。2010年4月《金融服务法》将《改革金融市场》白皮书中的若干内容以立法形式确立下来。其中,金融稳定被明确规定为金融服务监管局的法定监管目标;金融服务监管局的规则制定权得到显著扩展,从只能制定有利于"保护消费者利益"的规则,扩展为可以制定有利于"实现其任何监管目标"的规则。

2010年7月,英国新一届政府以奥斯本的《从危机到信心:稳健银行业的计划》为基础,发布了《金融监管新方法:判断、焦点与稳定》的金融监管改革方案征求意见稿,启动了公开咨询程序。2011年2月,英国政府发布了新的征求意见稿《金融监管新方法:建立更强大的系统》,提出了更加详细和具体的改革方案。2011年6月16日,英国政府正式发布了包括《2012年金融服务法草案》在内的《金融监管新方法:改革蓝图》白皮书,全面阐述了政府的监管改革设想。该书被认为是2009年7月《从危机到信心:稳健银行业的计划》影子白皮书的思想延续,明确规定了各种监管机构的法定协调职责。

2012年1月,草案正式提交议会,英国政府的目标是让法案在2012年年底前获得最终批准。2012年12月,《2012年金融服务法》与《2010年金融服务法》针锋相对,废弃了金融服务监管局统领下的单一监管体制。具体来说,英格兰银行下新设金融政策委员会(FPC),作为宏观审慎监管机构,负责监控和应对系统性风险;新设审慎监管局(PRA),作为英格兰银行的子公司,负责对各类金融机构进行审慎监管;新设金融行为监管局(FCA),负责监管各类金融机构的业务行为,促进金融市场竞争,保护消费者。新的监管体制于2013年年初开始运作。

从英国财政部与英格兰银行(中央银行)的关系上看,尽管中央银行具有很强的独立性,但在法律关系上仍然隶属于英国财政部,其行长由财政大臣遴选并提名。财政部有权在法律规定的范围内指导中央银行的政策。英国财政部对金融政策委员会的职责和目标具有最终解释权,金融政策委员会通过财政部向国会负责。金融政策委员会将以英格兰银行董事会下设委员会的形式存在,由英格兰银行行长担任主席。其成员包括英格兰银行行长(同时也是审慎监管局主席)和副行长、金融行为监管局总裁、英格兰银行行长在征求财政大臣意见后任命的两名成员(从英格兰银行执行董事中选任)、财政大臣任命的四名外部成员,以及一名不享有表决权的财政部代表。英国新实行的金融监管体制在以集权型金融监管为核心的前提下,在财政部的监督下强化了系统性风险监管内容。

四、英国金融监管体制的影响

(一) 高度重视和强化宏观审慎监管

确立和强化宏观审慎监管是金融危机以来金融监管改革的共识,这在英国金融监管改革方案中也得到了充分体现。新设立的金融政策委员会(FPC)专门负责宏观审慎监管,在人员组成上,包括英格兰银行、金融行为监管局和财政部的相关负责人和代表,以跨部门委员会的形式存在和运作,使其能够拥有评估系统风险、维护金融稳定所需的必要权威和资源。为了实现金融稳定目标,金融政策委员会将有权根据不同情况向作为微观审慎监管机构的审慎监管局和金融行为监管局发出指示和建议,从而将宏观审慎监管与微观审慎监管有机联系起来。

(二) 兼收并蓄多种监管理念

英国构建的监管模式是集权制监管下的基于目标的监管模式,即按照不同监管目标(如审慎目标和消费者保护目标)来相应设立监管机构和划分监管权限。在审慎监管局和金融行为监管局之上,还有英格兰银行来负责金融稳定,从而形成有英国特色的双峰模式,或者说准双峰模式,区别于澳大利亚的经典"双峰"模式。

(三) 慎重设计监管协调机制

与英国以往财政部、英格兰银行和金融服务监管局之间以非正式备忘录形式进行的自愿合作不同,《金融监管新方法:改革蓝图》白皮书明确规定了各种监管机构的法定协调职责,且要求其签订正式的监管备忘录对彼此之间在不同领域和事项上的合作与协调做出明确规定,并定期更新。这意味着备忘录中的条款将具有法律约束力,政府和议会可以据此向监管机构问责。当然,如前所述,《金融监管新方法:改革蓝图》白皮书仍然赋予监管机构较大的自主空间和自由裁量权,期望监管机构自身在实践中形成最佳做法,在追求各自监管目标与优化使用有限资源之间求得平衡。为此,白皮书没有对诸如"共同规则手册"或"单一联系点"这样的操作性事项做出任何规定,而只是规定了一般情况下和某些特殊情形中监管机构负有哪些协调义务。至于如何去具体履行这些义务,则留待其自行处理。

第三节 分工型金融监管体制

一、分工型金融监管体制的概念

分工型金融监管体制是指设立不同的金融监管部门对所辖金融机构进行分类监管的模式,比如银行业由中央银行或者银行监管机构负责监管;证券业由证券监督管理委员会负责监管;保险业由保险监督管理委员会负责监管,各监管机构既分工负责,又协调配合,共同组成一国金融监管体制。根据中央与地方权力划分的模式,分工型金融监管体制分为两种类型:一种是单线多头式监管体制,另一种是双线多头式监管体制。

二、单线多头式监管体制

单线多头式监管体制是指一国金融监管的立法、执法等权力集中于中央政府,在中央政府设立多个金融监管部门,分别负责管理不同类型金融机构的金融监管体制。通常这种多头监管模式以金融机构的行业分类进行金融监管。多数国家采用单线多头式监管体制,如法国、德国、日本、新加坡等,中国采取的也是单线多头式监管体制,中国人民银行会同国家金融监管总局、证监会对金融机构进行分类监管。

在单线多头式监管体制中,制约金融发展的因素比双线多头式监管体制少了许多,有利于金融体系的集中监管和提高金融监管效率的同时,在采用这种监管体制的国家,权力机构之间互相制约,金融监管部门间互相协作也卓有成效。然而在金融监管机构之间的协作沟通不畅甚至冲突时,这种监管体制面临着同双线多头式监管体制类似的问题,如机构重叠、监管冲突和对新现象监管的缺位等。

三、双线多头式监管体制

双线多头式监管体制是指中央政府与地方政府都享有金融监管权力,中央政府与地方政府分别授权多个金融监督管理机构对相应的金融机构进行监管。双线多头式监管体制以美国最具代表性,加拿大也实施双线多头式监管体制。美国的双线多头式监管体制对应的是其双重银行制度(dual-banking system),由于联邦政府和州政府都有权对金融机构发照注册,故而监管也由联邦政府和州政府分别授权。美国联邦政府的主要监管机构是联邦储备体系(美联储),其负责监管在州政府注册的联储会员银行、联邦存款保险公司和财政部货币监理署。美联储根据《联邦储备法》(Federal Reserve Act)于1913年12月23日成立,负责履行美国的中央银行的职责。美联储由位于华盛顿特区的联邦储备委员会和12家分布全国主要城市的地区性的联邦储备银行组成。

美国联邦存款保险公司负责管理在州政府注册的非联储会员银行;财政部货币监理署负责管理在联邦注册的国民银行和外资银行机构。美国各州政府设置各自的金融法规和金融监管机构。

加拿大也是联邦制国家,联邦政府和省政府立法机构对不同的金融机构实施不同的金融法规。加拿大联邦财政部银行检查总监负责监管特许银行(商业银行和外资银行机构);联邦和各省的保险总监负责监管信托公司;联邦保险部、加拿大保险局及各省的机构负责监管保险公司;各省政府及省证券委员会负责监管证券公司。

联邦制国家实行双线多头式监管体制,其根源是联邦政府与地方政府的分权。联邦和各州权益的严格划分使得推行金融业集中监管步履艰难,使得金融管理体制复杂化。美国历史上对金融权力集中于少数部门的警惕性非常高,历史上曾两度废止自己的中央银行,美联储的组织架构是华盛顿的联邦储备局和分布美国各地区的12个联邦储备银行。关于货币政策的制定,通常是联邦储备局委员会和联邦储备银行的主席。这样做的目的就是避免政策决策权主要集中在几个地区,包括华盛顿和纽约等。美国的双线多头式监管体制对一家银行(国民银行或州银行)实施多头监管;加拿大的双线多头式监管体制是省级金融监管,彼此不重复,对联邦特许银行单一监管。

双线多头式金融监管体制适用于地域辽阔,地区差异较大的联邦制国家。首先,双线多头式金融监管体制能够在一定程度上防止金融权力过度集中,然而由于州银行受限,跨地区的金融控股公司出现了大而不倒的情况,同时在次贷危机中金融监管机构无法有效协调金融机构,既不能提前预防,也没有很好地避免金融危机的全面爆发。其次,双线多头式金融监管体制有利于金融监管的专门化,提高金融服务的能力,但监督管理机构设置重复、交叉重叠,易造成监管成本增加、效率低下、管理分散、重复检查和监管,增加了监管机构之间的协调难度,影响金融机构正常业务活动。同时,由于金融法规不统一,金融机构易于逃避监管,法规之间的差异和冲突构成监管"真空区",加剧了金融领域的矛盾与混乱,降低了货币政策与金融监管的效率,不利于为金融机构提供公平、公开、公正的竞争环境。2009年次贷危机爆发及其后的表现来看,层次过多、权力不集中、私有的中央银行对提高金融效率、服务实体经济、优化金融服务并没有良好表现。

四、美国的双线多头式监管体制

1999年11月,美国通过的《金融服务现代化法案》废止了实施66年之久的《格拉斯-斯蒂格尔法》,结束了银行、证券、保险分业经营的限制。为了适应金融业混业经营的趋势、有效防止出现金融集团化带来的监管真空,美国确立了"伞式"功能监管(umbrella supervision)。

(一)美国金融监管的立法

美国联邦金融监管的立法在国会。主要法案包括相关的机构法如《联邦储备法》《银行控股公司法》以及金融行业发展方面的法案如《格拉斯-斯蒂格尔法》《1999年金融服务法》等。相关监管机构在各自职责范围内依据上位法制定部门监管规章。这些监管规章主要收集在美国的《联邦监管法典》内。另外,美国各州也有权制定各自辖区的银行监管法规和保险监管法规。这些监管法规未包含在《联邦监管法典》中。

(二)美国金融监管的机构

美国的监管体制被称为伞形监管,其对金融机构的监管由多家机构分头负责,主要监管主体包括:联邦储备体系(Federal Reserve System,FED,下称美联储)、联邦存款保险公司(Federal Deposit Insurance Corporation,FDIC)、货币监理署(Office of the Comptroller of the Currency,OCC)、储蓄机构监管署(Office of the Thrift Supervision,OTS)、证券交易委员会(SEC)、商品期货交易委员会(CFTC)等。美国的金融监管由美联储牵头,联邦金融机构监管委员会(Federal Financial Institutions Examination Council,FFIEC)协调,由各金融监管机构分别对银行类、证券类(投资类)、保险类(契约型)金融机构进行监管。各州政府设置监管机构对相应的州金融机构进行监管(见图5-1)。

1. 美国银行类金融机构的监管

美国设有联邦和州政府两级监管机构。联邦政府有五个主要的监管机构:货币监理署(OCC)、美联储(FED)、联邦存款保险公司(FDIC)、储蓄机构监管署(OTS)和国家信用合作社管理局(NCUA)。

(1)联邦储备体系(FED),又称美联储。根据国会《1913年联邦储备法》(*Federal*

图 5-1 美国伞形监管示意图

Reserve Act of 1913)设立。主要负责制定货币政策,并对其成员银行以及金融控股公司等进行监管,此外还承担金融稳定和金融服务职能。

(2) 货币监理署(OCC)隶属美国财政部,监管美国联邦注册银行(国民银行)的职能。货币监理署主要负责对国民银行发放执照并进行监管。具体监管职能包括:检查;审批监管对象设立分支机构、资本等变更的申请;对其违法违规行为或不稳健经营行为采取监管措施;制定并下发有关银行投资、贷款等操作的法规。

(3) 联邦存款保险公司(FDIC)于1933年设立,旨在通过保护银行和储蓄机构的存款、监管投保机构以及对破产机构进行接管等来维持金融体系稳定和公众信心。联邦存款保险公司对投保的非联储成员州立银行负有主要监管职责,同时对其他投保的银行和储蓄机构负有辅助监管职责。

(4) 储蓄机构监管署(OTS)主要负责储蓄协会及其控股公司的监管。

(5) 国家信用合作社管理局(NCUA)主要负责发放联邦信用合作社的执照并予以监管,并运用国家信用合作社保险基金(NCUSIF)对所有联邦信用合作社和大部分州立信用合作社的储蓄存款予以保护。

此外,联邦金融机构监管委员会(FFIEC)作为上述监管机构的协调机构,主要负责制定统一的监管准则和报告格式等。

美国各州政府也设立有银行监管机构。美国大多数银行由不止一家监管机构负责监管,通常一家金融机构由多家金融机构共同监管。

2. 美国证券(投资)类金融机构的监管

美国国会于1986年通过了《政府债券法案》(Government Securities Act),赋予财政部监管整个政府债券市场的职责,具体监管政府债券经纪商和交易商的交易行为,以保护投资者,建立公平、公正和富有流动性的市场。美国的各类证券市场,包括国债、市政债券、公司债、股票、衍生品市场等,由美国财政部、市政债券决策委员会(MSRB)、证券交易委员会(SEC)、全美证券交易商协会(NASD)以及商品期货交易委员会(CFTC)等不同的监管机构负责监管。

(1) 证券交易委员会(SEC)是证券类金融机构的主要监管机构,《1933年证券法》(Securities Act of 1933)规定,公开发行证券的发行人(政府债券、非公开发行以及州内发行除外)必须到SEC注册,提供财务报表等有关文件。交易所上市的公司必须向SEC以及证券交易所提交注册申请以及年报等SEC规定的报表报告;场外交易的公司则必须提交年报等 SEC 规定的报表报告,SEC 也有监管交易所成员有关交易行为的职责。SEC 根据有关保护公众、投资者和消费者利益的准则对电、气等公用事业控股公司予以监管。除非豁免,公用事业控股公司必须向 SEC 注册;一般情况下,注册公司发行和销售证券、购买其他企业的证券、资产以及与其附属机构发生交易等需事先获得 SEC 的批准;并要遵守报告、簿记等有关规定。除此之外,SEC 还具备监管信托机构、投资、投资咨询师的职责,并参与破产公司的重组。

(2) 市政债券决策委员会(MSRB)监管证券公司和银行承销、交易和销售市政债券等行为的法规。MSRB 是自律性组织,受证券交易委员会(SEC)的监管。

(3) 全美证券交易商协会(NASD)系证券业自律性组织,负责纳斯达克(NASDAQ)市场以及场外市场(OTC)的运营和监管等。2007 年,NASD 与纽约证交所(NYSE)监管委员会合并,成立金融业监管局(FINRA),负责监管经纪商、交易商与投资大众之间的业务。

(4) 商品期货交易委员会(CFTC)监管美国商品期货和期权市场。

3. 美国保险类(契约型)金融机构的监管

美国的保险监管职责主要由各州的保险监管局承担,包括市场准入以及监测检查等日常监管。此外,各州保险监管局于 1987 年共同设立了全美保险监管协会(NAIC),作为州保险监管局的辅助监管机构。

(三) 关于美国双线多头式监管体制的评价

美国双线多头式监管体制,可以说是美国联邦制度高度分权、总结金融危机教训、不断修正监管体制的结果,也可以说是美国联邦政府与州政府、中央与地方的分权、制衡和博弈的结果。这一监管模式在历史上发挥了较好的作用,曾经一度被认为是最完美的监管模式。但是在监管体制的自然进化过程中,美国的监管机构日益臃肿,美联储的伞尖功能逐渐被削弱,各监管机构缺乏沟通与协调,整个监管体系产生了监管范围的交叉和重叠,权力分散,监管成本上升并出现大量监管漏洞。

美联储本身被设置为分权互相制衡的模式,在组织形式上,美联储采用的是联邦政府机构加非营利性机构的双重组织结构,从而避免了货币政策完全集中在联邦政府手里。12 家联邦储备银行不属于联邦政府机构。美国联邦储备银行是美国联邦储备系统所属的私营区域性金融机构。根据 1913 年《联邦储备法》规定,全美国划分为 12 个联邦储备区,每区设立一家联邦储备银行并以所在城市命名。美国的中央银行分由联邦储备委员会、12 个地区的联邦储备银行、联邦公开市场委员会和联邦咨询委员会等组成,这样的设置在制衡的同时使监管成本上升,削弱监管效率。以 2008 年次贷危机为例,美国货币政策虽然维持住了 M1,但并没有有效促进经济复苏,美国的经济从 2009 年至今较为低迷,并在 2021 年前后产生严重的通货膨胀的压力及各种经济问题。

次贷危机对美国金融监管体制改革提出迫切的要求。2008 年 9 月,华尔街大型投资银行雷曼兄弟倒闭引发本轮全球金融危机。2008 年,面对次贷危机中暴露出的风险管理的制度性缺陷,美国财政部公布了《现代金融监管架构改革蓝图》,提出从规则导向监管向目标导向监管,从机构导向监管向业务导向监管,从监管局部性风险向监管金融市场系统性风险的转变。2009 年 3 月 10 日,美国联邦储备委员会主席伯南克说,必须对美国金融监管体系进行改革,以加强对银行、共同基金和大型金融机构的监管。同年《金融监管改革框架》提出对金融监管体系进行全面的整体改革,强调防范系统性风险、保护投资者或消费者的利益,消除监管漏洞,促进金融监管的国际合作。在这一年,美国财政部向国会递交金融监管改革白皮书《金融监管改革:新的基础》,宣称正式启动金融监管改革。改革包括四部分:一是将美国联邦储备委员会打造成"超级监管者",全面加强对大型金融机构的监管;二是设立新的消费者金融保护署,赋予其超越目前监管机构的权力;三是提高国际金融监管标准并改进国际合作;四是组建新的监管机构,执行跨部门协调职能的金融服务监督管理委员会和专门负责银行监管的部门。2010年7月21日,美国总统奥巴马签署金融监管改革法案《多德-弗兰克华尔街改革与消费者保护法案》,标志着历时近两年的美国金融监管改革立法完成,从此拉开大萧条以来美国最大规模金融监管改革的序幕。该法案致力于保护消费者、解决金融业系统性风险等问题,旨在避免2008年的金融危机重演。美国政府表示,经过两年努力,金融监管有效推进,金融体系更加安全。然而,2012年曝出的摩根大通巨亏、汇丰银行参与洗钱等事件均是监管不力所致。

第四节 合作型金融监管体制

一、合作型金融监管体制概述

(一)合作型金融监管体制的概念

合作型金融监管体制,又称跨国型金融监管体制,是指在经济合作区域内,对区域内的金融机构实施统一监督的一种金融监管体制。在经济合作区域内,由统一机构负责区域内所有成员国金融监管的职能,合作型金融监管体制常常是应对跨国货币联盟而产生的,如欧盟采用欧洲中央银行是为了适应欧元这一跨国地区性货币的发行流通而设立的金融机构,其负责欧盟欧元区的金融及货币政策。

(二)合作型金融监管体制的特征

①对各成员国政府保持极大的独立性,执行各成员国统一制定的金融章程,其货币政策的制定在设计上不受任何一个成员国政府的影响;②各个成员国中央银行负责本国央行业务,监督管理该国金融体系;③监管机构的股本为所有成员国共有,不单独为某一成员国服务,货币政策由各成员国协商决定。

以欧洲中央银行为例,其资本为50亿欧元,各成员国中央银行是唯一的认购和持有者。在组织结构上类似美国联邦储备体系,欧盟成员国央行类似美联储中的联邦储备银行。两者都属二元式中央银行体制,两级中央银行具有相对的独立性。除了欧洲央行,西非货币联盟、中非国家银行亦属于合作型金融监管体制。

(三)对合作型金融监管体制的评价

合作型金融监管体制源于货币联盟,其本质是由邻近国家进行地区性联合,通过加强经济金融合作,减少消除贸易壁垒,增强一体化从而与他国(地区)竞争的产物。各成员国将一部分货币金融权力让渡给跨国金融监管机构,换取经济、政治的一致位置。从货币金融的角度来说,它具有协力共赢、稳定金融、促进经济的作用,然而在让渡的过程中也会产生各种矛盾。因货币金融的权力代表民众的意愿,而货币金融的统一是否能产生协同促进的效果,抑或是在长期能否掩盖各国经济、文化甚至民众的差异,这是需要考量的。跨国中央银行货币政策的制定在设计上不受到某一个成员国政府的影响,由各成员国共同决定,在实际操作中各成员国需求差异存在,跨国中央银行难以顾全所有成员国,经济体量大、投票权大的成员国往往处于相对的领导地位。合作型金融监管体制能否协调各地区的金融稳定和经济发展,在制度设计和操作上需要充分考虑货币联盟的具体情况而定。

二、欧盟国家的合作型金融监管体制

欧洲联盟,简称欧盟(EU),总部设在比利时首都布鲁塞尔,是由欧洲共同体发展而来的,现拥有 27 个会员国。欧洲统一的思想,在 20 世纪以前就已经出现。第一次世界大战时期国际泛欧联盟是早期宣扬欧盟思想的代表性组织。第二次世界大战结束后欧洲统一思潮进入高潮,1946 年 9 月,英国首相温斯顿·丘吉尔曾提议建立"欧洲合众国"。1957 年的《罗马条约》和 1965 年《布鲁塞尔条约》逐步提出欧洲经济共同体的设计。

1991 年 12 月,欧洲共同体马斯特里赫特首脑会议通过《欧洲联盟条约》(通称《马斯特里赫特条约》),该条约于 1993 年 11 月 1 日正式生效,欧盟正式诞生。欧盟能够得以成立是因为各成员国具备组成联盟的经济、文化、军事基础:"政治上所有成员国均为议会民主国家,经济上为世界上第二大经济实体,军事上除爱尔兰、奥地利、马耳他与塞浦路斯四国以外其余成员国均为北大西洋公约组织成员。"欧盟的成立对跨地区中央银行的建立提出要求,即欧洲中央银行和欧洲中央银行系统。

欧洲中央银行(European Central Banks,ECB)简称欧洲央行,总部位于德国法兰克福,成立于 1998 年 6 月 1 日。自欧元区诞生,货币政策的权力从各欧盟成员国的中央银行被让渡至欧洲央行。欧洲央行的决策机构是管理委员会和执行委员会,管理委员会由执行委员会所有成员和参加欧元区的成员国中央银行行长组成。管理委员会实行一人一票制,一般实行简单多数。管理委员会是欧洲央行的最高决策机构,负责制定欧元区的货币政策,并且就涉及货币政策的中介目标、指导利率以及法定准备金等做出决策,同时确定其实施的行动指南。虽然货币政策的权力被让渡于欧洲央行,但是具体执行仍由欧元区各国央行负责。欧元区各国央行仍保留自己的外汇储备。欧洲央行只拥有 500 亿欧元的储备金,由各成员国央行根据本国在欧元区内的人口比例和国内生产总值的比例来提供。

欧洲中央银行系统(European System of Central Banks,ESCB),由欧洲央行和各欧盟成员国的中央银行所组成,不包括未参加欧元区的成员国中央银行(如英格兰银行)。未参加欧元区的欧洲央行体系成员国享有特殊地位,可自行制定货币政策,并无法参与欧元区货币政策的决策及执行。欧洲中央银行系统管理委员会由执行委员会全体成员及采用欧元的各成员国央行总裁所组成,对货币政策进行决策,并将任务执行委托给欧元体系。欧元区的货币政策,包括货币目标、基本利率和欧元体系的储备金供应。

欧洲央行成立伊始在促进经济上作用明显,降低了欧盟各国之间的融资、贸易壁垒,使用欧元增加了德国等国家的出口能力,统一货币和利率趋同增加了欧元区弱国的融资能力和购买能力。统一的货币政策也造成了各国经济、财政政策与货币政策之间的矛盾,这被认为是后续欧洲主权债务危机爆发的根本原因。另外,欧洲央行在设计上具备极强的独立性,但依然有学者认为其存在自主性不足、民主程度不高、缺乏监管等问题。

第五节　中国金融监管体制

中国金融监管体制的发展历程经历了从集权型金融监管向分工型金融监管体制转变的过程。

一、集权型金融监管时期

由于新中国成立初期资本金极度匮乏，一穷二白，几乎没有工业基础，需要集中资源建设。计划经济总体而言符合这一阶段的需要。1949年冬，中央确定实行全国财政经济统一管理的方针，并通过1950年2月召开的全国财政会议，以指令性方式提出了"六个统一"：财政收支统一、公粮统一、税收统一、编制统一、贸易统一、银行统一。逐步实施以计划管理为主，同时重视市场管理和宏观调控，综合平衡的计划经济体制。

1948年12月1日，中国人民银行在河北省石家庄市宣布成立，发行人民币作为法定本位币。1949年9月，中国人民政治协商会议通过《中华人民共和国中央人民政府组织法》，把中国人民银行纳入中央人民政府政务院的直属单位序列，接受财政经济委员会指导，与财政部保持密切联系，赋予其国家银行职能，承担发行国家货币、经理国家金库、管理国家金融、稳定金融市场、支持经济恢复和国家重建的任务。中国人民银行在中央人民政府的统一领导下，建立统一的国家银行体系，包括建立独立统一的货币体系，建立分支机构形成国家银行体系，实行金融管理，统一管理外汇，开展存款、放款、汇兑和外汇业务。

在统一的计划体制中，中国人民银行成为吸收、集中和分配资金的主要渠道，我国形成了集中统一的金融体制，中国人民银行作为国家金融管理和货币发行的机构，既是管理金融的国家机关又是全面经营银行业务的国家银行。"统存统贷"的管理办法将银行信贷计划纳入国家经济计划，成为国家管理经济的重要手段，为国家大规模的经济建设进行全面的金融监督和服务。

1979年1月，中国农业银行恢复营业。同年3月，中国银行成为国家指定的外汇专业银行，同时设立了国家外汇管理局。多个金融机构和金融监管机构逐渐设立。1983年9月17日，中华人民共和国国务院作出决定，由中国人民银行专门行使中央银行的职能，结束了中国人民银行既做中央银行又经营金融业务的历史，中国人民银行成为专门的中央银行。

二、分工型金融监管时期

1995年3月18日，第八届全国人大第三次会议通过《中华人民共和国中国人民银行法》，首次以国家立法形式确立了中国人民银行作为中央银行的地位，标志着中央银行体制走向了法治化、规范化的轨道，是中央银行制度建设的重要里程碑。2003年，按照党的第十六届二中全会审议通过的《关于深化行政管理体制和机构改革的意见》和第十届全国人大第一次会议批准的国务院机构改革方案，将中国人民银行对银行、金融资产管理公司、信托投资公司及其他存款类金融机构的监管职能分离出来,并和中央金融工委的相关职能进行整合,成立中国银行业监督管理委员会(简称"银监会"),管理银行类金融机构。同年9月,中央机构编制委员会正式批准人民银行的"三定"调整意见。12月27日,第十届全国人民代表大会常务委员会第六次会议审议通过了《中华人民共和国中国人民银行法(修正案)》。1998年11月,根据《中共中央、国务院关于深化金融改革,整顿金融秩序,防范金融风险的通知》和《国务院关于成立中国保险监督管理委员会的通知》,设置中国保险监督管理委员会,管理保险类金融机构。加上1992年成立的国务院证券委员会和中国证券监督管理委员会(简称"中国证监会"),构成"一行三会"的监管格局。

2018年3月,第十三届全国人大第一次会议批准了《国务院机构改革方案》,组建中国银行保险监督管理委员会,不再保留中国银行业监督管理委员会和中国保险监督管理委员会。同年,中国银行保险监督管理委员会成立,依照法律法规统一监督管理银行业和保险业。自此中国金融监管格局从"一行三会"变为"一行两会"。

2023年我国金融监管机构进一步深化改革。一是组建中央金融委员会,不再保留国务院金融稳定发展委员会。二是组建国家金融监督管理总局,取消银保监会。三是中国证券监督管理委员会调整为国务院直属机构,统一负责公司债券发行审核工作。四是深化地方金融监管体制改革。五是统筹推进中国人民银行分支机构改革。六是完善国有金融资本管理体制。七是加强金融管理部门工作人员统一规范管理。由此,形成了"一行一局一会"的综合监管体系,延续了2017年以来从"分业监管"向"综合监管"的发展趋势。

延伸阅读

国家金融监督管理总局正式挂牌,金融监管机构改革迈出重要一步

一、"一行一局一会"新格局加快形成

2023年5月18日,国家金融监督管理总局正式挂牌。继2018年中国银保监会组建之后,金融监管格局又迎来重大调整,这是深化金融监管体制改革、加强和完善现代金融监管、促进实现金融监管全覆盖的重大举措。

2023年3月,我国金融监管领域迎来重磅改革。中共中央、国务院印发《党和国家机构改革方案》,其中多项涉及金融监管领域:组建中央金融委员会、组建中央金融工作委员会、组建国家金融监督管理总局、深化地方金融监管体制改革、中国证券监督管理委员会调整为国务院直属机构、统筹推进中国人民银行分支机构改革……

自改革方案发布以来,有关部门正在紧锣密鼓地落实,改革稳步推进。4月21日,中国证监会、国家发展改革委对外发布了关于企业债券发行审核职责划转过渡期工作安排的公告。4月23日,证监会宣布,对国家发展改革委移交的34个企业债券项目依法履行了注册程序,同意核发注册批文,及时稳定预期,市场反应积极。这意味着改革方案中的企业债划转已进入实施阶段。

人民银行正根据改革方案推进分支机构改革;即将成为国务院直属机构的证监会也加快推进改革步伐,针对部分职责划转进行相应调整。

随着金融监管机构改革不断推进,"一行一局一会"新格局正在加快形成。专家表示,通过理顺体制机制、提升监管效率,金融将在服务推动高质量发展中更好发挥作用。

二、依法将各类金融活动全部纳入监管

根据改革方案,国家金融监督管理总局的职责是"统一负责除证券业之外的金融业监管",在具体监管职责上,方案提出"强化机构监管、行为监管、功能监管、穿透式监管、持续监管"的要求。

这些年来,让金融监管者头疼的一个大问题就是:一些新出现的金融行为很难按照原有的部门分工进行有效监管,原来相对清晰的银行、保险、证券的行业分割出现了一些模糊地带。金融监管存在盲区,还经常出现"铁路警察各管一段"的现象,风险随之滋生。

此轮改革在中国银保监会基础上组建国家金融监督管理总局,通过构建"一行一局一会"的金融监管格局,把所有的合法金融行为和非法金融行为都纳入监管,让未来新出现的金融机构和金融业务都难逃监管,形成全覆盖、全流程、全行为的金融监管体系。

另外,本次机构改革将中国人民银行对金融控股公司等金融集团的日常监管职责划入国家金融监督管理总局,也从另一个维度体现了功能监管理念。

专家指出,组建国家金融监督管理总局,不是对原有监管架构的修修补补,而是着眼全局、整体推进,体现了系统性、整体性、重构性的变革,有望推动监管标准统一、监管效率提升。

三、统筹负责金融消费者权益保护

根据改革方案,中国人民银行有关金融消费者保护职责,以及中国证监会的投资者保护职责划入国家金融监督管理总局,由其统筹负责金融消费者权益保护。

此前"一行两会"均设立了消费者或投资者保护机构,金融领域的消保工作分散在不同监管部门。

"随着平台经济和数字技术的应用,大量长尾用户渗入金融领域,对消保工作提出了更高的要求。"中国社会科学院金融研究所研究员尹振涛表示:"人民银行和证监会将有关金融消费者保护和投资者保护职责划入国家金融监督管理总局,有助于强化行为监管的标准统一并提高监管效率,也将大大减少因不同标准而产生的合规成本和风险。"

在专家看来,这将进一步强化打击违法违规金融活动,治理金融乱象,更好保护金融消费者合法权益。

深化党和国家机构改革,是贯彻落实党的二十大精神的重要举措,是推进国家治理体系和治理能力现代化的集中部署。新的金融监管体系,无疑肩负着诸多重任。机构职能调整、组织架构重建,只是第一步。从"物理反应"到"化学反应",达到预定目标,还有大量工作要做,还有很多硬骨头要啃。

按照方案,中央层面的改革任务力争在2023年年底前完成,地方层面的改革任务力争在2024年年底前完成,时间紧、任务重。

专家表示,当下金融部门需要充分认识到党和国家机构改革的重要性和紧迫性,进一步提高政治站位,坚定决心和信心,坚持稳字当头,不折不扣落实各项机构改革任务,让金融在服务经济社会发展中发挥更大作用。

(资料来源:吴雨、李延霞,《国家金融监督管理总局正式挂牌,金融监管机构迈出重要一步》,新华网,2023年5月18日。)

本章小结

1. 金融监管体制在历史上经历四个发展阶段：①中央银行为主体的监管体制；②分业监管的推行；③从分业监管到统一监管的转变；④统一监管与混业经营。金融监管体制的演化是根据经济发展、金融系统的演进、金融监管理论及政府经济策略的转变而改变的。

2. 集权型金融监管体制是由一个金融管理机构进行集中监管，多数国家采用这种体制。

3. 分工型金融监管体制是指在一国内有多个金融监督管理职能机构分别监管不同的类型、职能的金融机构。分工型金融监管体制包括单线多头式监管体制和双线多头式监管体制。双线多头式监管体制下中央政府与地方政府均有监管权，单线多头式监管体制的监管权集中在中央。

4. 合作型金融监管体制是在经济合作区域内，由统一机构负责对区域内的所有成员国金融机构实施统一监管的体制。合作型金融监管体制适用于区域集中特征较明显的国家或地区，是区域金融合作和经济金融全球化发展的必然结果。合作型金融监管体制的基础是成员国的权力让渡和协调。

 关键词

统一金融监管　多头金融监管　集权型金融监管体制　分工型金融监管体制　欧洲中央银行　双线多头式监管体制

 **复习思考题**

1. 金融监管体制有哪些类型？
2. 中国在功能性监管方面的尝试是什么？

第六章 商业银行监管

本章概要

本章主要介绍金融监管当局对商业银行及其分支机构的监管。本章从市场准入监管、市场经营监管、跨国经营监管、市场退出监管四个方面阐述对商业银行监管的内容和措施。

学习要点

本章重点学习商业银行市场准入的概念和内容;商业银行市场经营监管的原则、内容和方法;商业银行跨国经营监管内容;商业银行市场退出的方式。

引导案例

包商银行破产案例

1998年12月成立的包商银行是在包头市科技城市信用社等17家城市信用社基础上改制组建而来,是内蒙古自治区最早成立的股份制商业银行。截至2012年,包商银行在赤峰、北京、深圳等地开设16家分行,总资产达到2 022亿元,各项存款余额1 184亿元,各项贷款余额545亿元。包商银行获得《银行家》2011年度全国城市商业银行竞争力排名第三名的殊荣。

2019年5月24日,中国人民银行、中国银行保险监督管理委员会联合发布公告鉴于包商银行股份有限公司出现严重信用风险,为保护存款人和其他客户合法权益,依照《中华人民共和国中国人民银行法》《中华人民共和国银行业监督管理法》和《中华人民共和国商业银行法》有关规定,中国银行保险监督管理委员会决定自2019年5月24日起对包商银行实行接管,接管期限一年。2020年4月30日,存款保险公司、建信投资、徽商银行和内蒙古财政厅等8家单位共同发起设立蒙商银行,接受包商银行在内蒙古自治区内的资产负债和业务,自治区外4家分行的资产负债和业务打包出售给徽商银行。2020年8月,包商银行因严重资不抵债提出破产申请;2020年11月,中国银保监会"原则同意包商银行进入破产程序"。

思考:包商银行为何会进入破产程序?对包商银行的监管有哪些缺失?

第一节 商业银行市场准入监管

商业银行是按照《中华人民共和国商业银行法》和《公司法》设立的"吸收公众存款、发放贷款、办理结算等业务的企业法人"。市场准入实际上指的就是一种商业存在。狭义的市场准入是指物理存在,是通过组建新的市场主体或其分支机构进入某地市场的一种情形;广义的市场准入既包括物理存在也包括营业存在,营业存在是指通过扩大市场主体的营业能力或营业范围,而使其进入某一市场的情形。这里是从狭义的概念上对市场准入加以探讨的。

一、商业银行市场准入监管的必要性

(一)预防性管理的需要

对商业银行市场准入监管的目的在于确保新成立的商业银行具有良好的品质,保证金融业安全、稳健发展和有效预防风险。官方注册是一种保证责任,是提高商业银行整体经营管理水平的措施,是防止不良商业银行进入金融业的第一道防线。商业银行准入监管的预防性效果,关键在于判断准入机构的素质情况,既有量的要求,也有质的标准。量的要求主要是指对注册商业银行最低资本金的要求。这一要求用来证明新建商业银行最低安全水平的资金实力。最低资本金要求虽然在理论上能阻止不谨慎进入者,但在实践中并不能保证新进入的商业银行具有良好的经营行为,因为营业风险与最低资本金并不成正相关。质的标准包括对申请进入的商业银行的法人资格、经营管理方式和计划审核要求。要求申请进入的商业银行应当具有合理的组织章程、严格的内控制度、经验丰富的高级管理人员和恰当的经营策略。

(二)金融规模经济的需要

商业银行的经营特点决定了规模化发展成本。为了保证商业银行在竞争中具有优势地位,监管当局需要对商业银行规模和机构数量进行控制。如果银行数量过多,在市场需求没有相应增长的情况下,必然导致行业盈利水平下降,引起恶性竞争。因此,监督管理必须关注银行业资源的集中程度,使市场机构保持合理数量。

(三)防止市场垄断的需要

商业银行过多可能带来恶性竞争,商业银行数量过少则会导致业务垄断,不利于市场竞争,难以满足社会公众需要。当然,严格的市场准入限制对既有商业银行有利,阻止"新来者"进入银行业市场,会减轻竞争压力。但是,又会影响银行业的效率,保护低效率银行。因此,对商业银行市场准入的监管,既要考虑新进市场的商业银行对现存银行经营活动及金融业的影响,又要考虑银行市场结构的合理性。同时,还应当考察地区金融服务状况、地区金融市场潜力以及未来银行业的发展趋势。

二、商业银行市场准入监管的内容

(一)对商业银行设立的监管

商业银行的设立涉及的内容比较复杂,各国监管部门的规定有很大差异,一般包括对资

本金的要求、对管理人员的要求和对经营条件的要求。充足的资本金是商业银行保持偿付能力、维持正常经营活动的最基本条件。由于新建的商业银行资产规模较小,银行信誉尚未建立,资本金的重要性格外突出。商业银行管理人员的道德水平和业务素质是否符合要求,是监管当局关注的焦点之一。一般来讲,监管部门要求商业银行经营管理者拥有丰富的从业经验和良好的道德纪录,防止人为原因导致商业银行的经营失败。商业银行经营必须具有必要的安全防护设备、及时准确的通信工具以及严密的风险防范规章制度。如果这些基本要求不具备,新设立的商业银行难免会陷入经营困境。

(二) 对商业银行设立分支机构的监管

对商业银行设置分支机构的控制,各国情况不一。有些国家仅要求商业银行向监管当局报告备案,有些国家则规定必须通过审批程序,使监管当局能够对商业银行的区域性活动有效控制,防止盲目扩张可能对银行体系造成的不良后果。20世纪60年代中期以来,许多国家对商业银行设置分支机构的政策进行了调整,总的趋势是越来越宽松。一般认为,只要商业银行经营状况良好,遵守法律规定,那么,是否增设分支机构,原则上属于商业银行决策范围。

竞争因素对商业银行国内分支机构的设置起着决定性作用。但如果设置境外分支机构,情况就复杂多了。大多数市场经济国家的本国银行到境外设立机构,须经过审批程序,要求符合本国监管当局的基本要求,不仅要有资金实力,还要具备在国际市场上开展业务活动的能力,同时,总行必须按要求向本国监管当局提供境外机构的详细资料。随着银行国际化发展和国际金融业务的日趋复杂,这一领域的监管难度日益加大。

(三) 对商业银行经营业务的监管

目前,各国对"银行"及"银行业"的法律定义不相同,对银行业务活动范围也没有统一界定。许多国家对商业银行从事非银行业务一直持谨慎态度,有不同程度的限制。从谨慎监管的角度考虑,商业银行从事与其传统业务相差甚远且专业化要求很高的业务时,经营观念和管理方法往往不能适应。从安全性考虑,商业银行应当将一些风险较大的业务划分出来,由附属机构去经营,有利于监管当局针对附属机构拟定专门的监管标准。不过,这种做法并不能把商业银行从附属机构的风险中完全解脱出来。在市场经济国家,商业银行业务活动范围有进一步扩大的趋势。一些国家监管当局通过对"相关业务"概念作出变通解释,使商业银行能够通过附属机构进入融资租赁、经纪业、信托和保险等领域。也有国家正在考虑扩大商业银行业务活动领域。业务活动领域的不断扩展必然造成商业银行业务功能和组织结构复杂化,增加监督和管理难度。如何做到既不影响创新、效率和市场发展,又能维护金融体系的安全与稳定,是监管当局面临的普遍问题。

三、我国对商业银行市场准入的监管

由于金融风险的日益复杂,各国对商业银行准入条件规定得日益详细、具体和严格,减少了监管当局行为的随意性。近年来,我国通过立法为商业银行的市场准入监管提供了必要的依据和措施。

(一) 市场准入监管遵循的原则

国家金融监管总局成立后,对商业银行的监管职责开始由其承担。根据《中华人民共和国公司法》《中华人民共和国商业银行法》和《中华人民共和国银行业监督管理法》等有关法规,我国商业银行市场准入遵循以下原则。

1. 合法性原则

合法性原则是指申请设立商业银行必须依法经国家金融监管总局审查批准;必须遵循安全性、流动性和效益性的"三性"经营原则,实行自主经营、自担风险、自负盈亏、自我约束;必须以法人财产独立承担民事责任,必须保障存款人的合法权益不受任何侵犯;必须具备经济、金融法规所规定的条件依法合规经营,必须接受监管部门的监督管理。

2. 合理性原则

合理性原则是指审批商业银行应充分考虑经济发展需要,符合目前分业经营、分业管理的规定,符合合理布局公平竞争的要求。

① 符合国民经济发展需要。金融是经济发展的产物,金融是经济发展的动力,两者相互依存。毫无疑问,设立商业银行对支持经济发展是积极的,但商业银行数量一定要符合经济需要,与经济环境结合起来,符合国家金融业发展的政策和金融体系发展的方向。

② 符合分业经营要求。《中华人民共和国商业银行法》要求商业银行分业经营、分业管理,在境内只能经营银行业务。诚然,金融机构间业务交叉促进了竞争,在一定程度上推动了金融业的发展,但在我国金融市场还不发达的现阶段,混业经营带来了一系列问题。银行与证券、信托、保险业的混合,增加了金融机构的经营风险,影响了正常的金融秩序。金融领域分业经营、分业管理的法律规定,是我国现阶段金融监管的必然选择。同时,也应该看到,分业经营不意味着一成不变。金融业综合化趋势是经济和金融全球化的产物,是技术革命和规模经济更高的要求。从长远看,金融业综合化一体化也应成为我国商业银行发展的趋势。

③ 符合适度竞争要求。我国地域辽阔,地区之间经济发展不平衡,监管部门在审批时,应考虑地区经济的差异性,遵循合理布局原则。同时考虑适度竞争,防止出现银行争端。

3. 可控性原则

可控性包括两个方面。其一,金融监管部门的监管能力能够保证对普辖范围内商业银行机构的监管与控制。过多建立银行机构超出了金融监管能力,很难保证设立的商业银行能够安全运行,难以及时发现和控制金融风险。其二,商业银行制定了可行、有效的内部控制规章制度。内部控制制度是商业银行防范风险的基础,对内部各部门及职员的业务活动进行控制和制约。在此基础上,才能考虑经营过程中如何建立和完善良好的运行机制,如何提高银行经营的技术手段等。监管机构要检查内控制度是否合理可行,是否体现了安全与发展相结合的策略。

(二) 对市场准入监管的法律规定

对商业银行的市场准入监管大体上包括开业资本要求和股权结构、任职资格条件、严格的组织机构和管理制度、符合要求的营业场所和安全设施等条件。

1. 开业资本要求和股权结构

在我国,设立商业银行最低注册资本金限额是10亿元人民币,设立城市合作商业银行最低注册资本金限额是1亿元人民币,设立农村合作信用社的最低注册资本金限额是0.5亿元人民币。注册资本应当是实缴资本。国务院银行业监督管理机构根据审慎监管的要求可以调整注册资本最低限额,但不得少于前款规定的限额。

《商业银行法》第二十八条规定：任何单位和个人购买商业银行股份总额百分之五以上的，应当事先经国务院银行业监督管理机构批准。

2. 具有任职资格条件

商业银行必须有具备专业知识和业务工作经验的董事长、总经理（行长）和其他高级管理人员，以确保金融机构掌握在品德好、业务精、信誉高的管理人员手中，实现稳健运营。商业银行的法定代表人及其他高级管理人员的任免变更，应事先按审批权限报国家金融监管总局进行任职资格审查，未经审查或审查不合格的，董事会或上级主管部门一律不得办理任免或离任手续。商业银行的高级管理人员，要具备较高的政策理论水平，具有丰富的金融工作经验，具备优良品质，行为端正。

3. 具有严格的组织机构和管理制度

巴塞尔银行监管委员会的有效银行监管核心原则要求商业银行向银行业监管机构提交有关银行组织和内部控制方面的资料。监管机构要评价银行组织和内部控制方面的安排是否与其未来的经营策略一致，有关内部控制的规章和程序是否充分，商业银行是否拥有足够的资源保证内部控制制度能得到实施。监管机构还要评价商业银行是否具有良好的公司治理结构和有效的监督制衡机制。在美国，商业计划书被认为是申请银行牌照过程中最为重要的具有法律效力的文件，其内容应当包括银行经营的原则、风险估计、财务预测、对社区所提供的服务、遵纪守法的承诺等。银行经营的原则必须符合稳健性的要求，对风险的估计必须建立在对市场的竞争和经济条件真实评估的基础之上。我国的《商业银行法》要求商业银行必须建立合理的组织结构，包括组织职能、职责范围、相互监督和相互制约的组织体系；制定严格的内部控制制度，包括各项业务操作程序和管理规定、对违规违纪的处理办法、劳动工资制度和考核指标等。

4. 符合要求的营业场所和安全设施

银行业要求具有高度的稳定性和安全性，才能够保护存款者的利益不受侵犯。因此，设立商业银行必须要有固定的经营场所以及与之配套的安全防范措施。

第二节 商业银行市场经营监管

对商业银行监管的最终目标可以概括为：保护存款人和金融产品消费者的利益、促进同业公平竞争和维护整个金融体系的安全与稳定。伴随着经济全球化，信息技术的广泛应用以及国际银行业的巨大变化，尽管这个目标没有改变，但各国金融监管当局对市场经营监管内容和监管方式与手段都发生了很大变化。

一、商业银行市场经营监管的内容

商业银行市场经营监管内容主要包括：资本充足率、资产质量、流动性、风险控制、盈利状况、管理和内部控制等方面。

（一）资本充足率

对商业银行资本充足率的监管按照巴塞尔银行业务条例与监管委员的《巴塞尔协议》的

统一标准。

(1) 1988年《巴塞尔协议Ⅰ》规定商业银行的资本金分为一级资本(核心资本)和二级资本(附属资本)。一级资本包括实收资本和公开储备;二级资本包括非公开储备、资产重估储备、一般储备金、混合(债务)资本工具、长期次级债券。要求商业银行的核心资本充足率(核心资本总额/风险资产)不低于4%,资本充足率(资本总额/风险资产)不低于8%。其中,二级资本总额不得超过一级资本的100%;次级定期债券不得超过一级资本的50%。

(2) 2004年《巴塞尔协议Ⅱ》对银行资本充足率的要求仍是8%,但是新资本协议将风险扩展到信用风险、市场风险、操作风险等方面。资本充足率计算公式发生改变,对资本的要求更加准确反映了商业银行经营的风险状况。

资本充足率=总资本/[加权风险资产总额+12.5×(市场风险所需资本+操作风险所需资本)]。提出最低资本要求、监管部门监督检查、市场纪律的规定,形成了资本充足率监管的"三大支柱"。

(3) 2010年《巴塞尔协议Ⅲ》强化了资本充足率的要求,将一级资本分为核心一级资本和其他一级资本,提高了资本充足率比例:

① 在最低核心一级资本比率方面,截至2015年1月,全球各商业银行的一级资本充足率下限将从现行的4%上调至6%,商业银行的普通股最低要求(即核心一级资本比率)将从目前的2%提升至4.5%,包含附属资本在内的资本充足率维持在8%。

② 各商业银行还需要建立2.5%的资本留存缓冲。确保商业银行持有缓冲资本覆盖在经济压力下的损失,由扣除递延税项及其他项目后的普通股权益组成。

③ 各商业银行根据对经济周期的判断,以核心一级资本形式建立逆周期资本缓冲,规模为风险资本的0~2.5%,且从2016年开始实施,每年增加0.625%。到2019年1月1日,最终达到《巴塞尔协议Ⅲ》试图建立全球一致的监管指标要求。

(二) 资产质量

商业银行信贷资产占银行总资产的比例高达70%左右,贷款资产质量的高低关系着商业银行当前和潜在的信用风险。因此强调商业银行对资产质量的监管。

1. 资产质量的评估

根据国家金融监管总局的贷款风险分类指导原则,按照资产质量,商业银行的各类信贷资产可分为正常、关注、次级、可疑和损失五类,其中后三类合称为不良贷款。分类标准具体如下。

正常:借款人能够履行合同,没有足够理由怀疑贷款本息不能按时足额偿还。

关注:尽管借款人目前有能力偿还贷款本息,但存在一些可能对偿还产生不利影响的因素。

次级:借款人的还款能力出现明显问题,完全依靠其正常营业收入无法足额偿还贷款本息,即使执行担保,也可能会造成一定损失。

可疑:借款人无法足额偿还贷款本息,即使执行担保,也肯定要造成较大损失。

损失:在采取所有可能的措施或一切必要的法律程序之后,本息仍然无法收回,或只能收回极少部分。

对各类资产进行分类的过程就是商业银行对资产质量的评估,除此之外资产质量评估还体现在商业银行的信贷政策、贷款标准、信贷审批、贷款发放与监控过程和信贷人员素质等方面。

2. 资产质量的分析和管理

商业银行对资产质量分析和管理主要集中在以下方面：资产流动性水平、贷款结构、抵押担保标准、贷款协议标准、还款条件、各级管理层的审批权限、大额贷款、逾期贷款及其处理、限制不合理的内部贷款、限制高风险贷款、贷款程序、贷款档案管理、贷款利率和危险贷款等。

可以总结为两方面，一方面是对具体数据的分析，国家金融监管总局专门规定了商业银行风险监管核心指标，为商业银行的资产质量的分析和管理提供一个指导；另一方面是关注控制制度和相关操作流程。

(三) 流动性

商业银行流动性是指商业银行满足存款人提取现金、支付到期债务和借款人正常贷款需求的能力。商业银行提供现金满足客户提取存款的要求和支付到期债务本息，这部分现金称为"基本流动性"，基本流动性加上为贷款需求提供的现金称为"充足流动性"。保持适度的流动性是商业银行流动性管理所追求的目标。

衡量商业银行流动性大小可以采取流动性指标：

(1) 流动性比例 $=\dfrac{\text{流动性资产余额}}{\text{流动性负债余额}}$

流动性比例的最低监管标准为 25%。

(2) 流动性覆盖率 $=\dfrac{\text{合格优质流动性资产}}{\text{未来 30 天现金净流出量}}$

流动性覆盖率的最低监管标准为 100%，流动性覆盖率应当不低于最低监管标准。流动性覆盖率监管指标旨在确保商业银行具有充足的合格优质流动性资产，能够在规定的流动性压力情景下，通过变现这些资产满足未来至少 30 天的流动性需求。

(3) 净稳定资金比例 $=\dfrac{\text{可用的稳定资金}}{\text{所需的稳定资金}}$

净稳定资金比例的最低监管标准为 100%。净稳定资金比例监管指标旨在确保商业银行具有充足的稳定资金来源，以满足各类资产和表外风险敞口对稳定资金的需求。

(4) 流动性匹配率 $=\dfrac{\text{加权资金来源}}{\text{加权资金运用}}$

流动性匹配率的最低监管标准为 100%。流动性匹配率监管指标衡量商业银行主要资产与负债的期限配置结构，旨在引导商业银行合理配置长期稳定负债、高流动性或短期资产，避免过度依赖短期资金支持长期业务发展，提高流动性风险抵御能力。

二、商业银行市场经营监管的手段

(一) 非现场监管

非现场监管是指监管部门对商业银行报送的数据、报表和有关资料，以及通过其他渠道（如媒体、定期会谈等）取得的信息，进行整理和综合分析，并通过一系列风险监测和评价指标，对商业银行的经营风险作出初步评价和早期预警。非现场监管是金融监管的重要方式和手段，通过非现场监管，能够及时和连续监测金融机构的经营和风险状况；运用非现场分析，有助于明确现场检查的对象和重点,从而有利于合理分配监管力量,提高监管的质量和效率。

主要步骤:

(1) 采集数据,被监管对象按监管部门统一规定的格式和口径报送基础报表和数据,形成金融监管基础数据库;各级监管部门从数据库中采集所需要的数据,以进行非现场分析。

(2) 对有关数据进行核对、整理监管部门在对金融机构所报送数据的口径、连续性和准确性进行初步核对的基础上,按照非现场监管指标及风险分析的要求,进行分类和归并。

(3) 生成风险监管指标值,将基础数据加以分类、归并后,按照事先已经设计出的软件系统和一套风险监测、控制指标,自动生成资产质量、流动性、资本充足率、盈利(亏损)水平和市场风险水平等一系列指标值。根据这些指标值,进行风险监测与分析。

(4) 风险监测分析,非现场风险监测分析的基本方法包括:水平比较分析法、历史比较分析法、行业比较分析法。

(5) 风险初步评价与早期预警,监管者要对水平分析、历史分析和行业分析的结果、差异,以及导致上述结果与差异的原因进行综合分析,最后得出对该金融机构风险水平及发展趋势的初步综合评价,及时向金融机构发出早期预警信号,同时启动和指导现场检查,对其风险进行确认和评估。

(6) 指导现场检查,根据非现场监管发现的主要风险信号和存在的疑问,制订现场检查计划,确定现场检查的对象、时间、范围和重点,并合理分配监管力量,从而提高现场检查的效率和质量。

非现场检查监管的资料反映在金融监管部门要求商业银行报送的统一报表上,资料翔实可靠则能真实反映商业银行的经营状况。报表主要内容包括:①全方位反映银行经营情况的资产负债表和损益表;②反映资产负债表特别项目的附表;③资产负债表未能反映的报表,如表外项目明细表,其包括电子汇兑转账系统、非传统性信贷融资活动、备用信用证和跟单信用证的创新应用、外汇投资活动等;④其他相关特别报告,如各项存款统计报告、各项贷款统计报告、内部借贷统计报告、信托业务统计报告、消费信用统计报告、现金交易统计报告等。金融监管机构通过对统一经营报表进行分析,检查资本充足率、资产质量、盈利能力及流动性等。

(二) 现场检查监管

现场检查监管是指监管人员直接深入到金融机构进行业务检查和风险判断分析。现场检查是金融监管的重要手段和方式。通过实施现场检查,有助于全面、深入了解金融机构的经营和风险状况;核实和查清非现场监管中发现的问题和疑点;有助于对金融机构的风险做出客观、全面的判断和评价。

根据检查的目的、范围和重点,现场检查分为全面检查和专项检查。全面现场检查要涵盖被检查机构的各项主要业务及风险,以及管理内控的各个领域,要对金融机构的总体经营和风险状况作出判断。专项检查是指对金融机构的一项或几项业务进行的重点检查,具有较强的针对性和目的性。对金融机构的常规性全面检查应至少一年或一年半进行一次。对关注的高风险或有问题的商业银行对其现场检查的频率应更高。

常规性全面检查,应主要包括以下内容:资产质量和资产损失准备金充足程度、实际资本充足水平、资产负债结构及流动性状况、收益结构及真实盈利水平、市场风险水平及管理能力、管理与内控完善程度,以及遵守法律、法规情况。通过现场检查,除了要核实非现场监管的一些主要数据和信息,对上述内容或项目进行检查外,还要检查非现场监管难以监管和发现的问题,如有关的贷款标准和政策、贷款的基本程序与风险控制、不良贷款的划分标准和确认程度、呆账准备金提取和坏账核销的标准与政策、管理人员的水平与素质、内部报告与信息系统。

第三节　商业银行跨国经营监管

一、母国对本国银行海外分支机构的监管

(一) 对跨国银行海外分支机构母国监管的基本方式

巴塞尔银行监管委员会发布的《关于监督国际性银行集团及其跨国分支机构最低标准的建议》规定原则上由母国对跨国银行承担统一监管责任,明确要求母国应在统一监管的基础上对跨国银行的全球业务进行控制。跨国银行总行所在地的母国有权通过对银行总部的监管实现对该行整体运作的控制,跨国银行的全球业务活动均围绕其总行的指令或安排进行,总行掌握了整个跨国银行体系的最佳信息可获性,由总行所在地的母国监管当局承担并表监管责任,可从总体上全面掌握跨国银行的资本及风险状况,迅速查询跨国银行的相关信息,相对监管成本最低而监管效率最高。

跨国银行母国对海外分支机构的监管以并表监管为基本方式。并表监管是由母国监管当局承担基本责任的监管制度,即由跨国银行或银行集团的成立地国的银行主管当局负责对整个跨国银行或银行集团进行监管,以合并的资产负债表为依据,从银行或银行集团的整体出发对其业务总体所面临风险及资本充足性进行评估与检测。当跨国银行或银行集团具有多重组织结构或所有权结构时,可能导致其存在多个母国监管当局:银行集团的总行所在地国的监管当局、集团所拥有或控制的主银行的母国监管当局、银行集团中最大持股银行的母国监管当局等。

并表监管适应了银行业务国际化发展的客观需要。由于并表监管强调跨国组织的内部关联性,注重基于银行的全球业务总体来综合评估和监控其资本实力和风险状况,克服了跨国银行机构及其业务发展的系统性、全球性与以往监管的单一性地域性之间的矛盾。通过并表监管的有效实施,无论跨国银行及其海外分支机构在何地注册,也无论其在何地从事银行业务,对其所面临的风险均可以监管,在全球范围内进行有效评估和控制,从而在整体上最大限度地确保跨国银行内部各机构的经营安全与稳定。

(二) 对跨国银行海外分支机构母国监管的主要内容

各国对本国商业银行从事海外业务主要体现在设立监管和业务经营监管两个方面。

1. 设立监管

对本国银行海外分支机构的设立进行审批和监管是母国监管的主要内容,相应的监管要求和措施对跨国银行海外业务经营活动的状况具有直接的影响。从世界范围看,大多国家特别是金融发达国家的监管当局对本国银行设立海外分支机构规定有以下基本要求:

(1) 符合最低资本要求。如美国《联邦储备法》规定申请设立海外分支机构的商业银行的自有资本必须超过 100 万美元。为防止同一银行在海外重复设立分支,避免国际金融风险集中在少数几家银行,该法还规定申请银行持有的其他主要从事国际金融活动的美国银行或

其他金融机构的股票,不得超过申请银行股份资本的10%。

(2) 具备从事国际市场业务的资格与经验。即要求申请者必须具有一定数量的具有从事跨国银行业务履历和经验的管理人员,并且已经从事过一定时间的跨国银行业务。

(3) 必须向本国银行监管机构提供其境外分支机构业务活动与经营管理情况的详细资料。

此外,母国监管当局在审批设立海外分支机构时还可能考虑以下因素:银行在海外设立分支机构是否有利于扩大、便利本国经济发展,尤其是国际贸易发展的需要;是否存在重复设立海外分支机构的问题;东道国的监管制度是否完善等。

2. 业务经营监管

跨国银行所从事的业务活动的内容,决定着银行的安全和盈利状况,因而也应成为管理部门监管的重要方面。母国监管当局对本国银行海外分支机构进行业务经营监管通常采取以下措施:要求母行定期报送海外分支机构有关财务报表和业务报表,并结合母行的合并报表进行分析;把海外分支机构与母行作为一个整体,检查整个银行系统的资本充足率、流动性和单一贷款限额等指标;要求母行对海外分支机构的经营范围予以控制。但也有一些母国当局出于以下考虑而倾向于对本国银行海外分支机构的经营范围放宽监管:①本国银行的海外分支机构主要是在东道国进行经营活动,多数东道国对此已有不同程度的限制;②对不在本国从事经营活动的海外分支机构限制业务经营范围,在实施上存在现实困难;③放宽对海外分支机构经营范围的限制有利于提高本国银行海外分支机构的竞争能力,避免其在国际竞争特别是与当地银行的竞争中处于不利地位。如美国法律规定,国内商业银行不能经营证券经纪与保险业务,但允许本国银行的海外分支机构经营这些业务。此外,美国银行海外分支机构吸收的各项存款,只要是在美国境外存入并预定在美国境外支取,一律不受联邦储备存款准备金制度的管制。

二、东道国对外国银行分支机构的监管

(一) 东道国的监管原则

东道国的监管原则主要取决于本国经济发展现状、金融战略、法律制度等具体情况。国情不同,监管政策也就不同。这些政策可归结为公共利益原则、互惠原则和国民待遇原则。

1. 公共利益原则

东道国用公共利益原则对跨国银行监管是国家主权原则的体现,这也是弹性最大的法律原则,既可以给予跨国银行最严厉的限制,也可以采取放任的态度。而以保护、培育本国经济和金融的发展,使其免受外来的干扰和控制为出发点,对跨国银行施以限制性的监管,则是大多数国家或地区监管政策对此原则的不同程度的反映。

2. 互惠原则

互惠原则就是以对等互利的政策和措施来对待进入本国经营的跨国银行,即只允许本国银行被准许进入的国家在本国设立跨国银行,只允许跨国银行经营本国银行在该国能够经营的业务。

3. 国民待遇原则

国民待遇是指一个国家对外国人(企业)在某一事项上给以与本国人(企业)同等的对待。该原则指东道国对跨国银行实施与本地银行同样的监管措施,跨国银行与东道国本地

银行享受平等的待遇。这是最开放、最少歧视的原则。

大多数国家并不是单纯采取上述监管原则的一种,而是以一种原则为主,其他原则为辅。在这些原则下,根据本国经济金融发展现状,制定具体的监管政策。

(二)监管内容

1. 市场准入的监管

市场准入监管目的是避免金融业过度竞争、防止外国金融业对本国金融业的控制和冲击,维护金融秩序稳定。对跨国银行市场准入监管通常包括以下两个方面。

(1)进入形式。跨国银行采取何种组织形式进入东道国,直接关系到其在东道国的法律地位、权利能力和行为能力范围以及接受何种监管等。东道国允许跨国银行在其境内设立分支机构的组织形式。

(2)进入条件。各国立法一般都规定,跨国银行进入本国必须符合特定的条件,如已在东道国设立代表处达一定年限等,主要表现为以下两个方面。

第一,最低注册资本金的要求。为了确保跨国银行安全而有效地运营,各国通常要求跨国银行在本国境内开设分支机构必须满足最低注册资本金的要求,一般而言,各国是在参照国内银行的最低注册资本额的基础上来确定的。在中国,外商独资银行、中外合资银行的注册资本最低限额为10亿元人民币或者等值的自由兑换货币,注册资本应当是实缴资本。外商独资银行、中外合资银行拨给各分支机构营运资金的总和,不得超过总行资本金总额的60%。外国银行分行应当由其总行无偿拨给不少于2亿元人民币或者等值的自由兑换货币的营运资金。

第二,要求拥有经验丰富、具备专业知识的合格管理人员。各国法律一般都要求这些机构的人员具有良好的从业素质和经验,以保证银行的正常运营。一些发展中国家往往还规定东道国国民在分支机构的人员中须占一定的比例,从而利于学习跨国银行的经营管理经验并增加当地的就业机会。

2. 业务经营的监管

跨国银行进入后,东道国要对其业务经营活动进行一系列的监管,主要表现在以下两个方面。

(1)数量和地域的限制。通常东道国会对跨国银行在本国的网点设有一定的限制,以防范跨国银行的进入对国内金融业的过大冲击。这种限制既包括对开设分支机构数量的限制,也包括对营业地域的限制。首先,限制跨国银行在东道国设立分支机构的数量。其次,限制跨国银行的营业地域。有的国家只允许跨国银行在指定的地区设立分支机构。

(2)业务种类限制。东道国对跨国银行的监管,除限制其数量和地域外,还会对跨国银行在其境内所能从事的业务范围和参与程度进行限制。这些限制主要有以下两方面。

第一,对居民业务和本币业务的限制。为保护本国银行的一定市场额以及避免本国货币政策受到冲击,东道国会对跨国银行的本币业务和居民业务作出些限制,从而迫使跨国银行使用成本较高的资金来源,削弱其竞争优势。

第二,其他业务限制。东道国本国银行不能从事的业务,一般也禁止跨国银行从事。例如在实行金融分业经营制的国家,对于跨国银行,同样是禁止其混业经营的。

3. 流动性的监管

外国银行分行应当确保其资产的流动性。流动性资产余额与流动性负债余额的比例不得低于25%。

外国银行分行的流动性资产包括：现金、黄金、在中国人民银行存款、存放同业、1个月内到期的拆放同业、1个月内到期的借出同业、1个月内到期的境外联行往来及附属机构往来的资产方净额、1个月内到期的应收利息及其他应收款、1个月内到期的贷款、1个月内到期的债券投资、在国内外二级市场上可随时变现的其他债券投资、其他1个月内可变现的资产。外国银行分行的流动性负债包括：活期存款、1个月内到期的定期存款、同业存放、1个月内到期的同业拆入、1个月内到期的借入同业、1个月内到期的境外联行往来及附属机构往来的负债方净额、1个月内到期的应付利息及其他应付款、其他1个月内到期的负债。冻结存款不计入流动性负债。

第四节　商业银行市场退出监管

一、商业银行市场退出监管的必要性

商业银行市场退出监管的必要性主要体现在以下四个方面。

第一，是维护银行业稳健运行的需要。银行体系本身存在着系统性风险，有效的退出机制可以阻断金融危机的传导，遏制危机的扩散。

第二，是维护金融有序竞争的需要。公平合理的竞争是金融业发展的内在要求，而任何竞争都要求有一个切实可行的退出机制。

第三，是提高金融市场配置效率的需要。某些失败的银行机构退出市场，可以更好地配置有限的金融资源。

第四，是增强风险意识，维护市场纪律的需要。市场纪律是市场经济中市场法则的具体体现，它通过投资者的行为选择，对商业银行施以必要的压力。只有让经营失败的商业银行退出市场才能给银行的股东、经营者、债权人以必要的约束，使其不断追求更高的经营效率。

二、市场退出的原则

1. 审慎性原则

巴塞尔银行监管委员会发布的《有效银行监管的核心原则》对于商业银行的不同问题的程度作出了不同的处理方式。商业银行特殊的法律地位决定了商业银行的退出标准应当高于普通企业的破产标准。对于资不抵债的商业银行业不能一味地进行破产，而是应分析其可行性，以最小的损失完成市场退出。

2. 市场化原则

我国已经确立了市场经济体制，商业银行退市在本质上只是一个市场行为，而非政治行为或者其他行为。因此，政治的归政治，市场的归市场，二者不能混淆。虽然国家公权力的介入能在一定程度上保持金融的稳定，减小金融机构退出对市场的冲击力，但劣质金融机构的退出同时是市场优胜劣汰规则作用的结果，从本质上讲仍是市场行为。国家进行经济管理必须考虑它与市场机制的关系问题，因此，管理中的决策本身就含有市场机制的制约因

素。市场机制是对金融监管权力干预边界以外空白的填补,它的引入可在宏观稳定的前提下提高金融风险处置的效果,市场化机制要求在不危害社会稳定的前提下,金融机构市场退出的相关行为应按市场的方式,如退出采用市场化的合并或收购方式,并购方、托管人通过招投标方式确定,问题金融机构债权债务通过各种组合的市场方式出售等。市场化机制既是适度干预机制实现的基础,又是损失和风险合理分担机制建立的前提。因此,金融机构市场退出,须坚持市场化原则,做到顺其自然。

3. 适度干预原则

金融机构市场退出机制主要遵守市场化原则,但是应该同时需要适度的国家干预。适度干预也是凯恩斯主义的核心思想。金融机构的市场退出需要国家公权力的干预。市场机制存在内在不稳定性和盲目性的缺陷,只有通过政府干预或调控才能克服,金融业对国民经济的特殊影响及其内生的传染性,使得问题金融机构退出市场具有强烈的负外部效应,极易引发金融机构的连锁倒闭,所以需要代表国家公权力的金融监管机关从维护社会利益的角度出发对金融退出施以严格监管,运用行政权力规制金融退出中的各种法律关系。这就要求在构建金融机构市场退出法律制度时,首先应确立金融监管机关在金融机构市场退出中的核心地位,对金融机构市场退出做到全程组织和监管。

三、商业银行市场退出的表现形式

商业银行的市场退出,是指商业银行被吊销金融营业许可证、停止办理金融业务、被注销法人资格的处置。商业银行的市场退出有多种形式,从是否具有法人资格来看,商业银行市场退出可分为法人机构退出和分支机构退出。分支机构退出不意味着法人机构退出;注册法人退出后,分支机构随之退出。按照市场退出的意愿,可以分为自愿退出和强制退出,自愿退出是指商业银行出现章程规定的需要解散事由时,经股东代表大会决定同意,主动向金融监管当局提出市场退出申请,请求注销法人主体资格。强制退出是指由于商业银行完全丧失流动性清偿能力、资产损失超过资本金额等原因,金融监管当局依法作出予以关闭的决定,取消法人资格、强迫退出金融市场的处理。

商业银行退出市场的类型归纳起来主要有解散、撤销和破产三类。我国《商业银行法》明确规定,商业银行因解散、被撤销和宣告破产而终止。法定退出方式只是从法律程序上对商业银行的市场退出加以界定,在复杂的经济活动中,商业银行市场退出的表现形式还有被接管、被收购、合并等。

(一) 解散

我国《商业银行法》第六十九条规定,商业银行因分立、合并或者出现公司章程规定的解散事由需要解散的、应当向国务院银行业监督管理机构提出申请,并附解散的理由和支付存款的本金和利息等债务清偿计划,经国务院银行业监督管理机构批准后解散。商业银行解散时,应当在国务院银行业监督管理机构的监督下依法成立清算组进行清算,按照清偿计划及时偿还存款本金和利息等债务。

(二) 撤销

商业银行因吊销经营许可证被撤销的,国务院银行业监督管理机构应当依法及时组织成立清算组,进行清算,按照清偿计划及时偿还存款本金和利息等债务。

我国《商业银行法》分别规定了国务院银行业监管部门依职权吊销商业银行经营许可证和依中国人民银行建议吊销商业银行经营许可证两种情形，吊销商业银行经营许可证的决定由国务院银行业监管部门统一作出。

商业银行有下列情形之一，国务院银行业监督管理机构应当责令改正，没收违法所得，并处罚款；情节特别严重或者逾期不改正的，可以吊销其经营许可证。

① 未经批准设立分支机构的；
② 未经批准分立、合并或者违反规定对变更事项不报批的；
③ 违反规定提高或者降低利率以及采用其他不正当手段，吸收存款，发放贷款的；
④ 出租、出借经营许可证的；
⑤ 未经批准买卖、代理买卖外汇的；
⑥ 未经批准买卖政府债券或者发行、买卖金融债券的；
⑦ 违反国家规定从事信托投资和证券经营业务、向非自用不动产投资或者向非银行金融机构和企业投资的；
⑧ 向关系人发放信用贷款或者发放担保贷款的条件优于其他借款人同类贷款的条件的；
⑨ 拒绝或者阻碍国务院银行业监督管理机构检查监督的；
⑩ 提供虚假的或者隐瞒重要事实的财务会计报告、报表和统计报表的；
⑪ 未遵守资本充足率、存贷比例、资产流动性比例、同一借款人贷款比例和国务院银行业监督管理机构有关资产负债比例管理的其他规定的。

(三) 破产

商业银行破产是商业银行退出的一种途径。一般而言，银行破产是指金融机构资不抵债或不能清偿到期债务，经金融监管部门同意，自行或由债权人申请，人民法院依法裁定对其资产进行清算并对剩余财产强制进行分配的一种程序（这一定义并不适用于所有国家）。它是商业银行法律主体资格的最终消灭，是银行市场退出体系中唯一涉及司法参与的程序，也是商业银行市场退出中最剧烈、最彻底的一种方式。因为银行是一种准公共企业，它既有追求利润最大化的一面，也承担着国民经济宏观调控机制的传导职能，个别银行机构的支付风险具有传导和扩散效应，对不能支付到期债务的商业银行断然采取破产还债措施可能会引发系统性或局部性的金融风险。商业银行是经营公众存款业务的机构，其业务与国民经济和人民生活直接相关，且与其相关联的法律关系更为复杂。正是由于银行的特殊地位，各国都对银行破产持相当谨慎的态度，建立了商业银行的风险防范和最后援助法律制度，在银行陷入危机时采用各种手段对其进行拯救，如针对银行、银行管理层和股东执行更为严格的审慎监管；限制银行管理层的权力或限制银行经营活动的范围；任命临时管理人接管银行的运营；撤销银行营业许可证等，即使达到了破产法规定的破产条件，监管当局首先考虑的也是如何救助或安排购并，尽量使之渡过难关，而不会轻易让其破产。这几乎是各国监管当局奉行的一条普遍的原则。

在20世纪90年代中期之前，日本对濒临倒闭金融机构的处理几乎都是采取包括新设合并和救济合并在内的购并政策加以拯救。美国在处理倒闭金融机构时是公认的较大胆采用破产政策的国家，但在美国联邦存款保险公司(FDIC)1980—1996年所处理的濒临倒闭的银行案件中真正实行破产清偿的仍为少数。因此可以说，相对于其他几种退出方式，破产在实践中的应用是最为有限的。商业银行市场退出是一个多方权力介入和博弈的过程。如前所述,银行业的公共行业性质及其高风险性决定了必须由专门机构对其进入、经营和退出的各个阶段实施严格监管。世界各国均从自身的经济体制、法律传统、政策选择等方面出发,对此作出了不同的制度安排。

在我国,商业银行被宣告破产的,由人民法院组织国务院银行业监督管理机构等有关部门和有关人员成立清算组,进行清算。与一般公司破产不同的是,商业银行的破产要先得到国务院银行业监督管理机构的同意人民法院才可以作出破产的宣告。商业银行破产清算时,在支付清算费用、所欠职工工资和劳动保险费用后,应当优先支付个人储蓄存款的本金和利息。

(四)接管

商业银行已经或者可能发生信用危机,严重影响存款人的利益时,国务院银行业监督管理机构可以对该银行实行接管。接管的目的是对被接管的商业银行采取必要措施,以保护存款人的利益,恢复商业银行的正常经营能力。被接管的商业银行的债权债务关系不因接管而变化。

接管由国务院银行业监督管理机构决定,并组织实施。国务院银行业监督管理机构的接管决定应当载明下列内容:①被接管的商业银行名称;②接管理由;③接管组织;④接管期限。接管决定自实施之日起开始。自接管开始之日起,由接管组织行使商业银行的经营管理权力。接管期限届满,国务院银行业监督管理机构可以决定延期,但接管期限最长不得超过两年。

有下列情形之一的,接管终止:①接管决定规定的期限届满或者国务院银行业监督管理机构决定的接管延期届满;②接管期限届满前,该商业银行已恢复正常经营能力;③接管期限届满前,该商业银行被合并或者被依法宣告破产。

四、市场退出的程序

强制性市场退出的程序因采取撤销或破产不同的退出方式而有所不同,但在操作实务中都需要执行下列基本程序。

(一)做出市场退出决定并予以公告

在撤销情形下,由中国人民银行发布撤销公告,并视金融机构资产、负债分布情况在全国性或区域性报纸上公告;在破产情形下,由人民法院作出破产裁定,并予以公告。公告主要解决两个问题:一是明确金融机构被撤销或被宣告破产的原因;二是明确相应的法律效力和后果。

(二)成立清算组,控制金融机构的所有活动

清算组在成立初期的主要任务:一是控制金融机构的资产、账册和关键人员,并按照不同类别对金融机构的资产登记造册;二是解除金融机构与他方签订的合同,防止损失进一步扩大;三是要求债权人申报债权,要求金融机构的债务人清偿债务。

(三)确认债权,清收或变现资产

确认债权的目的是明确金融机构所欠债务的总额和类别,对于不同类别的债权(如自然人债权、单位债权)应分类确认并登记。清收或变现资产是清算组的主要任务,清算组应采取诉讼或非诉讼手段,要求金融机构的债务人清偿债务。对于金融机构拥有的优质资产(如

正常贷款),如果其他金融机构有意购买,清算组也可以采取资产与储蓄存款一并转移的方式,即一定数量的资产配以同等数量的储蓄存款,从而既节约了变现成本,又减少了债权人数量和金额。

（四）支付个人储蓄存款本息,制定清算方案

根据《中华人民共和国商业银行法》及《金融机构撤销条例》等法律法规规定,金融机构被撤销或宣告破产的,个人储蓄存款本息的清偿顺序优先于单位债权。因此,清算组在有变现收入的情况下应优先偿付个人储蓄存款的本息。在实际操作中,一旦某一金融机构被撤销,地方政府即向中央政府借款,用以支付个人储蓄存款的本息。

由于金融机构的资产主要是信贷资产,这类资产的变现能力往往取决于借款人和保证人的还款能力及抵押、质押物的实价值。因此,清算组还需要聘请会计师事务所等中介机构对金融机构的资产进行评估。完成资产评估后,清算组即可据此制定清算方案,确定债权人的受偿率。

（五）向债权人分配变现收入或财产

在破产情形下,由清算组提出破产财产分配方案,经债权人会议讨论通过,报请人民法院裁定后即可按照法律规定的顺序予以清偿。而在撤销情形下,清算组制定出清算方案后,即可与单位债权人进行协商,债权人接受清算方案的,清算人即可据此向单位债权人清偿。与单位债权人协商不成的,清算组及单位债权人均可以向人民法院提出破产申请。

（六）结束退出工作

在破产情形下,由清算组提请人民法院终结破产程序,向原登记机关办理注销登记。在撤销情形下,由清算组向中国人民银行提请终结撤销程序,向原登记机关办理注销登记,或者由清算组向人民法院成立的清算组移交清算事宜。

专栏 6-1

2021年9月10日,银保监会印发《商业银行监管评级办法》(以下简称《办法》)。商业银行监管评级结果分为1—6级和S级,其中,1级进一步细分为A、B两个档次,2—4级进一步细分为A、B、C三个档次。

评级结果为1—6级的,数值越大反映机构风险越大,需要越高程度的监管关注。正处于重组、被接管、实施市场退出等情况的商业银行经监管机构认定后直接列为S级,不参加当年监管评级。

《办法》明确,各监管评级要素的标准权重分配如下:资本充足(15%)、资产质量(15%)、公司治理与管理质量(20%)、盈利状况(5%)、流动性风险(15%)、市场风险(10%)、数据治理(5%)、信息科技风险(10%)、机构差异化要素(5%)。银保监会根据监管重点、银行业务复杂程度和风险特征具体设定和调整各评级要素权重。单项要素得分按权重换算为百分制后分6个级别,90分(含)至100分为1级,75分(含)至90分为2级,60分(含)至75分为3级,45分(含)至60分为4级,30分(含)至45分为5级,30分以下为6级。

《办法》同时指出,对于存在以下情形的商业银行,监管机构应在评级综合得分对应的初步级别和档次基础上,进行相应调整:

(1) 核心监管指标不满足最低监管要求或在短期内发生重大不利变化的,监管评级结果应为3级及以下;

（2）出现下列重大负面因素严重影响机构稳健经营的，监管评级结果应为3级及以下：党的建设严重弱化、公司治理存在严重缺陷，发生重大涉刑业内案件，财务造假、数据造假问题严重，被采取重大行政处罚、监管强制措施，重大舆情应对严重不当等；

（3）无法正常经营，出现信用危机，严重影响银行消费者和其他客户合法权益及金融秩序稳定的，监管评级结果应为5级或6级；

（4）风险化解明显不力，重要监管政策和要求落实不到位的，监管评级结果不高于最近一次监管评级结果；

（5）监管机构认定的其他应下调监管评级的情形，视情节严重程度决定下调措施。

《办法》称，监管评级结果应当作为衡量商业银行经营状况、风险管理能力和风险程度的主要依据。银保监会及其派出机构在日常监管基础上，根据监管评级结果，结合银行经营环境和风险特征，依法采取有针对性的监管措施和行动，进行差异化监管。

综合评级结果为5级和6级，表示银行为高风险机构。其中，评级结果为5级，表示银行业绩表现极差，存在非常严重的问题，需要采取措施进行风险处置或救助，以避免产生倒闭的风险；评级结果为6级，表示银行存在的问题极度严峻，可能或已经发生信用危机，严重影响银行消费者和其他客户合法权益，或者可能严重危害金融秩序、损害公众利益。对综合评级结果为5级的银行，在采取上述监管措施和行动基础上，应制定实施风险处置方案。对综合评级结果为6级的银行，监管机构还可视情况依法安排重组、实行接管或实施市场退出。

对综合评级结果为4级的银行，除可采取上述监管措施和行动外，还应区别情形依法采取下列措施和行动：控制资产增长，要求补充资本，要求补充流动性，责令限期整改，责令暂停部分业务、停止批准开办新业务，限制分配红利，限制资产转让，责令控股股东转让股权或限制有关股东的权利，责令调整董事、高级管理人员或限制其权利，停止批准增设分支机构等。

对综合评级结果为2级和3级的银行，应根据具体评级档次的高低，按照监管投入逐步加大的原则，适当提高非现场监管分析与现场检查的频率和深度，并可依法采取下列措施和行动：监管谈话，督促控制风险较高、管理薄弱领域业务增长和风险敞口，在市场准入上采取一定的监管措施等。

延伸阅读

对包商银行的监管过程中忽略了以下两个问题。

（1）包商银行的股权结构不合理。在包商银行体系当中，以明天系为首的十大影子壳公司为最主要的持股股东，通过影子持股和人事干预对包商银行进行了实际的控制，并且在控制期内，不断违规使用公司资金，而且不按时偿还，导致公司资金周转不良，信用风险增加，从而导致危机发生。

（2）包商银行的权责划分不清晰。包商银行制定的相关章程和制度办法，并没有将董事会与经营层等方面的职责进行明确清晰的界定和规范，从而为一些管理层越界干预提供了便利。有些银行的董事长没有治理意识，一些重要的会议和一些重要事项的决定会议只要本人同意就可以直接参加。独立的办事机构的缺失，限制了董事会、监事会等高层组织的职能发挥，并且最终给一些失信行为有乘虚而入的机会。

监管的对策建议有以下两方面。

(1) 股权多元化，优化股东结构，加强股东资金监管。包商银行破产一案对我们最重要的启示就是要避免单一股东长期占有公司资金，要增强中小银行发展活力，对中小商业银行股权结构进行调整。

(2) 强化内部监督，保持银行决策独立性。监管部门必须通过选派监事长的方式，对我国中小商业银行日常的经营决策的合规性、合法性进行监督，对可能出现的风险事项进行监测，监管部门还要在特定的时期对于董事会、监事会等履职情况进行线下审查，帮助建立独立的履行监督职责的监事会，从而解决中小商业银行内部监督缺失、风险意识淡薄等问题，保护存款人利益，更好地维护社会经济稳定。

本章小结

商业银行的市场准入实际上是一种营业存在。狭义的市场准入是指物理存在，广义的市场准入既包括物理存在也包括营业存在。对商业银行市场准入监管既是预防性管理需要，也是防止垄断的必要措施。其内容主要包括：对新设机构的监管、对银行分设机构的监管、对经营业务范围的监管等。我国在对商业银行市场准入的监管中，依照合法性原则、合理性原则和可控性原则，对商业银行市场准入作出了明确的法律规定。

对商业银行市场经营的监管是日常监管的重点。监管的内容主要包括银行业务经营的合规性、风险控制、资本充足性、流动性、资产质量和准备金政策、盈利能力、管理水平与内部控制等。金融监管当局的监管手段主要包括非现场监管和现场检查监管两种方式。

对商业银行跨国业务进行的监管一般包括：母国对本国银行海外业务的监管和东道国对外国银行分支机构的监管两方面。前者包括业务申请、业务范围限制、财会数据的报告与检查、存款准备金要求和外汇交易管理等内容，监管方式主要是并表监管；后者集中在市场准入管理、报告与检查、财务指标控制、业务范围限制、机构形式限制和存款准备金与存款保险规定等方面。

商业银行市场退出的表现形式归纳起来主要有解散、撤销、破产、被接管、被收购、合并等。商业银行在市场退出时应当遵循一定的准则，既不能危及金融体系安全，又要避免银行产生侥幸心理。市场退出的程序包括发布公告、成立清算组、确认债权债务和注销商业银行法人资格等环节。在这些环节中债务清理具有特殊意义，各方应当坚持原则，依照法定清偿顺序对债务进行确认和偿付。

关键词

市场准入　资产充足率　流动性　非现场监管　现场检查监管　并表监管　解散　撤销　破产　接管

复习思考题

1. 对商业银行市场准入监管的必要性体现在哪些方面？

2. 试述对商业银行市场经营监管的内容和手段。
3. 试分析如何对商业银行跨国业务进行监管。
4. 商业银行市场退出监管的主要形式有哪些?
5. 阐述商业银行市场退出的程序。

第七章　证券机构监管

> **本章概要**
>
> 本章主要介绍各国金融监管当局对证券业监管的一般内容，包括证券机构市场准入监管、证券机构市场经营监管、证券机构的跨国业务监管、证券机构市场退出监管，并对我国证券业的监管实践进行了介绍。

> **学习要点**
>
> 本章重点学习证券公司的设立、业务范围、经营规则、设立体制、从业人员管理、跨国业务经营规范和市场退出制度。

> **引导案例**
>
> 2022年7月，贵州证监局披露4张罚单，与中天国富证券相关，事涉自营投资业务、委托投资业务。监管层对中天国富证券采取责令改正的行政监管措施，3名责任人也被处罚，其中就有两任曾分管投资的公司高管。根据贵州证监局的公告，中天国富证券有三项问题违规：
>
> （1）审慎开展自营证券投资业务，持有中高风险债券比例较高，对逆回购业务信用风险把控不足；
>
> （2）在开展委托投资业务中，未向贵州局报告委托投资产品投资交易控股股东及其关联方债券的情况；
>
> （3）委托投资产品穿透计算，部分债券持仓规模与其总规模的比例，超过了《证券公司风险控制指标计算标准规定》中"持有一种非权益类证券的规模与其总规模比例"规定的监管标准。
>
> 事实上，除中天国富以外，此前已有多家券商债券自营业务因存在薄弱环节，收到监管层罚单，针对证券公司自营业务的监管仍然有待完善。

第一节　证券机构市场准入监管

证券机构是由证券主管机关依法批准设立的在证券市场上经营证券业务的金融机构。

狭义的证券机构指的是证券公司。证券公司是指依照《公司法》和《证券法》的规定设立并经国务院证券监督管理机构审查批准而成立的专门经营证券业务,具有独立法人地位的有限责任公司或者股份有限公司,主要从事承销证券发行、自营买卖证券、代理买卖证券、资产管理、兼并与收购、研究与咨询、代理上市公司还本付息或者支付红利等各项证券业务。广义的证券机构还包括基金公司、证券交易所、证券登记结算机构以及证券交易所等证券市场相关主体。证券投资基金管理公司(基金公司),是指经中国证券监督管理委员会批准,在中国境内设立,从事证券投资基金管理业务的企业法人。证券交易所是为证券集中交易提供场所和设施,组织和监督证券交易,实行自律管理的法人。证券登记结算机构是指为证券的发行和交易活动办理证券登记、存管、结算业务的中介服务机构。证券业协会是我国证券业的自律性组织。本节主要介绍证券公司和证券交易所的准入制度。

证券公司准入监管是证券公司监管的第一道防线,证券公司良莠情况直接关系证券市场的稳健运行和整个证券业的发展,世界各国基本都形成了符合本国实际的证券公司设立体制和条件。

一、我国对证券公司的市场准入监管

(一)证券机构设立条件

我国在证券经营机构的市场准入监管上,采取的是核准制。这种制度下,证券公司的市场准入比实行注册制的国家更为严格和复杂,更加有利于保护投资者的合法利益以及维护市场的稳定,但同时这种制度在某种程度上会削弱证券业的竞争活力。

《证券法》第一百一十八条规定,设立证券公司,应当具备下列条件,并经国务院证券监督管理机构批准:有符合法律、行政法规规定的公司章程;主要股东及公司的实际控制人具有良好的财务状况和诚信记录,最近三年无重大违法违规记录;有符合本法规定的公司注册资本;董事、监事、高级管理人员、从业人员符合本法规定的条件;有完善的风险管理与内部控制制度;有合格的经营场所、业务设施和信息技术系统;法律、行政法规和经国务院批准的国务院证券监督管理机构规定的其他条件。

(二)证券公司股东条件

证券公司除了本身需要具有相应的资质条件外,其持股股东也需要符合相应的监管要求。2019年7月5日实施的《证券公司股权管理规定》(以下称《规定》)对此作出了详细的规定,根据持股比例和对证券公司经营管理的影响将证券公司股东分为以下四类:①控股股东,指持有证券公司50%以上股权的股东或者虽然持股比例不足50%,但其所享有的表决权足以对证券公司股东会的决议产生重大影响的股东;②主要股东,指持有证券公司25%以上股权的股东或者持有5%以上股权的第一大股东;③持有证券公司5%以上股权的股东;④持有证券公司5%以下股权的股东。

对于证券公司的控股股东,《规定》作出了严格的要求:总资产不低于500亿元人民币,净资产不低于200亿元人民币,且核心主业突出,主营业务最近5年持续盈利;入股证券公司与其长期战略协调一致,有利于服务其主营业务发展;对完善证券公司治理结构、推动证券公司长期发展有切实可行的计划安排;对保持证券公司经营管理的独立性和防范风险传递与不当利益输送有明确的自我约束机制。对于证券公司的主要股东,《规定》要求净资产不低于2亿元人民币,财务状况良好,具有持续盈利能力,资产负债和杠杆水平适度,具备与证券公司经营业务相匹配的持续资本补充能力;公司治理规范,管理能力达标,风险管控良好;开展金融相关业务经验与证券公司业务范围相匹配,能够为提升证券公司的综合竞争力提供支持;对证券公司可能发生风险导致无法正常经营的情况,制定合理有效的风险处置预案。对持有证券公司5%以上股权的股东,要求不存在净资产低于实收资本50%的情形;不存在或有负债达到净资产50%的情形;不存在不能清偿到期债务的情形;净资产不低于5 000万元人民币。而持有证券公司5%以下股权的股东,要求自身及所控制的机构信誉良好、股权结构清晰、不存在因不诚信或者不合规行为引发社会重大质疑或产生严重社会负面影响且影响尚未消除的情形等。可以看出,越是持股比例较高的股东,其资质要求越高,所受的监管更严格。

(三)证券公司审批程序

为从源头上控制风险,我国对证券公司设立的审批程序较为严格。为申请设立证券公司,申请人应当向中国证监会提交下列材料:申请报告;可行性报告;筹建方案;发起人协议;股东名册及其出资额、出资比例、背景材料及发起人上一年度经会计师事务所审计的财务报表;公司章程(草案);筹建负责人名单及其简历;中国证监会要求的其他材料。证券公司申请筹建分公司或者证券营业部,应当向中国证监会提交下列材料:申请报告;可行性报告;筹建方案;筹建负责人名单、简历及资格证书;公司《经营证券业务许可证》正、副本及复印件;中国证监会要求的其他材料。

中国证监会应当自受理证券公司设立申请之日起六个月内,依照法定条件和法定程序并根据审慎监管原则进行审查,作出批准或不批准的决定,并书面通知申请人;申请未通过的,应当在书面通知中注明原因,并在一年内不再受理筹建申请。筹建申请人应当自中国证监会批准筹建之日起六个月内完成筹建工作,逾期未完成的,原批准文件自动失效。遇到特殊情况需要延长筹建期限的,应书面报经中国证监会批准,但是延长期不得超过三个月。申请人应当在规定的期限内向公司登记机关申请设立登记,领取营业执照。证券公司应当自领取营业执照之日起15日内,向中国证监会申请经营证券业务许可证。未取得经营证券业务许可证,证券公司不得经营证券业务。

二、国外对证券公司的市场准入监管

(一)美国对证券公司的市场准入监管

美国采取注册登记制度,符合规定条件的证券公司注册申请时要受到证券监管部门的审查,审查内容包括:证券公司是否有齐全的交易设备和足够的资本金;是否有合格的管理人员;能否遵守法规和证券监管部门的有关法规。证券监管部门应在45天内对注册申请作出答复,必要时可延长至90天。注册后,还要向证券交易所申请会员注册,只有取得证券监管部门的注册批准和证券交易所的会员资格,证券公司才能进行经营活动。

(二)日本对证券公司的市场准入监管

日本曾经对证券公司采取宽松制度,结果造成了证券市场的急剧扩张,许多质量低下的公司涌入证券市场,造成混乱。于是,日本在1965年修改了证券法,将登记制改为批准制,对原有证券公司资格进行审查。此后,证券公司数量下降,市场稳定下来。批准条件主要有：具备足够的财产保证和良好的前景；具备证券从业经验和良好的社会信誉；有利于当地证券业发展。

（三）英国对证券公司的市场准入监管

英国是自律型监管体制的代表，证券公司主要依靠自律组织管理，强调自我约束和自我管理。1986年英国颁布《金融服务法》(Financial Services Act 1986)，成立了证券与投资委员会(Securities and Investment Board)，负责对从事证券和投资活动的自律组织以及从事各种金融服务的企业进行管理，改变了传统上主要依靠自治自律的管理模式。证券与投资委员会在1997年10月更名为金融服务局(Financial Services Authority，FSA)。2000年《金融市场与服务法案》(Financial Services and Markets Act 2000)正式生效，进一步明确了金融服务局(FSA)的职责和权力，统一了对所有类型金融机构和业务的监管。这表明英国证券市场开始逐渐由自律监管型向政府监管型过渡。2023年6月《金融服务和市场法案》(Financial Services and Markets Act 2023)获得通过并生效，废除了欧盟保留法律，引入了新的监管机制和框架，以增强英国金融市场的适应性和竞争力。

三、证券交易所的准入制度

证券交易所是买卖股票、公司债、公债等有价证券的市场，集合有价证券的买卖者，经过证券经纪人的居间完成交易。证券交易所依据国家有关法律，经政府证券主管机关批准设立。在我国内地有三个：上海证券交易所、深圳证券交易所和北京证券交易所。

证券交易所分为公司制和会员制两种。这两种证券交易所均可以是政府或公共团体出资经营的（称为公营制证券交易所），也可以是私人出资经营的（称为民营制证券交易所），还可以是政府与私人共同出资经营的（称为公私合营的证券交易所）。在我国内地，上海证券交易所和深圳证券交易所都是会员制，而北京证券交易所采用公司制，这三个交易所都是非营利性的。

世界上最早的证券交易所是1613年设立的荷兰阿姆斯特丹证券交易所。在中国大陆，最早的证券交易所是1905年外商组织的上海众业公所，以及1918年设立的北京证券交易所。现代交易所中规模较大的，如纳斯达克证券交易所、纽约证券交易所和伦敦证券交易所，都经营各个国家的证券交易。证券交易所的出现，为证券买卖创造了一个常设市场，成为货币资本借以实现长期投资的机构，因此通常称它为"长期金融市场"。

虽然各国由于证券发展史不同，导致市场准入规则存在一定形式上的差异，但所有国家政府对证券交易所的设立都有严格的限制。具体做法有以下三种。

（一）认可制

英国证券交易所出现在交易所法规颁布之前，传统上设立证券交易所无须政府批准，只需要证券交易所协会同意，就可以设立证券交易所，是一种认可制。而事实上，欧洲大部分国家对交易所实施行业管制。比较而言，北美的交易所数量较多，准入壁垒低。

（二）注册制

美国历史上很长时期实施交易所注册制，其设立不需要经过政府的特别许可，只要主管部门登记即可营业，交易所的竞争激烈。注册制对交易所的准入监管较少，交易所竞争格局容易产生不稳定因素。《1934年证券交易法》规定，除了很少的交易可以豁免外，全国性的证券交易所必须向美国证券委员会提交申请,办理登记注册。实行注册后,交易所竞争加剧,数量减少。

(三)特许制

交易所的设立往往需要严格的法定条件,并得到政府或其授权机构的批准,称为特许制。如日本的证券交易所设立需要得到首相的特许。这种体制能防止证券交易所过度设立,控制成本和发挥规模效应,为大部分证券市场国家特别是新兴国家所选择。

第二节 证券机构市场经营监管

证券经营机构主要经营证券承销业务、证券经纪业务、证券自营业务、私募发行、兼并收购、基金管理、风险基金、金融衍生工具交易、咨询服务等业务。

一、证券经纪业务及其监管

证券经纪业务又被称为代理买卖证券业务,是指证券公司接受客户委托代客户买卖有价证券的业务。在证券经纪业务中,证券公司只收取一定比例的佣金作为业务收入。证券经纪业务分为柜台代理买卖证券业务和通过证券交易所代理买卖证券业务。

在证券经纪业务中,经纪委托关系的建立表现为开户和委托两个环节。按照相关法规的规定,首先,投资者应在登记结算公司或者其代理点开立证券账户;其次,投资者与证券公司签署风险揭示书、客户须知,签订证券交易委托代理协议,开立客户交易结算资金第三方存管协议中的资金账户等。

经纪关系的建立只是确立了投资者和证券公司直接的代理关系,还没有形成实质上的委托关系。当投资者填写了委托单或自助委托且证券公司受理了委托,两者就建立了受法律保护和约束的委托关系。

由于证券经纪商代理客户进行证券交易的行为涉及投资者的利益,各国对证券经纪业务基本上实行特许进入的政策,对证券经纪商都有较严格的监管,且均设定了一定条件。目前,我国具有法人资格的证券经纪商是指在证券交易中代理买卖证券、从事经纪业务的证券公司。我国对证券公司实行分类管理,分为综合类证券公司和经纪类证券公司,并由国务院证券监督管理机构按照其分类颁发业务许可证。综合类证券公司可以从事证券经纪、自营、承销和经中国证监会核定的其他证券业务。经纪类证券公司只能从事经纪业务。

二、证券自营业务及其监管

证券自营业务是指综合类证券公司用自有资金和依法筹集的资金,以自己名义开设的证券账户买卖有价证券,以获取盈利的行为。具体阐述如下:首先,自营业务是综合类证券公司一种以营利为目的,为自己买卖证券,通过买卖价差获利的经营行为;其次,在从事自营业务时,证券公司必须首先拥有资金或证券;最后,作为自营业务买卖的对象,有上市证券,如在证交所挂牌交易的人民币普通股、基金、认股权证、国债、公司或企业债券,也有非上市证券。

证券公司从事证券自营业务,应当首先取得中国证监会认定的证券自营业务资格,并领取中国证监会颁发的经营证券自营业务资格证书。未取得证券自营业务资格、经营证券自营业务资格证失效或被暂停的证券公司不得从事证券自营业务。

证券公司申请自营业务资格通常经过如下程序:证券公司要先根据《证券经营机构证券自营业务管理办法》中相关条款所列的从事自营业务所需具备的条件进行自我审核;然后证券公司应根据《证券经营机构证券自营业务管理办法》中相关条款的规定,制作并向证监会报送相关材料。

经营证券自营业务资格证书是中国证监会颁发给证券公司、批准其从事证券自营业务、具有法律效力的证明文件。因此证券公司必须妥善保存,持证经营,证券监管部门将定期或不定期地对此进行检查。

三、对证券经营机构的日常监管

《证券公司监督管理条例》对证券公司的日常监管作出了具体规定。第63条规定证券公司应当自每一会计年度结束之日起4个月内,向国务院证券监督管理机构报送年度报告;自每月结束之日起7个工作日内,报送月度报告。

发生影响或者可能影响证券公司经营管理、财务状况、风险控制指标或者客户资产安全的重大事件的,证券公司应当立即向国务院证券监督管理机构报送临时报告,说明事件的起因、目前的状态、可能产生的后果和拟采取的相应措施。第64条规定,证券公司年度报告中的财务会计报告、风险控制指标报告以及国务院证券监督管理机构规定的其他专项报告,应当经具有证券、期货相关业务资格的会计师事务所审计。证券公司年度报告应当附有该会计师事务所出具的内部控制评审报告。证券公司的董事、高级管理人员应当对证券公司年度报告签署确认意见;经营管理的主要负责人和财务负责人应当对月度报告签署确认意见。在证券公司年度报告、月度报告上签字的人员,应当保证报告的内容真实、准确、完整;对报告内容持有异议的,应当注明自己的意见和理由。

四、国外对证券公司经营业务的监管

美国对证券公司业务经营活动的监管主要包括:①经营报告制度。证券公司必须按要求将经营活动情况向证券监管部门报告,报告分年报、季报、月报三种。②资本比例制度。净资本由现金和可迅速变现的自由资本组成,证券公司净资本与其负债的比例最低不得于1/15,以确保足够的流动性。③经营收费最高限额控制。这是为了防止证券公司在证券承销、经纪和咨询业务中收费过多,提高社会筹资成本。④缴纳管理费制度。证券公司必须将营业收入总额按一定比例向证券监管部门缴纳管理费,用于对证券公司经营业务检查、监督等方面的行政管理费用开支。⑤对内幕交易的管理。内幕信息指涉及公司经营、财务或对公司证券的市场价格有重大影响的未公开信息。内幕交易会使证券市场丧失公平性。美国对"内幕人士"的界定,是指公司董事、经理人员或拥有公司股份达10%以上的股东,"内幕人士"必须向证券监管部门报告证券持有和交易情况,内幕交易罚金可高达100万美元(个

人)或250万美元(公司),刑期可达10年。

次贷危机后,美国通过法案决定建立一个对系统风险监管的新框架,即通过设立一个由财政部、美联储、美国证监会、美国货币监理署(OCC)、美国联邦存款保险公司(FDIC)、美国商品期货交易委员会(CFTC)等机构的最高领导者组成的金融稳定监管委员会来协调和统一不同机构之间的监管标准,降低整个金融体系的系统性风险。该法案主要内容包括:

金融稳定监管委员会被授权向主要金融监管者推荐制定监管标准,以应用于任何其认定为增加系统性风险的活动中。监管者被授予新的权力来限制系统性非常重要的公司的规模、增长和一些业务,包括在某些情况下,有权分拆金融机构的业务,有权限制大型银行控股公司和系统性重要的非金融公司的并购和扩张;当一个公司有"违规或者违规危险的行为"时,如果这些行为可能存在导致影响美国金融稳定的系统性风险,财政部部长有权使该公司脱离常规的破产程序,执行美国联邦存款保险公司负责的特别有序清算程序,从而使该公司不受当前破产制度的保护。法案设定了一些条款来提高美国证监会的管理,要求证监会定期向国会提交关于已登记法人内部管理控制效果、公司财务档案调查审查,以及内部运作架构、资金运用情况的评估报告。同时,为了控制保险行业系统性风险,财政部内部将建立一个新的联邦保险办公室,对保险行业的系统性风险进行监管。

该法案加强了对衍生品交易的监管。法案对场外衍生品市场和掉期市场的参与者和交易工具制定了更为全面的监管框架,监管范围包括交易行为以及清算过程。针对交易行为,法案要求银行将风险最大的衍生品交易业务分拆到附属公司。银行能够保留利率掉期、外汇掉期以及金属掉期等业务。新规定要求金融机构把农产品掉期、无须清算的大宗商品掉期、多数金属掉期以及能源掉期业务都划归到附属公司。针对清算过程,法案要求美国期货管理委员会和美国证监会对掉期交易商和主要的掉期参与者制定资本和保证金要求,以及商业行为准则,并要求执行其强制的清算要求,通过清算中心进行交易。法案还对接受政府救助的银行或其他机构的掉期活动做出了重要的限制。

该法案强化对于投资者和消费者的保护。为了保护投资者,法案要求证监会进行专门研究,来评估为私人投资者提供投资建议的经纪商、交易员和投资顾问的现有监管措施,决定是否需要制定新的信用标准。法案还对美国证监会的组织架构提出了一些变化,包括新设立投资顾问委员会(IAC)、投资者律师办公室和一位巡视专员来协调零售投资者和证监会的关系。为了保护消费者,法案将在美联储内部成立一个独立的消费者金融保护局,并赋予其决策权和部分执行权,对提供信用卡、抵押贷款和其他贷款等消费者金融产品及服务的银行和非银行实施监管。这一新机构可以对抵押贷款有关的业务、资本和资产规模较大的银行和信用社、小规模的短期小额贷款机构、票据兑付公司以及非银行性质的金融机构实行检查和监管,保护消费者利益,确保其存款安全。

该法案制定了沃尔克规则。该法案规定银行控股公司向对冲基金和股权私募基金的投资规模不得高于银行一级资本的3%,同时禁止银行向其投资的对冲基金提供救助,这被称为"沃尔克规则"。

日本对证券公司业务有严格规定,证券公司只能从事证券业务。随着金融自由化发展,1992年的《金融制度改革法》放松了对金融机构业务范围的限制,允许普通银行、长期信用银行、信托银行、外汇专业银行等金融机构通过建立证券子公司参与证券业务。日本对证券交易行为的监管内容包括:①对操纵行为的管制。《证券交易法》规定,对操纵价格者将处以

3年以下徒刑或300万日元以下罚金,承担赔偿损失的责任。②对内幕交易行为管制。与欧美国家相比,日本对内幕交易行为的处罚较轻,罚金仅为50万日元,服刑期仅6个月。

2021年底,北京证监局对中金公司采取责令改正的行政监管措施,中金公司的问题在于使用成本法对私募资管计划中部分资产进行估值,此外还存在对具有相同特征的同一投资品种采用的估值技术不一致的情况。北京证监局表示,中金公司的上述行为违反了相关规定,决定对中金公司采取责令改正的行政监管措施。除了估值问题,证监局对券商资管风险关注点还包括合规管理漏洞、风险控制不足、资管计划之间的违规交易、宣传资料不实、未按合同规定及时向客户报告信息等。通过对地方证监局对券商资管的各种处理决定进行梳理,暴露出来的问题各异。具体而言,包括:合规管理漏洞、风险控制不足、资管计划之间的违规交易、宣传资料不实、未按合同规定及时向客户报告信息等。

同年7月,华某证券资管被证监局责令改正。经查,华某证券(上海)资产管理有限公司在开展固定收益业务过程中,内部控制体系存在不足,信用风险管理机制不健全,未对信用风险进行准确识别、审慎评估和全程管理,部分产品出现流动性风险。同年2月,中信证券个别资管产品未按《证券公司定向资产管理业务实施细则》(证监会公告〔2012〕30号)第29条第二款规定,根据合同约定的时间和方式向客户提供对账单,说明报告期内客户委托资产的配置状况、净值变动、交易记录等情况。这些券商的种种违规行为反映出内部控制仍然是监管机构需要重点关注,证券机构也要不断提高内部控制水平,切实履行相应职责。

第三节 证券机构跨国业务监管

证券市场开放已经成为一种国际趋势,大多数发展中国家也在不同程度上向外资开放了证券市场。投资者和证券经营机构日益频繁的跨国活动给市场的规范带来了新的问题,对跨国证券业务的监管成为各国金融监管当局的工作重点之一。

对于证券机构而言,相比国内投资环境,海外投资环境相对来说更加复杂。首先,证券机构海外布局可能面临着投资国系列风险,如法律风险和市场风险等,可能导致证券机构的经营风险增大;其次,以证券投资形式流入东道国的短期资本对宏观经济环境具有高度的敏感性,而跨境证券资金的流出又为资本外逃提供了渠道,当国内市场不稳定时,跨境证券资金大规模外逃,可能导致股市出现过山车现象,不利于证券市场的稳定;最后,对于金融市场而言,跨境证券资金的流出伴随着投机者期望收益率的下滑,恐慌情绪在投资者和不同金融市场之间相互扩散,资产被大量抛售,资产价格破灭,出现流动性紧缺,可能导致银行不良贷款率上升,汇率和货币等金融市场的不稳定,从而可能引发系统性金融风险。

为了规范证券公司在境外设立、收购子公司或者参股经营机构的行为,根据《中华人民共和国证券法》《中华人民共和国证券投资基金法》《证券公司监督管理条例》等法律、行政法规,中国证监会制定了《证券公司和证券投资基金管理公司境外设立、收购、参股经营机构管理办法》。

境外子公司和参股经营机构在境外的注册登记、变更、终止以及开展业务活动等事项，应当遵守所在国家或者地区的法律法规和监管要求。证券基金经营机构在境外设立、收购子公司或者参股经营机构，应当对境外市场状况、法律法规、监管环境等进行必要的调查研究，综合考虑自身财务状况、公司治理情况、内部控制和风险管理水平、对子公司的管理和控制能力、发展规划等因素，全面评估论证，合理审慎决策。证券基金经营机构在境外设立、收购子公司或者参股经营机构，不得从事危害中华人民共和国主权、安全和社会公共利益的行为，不得违反反洗钱等相关法律法规的规定。

境外子公司、参股经营机构依照属地监管原则由境外监督管理机构监管。中国证监会与境外监督管理机构建立跨境监督管理合作机制，加强监管信息交流和执法合作，督促证券基金经营机构依法履行对境外子公司、参股经营机构的管理职责。证券基金经营机构应当按照国家外汇管理部门和中国证监会的相关规定，建立完备的外汇资产负债风险管理系统，依法办理外汇资金进出相关手续。证券公司在境外设立、收购子公司或者参股经营机构，应当向中国证监会备案；证券投资基金管理公司在境外设立、收购子公司或者参股经营机构，应当经中国证监会批准。

一、证券机构跨国业务经营监管

《证券公司和证券投资基金管理公司境外设立、收购、参股经营机构管理办法》(2021年修订，下简称《境外办法》)规定境外子公司或者参股经营机构应当从事证券、期货、资产管理或者中国证监会认可的其他金融业务，以及金融业务中间介绍、金融信息服务、金融信息技术系统服务、为特定金融业务及产品提供后台支持服务等中国证监会认可的金融相关业务，不得从事与金融无关的业务。

境外子公司应当具有简明、清晰、可穿透的股权架构，法人层级应当与境外子公司资本规模、经营管理能力和风险管控水平相适应。境外子公司可以设立专业孙公司开展金融业务和金融相关业务。除确有需要外，上述孙公司不得再设立机构。境外子公司再设立、收购、参股经营机构，应当按照国家有关规定履行相关的审批或者备案手续。

境外子公司不得直接或者间接在境内从事经营性活动，为境外子公司提供后台支持或者辅助等中国证监会认可的活动除外。境外子公司在境内设立机构，从事后台支持或者辅助等中国证监会认可活动的，证券基金经营机构应当报中国证监会备案。

证券基金经营机构应当建立健全对境外子公司的内部稽核和外部审计制度，完善对境外子公司的财务稽核、业务稽核、风险控制监督等，检查和评估境外子公司内部控制的有效性、财务运营的稳健性等。外部审计每年不少于一次，内部稽核定期进行。

证券基金经营机构应当建立与境外子公司、参股经营机构之间有效的信息隔离和风险隔离制度，控制内幕信息和未公开信息等敏感信息的不当流动和使用，有效防范风险传递和利益输送。

证券基金经营机构应当加强与境外子公司之间交易的管理，发生此类交易的，证券基金经营机构应当履行必要的内部程序并在公司年度报告以及监察稽核报告中说明；依照法律法规应当对外信息披露的，应当严格履行信息披露义务。证券基金经营机构应当通过股东提案等方式，明确境外子公司、参股经营机构的关联交易管理制度，对关联交易行为认定标准、交易定价方法、交易审批程序等进行规范,保证关联交易决策的独立性,严格防范非公平关联交易风险。

证券基金经营机构应当在每月前 10 个工作日内,通过中国证监会有关监管信息平台报送上一月度境外子公司的主要财务数据及业务情况。证券基金经营机构应当在每年 4 月底之前通过中国证监会有关监管信息平台报送上一年度境外机构经审计的财务报告、审计报告以及年度工作报告,年度工作报告的内容包括但不限于:持牌情况、获得交易所等会员资格情况、业务开展情况、财务状况、法人治理情况、岗位设置和人员配备情况、下属机构情况、配合调查情况、被境外监管机构采取监管措施或者处罚情况等。

中国证监会派出机构应当每月对辖区内证券基金经营机构报送的境外机构有关文件进行分析,并在每季度结束后 15 个工作日内,向中国证监会报告辖区内证券基金经营机构境外机构的经营管理、内控合规和风险管理等情况。

证券基金经营机构境外子公司发生下列事项的,证券基金经营机构应当在 5 个工作日内向中国证监会及相关派出机构书面报告:

(1) 注册登记、取得业务资格、经营非持牌业务;

(2) 作出变更名称、股权或注册资本,修改章程重要条款,分立、合并或者解散等的决议;

(3) 取得、变更或者注销交易所等会员资格;

(4) 变更董事长、总经理、合规负责人和风险管理负责人;

(5) 机构或其从业人员受到境外监管机构或交易所的现场检查、调查、纪律处分或处罚;

(6) 预计发生重大亏损、遭受超过净资产 10% 的重大损失以及公司财务状况发生其他重大不利变化;

(7) 与证券基金经营机构及其关联方发生重大关联交易;

(8) 按规定应当向境外监管机构报告的重大事项。

二、证券机构开展跨国业务的条件

《境外办法》规定证券基金经营机构在境外设立、收购子公司或者参股经营机构开展业务活动,应当与其治理结构、内部控制、合规管理、风险管理以及风险控制指标、从业人员构成等情况相适应,符合审慎监管和保护投资者合法权益的要求。存在下列情形之一的,不得在境外设立、收购子公司或者参股经营机构:

(1) 最近 3 年因重大违法违规行为受到行政或刑事处罚,最近 1 年被采取重大监管措施或因风险控制指标不符合规定被采取监管措施,因涉嫌重大违法违规行为正在被立案调查或者正处于整改期间;

(2) 拟设立、收购子公司和参股经营机构所在国家或者地区未建立完善的证券法律和监管制度,或者该国家或者地区相关金融监管机构未与中国证监会或者中国证监会认可的机构签订监管合作谅解备忘录,并保持有效的监管合作关系;

(3) 中国证监会规定的其他情形。

证券投资基金管理公司在境外设立、收购子公司或者参股经营机构的,净资产应当不低于6亿元,持续经营应当原则上满2年。证券基金经营机构设立境外子公司的,应当财务状况及资产质量良好,具备对子公司的出资能力且全资设立,中国证监会认可的除外。

三、对跨国证券业务监管的扩展

(一)通过司法互助协定进行的扩展

司法互助协定(MLATs)是各国通过外交途径签订的,是具有法律效力的双边协议,能够在一定程度上使国内法律具有域外效力。世界上第一个有关证券的MLATs由美国和瑞士在1973年签订。目前,美国已同瑞士、土耳其、荷兰、意大利、加拿大、英国、墨西哥、巴哈马、阿根廷、西班牙等十几个国家签署了MLATs,其他国家之间也相继签署了有关对证券跨国发行和交易进行规制的MLATs。这些协定为缔约国一方证券法在域外使用时获得外国有关当局的协助带来了极大的便利,使监管当局的监管能力突破了主权地域限制,有利于缔约国之间携手打击跨国证券违法犯罪活动和过度投机行为。

(二)通过谅解备忘录进行的扩展

各国证券监管当局将监管能力扩展到海外的另一个主要方式是签订双边谅解备忘录(MOUs)。谅解备忘录是双方就某些特定类型的案件所作的一种无法律约束力的意向声明,大多数针对内幕交易。由于这些谅解备忘录在各国对证券市场负有直接监管责任的监管部门之间达成,因此,在获取有关证券违法和犯罪的情报方面比司法互助协定更为有效,更具有预见性。虽然谅解备忘录不能直接使国内法的强制力扩展到域外,但作为国内证券监管当局的行动准则,国内法还是能够通过这种方式对跨国证券业务进行监管。世界上最早的跨国证券监管谅解备忘录是美国与瑞士在1982年达成的。目前,美国证券监管当局已与41个国家签订了双边谅解备忘录。20世纪90年代初期以来,一些新兴市场国家也开始谈判和签署有关证券信息共享、适用法律、技术合作等方面的谅解备忘录。作为跨国证券业务监管未来发展的一个重要方向,近来证券监管的备忘录合作开始向跨地区的新兴市场之间发展,信息共享是其中主要的合作内容。

四、跨国证券市场监管的合作

在证券市场开放程度越来越高,交易越来越复杂的情况下,国内法律无法有效监管跨国证券行为,单边提高或放宽监管标准也不利于全球证券市场的发展,反而容易滋生投机行为,所以需要通过相互协助对国际证券市场进行有效监管,保证国际证券市场的公平、公正和公开。国际合作成为跨国证券监管的重要内容。

国际证监会是一个专业性国际组织,作为常设性国际性组织,其宗旨是"通过收集信息交流,执行共同标准以促进证券市场共同发展"。国际证监会现已通过的正式协议涉及证券监管的目标与原则、证券公司资本充足率标准、结算和清算、国际会计和审计标准、信息披露、信息分享、证券公司风险管理与控制、金融集团的监管、金融衍生工具及金融中介的监管、跨国证券与期货欺诈监管(相关协议包括《国际商业行为准则》《国际审计标准》《金融合并监管》《清算和结算》《国际会计标准》《现金和衍生产品市场间的协调》和《跨国证券与期货欺诈》)。虽然国际证监会的决议对成员不具有强制约束力,但国际证监会所确立的证券监管的原则与标准,对促进全球证券市场的良性发展有着重要的作用。中国证监会于1995年成为该组织的正式成员。

目前,多边性监管合作协议大多以联合声明的形式出现。1995年5月,16个国家的监管机构在英国的温莎召开会议,发出了《跨境监管世界各主要期货及期权市场的联合声明》,即《温莎宣言》,一致同意加强交易合作,努力保护客户头寸资金和资产;澄清和加强违约过程管理;在紧急情况下加强监管合作。1996年3月15日,49个交易所和清算所、14个监管机构在期货产业协会的年会上签署了《国际信息共享协议》和《国际期货交易所和清算组织合作与监管宣言》,该协议和宣言允许交易所、清算所和监管当局共享成员的市场和信息,以达到合作监管和处理证券市场上的风险和各种违法行为的目的。

专栏 7-2

海通证券曾屡次收到监管罚单,并被证监会立案调查;承销的部分债券发行人违约,并购等业务的部分项目也存在纰漏。

2021年1月,银行间市场交易商协会作出决定,对海通证券、海通资管、海通期货予以警告处分。同年3月,证监会对海通证券、海通资管在开展投资顾问、私募资产管理业务过程中未审慎经营、未有效控制和防范风险、合规风控管理缺失等违规行为下发行政监管措施事先告知书。

监管拟对海通证券采取责令暂停为机构投资者提供债券投资顾问业务12个月、增加内部合规检查次数并提交合规检查报告的监管措施;对海通资管采取责令暂停为证券期货经营机构私募资管产品提供投资顾问服务12个月、责令暂停新增私募资管产品备案6个月的监管措施,对多名直接责任人及负有管理责任的人员采取认定为不适当人选2年等监管措施。

不久后,因方正电机、星光农机增发项目信披与保荐报告不一致,海通证券被证监会出具警示函监管措施,涉及海通证券及四名保荐代表人。后又因在对北特科技履行持续督导工作期间,未勤勉尽责充分履行审慎的核查程序,海通证券五位保荐代表人被出具警示函。海通证券还在上海中技桩业重组、富控互动并购重组业务中,存在未对上市公司存贷双高等问题作出充分核查情况,被采取行政监管措施。

2021年9月,海通证券公告,收到证监会立案告知书和调查通知书。因公司在开展西南药业股份有限公司(现奥瑞德光电股份有限公司,ST瑞德)财务顾问业务的持续督导工作期间未勤勉尽责,涉嫌违法违规,中国证监会决定对其进行立案并调查相关情况。

2022年6月,海通证券再收证监会罚单。经查,海通证券存在5项违规行为。海通证券境外子公司海通恒信金融集团有限公司下属至少12家机构,包括海通恒信资产管理有限公司、海通恒信商业保理有限公司、海通恒信小微融资租赁(上海)有限公司等3家子公司、9家特殊目的实体等的设立未按规定履行或者履行完毕备案程序。

此外,海通恒信国际融资租赁股份有限公司("海通恒信"1905HK)通过子公司从事的商业保理业务未完成清理,上述业务不属于"融资租赁"业务范围。同时,海通证券境外经营机构股权架构梳理以及整改方案制定工作不认真,存在重大错漏,如恒信金融集团的相关层级调整计划直至2021年8月才报告,恒信金融集团间接参股维天运通的情况2021年9月才补充。海通开元国际投资有限公司以自有资金投资(包括直接或者间接投资)的境内项目未完成清理等。

海通证券被指合规管理、内部控制存在较大缺陷。根据相关规定,证监会责令海通证券改正,并要求其于收到该决定之日起3个月内向上海证监局提交整改报告。海通证券分管高级管理人员任澎、公司时任合规负责人王建业对相关违规行为负有领导责任,监管决定对任澎、王建业采取监管谈话措施。当月,中信证券、中金公司等也被公示违反《境外办法》的相关规定。

2022年8月11日,中国证监会辽宁监管局公布对海通证券的监管措施决定。作为华晨汽车集团控股有限公司申请公开发行2019年公司债券的联席主承销商和公开发行"20华集01"的主承销商,海通证券被指存在对承销业务中涉及的部分事项尽职调查不充分等未履行勤勉尽责义务的情况。

除了企业本身,有海通证券老员工在职期间因违法炒股交易147亿元,被罚超1亿元。7月,上海证监局公布的一则行政处罚显示,2013年9月24日至2020年6月3日,刘某先后担任上海海通证券资产管理有限公司研究员、投资经理、权益投资部副总监(主持工作),现因违反《证券法》关于禁止从业人员借他人名义持有、买卖股票的规定,被罚没超1亿元。

随着全面注册制改革的推进,监管要求压实中介机构责任,对于中介机构的监管在不断升级,处罚力度不断加大,中介机构也要不断提升专业的执业能力,切实履行好"看门人"的职责。

第四节 证券机构市场退出监管

对证券机构的市场退出监管主要包括对证券公司、基金公司和其他证券机构市场退出监管三部分。

一、证券公司市场退出监管

证券公司退出市场是指证券公司依照一定的程序停止经营、清理债权、清偿债务、丧失民事权利能力和民事行为能力、丧失法人资格从而退出市场的过程和方式。退出方式有广义和狭义之分,狭义而言,退出即破产;广义上讲,还包括责令关闭(撤销)、托管、行政接管、并购等。证券公司退出机制是指满足一定条件的证券公司通过一定渠道而退出的一整套立法、制度安排、程序以及与之相应的保护投资者利益、防范风险扩散的配套措施等。从我国的实践看,在证券公司监管实务中存在着"准入易、退出难"的问题。市场退出的监管是所有监管工作中最复杂、最敏感、最困难的环节,强制退出是最具有震慑力的监管手段。

我国目前对证券公司的市场退出监管主要采取以下两种制度。

(一)证券公司停业整顿制度

对证券公司停业整顿,是指当证券公司从事严重违法违规行为或者存在严重财务风险,对投资者利益造成重大损害或者有重大损害之时,证券监督管理部门责令其停业,组成停业整顿工作组进驻该公司,审计其资产负债情况,清查违法违规行为控制风险的行政处罚措施。停业整顿是证券监管部门为了防范高风险证券公司可能引发的系统性风险,采取的强制市场退出的执法手段。我国《证券公司管理办法》规定:"证券公司因突发事件无法达到财务风险监管指标规定的要求时,应在一个工作日内报告中国证监会,并说明原因和对策。中国证监会可以根据不同情况,暂停其部分证券业务直至责令停业整顿。"另外,根据《行政处罚法》的规定,国务院部委以及经国务院授权直属机构制定的规章,可以在法律、行政法规规定的给予行政处罚的行为、种类和幅度的范围内作出规定;尚未制定法律、行政法规的,部门规章可以设定警告或者执行一定数量罚款的行政处罚,罚款的限额由国务院规定。

(二)责令关闭制度

证券公司停业整顿终结后,可能产生多种后果,并不必然导致证券公司的退出。与此不同,责令关闭证券公司必然导致证券公司法人资格的消灭。责令关闭证券公司,是指对证券公司实施行政处罚,终止其经营活动,吊销其经营证券业务许可证。从概念上看,责令关闭与我国《金融机构撤销条例》中所说的"撤销"类似。两者的区别在于,撤销是主管部门的措施,主管部门承担较大的责任,包括清理资产、负债,甚至排除司法程序,直到完成公司的解散、注销。责令关闭是监管部门对被监管者的行政处罚措施,监管部门的责任是化解社会风险和保障投资者利益。因此,证券公司被责令关闭后,监管部门应当采取必要措施,维护证券市场的稳定,偿还被挪用的客户交易结算资金、兑付个人柜台债务本息。之后,监管部门可不再参与证券公司的退出程序,交由司法机关依据司法程序处理其他债权债务。如果建立了投资者保护专项补偿基金,监管部门在证券公司退出过程中的角色可以更超脱,由专项补偿基金管理委员会处理投资者补偿,以市场化的手段处置社会风险。

《证券法》规定,证券公司的治理结构、合规管理、风险控制指标不符合规定的,国务院证券监督管理机构应当责令其限期改正;逾期未改正,或者其行为严重危及该证券公司的稳健运行、损害客户合法权益的,国务院证券监督管理机构可以区别情形,对其采取下列措施:

(1)限制业务活动,责令暂停部分业务,停止核准新业务;
(2)限制分配红利,限制向董事、监事、高级管理人员支付报酬、提供福利;
(3)限制转让财产或者在财产上设定其他权利;
(4)责令更换董事、监事、高级管理人员或者限制其权利;
(5)撤销有关业务许可;
(6)认定负有责任的董事、监事、高级管理人员为不适当人选;
(7)责令负有责任的股东转让股权,限制负有责任的股东行使股东权利。

证券公司违法经营或者出现重大风险,严重危害证券市场秩序、损害投资者利益的,国务院证券监督管理机构可以对该证券公司采取责令停业整顿、指定其他机构托管、接管或者撤销等监管措施。

二、基金公司市场退出监管

证券投资基金管理公司(简称基金公司),是指经中国证券监督管理委员会批准,在中国境内设立,从事证券投资基金管理业务的企业法人。基金公司是依照《公司法》设立的、采用有限责任公司或股份有限公司形式的企业法人。基金公司的解散,应当在中国证监会取消其基金管理资格后方可进行。基金公司的解散应当按照《公司法》等法律、行政法规的规定办理。

《公司法》规定公司解散有下列原因：

(1) 公司章程规定的营业期限届满或者公司章程规定的其他解散事由出现；

(2) 股东会或者股东大会决议解散；

(3) 因公司合并或者分立需要解散；

(4) 依法被吊销营业执照、责令关闭或者被撤销；

(5) 人民法院依照本法第一百八十三条的规定予以解散。

公司有第(1)项情形的，可以通过修改公司章程而存续。

依照前款规定修改公司章程，有限责任公司须经持有三分之二以上表决权的股东通过，股份有限公司须经出席股东大会会议的股东所持表决权的三分之二以上通过。

公司经营管理发生严重困难，继续存续会使股东利益受到重大损失，通过其他途径不能解决的，持有公司全部股东表决权百分之十以上的股东，可以请求人民法院解散公司。

公司因《公司法》第(1)项、第(2)项、第(4)项、第(5)项规定而解散的，应当在解散事由出现之日起十五日内成立清算组，开始清算。有限责任公司的清算组由股东组成，股份有限公司的清算组由董事或者股东大会确定的人员组成。逾期不成立清算组进行清算的，债权人可以申请人民法院指定有关人员组成清算组进行清算。人民法院应当受理该申请，并及时组织清算组进行清算。

《证券投资基金管理公司管理办法》规定基金公司出现下列情形之一的，中国证监会责令其限期整改，整改期间可以暂停受理及审核其基金产品募集申请或者其他业务申请，并对负有责任的董事、监事、高级管理人员以及直接责任人员可以采取监管谈话、出具警示函、暂停履行职务等行政监管措施：

(1) 公司治理不健全，严重影响公司的独立性、完整性和统一性；

(2) 公司内部控制制度不完善，相关制度不能有效执行，存在重大风险隐患或者发生较大风险事件；

(3) 对子公司、分支机构管理松懈，或者选聘的基金服务机构不具备基本的资质条件，存在重大风险隐患或者发生较大风险事件；

(4) 发生重大违法违规行为。

基金公司逾期未完成整改的，中国证监会可以停止批准其增设子公司或者分支机构；限制分配红利，限制其向负有责任的董事、监事、高级管理人员支付报酬、提供福利；责令其更换负有责任的董事、监事、高级管理人员或者限制权利。情节特别严重的，中国证监会可以采取指定其他机构托管、接管或者撤销等监管措施，对负有责任的董事、监事、高级管理人员以及直接责任人员给予警告，并处3万元以下的罚款。

基金公司的净资产低于4 000万元人民币，或者现金、银行存款、国债等可运用的流动资产低于2 000万元人民币且低于公司上一会计年度营业支出的，中国证监会可以暂停受理及审核其基金产品募集申请或者其他业务申请，并限期要求改善财务流动性。财务状况持续恶化的，中国证监会责令其进行停业整顿。

被责令停业整顿的，基金公司应当在规定的期限内将其管理的基金资产委托给中国证监会认可的基金公司进行管理。逾期未按照要求委托管理的，中国证监会可以指定其他机构对其基金管理业务进行托管。

三、其他证券机构市场退出监管

其他证券机构指除了证券公司和基金公司以外的证券机构,包括证券交易所、证券登记结算机构和证券业协会。

证券交易所是为证券集中交易提供场所和设施,组织和监督证券交易,实行自律管理的法人。从世界各国的情况看,证券交易所有公司制的营利性法人和会员制的非营利性法人。在我国,证券交易所的设立和解散,由国务院决定。

证券登记结算机构为证券交易提供集中登记、存管与结算服务,不以营利为目的,依法登记,取得法人资格。证券登记结算业务采取全国集中统一的运营方式,由证券登记结算机构依法集中统一办理。证券登记结算机构实行行业自律管理,依据业务规则对证券登记结算业务参与人采取自律管理措施。《证券登记结算管理办法》规定证券登记结算机构的设立和解散,必须经中国证监会批准。

证券业协会是证券业的自律性组织,是社会团体法人。协会的宗旨是根据发展社会主义市场经济的要求,贯彻执行国家有关方针、政策和法规,发挥政府与证券经营机构之间的桥梁和纽带作用,促进证券业的开拓发展。加强证券业的自律管理,维护会员的合法权益,建立和完善具有中国特色的证券市场体系。中国证券业协会于 1991 年 8 月 28 日成立,总部设在北京。中国证券业协会的会员分为团体会员和个人会员,团体会员为证券公司。协会完成宗旨或自行解散或由于分立、合并等原因需要注销的,由理事会或常务理事会提出终止动议。协会终止动议须经会员大会表决通过,并报中国证监会审查同意。协会终止前,须在中国证监会指导下成立清算组织,清理债权债务,处理善后事宜。清算期间,不开展清算以外的活动。协会经民政部办理注销登记手续后即为终止。

延伸阅读

2022 年 6 月 15 日,证监会发布消息称,对 H 证券采取监管谈话措施的决定。同时,证监会还对 H 证券 3 名相关人员采取监管谈话措施,分别是作为时任公司主要负责人且分管投行业务的陈某,作为时任内核部门负责人的胡某,以及作为时任质控部门负责人的李某。6 月 15 日证监会发布公告称,H 证券存在以下违规问题:一是投资银行类业务内部控制不完善,内控制度体系不健全、落实不到位,内控组织架构混乱,"三道防线"关键节点把关失效等;二是廉洁从业风险防控机制不完善,未完成廉洁从业风险点的梳理与评估,聘请第三方廉洁从业风险防控不到位。

2021 年 8 月 18 日,深交所网站披露 30 家创业板 IPO 企业审核动态,集体变更为"中止"。这 30 家企业聘请的中介机构均包括 H 证券、A 会计师事务所、B 律师事务所及 K 资产评估其中的至少一家,而上述 4 家中介机构被监管立案调查,均因涉及 L 公司项目。经过调查、审理,2021 年 11 月,证监会先后对 L 公司和上述 4 家中介机构及相关责任人员进行了行政处罚。其中,就 H 证券而言,证监会表示,H 证券在为 L 公司申请公开发行股票并在精选层挂牌事项提供保荐服务的过程中未勤勉尽责,出具的《发行保荐书》存在虚假记载。赵某、李某是直接负责的主管人员。

因此,证监会对 H 证券责令改正,给予警告,没收业务收入 150 万元,并处以 300 万元罚款;对赵某、李某给予警告,并分别处以50万元罚款。2022年3月,上述4家机构又分别受到全国股转公司的再次处罚,全国股转公司对这4家中介机构进行了纪律处分。其中就H证券而言,全国股转公司称,H证券在为L公司提供保荐服务过程中未勤勉尽责,因此对H证券、赵某、李某采取了公开谴责的监管措施。

证监会称,陈某作为时任H证券主要负责人分管投行业务,对公司投资银行类业务内部控制、廉洁从业风险防控机制不完善等问题负有责任,因而对陈某采取监管谈话的行政监督管理措施。另外,H证券在L公司精选层挂牌项目中存在内控人员利益冲突、质控和内核部门对项目组落实质控及内核意见跟踪复核不到位等问题,胡某作为时任内核部门负责人,李某作为时任质控部门负责人,对前述相关违规行为负有责任,因而对该两人采取监管谈话的行政监督管理措施。

第一,要持续完善公司廉洁从业内控机制。严格落实公司廉洁从业风险防控的主体责任,主要负责人作为廉洁从业管理职责的第一责任人要带好头、做表率,各级负责人在职责范围内认真落实管理职责。健全廉洁从业内部控制制度,强化岗位制衡与内部监督机制,有效识别和防范各项业务、各个业务环节、各类业务人员廉洁从业风险点,并有针对性地完善防控措施。强化事中管控和事后追责机制,将廉洁从业全面纳入工作人员管理体系,在人员聘用、晋级、提拔、离职等环节加强对其廉洁从业情况的考察评估。

第二,持续强化重点业务领域、关键岗位人员廉洁从业管理。加强对投行业务、债券交易等重点业务领域,以及中高层等核心岗位人员的内部管理,通过完善业务流程、岗位设置、回避制度、强制轮岗、报告制度等方式,强化内部业务权限制衡,有效防范廉洁从业风险。建立健全公司纪检监察、稽核、合规风控等部门联合检查监督机制,充分发挥公司监事会、董事会审计、风险等专门委员会的监督作用。强化重点业务领域、关键岗位人员廉洁从业情况的监督检查,尤其是要加大对从业人员违规从事营利性经营活动的查处力度,对出现问题的责任人员要进行严肃内部追责,并及时报告监管部门。涉及违法犯罪的要及时移送司法机关。

第三,持续推进公司廉洁从业文化建设。结合行业典型案例,对公司中高层管理人员和核心岗位人员定期开展廉洁从业监管规则等方面的培训,警示其务必以身作则、做好表率。不定期开展形式多样的廉洁从业教育和警示活动,帮助公司每一名从业人员树牢廉洁从业意识,切实杜绝输送或谋取不正当利益等违法违规行为。要将廉洁从业风险管理纳入公司全面风险管理体系,加强关键业务环节廉洁从业风险防范,坚持德才兼备、以德为先的用人标准,促进形成"我要廉洁从业"的企业文化和自觉行动,努力建设一支廉洁自律、业务精通的员工队伍。

本章小结

1. 证券机构准入制度是证券行业监督管理的重要内容,目的是防止不合格的证券机构进入市场,扰乱市场秩序,以保持证券市场运行的高效高质。主要包括证券机构设立的资质要求、对证券机构股东的要求以及针对证券机构的审批制度等。证券交易所的准入制度主要有认可制、注册制、特许制三种。

2. 在我国,证券经营机构主要经营证券承销业务、证券经纪业务、证券自营业务、私募发行、兼并收购、基金管理、风险基金、金融衍生工具交易、咨询服务等业务。证券经纪业务又被称为代理买卖证券业务,是指证券公司接受客户委托代客户买卖有价证券的业务。在证券经纪业务中,证券公司只收取一定比例的佣金作为业务收入。证券经纪业务分为柜台代理买卖证券业务和通过证券交易所代理买卖证券业务。证券自营业务是指综合类证券公司用自有资金和依法筹集的资金,用自己名义开设的证券账户买卖有价证券,以获取盈利的行为。

3. 对证券机构的跨国业务监管,主要是通过司法互助协定和谅解备忘录进行扩展。通过外交途径签订的具有法律效力的双边协议,在一定程度上使国内法律具有域外效力,使监管当局的监管能力突破了主权地域限制,有利于携手打击跨国证券违法犯罪活动和过度投机行为。在获取有关证券违法和犯罪的情报方面,通过谅解备忘录比司法互助协定更为有效,更具有预见性。跨国证券市场监管多边合作的主要机构是国际证监会,其对促进全球证券市场的良性发展有重要作用。中国证监会于1995年成为该组织的正式成员。国际证券市场监管合作的主要内容,包括资本充足率标准和统一的信息披露会计标准。

4. 证券业的市场退出监管,主要是指证券业监管当局针对上市公司、证券公司等证券业经营机构,由于经营不善或违规经营导致无法维持公司日常经营活动,从证券市场退出所采取的监管措施。证券业的市场退出监管,包括对上市公司和证券公司市场退出监管两部分。上市公司退出是指上市公司由于不能继续经营,必须进行拯救或破产清算的过程。证券公司的退出方式有狭义和广义之分:狭义的理解是证券公司破产,广义的理解包括被责令关闭、托管、行政接管、并购等。

关键词

证券公司　证监会　市场准入制度　证券交易所　证券法　跨国业务监管　市场退出监管

一、简答题

1. 证券交易所的准入制度有哪些?
2. 对证券公司检查的主要内容包括哪些?
3. 对跨国证券业务监管的扩展主要有哪些?
4. 我国对证券公司的市场退出监管采取的主要制度有哪几种?

二、开放论述题

2022年4月19日,北京证监局通报,信达证券在开展ABS业务过程中未建立有效的约束制衡机制,ABS业务开展环节违规,风险管理缺位,部分ABS项目存续期信息披露不完整。该公司投行业务合规人员配备不足、薪酬管理不健全,投行业务内部控制有效性不足,对同类业务未执行统一标准,合规检查和利益冲突审查不规范。

6月10日,证监会对信达证券发布采取责令改正措施决定。通报主要涉及三方面内容:

一是该公司未完成香港控股平台的设立;二是返程参股公司建信国贸(厦门)私募基金管理有限公司未完成清理;三是未按照《证券公司和证券投资基金管理公司境外设立、收购、参股经营机构管理办法》(以下简称《境外办法》)的规定修改境外子公司的公司章程。证监会在通报中特意指出,《境外办法》给予长达 3 年的整改时限,但信达证券在整改时限内工作进展缓慢,对相关监管承诺事项的作出和执行较为随意,对监管相关规定的落实明显不够到位。

作为一家知名券商,信达证券股份有限公司上市之路并不如他的名气那么响亮,这家知名的券商已经等待了很久,直到 6 月 30 日才获得了审核的机会,在上市的前夕,接二连三受到了证监会的监管措施和处罚,连公司的高管都被两次约谈,传递的信号表明,这家企业的上市之路可能折戟。

请从证券机构监管的角度谈谈你的看法。

第八章 保险机构监管

本章概要

保险监管具有完整性、综合性、多层次的框架体系,内容包含了市场准入监管、市场经营监管、跨国业务监管和市场退出监管等多个方面,我国的保险监管规定中对这些环节的监管都有着详细的规定。在这几年的具体的监管实践中,相关的监管部门进一步完善了原先的监管框架和制度体系,并发挥了积极作用。本章严格按照保险企业发展的生命周期来介绍我国保险机构监管的原则、内容,并补充了最新的政策和规定。考虑到保险国际化监管的特殊性,本章着重介绍了保险机构的跨国业务监管。

学习要点

本章重点学习保险公司以及保险中介的设立、业务范围、经营规则、设立体制、从业人员管理、跨国业务经营规范和市场退出制度。

引导案例

2018年2月23日,保监会公布了对安邦保险集团实施接管处置的公告,同时披露了接管处置的实施办法。从接管开始之日起,安邦集团股东大会、董事会、监事会停止履行职责,相关职能全部由接管工作组承担。2018年4月原银监会和原保监会合并成立银保监会[①],在依法撤销安邦集团有关股东和注册资本变更的行政许可的同时,批复同意保险保障基金向安邦集团增资608.04亿元,以确保安邦集团实现现有法律规定的核心资本充足要求。增资后,安邦集团的实付资本才达到了安邦集团对外声称的619亿元的注册资本。事实上,安邦集团此前的实际资本金非常有限,以这部分非常有限的资本金控制包含中国境内总额高达7 000多亿元保单在内的2万亿元资产,出现系统性风险的可能性是非常大的。一年的接管期到期后,即2019年2月22日,银保监会发布了《关于对安邦保险集团股份有限公司依法延长接管期限的公告》。2019年7月11日经银保监会批准,中国保险保障基金有限责任公司、中国石油化工集团有限公司、上海汽车工业(集团)总公司共同出资设立大家保险集团有限责任公司。大家保险集团将依法受让安邦人寿、安邦养老

---

① 2023年3月,中共中央、国务院印发了《党和国家机构改革方案》。决定在中国银行保险监督管理委员会基础上组建国家金融监督管理总局,不再保留中国银行保险监督管理委员会。但考虑到相关法律的规范性问题,2023年3月以前本章仍以银保监会作为我国保险监督管理部门的称谓。

和安邦资管股权,并设立专营财产保险的"大家财险"。2020年2月22日,从安邦保险集团股份有限公司拆分新设的大家保险集团有限责任公司已基本具备正常经营能力,银保监会依法结束对安邦集团的接管。

保险监管,即对保险业的监督和管理,是指一国的保险监督执行机关依据现行法律对保险人和保险市场实行监督与管理,以确保保险人的经营安全,同时维护被保险人的合法权利,保障保险市场的正常秩序并促进保险业的健康有序发展。

依照监管主体范围的不同,保险监管有广义和狭义两种理解。广义的保险监管是指有法定监管权的政府机关、保险行业自律组织、保险企业内部的监管部门以及社会力量对保险市场及市场主体组织和经营活动的监督或管理。狭义的保险监管一般专指政府保险监管机关依法对保险市场及保险市场主体的组织和经营活动的监督和管理。

第一节 保险机构市场准入监管

一、保险机构设立的监管

(一) 国内保险公司的设立

设立保险公司应当经国务院保险监督管理机构批准。国内保险公司设立需满足以下条件:①主要股东具有持续盈利能力,信誉良好,最近三年内无重大违法违规记录,净资产不低于人民币两亿元;②有符合《保险法》和《中华人民共和国公司法》规定的章程;③有符合本法规定的注册资本;④有具备任职专业知识和业务工作经验的董事、监事和高级管理人员;⑤有健全的组织机构和管理制度;⑥有符合要求的营业场所和与经营业务有关的其他设施;⑦法律、行政法规和国务院保险监督管理机构规定的其他条件。

设立保险公司,其注册资本的最低限额为人民币两亿元。国务院保险监督管理机构根据保险公司的业务范围、经营规模,可以调整其注册资本的最低限额,但不得低于最低限额。保险公司的注册资本必须为实缴货币资本。

(二) 外资保险公司的设立

外资保险公司,是指依照中华人民共和国有关法律、行政法规的规定,经批准在中国境内设立和营业的下列保险公司:

(1) 外国保险公司同中国的公司、企业在中国境内合资经营的保险公司(以下简称合资保险公司);

(2) 外国保险公司在中国境内投资经营的外国资本保险公司(以下简称独资保险公司);

(3) 外国保险公司在中国境内的分公司(以下简称外国保险公司分公司)。

申请设立外资保险公司的外国保险集团公司,应当具备下列条件:①提出设立申请前1年年末总资产不少于50亿美元;②所在国家或者地区有完善的保险监管制度,并且该外国保险公司已经受到所在国家或者地区有关主管当局的有效监管;③符合所在国家或者地区偿付能力标准;④所在国家或者地区有关主管当局同意其申请;⑤国务院保险监督管理机构规定的其他审慎性条件。

(三) 保险集团公司的设立

保险集团公司是指依法登记注册并经国务院保险监督管理机构批准设立,名称中具有"保险集团"或"保险控股"字样,对保险集团成员公司实施控制、共同控制或重大影响的公司。

设立保险集团公司,应当报银保监会审批,并具备下列条件:

(1) 投资人符合银保监会规定的保险公司股东资质条件,股权结构合理,且合计至少控制两家境内保险公司50%以上股权。

(2) 设立保险集团公司的投资人控制的保险公司中至少有一家具备下列条件:①在中国境内开业6年以上;②最近3个会计年度连续盈利;③上一年末净资产不低于10亿元人民币,总资产不低于100亿元人民币;④具有完善的公司治理结构、健全的组织机构、有效的风险管理和内部控制管理制度;⑤最近4个季度核心偿付能力充足率不低于75%,综合偿付能力充足率不低于150%;⑥最近4个季度风险综合评级不低于B类;⑦最近3年无重大违法违规行为和重大失信行为。

(3) 注册资本最低限额为20亿元人民币;

(4) 具有符合国务院保险监督管理机构规定任职资格条件的董事、监事和高级管理人员;

(5) 具有完善的公司治理结构、健全的组织机构、有效的风险管理和内部控制管理制度;

(6) 具有与其经营管理相适应的营业场所、办公设备和信息系统;

(7) 法律、行政法规和国务院保险监督管理机构规定的其他条件。

涉及处置风险的,经国务院保险监督管理机构批准,上述条件可以适当放宽。

保险集团公司的股权监管、股东行为监管,参照适用银保监会关于保险公司股权管理的监管规定。

保险集团公司设立包括筹建和开业两个阶段。

保险集团公司的筹建可以采取下列两种方式:①发起设立。保险公司的股东作为发起人,以其持有的保险公司股权和货币出资设立保险集团公司,其中货币出资总额不得低于保险集团公司注册资本的50%。②更名设立。保险公司转换更名为保险集团公司,保险集团公司以货币出资设立保险子公司,原保险公司的保险业务依法转移至该保险子公司。

1. 发起设立

采取发起设立的方式设立保险集团公司的,发起人应当在筹建阶段向银保监会提交下列材料:

(1) 设立申请书,包括拟设立公司的名称、组织形式、注册资本、住所(营业场所)、投资人、投资金额、投资比例、业务范围、筹备组织情况、联系人及联系方式等;

(2) 可行性研究报告,包括可行性分析、设立方式、发展战略、公司治理和组织机构框架、风险管理和内部控制体系、保险子公司整合前后偿付能力评估等;

(3) 筹建方案,包括筹备组设置、工作职责和工作计划,拟设立的保险集团公司及其子公司的股权结构,理顺股权关系的总体规划和操作流程,子公司的名称和业务类别等;

（4）筹备负责人材料，包括投资人关于认可筹备组负责人和拟任董事长、总经理任职的确认书，筹备组负责人基本情况、本人认可证明，拟任董事长、总经理的任职资格申请表，身份证明和学历学位证书复印件；

（5）保险集团公司章程草案；

（6）发起人控制的保险公司最近3年经审计的财务报告、偿付能力报告；

（7）营业执照；

（8）投资人有关材料，包括基本情况类材料、财务信息类材料、公司治理类材料、附属信息类材料、有限合伙企业投资人的特别材料等；

（9）住所（营业场所）所有权或者使用权的证明文件；

（10）中长期发展战略和规划、业务经营计划、对外投资计划，资本及财务管理、风险管理和内部控制等主要制度；

（11）信息化建设情况报告；

（12）法律意见书；

（13）反洗钱材料；

（14）材料真实性声明；

（15）银保监会规定的其他材料。

2. 更名设立

采取更名设立的方式设立保险集团公司的，拟更名的保险公司应当在筹建阶段向银保监会提交下列材料：

（1）更名申请书，其中应当载明拟更名公司的名称、组织形式、注册资本、住所（营业场所）、业务范围、筹备组织情况、联系人及联系方式等；

（2）可行性研究报告，包括可行性分析、更名方式、公司治理和组织机构框架、发展战略、风险管理和内部控制体系、保险公司更名前后偿付能力评估等；

（3）更名方案，包括拟设立的保险集团公司及其子公司的股权结构，理顺股权关系的总体规划和操作流程，子公司的名称和业务类别等；

（4）筹备负责人材料，包括投资人关于认可筹备组负责人和拟任董事长、总经理任职的确认书，筹备组负责人基本情况、本人认可证明，拟任董事长、总经理任职资格申请表，身份证明和学历学位证书复印件；

（5）保险集团公司章程草案；

（6）保险公司股东（大）会同意更名设立保险集团公司的决议；

（7）保险公司最近3年经审计的财务报告、偿付能力报告；

（8）更名后的营业执照；

（9）住所（营业场所）所有权或者使用权的证明文件；

（10）中长期发展战略和规划、业务经营计划、对外投资计划，资本及财务管理、风险管理和内部控制等主要制度；

（11）信息化建设情况报告；

（12）法律意见书；

（13）反洗钱材料；

（14）材料真实性声明；

(15) 银保监会规定的其他材料。

3. 开业

设立保险集团公司的,发起人或拟更名的保险公司应当在开业阶段向银保监会提交下列材料:

(1) 开业申请书,包括公司名称、住所(营业场所)、法定代表人、注册资本、股权结构、经营区域、业务范围、拟任董事、监事、高级管理人员和关键岗位管理人员名单。

(2) 采取发起设立方式的,提交创立大会决议,没有创立大会决议的,应当提交所有投资人同意申请开业的文件或决议;采取更名设立方式的,提交股东(大)会决议。

(3) 保险集团公司章程,股东(大)会、董事会、监事会议事规则。

(4) 采取发起设立方式的,提交验资报告;采取更名设立方式的,提交拟注入新设保险子公司的资产评估报告、客户和债权人权益保障计划、员工权益保障计划。

(5) 发展规划,包括公司战略目标、业务发展、机构发展、偿付能力管理、资本管理、风险管理、保障措施等规划要素。

(6) 拟任董事、监事、高级管理人员的简历及其符合相应任职资格条件的证明材料。

(7) 公司组织机构,包括部门设置及人员基本构成情况。

(8) 资产托管协议或资产托管合作意向书。

(9) 住所(营业场所)所有权或者使用权的证明文件及消防安全证明。

(10) 信息化建设情况报告。

(11) 公司内部管理制度。

(12) 营业执照。

(13) 投资人有关材料,包括财务信息类材料、纳税证明和征信记录,股权结构、控股股东及实际控制人情况材料,无重大违法违规记录声明、自有资金投资承诺书等。

(14) 反洗钱材料。

(15) 材料真实性声明。

(16) 银保监会规定的其他材料。

设立保险集团公司,应当向市场监督管理部门办理工商注册登记,领取营业执照。保险集团公司应当经银保监会批准方能开展相关经营活动。银保监会批准后,应当颁发保险许可证。保险集团公司设立事项审批时限参照保险公司相关规定执行。

(四) 保险公司分支机构的设立

保险公司分支机构,是指保险公司依法设立的分公司、中心支公司、支公司、营业部、营销服务部。保险公司分支机构设立的条件:①保险公司在中华人民共和国境内设立分支机构,应当经保险监督管理机构批准。保险公司分支机构不具有法人资格,其民事责任由保险公司承担。②保险公司在住所地以外的各省、自治区、直辖市设立分支机构,应当首先设立省级分公司。③保险公司分支机构名称应当合法规范。同一保险公司各分支机构应保持统一的命名规则。④保险公司注册资本为2亿元人民币的,在其住所地以外每申请设立一家省级分公司,应当增加不少于2 000万元人民币的注册资本。注册资本在5亿元人民币以上的,可不再增加。⑤保险公司在住所地所在省、自治区、直辖市以外设立分支机构的,应当开业满2年。保险公司在中华人民共和国境外设立子公司、分支机构,应当经国务院保险监督管理机构批准。外国保险机构在中华人民共和国境内设立代表机构,应当经国务院保险监督管理机构批准。

保险公司分支机构设立的流程分为筹建、开业两个阶段。

保险公司申请设立分支机构,应当向保险监督管理机构提出书面申请,并提交下列材料:①设立申请书;②拟设机构3年业务发展规划和市场分析材料;③拟任高级管理人员的简历及相关证明材料;④国务院保险监督管理机构规定的其他材料。

保险监督管理机构应当对保险公司设立分支机构的申请进行审查,自受理之日起60日内作出批准或者不批准的决定。决定批准的,颁发分支机构经营保险业务许可证;决定不批准的,应当书面通知申请人并说明理由。

经批准设立的保险公司及其分支机构,凭经营保险业务许可证向工商行政管理机关办理登记,领取营业执照。

保险公司及其分支机构自取得经营保险业务许可证之日起6个月内,无正当理由未向工商行政管理机关办理登记的,其经营保险业务许可证失效。

1. 筹建

筹建保险公司分支机构,应当提交以下材料:

(1) 筹建申请书;

(2) 申请设立省级分公司以外分支机构的,提交保险公司批准文件;

(3) 申请前连续两个季度的偿付能力报告和上一年度经审计的偿付能力报告,因未完成审计无法及时提供经审计后偿付能力报告的,可先提供未经审计的报告,审计报告在提交开业验收报告时一并提供;

(4) 保险公司上一年度公司治理报告以及申请人内控制度清单;

(5) 保险公司分支机构发展规划,分支机构设立的可行性论证报告,包括拟设机构经营范围、三年业务发展规划和市场分析、设立分支机构与公司风险管理状况和内控状况相适应的说明;

(6) 保险公司分支机构管理制度,至少包括各级分支机构职能,各级分支机构人员、场所、设备等方面的配备要求,上级机构对下级分支机构的管控职责和措施;

(7) 受到行政处罚或者立案调查情况和申请人下辖与拟设机构同一层级的其他分支机构运营情况说明,并就是否存在《保险公司分支机构市均准入管理办法》(下简称《管理办法》)第十四条、十五条所列情形做出声明;

(8) 符合准备金监管要求的说明;

(9) 拟设机构筹建负责人的简历以及相关证明材料;

(10) 未受到反洗钱重大行政处罚(或者因涉嫌洗钱正在受到刑事起诉情况)的说明,保险公司的反洗钱、反恐怖融资内控制度;

(11) 银保监会规定提交的其他材料。

同一机构在一年内再次申请设立分支机构,以上第(3)(4)(6)和(7)项材料内容未发生变化的,只需首次报送时提供,再次报送须提交已报送说明。说明内容包括该材料首次报送时间、文号及具体事项等。

省级分公司的筹建申请,由保险公司根据国务院保险监督管理机构监管职责相关规定,向银保监会或其派出机构提交。其他分支机构的筹建申请,由拟设分支机构的上级管理机构向拟设地银保监会派出机构提交。银保监会或其派出机构自受理之日起30日内对筹建申请进行审查。对符合规定的,向申请人发出筹建通知书;对不符合规定的,作出不予批准决定,并书面说明理由。

保险公司分支机构筹建期间不计算在行政许可期限内。申请人应当自收到筹建通知书起 6 个月内完成分支机构筹建工作。筹建期满未提交开业验收报告的,筹建批准文件自动失效。筹建机构不得从事任何保险经营活动。

2. 开业

筹建工作完成后,筹建机构符合以下标准的,申请人可以向拟设地银保监会派出机构提交开业验收报告:

(1) 营业场所权属清晰,安全、消防等设施符合要求,使用面积、使用期限、功能布局等满足经营需要,办公设备配置齐全,运行正常,承诺营业场所连续使用时间不短于 2 年;

(2) 统计和信息化建设符合监管要求;

(3) 有健全的组织机构;

(4) 有完善的业务、财务、资产、反洗钱等内控管理制度;

(5) 拟任主要负责人符合任职条件;

(6) 特定岗位工作人员符合法律法规规定的执业资格要求或相关行业的工作经验,从业人员经过培训、符合上岗条件;

(7) 产品、单证、服务能力等满足运营要求;

(8) 筹建期间未开办保险业务;

(9) 提交开业申请时符合机构筹建条件,未出现《管理办法》第 14 条、15 条所列禁止性情形;

(10) 银保监会规定的其他条件。

申请人提交的开业验收报告,应当附拟设机构的以下材料:

(1) 筹建工作完成情况报告,其中应说明筹建机构是否符合《管理办法》第 20 条所规定的分支机构开业标准;

(2) 营业场所所有权或者使用权证明;

(3) 消防证明或者已采取必要措施确保消防安全的书面承诺;

(4) 计算机设备配置、应用系统及统计和信息化建设情况报告;

(5) 内控制度建设情况报告,说明分支机构内控制度建设总体情况,不包括内控制度文本;

(6) 机构设置和从业人员情况报告,包括员工上岗培训情况等;

(7) 拟任主要负责人简历及有关证明;

(8) 拟设分支机构的反洗钱、反恐怖融资机构设置报告,岗位人员配备及接受培训情况的报告;

(9) 银保监会规定提交的其他材料。

保险公司分支机构开业时拟任主要负责人需要进行任职资格核准的,申请人应当在提交开业验收报告的同时,提交该机构拟任主要负责人任职资格核准申请。

保险公司分支机构开业时拟任主要负责人原则上应为筹建负责人;筹建期间确有特殊情况需要更换筹建负责人的,应于更换后 10 日内向批准筹建的银保监会或其派出机构报告,并说明原因。

银保监会派出机构根据开业标准对保险公司分支机构实施开业验收,可以采取现场验收、远程审核或委托验收等形式。验收方法包括谈话、抽查、专业测试、系统演示等。

银保监会派出机构自收到完整开业验收报告之日起30日内,作出批准或者不予批准的决定。批准开业的,颁发保险许可证;不予批准的,书面通知申请人并说明理由。

经批准设立的保险公司分支机构,应当向市场监督管理部门办理登记注册手续,领取营业执照后方可营业。

(五)保险公司中介机构的设立

1. 保险公司中介机构的介绍

保险公司中介机构是指介于保险经营机构之间或保险经营机构与投保人之间,专门从事保险业务咨询与销售、风险管理与安排、价值衡量与评估、损失鉴定与理算等中介服务活动,并从中依法获取佣金或手续费的公司,包括保险代理集团(控股)公司、保险经纪集团(控股)公司、保险专业代理公司、保险兼业代理机构、保险经纪公司、保险公估机构等保险中介机构。

2. 保险代理机构

保险代理机构是指根据保险公司的委托,向保险公司收取佣金,在保险公司授权的范围内代为办理保险业务的机构或者个人,包括保险专业代理机构、保险兼业代理机构及个人保险代理人。

保险专业代理机构是指依法设立的专门从事保险代理业务的保险代理公司及其分支机构。

保险兼业代理机构是指利用自身主业与保险的相关便利性,依法兼营保险代理业务的企业,包括保险兼业代理法人机构及其分支机构。

个人保险代理人是指与保险公司签订委托代理合同,从事保险代理业务的人员。

(1)保险代理机构设立条件。申请人申请经营保险代理业务资格,应当符合以下条件:

① 依法取得工商营业执照,名称中应当包含"保险代理"字样,且字号不得与现有的保险专业中介机构相同,与其他保险专业中介机构具有同一实际控制人的保险专业代理机构除外;

② 股东符合本规定要求;

③ 注册资本为实缴货币资本并按银保监会有关规定实施托管,全国性保险专业代理机构的注册资本最低限额为5 000万元,区域性保险专业代理机构的注册资本最低限额为2 000万元;

④ 营业执照记载的经营范围符合银保监会的有关规定;

⑤ 有符合《中华人民共和国公司法》和《中华人民共和国保险法》规定的章程;

⑥ 高级管理人员符合相应的任职资格条件;

⑦ 有符合银保监会规定的治理结构和内控制度,商业模式科学、合理、可行;

⑧ 有与业务规模相适应的固定住所;

⑨ 有符合银保监会规定的业务、财务等计算机软硬件设施;

⑩ 风险测试符合要求;

⑪ 法律、行政法规和银保监会规定的其他条件。

(2)保险专业代理机构设立程序。申请人应当向工商注册登记所在地银保监局提交下列申请材料:

① 经营保险代理业务许可申请书,申请书应当载明保险专业代理机构的名称、注册资本等;

②《经营保险代理业务许可申请表》;

③《经营保险代理业务许可申请委托书》;

④ 公司章程；

⑤《保险专业代理机构投资人基本情况登记表（法人股东）》或《保险专业代理机构投资人基本情况登记表（自然人股东）》及相关材料；

⑥ 注册资本为实缴货币资本的证明文件，资本金入账原始凭证复印件；

⑦ 可行性报告，包括当地经济、社会和金融保险发展情况分析，机构组建的可行性和必要性说明，市场前景分析，业务和财务发展计划，风险管理计划等；

⑧ 内部管理制度，包括公司治理结构、组织机构设置、业务管理制度、财务制度、信息化管理制度、反洗钱内控制度、消费者权益保护制度以及业务服务标准等；

⑨《保险专业代理机构高级管理人员任职资格申请表》及有关证明材料，聘用人员花名册复印件；

⑩ 业务、财务等计算机软硬件配备及信息安全保障情况说明等；

⑪ 注册资本托管协议复印件及托管户入账证明等；

⑫ 投保职业责任保险的，应出具按规定投保职业责任保险的承诺函，缴存保证金的，应出具按规定缴存保证金的承诺函；

⑬ 银保监会及其派出机构规定提交的其他材料。

3. 保险经纪机构

保险经纪机构是指基于投保人的利益，为投保人与保险公司订立保险合同提供中介服务，并依法收取佣金的机构，包括保险经纪公司及其分支机构。

（1）保险经纪机构设立条件。申请人申请经营保险经纪业务，应当符合以下条件：

① 依法取得工商营业执照，名称中应当包含"保险经纪"字样，且字号不得与现有的保险专业中介机构相同，与其他保险专业中介机构具有同一实际控制人的保险专业经纪机构除外；

② 股东符合本规定要求；

③ 注册资本为实缴货币资本并按银保监会有关规定实施托管，全国性保险经纪机构的注册资本最低限额为5 000万元，区域性保险经纪机构的注册资本最低限额为2 000万元；

④ 营业执照记载的经营范围符合银保监会的有关规定；

⑤ 有符合《中华人民共和国公司法》和《中华人民共和国保险法》规定的章程；

⑥ 高级管理人员符合规定的任职资格条件；

⑦ 有符合银保监会规定的治理结构和内控制度，商业模式科学、合理、可行；

⑧ 有与业务规模相适应的固定住所；

⑨ 有符合银保监会规定的业务、财务等计算机软硬件设施；

⑩ 风险测试符合要求；

⑪ 法律、行政法规和银保监会规定的其他条件。

（2）保险经纪机构设立程序。申请人应当向工商注册登记所在地银保监局提交下列申请材料：

① 经营保险经纪业务许可申请书，申请书应当载明保险经纪机构的名称、注册资本等；

②《经营保险经纪业务许可申请表》；

③《经营保险经纪业务许可申请委托书》；

④ 公司章程；

⑤《保险经纪机构投资人基本情况登记表(法人股东)》或《保险经纪机构投资人基本情况登记表(自然人股东)》及相关材料;

⑥ 注册资本为实缴货币资本的证明文件,资本金入账原始凭证复印件;

⑦ 可行性报告,包括当地经济、社会和金融保险发展情况分析,机构组建的可行性和必要性说明,市场前景分析,业务和财务发展计划,风险管理计划等;

⑧ 内部管理制度,包括公司治理结构、组织机构设置、业务管理制度、财务制度、信息化管理制度、反洗钱内控制度、消费者权益保护制度以及业务服务标准等;

⑨《保险经纪机构高级管理人员任职资格申请表》及有关证明材料,聘用人员花名册复印件;

⑩ 业务、财务等计算机软硬件配备及信息安全保障情况说明等;

⑪ 注册资本托管协议复印件及托管户入账证明等;

⑫ 投保职业责任保险的,应出具按规定投保职业责任保险的承诺函,缴存保证金的,应出具按规定缴存保证金的承诺函;

⑬ 银保监会及其派出机构规定提交的其他材料。

4. 保险公估机构

保险公估,是指评估机构及其评估专业人员接受委托,对保险标的或者保险事故进行评估、勘验、鉴定、估损理算以及相关的风险评估。

保险公估机构是专门从事上述业务的评估机构。包括保险公估公司和保险公估合伙企业。应当依法采用合伙或者公司形式,聘用保险公估从业人员开展保险公估业务。

合伙形式的保险公估机构,应当有2名以上公估师;其合伙人三分之二以上应当是具有3年以上从业经历且最近3年内未受停止从业处罚的公估师。

公司形式的保险公估机构,应当有8名以上公估师和2名以上股东,其中三分之二以上股东应当是具有3年以上从业经历且最近3年内未受停止从业处罚的公估师。

(1) 经营保险公估业务的条件。保险公估机构经营保险公估业务,应当具备下列条件:

① 股东或者合伙人符合本规定要求,且出资资金自有、真实、合法,不得用银行贷款及各种形式的非自有资金投资;

② 根据业务发展规划,具备日常经营和风险承担所必需的营运资金,全国性机构营运资金为200万元以上,区域性机构营运资金为100万元以上;

③ 营运资金的托管符合中国银保监会的有关规定;

④ 营业执照记载的经营范围不超出《保险公估人监管规定》第43条规定的范围;

⑤ 公司章程或者合伙协议符合有关规定;

⑥ 企业名称符合本规定要求;

⑦ 董事长、执行董事和高级管理人员符合规定的条件;

⑧ 有符合中国银保监会规定的治理结构和内控制度,商业模式科学合理可行;

⑨ 有与业务规模相适应的固定住所;

⑩ 有符合中国银保监会规定的业务、财务信息管理系统;

⑪ 法律、行政法规和中国银保监会规定的其他条件。

(2) 保险公估机构设立程序。申请人应当向工商注册登记所在地银保监局提交下列备案材料:

① 经营保险公估业务备案申请书,申请书应当载明保险公估机构的名称、注册资本、经

营区域（全国性或区域性）等；

② 《经营保险公估业务备案申请表》；

③ 《经营保险公估业务备案委托书》；

④ 《保险公估机构公估师信息表》；

⑤ 公司章程或者合伙协议；

⑥ 《保险公估机构投资人基本情况登记表（法人股东）》《保险公估机构投资人基本情况登记表（自然人股东）》及相关材料；

⑦ 营运资金进入公司基本户的入账原始凭证复印件；

⑧ 可行性报告，包括当地经济、社会和金融保险发展情况分析，机构组建的可行性和必要性说明，市场前景分析，业务和财务发展计划，风险管理计划等；

⑨ 内部管理制度，包括公司治理结构、组织机构设置、业务管理制度、财务制度、信息化管理制度、反洗钱内控制度、消费者权益保护制度以及业务服务标准等；

⑩ 《保险公估机构董事长（执行董事）、高级管理人员任职报告表》及有关证明材料，公估师人员名册及相应证书复印件、聘用人员花名册；

⑪ 业务、财务等计算机软硬件配备及信息安全保障情况说明等；

⑫ 营运资金托管协议复印件及托管户入账证明等；

⑬ 投保职业责任保险或者建立职业风险基金的，应出具按规定投保职业责任保险或建立职业风险基金保证书；

⑭ 与业务规模相适应的固定场所及使用权属证明材料；

⑮ 保险公司的工作人员、保险专业中介机构的从业人员投资保险公估机构的，应当提供其所在机构知晓其投资的书面证明，保险公司、保险专业中介机构的董事、监事或者高级管理人员投资保险公估机构的，应当根据有关规定提供任职公司股东会或者股东大会的同意文件；

⑯ 银保监会及其派出机构规定提交的其他材料。

二、保险机构资本金监管

（一）资本金与资本公积金

1. 对资本金监管

以投资主体为标准，资本金可以划分为国家资本金、法人资本金、个人资本金以及外商资本金4种。

以职能为标准，资本金可分为保险公司最低资本金和匹配风险资本金。

2. 对资本公积金监管

资本公积金是指所有者共有的，非经营原因产生的，非收益转化而形成的资本。资本公积是一种准资本或资本的储备形式，经过一定的程序可以转为资本。（《保险法》第99条：保险公司应当依法提取公积金。）

资本公积金包括：①资本或股本溢价，投资者实际缴付的出资额超过其资本金的差额。股份有限公司的股本溢价主要表现为发行股票的溢价净收入（通常是上市公司最常见、最主要的公积金来源）。②公司法定财产重估增值，重估价值大于账面价值的差额作为资本公积金。③接受捐赠的财产。④资本汇兑收益等。

(二) 对资本金监管措施

对资本金的监管主要是对其真实性、合法性的检查。对资本金的检查分两步:对内控制度评审和实质性检查。对内控制度进行评审主要调查了解实收资本内控制度;对资本金的实质性检查,主要运用审阅法、复核法、盘点法等方法进行。

第二节 保险机构市场经营监管

保险公司应该分业经营。根据《保险法》第 95 条,保险公司的业务范围包括:
(1) 人身保险业务,包括人寿保险、意外伤害保险、健康保险等保险业务;
(2) 财产保险业务,包括财产损失保险、责任保险、信用保险、保证保险等保险业务;
(3) 国务院保险监督管理机构批准的与保险有关的其他业务。

保险公司不得兼营人身保险业务和财产保险业务。但是,经营财产保险业务的保险公司经国务院保险监督管理机构批准,可以经营短期健康保险业务和意外伤害保险业务。保险公司应当在国务院保险监督管理机构依法批准的业务范围内从事保险经营活动。经国务院保险监督管理机构批准,保险公司可以经营以上规定的保险业务的分出保险、分入保险等再保险业务。

一、保险业务监管

保险业务监管是指国家对保险企业的营业范围、保险条款和保险费率、再保险业务以及保险中介人的监督和管理。

(一) 营业范围的限制

为了保障广大被保险人的利益,各国一般都规定,禁止非保险业经营保险或类似保险的业务,禁止保险公司经营保险以外的业务(不包括保险投资)。大部分国家还禁止保险公司同时经营寿险和非寿险业务。如我国《保险公司管理规定》第 6 条规定:"保险与银行、证券分业经营;财产保险业务与人身保险分业经营。"也有允许寿险、非寿险兼营的国家,如美国。而英国对保险企业的业务经营范围基本上不加限制,每个保险企业都能够自由经营任何一种或数种保险业务。

(二) 核定保险条款和费率

保险条款是专业性和技术性极强的保险文书,为了保障广大被保险人的合法利益,保证保险条款的公平性、公正性,世界上很多国家的保险监管部门都要依法对保险条款进行审查。保险费率是保险商品的价格,直接关系到保险公司保费收入、保险基金的积累、偿付能力等。因此,许多国家均规定保险费率的制定须报经主管部门核准始为有效。

保险基本条款和保险费率需报经保险监督管理机构审批的保险险种包括:①关系社会公众利益的保险险种。从本质上说,大多数保险险种都与社会公众利益有关,这里所说的与社会公众利益有关的保险险种主要是指与社会公众利益联系密切、影响面较大的保险险种,具体范围由保险监督管理机构规定。②强制保险险种,又称法定保险,是指保险标的或者保险对象的范围直接由法律、法规规定,对于规定范围内的保险标的或者对象必须向保险人投保的保险。③新开发的人寿保险险种。

保险监督管理机构审批保险条款和费率，应当遵循保护社会公众利益和防止不正当竞争的原则。保险是分散危险，防范损失，保障社会经济安定的一种措施。须报经保险监督管理机构审批的保险险种，与社会公众的利益更为密切，影响的范围更大，保险监督管理机构在审批时应当重点审查保险条款和费率是否公平、合理，是否存在欺骗、误导投保人，损害投保人和被保险人利益的内容。同时，为了维护保险市场公平的竞争秩序，促进保险业的健康发展，保险监督管理机构在审批时还应当遵循防止不正当竞争的原则，审查保险条款和费率是否存在以排挤竞争对手为目的，非正常降低保险费率或扩大保险责任范围开展保险业务，进行恶性竞争的内容。

保险条款和保险费率的备案。对于必须报经保险监督管理机构审批的保险险种以外的保险险种，其保险条款和保险费率应当报保险监督管理机构备案，以对其进行必要的监督管理。备案制度是保险监督管理机构对保险条款和费率进行监督管理的一种重要手段。保险公司报备的保险条款和保险费率如果存在违反法律、法规或行政规章的禁止性规定，损害社会公共利益，内容显失公平，侵害投保人、被保险人或受益人的合法权益，构成不正当竞争，条款设计或厘定费率不当，可能危及保险公司偿付能力等情形时，保险监督管理机构应当根据本法和有关法律、行政法规的规定进行处理。

（三）再保险业务的监管

各国对再保险业务都进行监管，这种监管有利于保险公司分散风险和稳定经营，有利于防止保费外流和发展民族保险业。

再保险监管的特性原则包括：监管机构对再保险人的技术准备金、投资、流动性、资本要求、公司治理的监管，应当反映再保险业务的特征；监管机构应有能力评估再保险人确认其债务所用的程序是否适当，应考虑再保险人可能面对的各种局限；在设定资本要求时，监管机构应考虑风险组合，包括业务量和风险程度；监管原则应该确保再保险人的公司治理是有效的。

再保险监管的共性原则是指有关再保险人的法律形式、许可证发放和撤销的可能性、适合性测试、监管变化、集团关系、整体业务监管、现场检查、制裁、内控制度、外部审计以及会计准则的监管应当与直接保险人相同。

（四）对保险中介人的监管

各国政府均存在通过法律形式明确保险代理人、保险经纪人和保险公估人的地位、资格、执业条件、法律责任等的做法。保险中介人一般均须经考试合格，向保险监管部门注册登记，并交存规定的保证金后，才能经办保险业务。

（五）精算制度的监督管理

精算是指运用概率论和大数法则对保险业务进行数理计算的科学。尤其是人寿保险业务，必须通过精算才能来保证保险公司科学地收取保险费，提取寿责任准备金。《保险法》第121条规定："保险公司必须聘用经保险监督管理机构认可的精算专业人员，建立精算报告制度。"

二、保险资金运用监管

保险资金运用是保险企业在经营过程中，将积聚的各种保险资金部分用于投资或融资，使资金增值的活动。为确保保险资金运用的安全性、收益性和流动性，需要对保险资金运用进行监管，规定投资方向、投资规模等。

保险公司应当按照其注册资本总额的20%提取保证金,存入国务院保险监督管理机构指定的银行,除公司清算时用于清偿债务外,不得动用;应当根据保障被保险人利益、保证偿付能力的原则,提取各项责任准备金;应当依法提取公积金;应当缴纳保险保障基金;对危险单位的划分方法和巨灾风险安排方案,应当报国务院保险监督管理机构备案;应当按照国务院保险监督管理机构的规定办理再保险,并审慎选择再保险接受;保险公司的资金运用必须稳健,遵循安全性原则。

保险公司的资金运用限于下列形式:①银行存款;②买卖债券、股票、证券投资基金份额等有价证券;③投资不动产;④国务院规定的其他资金运用形式。

保险资金办理银行存款的,应当选择符合下列条件的商业银行作为存款银行:①资本充足率、净资产和拨备覆盖率等符合监管要求;②治理结构规范、内控体系健全、经营业绩良好;③最近3年未发现重大违法违规行为;④信用等级达到中国银保监会规定的标准。

保险资金投资的债券,应当达到中国银保监会认可的信用评级机构评定的,且符合规定要求的信用级别,主要包括政府债券、金融债券、企业(公司)债券、非金融企业债务融资工具以及符合规定的其他债券。

保险资金投资的股票,主要包括公开发行并上市交易的股票和上市公司向特定对象非公开发行的股票。保险资金开展股票投资,分为一般股票投资、重大股票投资和上市公司收购等,中国银保监会根据不同情形实施差别监管。保险资金投资全国中小企业股份转让系统挂牌的公司股票,以及以外币认购及交易的股票,由中国银保监会另行规定。

保险资金投资的不动产,是指土地、建筑物以及其他附着于土地上的定着物;具体保险资金投资的股权,应当为境内依法设立和注册登记,且未在证券交易所公开上市的股份有限公司和有限责任公司的股权。

2021年,银保监会进一步放开保险资金运用范围,允许保险资金投资公开募集基础设施证券投资基金、参与证券出借业务,调整保险资金投资债券的信用评级要求,并修改保险资金运用领域的部分规范性文件,减少对保险资金投资的限制,增强保险机构投资自主权,引导保险资金更好地支持社会经济发展,盘活存量资金。

三、保险机构偿付能力监管

偿付能力,是指保险公司偿付其到期债务的能力。当公司变卖其资产后仍有未清偿的债务,就说明公司偿付能力不足。

各国均把偿付能力监管作为保险监管的核心,这是由保险业的特殊性决定的。在各国放宽保险监管的大环境下,对保险公司的偿付能力监管就成为监管部门最后的"堡垒"。保险与其他金融服务不同,其产品生产过程具有倒转性,价格发生于前,成本产生于后。保险公司在经营过程中如出现偿付能力不足甚至破产的问题时,此时绝大部分保险合同却尚未到期,这将使被保险人失去经济保障。保险公司是经营风险的特殊企业,如果考虑的风险因素对保险事故的影响程度不准确,一旦发生异常风险,也会造成保险公司偿付能力不足。保险合同的双方当事人对交易成本只能建立在根据过去经验对未来损失和费用的估计上。如果保险公司对风险程度估计过低,保险费率就可能低于实际成本。

保险机构偿付能力监管主要包括三方面内容:第一,偿付能力计算方法,包括保险公司资产和负债的谨慎评估标准、风险资本评估标准和法定最低偿付能力标准等;第二,真实水平的检查方法,包括财务报告和精算报告制度、监管部门的现场检查以及非现场监管制度等;第三,偿付能力不足的处理,包括监管部门根据公司偿付能力实际水平采取整顿、接管、清算等监管措施。

偿付能力监管指标包括:①核心偿付能力充足率,即核心资本与最低资本的比值,衡量保险公司高质量资本的充足状况;②综合偿付能力充足率,即实际资本与最低资本的比值,衡量保险公司资本的总体充足状况;③风险综合评级,即对保险公司偿付能力综合风险的评价,衡量保险公司总体偿付能力风险的大小。④核心资本,是指保险公司在持续经营和破产清算状态下均可以吸收损失的资本。⑤实际资本,是指保险公司在持续经营或破产清算状态下可以吸收损失的财务资源。⑥最低资本,是指基于审慎监管目的,为使保险公司具有适当的财务资源应对各类可量化为资本要求的风险对偿付能力的不利影响,所要求保险公司应当具有的资本数额。

保险公司同时符合以下三项监管要求的,为偿付能力达标公司:①核心偿付能力充足率不低于50%;②综合偿付能力充足率不低于100%;③风险综合评级在B类及以上。不符合上述任意一项要求的,为偿付能力不达标公司。

对保险公司的检查监管是保证保险公司的偿付能力,纠正不符合法律法规的业务活动,维护被保险人的利益,保证保险业的健康发展的需要。检查主要方式分为非现场监管和现场检查两种。

非现场监管的工作流程分为信息收集和整理、日常监测和监管评估、评估结果运用、信息归档等4个阶段,主要是根据保险公司的各种报告、报表和文件,检查保险公司经营活动是否合法、合规,风险性如何等。

保险公司非现场监管是指监管机构通过收集保险公司和保险行业的公司治理、偿付能力、经营管理以及业务、财务数据等各类信息,持续监测分析保险公司业务运营、提供风险保障和服务实体经济情况,对保险公司和保险行业的整体风险状况进行评估,并采取针对性监管措施的持续性监管过程。非现场监管是保险监管的重要手段,监管机构要充分发挥其在提升监管效能方面的核心作用。

监管机构对保险公司开展非现场监管,应遵循以下原则:

(1) 全面风险监管原则。开展非现场监管应以风险为核心,全面识别、监测和评估保险公司的风险状况,及时进行风险预警,并采取相应的监管措施,推动保险公司持续健康发展。

(2) 协调监管原则。机构监管部门和其他相关监管部门应当建立非现场监管联动工作机制,加强信息共享和工作协调,充分整合监管力量。

(3) 分类监管原则。开展非现场监管应根据保险公司的业务类型、经营模式、风险状况、系统重要性程度等因素,合理配置监管资源,分类施策,及时审慎采取监管措施。

(4) 监管标准统一原则。开展非现场监管应设定统一的非现场监管目标,建立统一的工作流程和工作标准,指导监管人员有序高效地履行非现场监管职责。

监管机构开展非现场监管,其内容包括但不限于:①保险公司基本情况、评估期内业务发展情况及重大事项;②本次非现场监管发现的主要问题、风险和评估结果,以及变化趋势;③关于监管措施和监管意见的建议;④非现场监管人员认为应当提示或讨论的问题和事项;⑤针对上次非现场监管发现的问题和风险,公司贯彻落实监管要求、实施整改和处置风险的情况。

现场检查,主要是保险监督管理部门的人员根据需要对保险公司进行实地现场检查,以判断保险公司所提供数据的准确性,检查保险公司的各项财务指标是否符合有关法规的规定。

国务院保险监督管理机构对保险机构的现场检查包括但不限于下列事项:

① 机构设立、变更是否依法经批准或者向中国银保监会报告;
② 董事、监事、高级管理人员任职资格是否依法经核准;
③ 行政许可的申报材料是否真实;
④ 资本金、各项准备金是否真实、充足;
⑤ 公司治理和内控制度建设是否符合中国银保监会的规定;
⑥ 偿付能力是否充足;
⑦ 资金运用是否合法;
⑧ 业务经营和财务情况是否合法,报告、报表、文件、资料是否及时、完整、真实;
⑨ 是否按规定对使用的保险条款和保险费率报经审批或者备案;
⑩ 与保险中介的业务往来是否合法;
⑪ 信息化建设工作是否符合规定;
⑫ 需要事后报告的其他事项是否按照规定报告;
⑬ 国务院保险监督管理机构依法检查的其他事项。

国务院保险监督管理机构工作人员依法实施现场检查;检查人员不得少于2人,并应当出示有关证件和检查通知书。国务院保险监督管理机构可以在现场检查中,委托会计师事务所等中介服务机构提供相关专业服务;委托上述中介服务机构提供专业服务的,应当签订书面委托协议。

国务院保险监督管理机构及其派出机构对保险公司偿付能力管理实施现场检查,包括:①偿付能力管理的合规性和有效性;②偿付能力报告的真实性、完整性和合规性;③风险综合评级数据的真实性、完整性和合规性;④偿付能力信息公开披露的真实性、完整性和合规性;⑤对国务院保险监督管理机构及其派出机构监管措施的落实情况;⑥国务院保险监督管理机构及其派出机构认为需要检查的其他方面。

保险公司应当具有与其业务规模和风险程度相适应的最低偿付能力。保险公司的认可资产减去认可负债的差额不得低于国务院保险监督管理机构规定的数额;低于规定数额的,应当按照国务院保险监督管理机构的要求采取相应措施达到规定的数额。

对于核心偿付能力充足率低于50%或综合偿付能力充足率低于100%的保险公司,国务院保险监督管理机构应当采取以下全部措施:①监管谈话;②要求保险公司提交预防偿付能力充足率恶化或完善风险管理的计划;③限制董事、监事、高级管理人员的薪酬水平;④限制向股东分红。

国务院保险监督管理机构还可以根据其偿付能力充足率下降的具体原因,采取以下措施:①责令增加资本金;②责令停止部分或全部新业务;③责令调整业务结构,限制增设分支机构,限制商业性广告;④限制业务范围、责令转让保险业务或责令办理分出业务;⑤责令调整资产结构,限制投资形式或比例;⑥对风险和损失负有责任的董事和高级管理人员,责令保险公司根据聘用协议、书面承诺等追回其薪酬;⑦依法责令调整公司负责人及有关管理人员;⑧国务院保险监督管理机构依法根据保险公司的风险成因和风险程度认为必要的其他监管措施。对于采取上述措施后偿付能力未明显改善或进一步恶化的,由国务院保险监督管理机构依法采取接管、申请破产等监管措施。

对于核心偿付能力充足率和综合偿付能力充足率达标,但操作风险、战略风险、声誉风险、流动性风险中某一类或某几类风险较大或严重的 C 类和 D 类保险公司,国务院保险监督管理机构及其派出机构应根据风险成因和风险程度,采取针对性的监管措施。

保险公司有下列情形之一的,国务院保险监督管理机构可以对其实行接管:①公司的偿付能力严重不足的;②违反本法规定,损害社会公共利益,可能严重危及或者已经严重危及公司的偿付能力的。

被接管的保险公司的债权债务关系不因接管而变化。

第三节 保险机构跨国业务监管

一、跨国保险的内涵

依据不同的标准,可以将保险分为许多不同的类型,其中一种分类标准是依据保险活动是否超越国境,将保险区分为国内保险和跨国保险。保险活动有保险人、投保人、投保标的、被投保人四个构成要素,以保险人所在国为参照系,只要其中任何一项构成要素发生在国外,即可判定该保险为跨国保险。但是,如果四项要素均发生在国外,对于本国而言,则此保险为非跨国保险。

依据保险要素的不同,跨国保险分为不同的形式:

一是保险人的跨国保险,指的是一国的保险公司前往另一个国家从事保险经营活动。此类保险公司,即为跨国保险公司。跨国保险公司的跨国经营活动可以通过直接投资,或者是间接投资的方式实现。向东道国直接投资设立保险公司是跨国保险公司扩张的优先选择方式。参股、兼并、收购东道国保险公司,或者与东道国其他经营单位组建合资保险公司,也都可以看作直接投资的方式。但通常东道国政府会因为各种政治经济原因,对外国保险公司设置限制条件,以维持本国目前的资本项目平衡,在一定程度上也保护了本国的保险公司。间接投资通常不以参加企业经营管理为目的,不享有企业的经营权或支配权,而是进行证券投资,或者向处于另一个国家的企业提供贷款以达到获取利润的目的。

二是投保人或者被保险人的跨国保险。日常生活中,如果一国的公民因商务、旅游等活动到另外一个国家需要办理境外保险,则会出现跨国保险问题。随着经济全球化的发展,保险市场将会进一步开放,可供投保的公司将会越来越多。

三是保险标的的跨国保险,指的是承担不在该国境内的保险标的风险责任的保险。鉴于保险标的物不在保险人所在国境内,保险人或者被保险人难以对保险标的安全给予足够的重视,导致保险人承担着更大的潜在风险。此外,在发生保险事故时,保险人和被保险人可能难以及时采取必要措施。

二、跨国保险业务经营的监管原则

国际保险监督官协会(International Association of Insurance Supervisors,IAIS)是国

际保险领域最有影响力的组织,也是国际保险监管规则的制定者。为促进各国保险监管当局在监管国际保险机构和保险集团的国外业务经营时的有效合作,增强保险监管的有效性,使投保人和潜在投保人了解保险机构的财务状况和偿付能力,国际保险监督官协会于1999年12月颁布了国际保险机构和保险集团跨国业务的监管原则。

(一) 全面监管原则

任何外国保险机构都不得逃避监管。为确保各个保险机构都被充分监管,各个国家的保险监管机构之间开展了广泛的合作,并且在进行全面监管的同时,避免了重复监管的问题。国际保险监督官协会机制下会员间的监管合作是为了确保其管辖区域内的外国保险跨国机构得到有效监管。然而,这并没有消除母国和东道国在保险监管方面存在的差距,只是在不同的辖区,遵循不同的原则,接受不同辖区的监管。比如,东道国境内的跨国保险子公司与分公司面临的监管要求是不同的。跨国子公司通常接受东道国的监管,遵循东道国关于资本充足性和偿付能力监管的规则;分公司是分支机构的一种,跨国分公司原则上接受东道国监管,但有管辖权的母国和东道国都可以对其实施偿付能力的监管。通常东道国的监管机构更愿意依赖母国监管机构对跨国分公司的偿付能力做的评估。分支机构通常也是由东道国辖区实施日常监管,但是分支机构的偿付能力既可由母国辖区进行监管,也可以由东道国辖区适用的条款进行评估。因此,东道国可以结合母国辖区监管当局的评估结果形成自己的判断。

(二) 有效监管原则

所有国际保险集团和国际保险机构都应受到有效监管。在该原则的解释说明中特别强调:其一,在决定是否以及基于什么样的基础向其辖区内的外国保险人发放经营执照或延长经营执照时,东道国监管机构需要对该外国保险人在其母国接受监管的有效性进行详细评估,必要时可向母国监管机构咨询,同时应充分考虑国际保险监管当局应用处罚条例限制与有效监督冲突的保险机构的能力。其二,这种评估需要考虑国际保险监督官协会制定的监管核心原则和标准,而外国保险人的本国保险监管机构运用制裁来阻碍合作则被视为与国际保险监督官协会有效监管的核心原则相悖。传统的保险监管强调的是对每一保险公司实行单独监管,因为对其他金融机构(如银行)提供保险容易受到蔓延的风险的攻击,而且保险公司很少会成为对更广泛的金融体系带来危害的系统风险源。其三,在母公司存在其他保险公司或其他金融机构参与(如参股)的情况下,评估母公司和整个集团的财务实力、把集团的潜在额外风险考虑进去是非常重要的,如偿付能力资本的双重或重复运转结果(effects of double gearing of capital on solvency)、集团内交易以及大额风险。这些情况的谨慎对待尚在激烈讨论中。对国际保险集团的监管需要结合单独公司监管与集团范围内的监管观点,在并不影响国际保险监督官协会核心原则的情况下,坚持以单独监管为基础对国际保险人进行有效监管的原则。

(三) 协商监管原则

设立跨国界保险机构应由东道国和母国监管者协商决定。该核心原则的解释说明强调:其一,母国与东道国之间的监管合作始于外国保险机构向东道国第一次提出建立新机构的申请,审核和批准申请的过程为两国监管机构的未来合作创造了良好的基础。其二,东道国的监管机构通常希望针对申请执照涉及的某些情况向母国监管者进行咨询,在授予许可证之前,还应进行必要的核实工作,以确保申请者的总部或母公司所在国的监管机构没有不同意见。这样的咨询过程会给母国监管机构创造一个机会,即可以对该保险人在东道国申请设立分支机构的计划不予支持,还可能会建议东道国监管机构拒绝发放执照。在核查以后,东道国保险监管机构如果没有收到母国监管机构的肯定答复,可以选择拒绝申请或在批准执照时增加监管力度,并将对执照申请施加的任何限制或禁止向母国监管者通报。其三,在对那些在母国没有遵循对资本金实力进行审慎监管的外资企业或者没有确定的母公司负责的合资企业进行执照申请的审核时,要特别谨慎。这种情况下,对所批准的任何执照,东道国监管机构都可以对其活动施加特殊限制或要求提供特殊担保,以对其实施有效监管。其四,关于发放执照的最后决定由东道国监管机构依据非歧视原则做出,母国监管机构应保留其管辖的所有保险公司的跨境设立名录。

(四)谨慎监管原则

是否允许国外保险机构在某一辖区提供跨境保险服务,通常涉及该辖区的法律问题。当消费者能不受任何约束,自愿寻求国外保险服务时,一般认为他们应对自己的行为负责。然而当允许积极推销跨境保险产品时,东道国监管当局通常需要了解该国外保险机构在其辖区内推销保险产品的真实动机,并进行核实,以确保该保险机构的偿付能力在母国辖区受到了谨慎的监管。另外一种方式是通过专门的许可证审核程序,或采用具体的安全措施来保护本国投保人的利益。如果允许积极推销跨国保险产品,母国监管当局对确保保险机构的偿付能力负有主要责任,而东道国监管当局则应非常认真地考虑母国监管当局对保险机构拟展开的跨境经营活动提出的保留或反对意见。母国监管当局如果认为其辖区内的保险机构没有充足的财务能力,或者没有对其业务进行有效管理所必需的专业知识,它就应该阻止该保险机构到境外推销其保险产品。

三、保险监管当局之间的信息交流

(一)母国监管当局的信息需求

母国监管当局希望能够及时、充分地得到保险机构总部或母公司的信息。为此,需要建立一个完善的报告体系,要求任何一个境外的子公司或分支机构都应向总部或母公司报告,而且还必须有满足特别信息需求的可行办法。因此,母国监管当局应要求保险机构建立健全的内控制度,位于国外的机构应向总部或者母公司定期提交综合性的报告,使母国监管当局能够对该保险机构的总体财务状况以及内部控制制度的有效性进行比较准确的评估。在国外保险机构出现严重问题时,东道国监管机构可向总部或者母公司查询,也可以向母国监管当寻求支持,以便进行后续的补救。监管活动可以由双方共同协调,分担监管责任。并且,东道国监管当局应当向母国监管当局通报任何由于提供跨境保险业务而引起的问题情况。

(二)东道国监管当局的信息需求

母国监管当局应向东道国监管当局通报对保险机构跨境经营活动有重大影响的监管措施,让东道国监管当局据此判断行事。母国监管当局应积极回复东道国监管当局提出的各种信息要求。在母国监管当局对某一特定辖区的监管标准有疑问,并采取必要措施时,应事先与东道国监管机构当局沟通。在面对敏感问题时,母国监管当局与东道国监管当局的充分沟通对双方都有利。

(三) 监管信息交流的保密

充分的信息交流可以增强监管者之间的合作,但由于不同的辖区有不同的保密规则,对监管信息的传递会造成一定的障碍。信息交流要受到一些旨在保护信息提供者和接收者的条件限制。为使信息充分用于监管金融机构等目的,应允许信息双向流动,但不能要求信息的形式和详细特点严格对等。所传递信息的秘密性应受到法律保护。所有保险监管当局都应遵守职业保密制度,对其活动过程中包括进行现场检查时所获得的信息保密。获得信息的一方根据信息采取行动时,应与提供信息的监管当局沟通。但沟通内容是否需要通报给监管机构,仍在讨论之中,在实际操作中,要具体问题具体分析。

第四节 保险机构市场退出监管

一、保险机构市场的退出

有市场进入就有市场退出,这是市场经济的客观规律。保险市场退出是指对保险公司由于某种原因不再存续经营,终止保险业务,撤出保险市场的一种习惯表述,有广义和狭义之分。狭义的保险机构市场退出就是指保险公司因经营失败而停止保险产品和服务的市场供应,其核心是保险机构法人资格的消灭,即保险公司因破产而退出保险市场的业务领域;而广义的保险机构市场退出除了因破产而退出外,还包括了保险企业的合(兼)并、收购以及重组等情况。

(一) 保险机构市场退出的形式

保险机构市场退出按照不同的标准,可分为不同的形式,主要有以下三种分类方式:

1. 按退出意愿分类,可分为主动退出和被动退出

主动退出也称"自愿退出",是指保险公司因分立、合并需要等发展需求,根据章程或股东大会决议,经国务院保险监督管理机构批准,自行终止其保险业务,注销其法人资格的行为。

被动退出也称"强制退出",是指保险监管机构通过发布行政命令对严重违规经营或资不抵债的保险公司进行强制撤销,或者人民法院根据《破产法》的规定做出裁定保险公司破产的行为。

一般而言,主动退出是保险企业的自愿行为,对外界的影响及冲击相对较小;被动退出则是由于严重违规或陷入偿付能力危机所导致的彻底性退出,这将严重影响到社会的稳定,对行业造成强烈的冲击。

2. 按退出的业务规模分类,可分为全部业务退出和部分业务退出

全部业务退出是指公司清算出售固定资产,处理分配流动资产,停止所经营的全部保险业务的一种退出方式。由于固定资产变现困难,成本无法全部收回,因此,该种方式的退出成本极高,通常是在保险监管机构的强制撤销或人民法院的破产程序中被强制执行,一般情况下不轻易采用。

部分业务退出是将亏损或利润低微的业务出售,停止部分产品或服务的供应,从而将投资和精力放入前景广阔的领域当中。这种退出方式相对和缓,退出成本较低。

3. 按退出的地域分类,可分为全国市场退出和局部市场退出

全国市场退出是指保险公司的各个分支机构和业务在全国市场的全面退出。

局部市场退出则是公司根据自身发展战略和业务发展需求,将局部亏损和微利的地域机构关闭,停止该地区的产品供应,但其他地区市场不受影响。

(二)保险市场退出的原则

保险市场的退出波及范围广、社会震动大,必须遵守一定的行为准则,做到有计划、有步骤地实施,才能保证退出行为的顺利进行。

1. 依法退出原则

保险市场的退出行为必须在相关法律的指引下,保险监管机构的严格监督下依法有序地进行。这不仅是对市场退出过程的基本要求,还是维护法律严肃性的重要内容,更是减少负面影响的有效保证。把依法退出原则贯彻到保险市场退出具体实施工作中,实际上就是既要使退出行为本身规范化、制度化,又要同国家的法律以及行政法规相衔接,在法律范围内有序地行动。因此,我国保险机构退出市场的过程必须遵守《保险法》《破产法》《商法》等法律条款的规定,只有这样,保险市场退出才具有法律效力。

2. 审慎性原则

在当今社会,中国民众的保险意识普遍提高,选择保险作为生活保障以及投资渠道的家庭也越来越多,因此,保险公司的市场退出行为必须慎之又慎,一旦退出方式不当,不仅会引起民众的信任危机,甚会给国家经济带来负面效应,其造成的社会影响是不可想象的。可见,在保险市场退出的过程中,必须遵循审慎性原则,完全破产和行政撤销的市场退出机构数量不宜过多,频率不宜过快。当保险企业出现问题时,保险监管机构应该进行深入调查,按照等级分类严格划分保险企业的风险等级。对于暂时处于困境或破产风险较小的企业给予政策扶持,令其在规定时间内进行全面整改,以达到政府规定的经营标准,实现扭亏为盈、稳健发展的目标;而对于那些严重资不抵债或危害保险市场稳定秩序的保险机构,在调查发现无扶持必要或整改后依旧不达标准时,就要当机立断予以接管并着手开展保险机构退市工作。在保险市场退出过程中,应首先考虑收购、兼并、重组等温和的退出方式,即使必须采取破产以及撤销的退出方式,也必须在保险监管机构的监督干预中稳妥实施,做好后续的保单赔付工作,快速启动保险保障基金制度,积极安抚保单持有人的情绪,力求将保险公司被迫退出的负面影响降到最低。

3. 积极配合原则

保险市场的退出行为涉及众多的当事人和利益相关者,既包括即将退市的保险公司、该公司中所有的保单持有人以及与该公司有业务关联的其他公司机构等,又包括参与监督审核的保险监管机构、参与法律执行的司法机构、参与公司资金清算的金融机构和工商部门等。在市场退出过程中,相关的各个机构和部门必须积极协调、主动沟通,以取得互相的理解、支持和配合,确保保险市场退出工作的顺利进行。

4. 公开透明原则

由于保险公司的市场退出涉及投资者保护、资产处置以及财产分配等诸多方面,而这些均与该公司保单持有人的切身利益密切相关。因此,保险市场退出过程必须坚持公开透明原则,以保证公众对财产分配的知情权,从而避免引起社会大众的猜疑和恐慌。公开透明原则是保险市场退出必须遵循的基本原则之一,从资金清算小组的成立到债权人会议的召开,再到公司财产的分配,每一个细节和程序都要严格以此原则为指导,由指定的媒体及时向社会公开发布,认真地完成信息披露工作。只有坚持公开透明,才能使公众对保险机构的市场退出过程进行有效的监督,同时对保险公司清算资金的分配情况了然于胸,这也为维护社会稳定、防止市场秩序混乱奠定了良好基础。

二、保险公司的解散

保险公司解散是指已经成立的保险公司,因章程或法律规定的特定事项发生,而使公司法人资格消灭的法律行为。公司的解散需要有一个过程,在这个过程中,公司的法人资格仍然保留,直到清算完结才正式消灭。保险公司的解散须经保险监管部门批准。当保险公司解散事由出现时,保险公司应提出申请,经保险监管部门审查批准其解散的,保险公司才能解散。

经营人寿保险业务的保险公司,除因分立、合并或被依法撤销外,不得解散。保险公司经批准解散,根据规定应成立清算组。逾期不能成立清算组的,债权人可以申请法院指定人员组成清算组进行清算。

根据《保险法》以及公司法的有关规定,保险公司解散的原因有以下几方面:

(1) 公司章程规定营业期限届满或者公司章程规定的其他解散事由出现。保险公司成立后,营业期限一旦达到了公司章程中规定的某一段时间或者规定的某年某月,该公司即应自行解散。公司章程规定的其他解散事由包括公司章程规定的亏损达到一定的数额,经营业务发生重大变化、发生不可抗力等。一旦这些事由出现,公司也应自行解散。但经营有人寿保险业务的保险公司,不得因公司章程规定而解散。

(2) 公司合并或者分立。经营财产保险业务或人身保险业务的保险公司均可因此原因而解散。保险公司以吸收合并的方式合并时,合并各方均应解散。保险公司分立后,如原公司不复存在的,原公司应解散。

(3) 保险公司强制解散,即撤销。保险公司因违法经营被依法吊销经营业务许可证的,或者偿付能力低于国务院保险监督管理机构规定标准,不予撤销将严重危害保险市场秩序、损害公共利益的,由国务院保险监督管理机构予以撤销并公告。

我国《保险法》第86条对此作了规定。保险公司在出现如下情况,情节严重时,将被依法撤销:①保险公司超出银保监会核定的业务范围从事保险业,情节严重的;②保险公司不按规定提存保证金或未按规定动用保证金,情节严重的;③保险公司不按规定提取或结转责任准备金或者提取未决赔款准备金,金额巨大的;④保险公司不按规定提取保险保障基金、公积金,情节严重的;⑤保险公司不按规定办理再保险分出业务,情节严重的;⑥保险公司违反规定运用保险资金等,损失巨大的。

三、保险公司的破产

保险公司破产是指保险公司不能支付到期债务,经保险监督管理机构同意,由法院依法宣告破产,而终止公司业务经营活动并消灭其法人资格的一种法律行为。

根据《保险法》第90条规定,保险公司有《企业破产法》第2条规定情形的,经国务院保险监督管理机构同意,保险公司或者其债权人可以依法向人民法院申请重整、和解或者破产清算;国务院保险监督管理机构也可以依法向人民法院申请对该保险公司进行重整或者破产清算。

(一)保险公司破产的原因

保险公司破产的原因包括:不能支付到期债务;放松保险控制;忽视风险控制;过度依赖再保险;缺乏良好的监管制度;无法预料的索赔。

(二)保险公司破产的特点

(1) 保险公司在依法经营中发生亏损,而不是在其他活动或违反法规的情况下的破产。

(2) 无力及时赔偿或给付保险合同约定的经济责任时,这里的"及时"是保险公司发挥稳定社会作用的基本要求。自然灾害的保险事故、第三者损害行为的保险责任事故,法律规定保险人都要及时赔偿或给付,从而取得代位请求赔偿权,由此可知"及时"的重要性。约定的经济责任分为赔偿和给付两类,给付又分为约定保险事故发生的给付和约定期限给付两种,这些经济责任都要用货币履行,而不是用其他的财产。

(3) 破产需要经保险监督管理机关的同意。保险监督管理机关有双重职能:一方面是监督保险公司执法的职能;另一方面是对保险业法的执法职能,即对保险业的管理。即保险公司破产需要保险监督管理机关同意,法院才可依法宣布破产。

(4) 破产的行为是指终止保险公司的使命,使其不能再经营保险业务。

四、保险公司的清算

(一)保险公司的清算顺序

保险公司经人民法院在依法撤销或宣告破产后,由人民法院组织保险监督管理机构等有关部门和有关人员组成清算组,进行清算。清算程序依照《企业破产法》或《民事诉讼法》规定的破产还债程序进行。根据《保险法》第 91 条的规定,破产财产在优先支付破产费用后,按照下列顺序清偿:

(1) 所欠职工工资和劳动保险费用;
(2) 赔偿或者给付保险金;
(3) 所欠税款;
(4) 清偿公司债务。

破产财产不足清偿同一顺序清偿要求的,按照比例分配。破产保险公司的董事、监事和高级管理人员的工资,按照该公司职工的平均工资计算。

经营有人寿保险业务的保险公司被依法撤销或者被依法宣告破产的,其持有的人寿保险合同及责任准备金,必须转让给其他经营有人寿保险业务的保险公司;不能同其他保险公司达成转让协议的,由国务院保险监督管理机构指定经营有人寿保险业务的保险公司接受转让。转让或者由国务院保险监督管理机构指定接受转让前款规定的人寿保险合同及责任准备金的,应当维护被保险人、受益人的合法权益。

(二)不同类型保险公司清算

1. 国有独资保险公司的破产清算

国有独资保险公司的破产清算按照《企业破产法(试行)》的有关规定进行。保险公司因资不抵债宣告破产后,人民法院应当自宣告之日起 15 日内成立清算组,接管破产公司。人民法院可以根据规定,组织公司的上级主管部门、国务院保险监督管理机构、公司开户银行和会计师、审计师、律师及稽核人员组成清算组,清算组负责破产财产的保管、清理、估价、处理和分配,以及依法进行必要的民事活动。清算组受人民法院领导,对债权人会议负责并报告工作。清算组组成后,即可进行工作,在清理公司财产和债权、债务后,提出破产财产的分配方案,经债权人会议通过后,即可报请人民法院裁定执行。

2. 股份有限保险公司的破产清算

股份有限保险公司的破产申请可以由该公司经股东大会决议后提出,也可由债权人提出。对于符合破产条件并经中国银保监会同意的,人民法院应当宣告其破产。破产程序开始后,人民法院应当在10日内通知债务人和已知的债权人,并发出公告。债权人自接到通知之日起30日内,未接到通知的债权人自公告90日内,应当向人民法院申报其债权。逾期未申报的,视为放弃债权。人民法院宣告公司破产后,应当组成清算组接管破产公司,清算组在完成公司财产、债权、债务的清理后,向人民法院提出破产清算方案,经债权人会议讨论通过,人民法院批准后执行。

3. 经营有人寿保险业务的保险公司被依法撤销或被依法宣告破产后的业务转移

人寿保险业务是以人的生命或身体为保险标的的保险业务。人寿保险公司的经营是建立在精算基础之上的,每一张人寿保险的保单都经过寿险精算来确定投保人的交费数额,以及保单到期后应该给付的保险金额。由于人寿保险的保险期限较长,因而带有一定的储蓄性质,也就是说,每一张人寿保险的保单都有现金价值。这些保单的价值就是人寿保险公司根据规定每年提取的未到期责任准备金和未决赔款准备金,即保险公司的责任准备金实际上是保险人对被保险人的负债。因此,为维护保险合同的严肃性和充分保障被保险人的利益,当人寿保险公司违反法律、行政法规依法被撤销,或者不能支付到期债务而被人民法院依法宣告破产以后,公司的人寿保险合同及责任准备金必须转移给其他经营有人寿保险业务的保险公司继续经营,转移的合同继续有效。在这种合同和准备金转移以后,接受转移的公司就充当了原公司的角色,它与原被保险人的权利义务关系也是对等的:既取得了原公司依合同所享有的权利,也承担原公司依合同应履行的义务。在转移过程中,原寿险公司与其他保险公司应在平等自愿的基础上,充分协商并达成转让协议。如果达不成协议,则应由中国人民银行根据当时的保险业务情况,指定一家或多家经营有寿险业务的保险公司接受保险合同及准备金,被指定的保险公司必须接受。

由此可见,保险公司清算有许多后续事项需要处理,尤其是需要考虑保险人与被保险人等合同主体之间的关系。因此,保险公司的清算与普通公司的清算有许多差别。不同性质的保险公司在清算的内容上都有着不同的处理方式。

延伸阅读

前海人寿实控人姚振华被监管约谈一事引发业内外关注。2022年7月11日,前海人寿股东深圳钜盛华公司在宝能集团官网发布公告称,已召开临时股东大会和董事会临时会议,免去前海人寿沈成方的公司董事和总经理职务,免去陈琳的公司监事等职务。一时间,前海人寿陷入了无董事长、无总经理、无监事长的"三无"境地。

2022年7月15日,前海人寿披露了银保监会下发的监管意见书。银保监会指出,经核查,前海人寿对召开上述会议不知情,会议未按照公司章程和监管要求向全体董事和监事发送通知,且未提前通知监管机构。银保监会认为,临时股东大会作出决议,对应由公司决策的事项提出具体意见,直接干预公司正常经营,不符合《银行保险机构大股东行为监管办法

（试行）》相关规定。针对上述问题，银保监会对前海人寿提出立即进行问题整改、严禁股东不当干预公司经营、切实维护公司局面稳定等监管意见。

同时，银保监会表示，前海人寿要落实主体责任，坚持独立自主经营，落实风险隔离机制，维护公司业务和人员稳定，保障公司资产、资金安全。在前期压缩业务规模、强化保险资金管控的基础上，进一步采取有效措施，改善偿付能力，防范化解风险。

事实上，保险机构公司治理是近年来监管机构工作的重点，也取得了一定的效果。比如，在股权治理方面，2021年10月，银保监会发布《银行保险机构大股东行为监管办法（试行）》，明确指出严格规范约束大股东行为，严禁大股东不当干预银行保险机构正常经营等行为，并对相关问题作出了具体的规定。为提升金融机构的公司治理水平，银保监会在2020年发布了《健全银行业保险业公司治理三年行动方案（2020—2022年）》，开展专项整治和"回头看"以来，共清退违法违规股东2 600多名，处罚违规机构和责任人合计1.4亿元，处罚责任人395人，督促内部问责处理360家次，问责个人5 383人次，严厉打击了资本造假、股权代持等突出问题，形成有效震慑。另外，集中分四批次向社会公开81家重大违法违规股东名单，进一步强化了市场约束。

不过，从此次前海人寿事件来看，保险机构公司治理还面临不少挑战。银保监会表示，下一步，将以提升中小银行保险机构公司治理质效为重点，完善公司治理评估体系，规范大股东行为及关联交易，健全"三会一层"履职评价和监督制衡，探索差异化监管，不断推动银行业保险业公司治理改革取得新成效。

从案例中得到以下启示：

（1）保险公司经营发展模式是保险公司健康发展的基础，个别保险公司如果发展战略粗放激进、偏离主业，盲目追求短期业绩，很容易给自身及行业发展造成风险隐患。从根本上来看，保险机构公司治理对其经营发展思路有着重要影响。因此，巩固保险公司转型发展成果，推动保险业加快高质量发展，要从根本上强化保险机构公司治理的有效性。

（2）做好风险防控是保险业高质量发展的底线和基石，保险业需要进一步提升风险意识，将强化风险防控作为重要任务来抓，才能促进行业高质量发展。对于保险机构而言，完善公司治理没有最好，只有更好。公司治理对保险机构的影响是全局性的，更涉及整个行业的风险管控与转型成效，理应被视为行业健康发展的根基所在。在加快转型实现高质量发展的背景下，保险业需要更好地发挥保险保障功能，不断提升服务实体经济质效，进一步完善保险机构公司治理的有效性，让保险公司自发地走合规的高质量发展道路，从而保证保险业高质量发展迈出坚实步伐。

本章小结

1. 市场准入是确保保险机构能够随时履行其义务，从而使境内外投保人的利益能够得到充分保护的第一步，也是监管系统中最为重要的组成部分之一。监管机构应慎重审核申请者的可行性报告、筹建方案、营业计划、高级管理人员的人选和注册资本金等方面，核查拟设公司所属集团的结构是否透明并确认该集团在监管方面不会出问题，有权知道拟设公司中直接或间接参股的自然人或法人的情况，以及即将上市的险种的详细资料。

2. 保险业务监管是指国家对保险企业的营业范围、保险条款和保险费率、再保险业务以及保险中介人的监督和管理;保险资金运用是保险企业在经营过程中,将积聚的各种保险资金部分用于投资或融资,使资金增值的活动;偿付能力是指保险公司偿付其到期债务的能力。资本的充足性和偿付能力制度是保险监管的最重要的内容之一。

3. 保险业务国际化、保险机构国际化、保险风险国际化使得保险监管也呈现出国际化的客观需要。各国保险机构之间建立有效沟通、交流以及合作的组织和机制,形成了一套为不同辖区的保险监管机构所广泛接受并自觉遵守的保险监管国际规则。同时,它也是一个逐步完善和深化的过程,应当允许不同国家的保险监管机构在适应保险监管国际化形势的过程中有先有后、有快有慢。

4. 保险市场退出是指对保险公司由于某种原因不再存续经营,终止保险业务,撤出保险市场,其中包括含了保险企业的解散、撤销、破产等情况,最后进入清算环节的一系列程序,这是广义的市场退出。狭义的保险机构市场退出是保险机构法人资格的消灭,即保险公司因破产而退出保险市场;保险市场的退出波及范围广、社会震动大,必须遵守一定的行为准则,做到有计划、有步骤地实施,才能保证退出行为的顺利进行。

关键词

市场准入监管　保险中介机构　资本金　再保险业务监管　保险偿付能力　资本充足性　跨国保险

复习思考题

一、简答题

1. 保险中介机构有哪些?
2. 保险业务监管有哪些方面?
3. 偿付能力达标的保险公司应该满足哪些监管要求?
4. 跨国保险公司业务监管原则有哪些?
5. 我国对保险公司退出监管有哪些原则?

二、开放论述题

2021年2月23日,一名自称在中国人寿保险股份有限公司嫩江支公司工作16年的女子发布的举报视频登上热搜。她通过微博发文称,她叫张乃丹,举报中国人寿黑龙江嫩江支公司总经理孙小刚存在保费造假,骗保套钱谋取私利等问题,并自称因举报公司领导,已被公司打击报复开除。她称,自己曾多次向黑龙江银保监局、黑河银保监分局举报,上述部门也在2019年分别调查她的举报,两次都查实中国人寿嫩江支公司存在长险短做、虚假经营、公司费用属虚假报销等问题。同时,她还举报该公司总经理为了完成公司保费任务,套取公司奖金、绩效以及达成自己的职务晋升等违规行为。

2021年2月26日,银保监会回应中国人寿被举报等热点事件。事件发生后,银保监会高度重视,要求黑龙江银保监局第一时间成立专项工作组展开调查。同时,银保监会责成中国人寿总公司深入核查问题线索,全面自查,加大追责问责力度,切实保障消费者和从业人员合法权益。中国人寿已作出具体安排,正在加紧开展有关工作。

2021年4月28日,中国人寿公布前员工举报调查结果:举报部分属实,严肃处理多名相关责任人。基于调查结果,中国人寿给予孙某某撤职处分,给予黑河分公司时任总经理黄某某撤职处分,并对黑龙江省公司及嫩江支公司6名责任人进行追责处理。针对网络举报反映的基层支公司经营管理中出现的问题,中国人寿表示,将以此为戒,举一反三,进行全面排查,对各类违纪违规问题一经发现,严肃查处,决不姑息。

请从保险机构监管的角度谈谈你的看法。

附录

保险业相关法规规章及规范性文件目录

序号	发布时间	文件名称	文号
1	2015年12月3日	《保险公司管理规定》	保监会令〔2009〕1号
2	2015年12月3日	《人身保险公司保险条款和保险费率管理办法(2015年修订)》	保监会令〔2011〕3号
3	2018年1月26日	《保险资金运用管理办法》	保监会令〔2018〕1号
4	2018年2月1日	《保险公估人监管规定》	保监会令〔2018〕2号
5	2018年2月1日	《保险经纪人监管规定》	保监会令〔2018〕3号
6	2018年11月5日	《中华人民共和国公司法》	
7	2019年12月29日	《中华人民共和国保险法》	
8	2020年11月12日	《保险代理人监管规定》	银保监会令〔2020〕11号
9	2021年1月25日	《保险公司偿付能力管理规定》	银保监会令〔2021〕1号
10	2021年5月7日	《银行保险机构许可证管理办法》	银保监会令〔2021〕3号
11	2021年8月26日	《财产保险公司保险条款和保险费率管理办法》	银保监会令〔2021〕10号
12	2021年9月13日	《保险公司分支机构市场准入管理办法》	银保监发〔2021〕37号
13	2021年11月17日	《中国银保监会办公厅关于保险资金投资公开募集基础设施证券投资基金有关事项的通知》	银保监发〔2021〕120号
14	2021年11月19日	《中国银保监会办公厅关于调整保险资金投资债券信用评级要求等有关事项的通知》	银保监办发〔2021〕118号
15	2022年5月13日	《中国银保监会关于保险资金投资有关金融产品的通知》	银保监规〔2022〕7号
16	2022年1月20日	《保险公司非现场监管暂行办法》	银保监会令〔2022〕3号

第九章　其他金融机构监管

本章概要

在改革开放时期,金融行业呈现多元化发展趋势,其他金融机构作为银行的补充,在推动投融资体制深化改革,加速资金周转效益,促进金融领域竞争机制的形成与完善,以及金融创新等方面肩负着伟大使命和责任。在社会主义市场经济体制下,其他金融机构将不断地壮大,并成为我国金融体系的重要组成部分。因此,金融监管当局须在完善我国金融监管体系,创新监管理念,提升监管水平,加强行业自律,促进金融机构规范经营等方面大展拳脚,以改善我国金融市场生态环境,保证金融体系稳定。

本章简要介绍其他金融机构的相关概念,其中包括政策性金融机构、信托投资公司、金融租赁公司、金融控股集团、企业集团财务公司、信用合作联合社和汽车金融公司等七类金融机构,并从市场准入监管、业务经营监管、风险监管和市场退出监管等角度对其主要监管内容加以阐述。

学习要点

本章简要了解其他金融机构的相关概念及其发展背景,学习各类金融机构的设立程序、从业人员管理、业务经营范围与规则、风险监测指标和市场退出制度等监管规则,理顺金融监管脉络,做到根据不同金融机构的业务和经营特点,掌握各自的监管内容与侧重点。

引导案例

EAST系统,即银保监会对银行数据进行检查分析的系统,该系统顺应信息化时代潮流,为银保监会在现场检查和非现场监管等方面提供科学有效的分析手段,提升了监管科技水平,指明了银行未来监管的发展方向。

银保监会密切关注银行的监管数据治理水平和监管报送质量,并对我国多家银行开展EAST数据质量专项检查,最终于2022年3月披露了21张罚单,其中包括国家开发银行、中国农业发展银行、中国进出口银行三家政策性银行,罚款金额分别为440万元、480万元和420万元。

由此,银保监会指出,各大银行(包括政策性银行)应自觉承担强化监管数据治理与质量提升的主体责任,加强银行内控合规管理制度建设。这显示了我国在完善监管数据标准化规范、建立健全统一的银行业监管信息系统、加强银行业风险监测预警作用、提高金融风险防控能力、保证金融机构合规经营等方面依然任重而道远。

事实上，除政策性银行以外的其他金融机构在监管上也存在着不少问题。例如，自资管新规发布以来，信托业开始严格落实"两压一降"相关监管政策；金融租赁公司在近年频繁受到行政处罚，据不完全统计，2021年共开出22张行政处罚单，处罚金额合计1 146万元，罚单数量和金额均创下历史新高；农村信用社作为农村金融主力军，在支农工作中也存在阻力，以甘肃省为例，近十年的涉农贷款虽逐年增加，但增速较为缓慢，甚至出现回退迹象；企业集团财务公司的存款业务由于缺乏立法规范，上市公司因存放在财务公司的资金的安全性无法得到保障，进而出现爆雷现象；金融控股公司普遍存在关联交易行为，为了预防利益输送、关联风险等问题，中国人民银行草拟《金融控股公司关联交易管理办法（征求意见稿）》，面向社会公众征求意见。以上种种迹象均表明，我国金融严监管时代已至，监管需要随势而动，与时俱进，持续加大监管力度，引导其他金融机构回归本源，提升金融服务实体经济的效率和水平。

第一节 政策性金融机构监管

政策性金融机构是指由政府出资、参股等方式设立的，以开展政策性业务为核心，专为贯彻落实国家经济政策、服务国家发展战略、引导产业结构调整、弥补市场调节的不足以及维护社会稳定，在法律范围内直接或间接地从事政策性融资活动的金融机构。政策性金融机构包含银行和非银行金融机构①，其中政策性银行是我国政策性金融体系的主体。因此，本节主要介绍我国政策性银行及其主要监管内容，其监管原理同样适用于其他政策性金融机构。

一、我国政策性银行概述

（一）政策性银行的概念

政策性银行是由政府出资、参股等方式设立，以国家信用为基础，贯彻落实国家经济发展战略为宗旨，向符合国家政策导向的特定领域和对象提供专业金融服务的不以营利为目标的金融机构。

政策性银行作为专业的政策性业务经营平台，充分发挥政府与市场之间的政策桥梁作用。为了保证国家政策与战略的精准传达与组织落实，需要政府与政策性银行保持紧密联系，这种联系表现为政府以出资、参股的形式成为政策性银行的实质所有人，以便于直接主动参与到政策性银行的经营管理当中。我国政策性银行的出资信息如表9-1所示。

---

① 白钦先,张坤,张浩然.政策性非银行金融机构的实践与理论初探——以不良金融资产管理机构的发展为例[J].武汉金融,2022(1):3-7.

表 9-1　政策性银行出资信息

政策性银行	股东名称	持股比例	认缴出资额(万元)
国家开发银行	财政部	36.54%	15 390 800.0
	中央汇金投资有限责任公司①	34.68%	14 609 200.0
	梧桐树投资平台有限责任公司②	27.19%	11 453 695.6
	全国社会保障基金理事会	1.59%	671 140.9
中国进出口银行	梧桐树投资平台有限责任公司	89.26%	13 389 000.0
	财政部	10.74%	1 611 000.0
中国农业发展银行	中华人民共和国国务院	100%	5 700 000.0

（二）政策性银行的特征

政策性银行具有以下特征：①政府出资、参股；②以国家信用为依托；③特定的服务领域和对象；④特殊的融资原则；⑤不以营利为目的。不同特征之间存在以下关系，如图 9-1 所示。

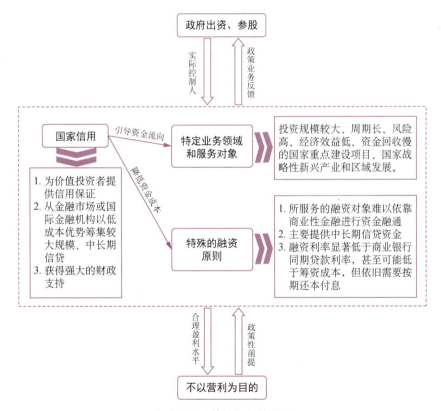

图 9-1　政策性银行的设立

---

①　依据《中华人民共和国公司法》由国家出资设立的国有独资公司，根据国务院授权，代表国家依法行使对国有商业银行等重点金融企业出资人的权利和义务。

②　国家外汇管理局中央外汇业务中心为该公司唯一股东，公司经营范围包括境内外项目、股权、债权、基金、贷款投资、资产受托管理等。

(三) 我国政策性银行的成立

新中国成立初期,为了维护我国金融秩序稳定,由中央领导我国银行业进行全面整顿,并初步形成了以中国人民银行为首,实行全国垂直领导的国家银行体系。随着我国迈入计划经济体制轨道,自上而下、高度集中的人民银行体制逐渐成熟,为了统筹推进全国经济建设,加速社会主义改造,中国人民银行开始大量吸收国内银行以稳固其在金融业的主导地位。此时,我国政策性业务主要由中国人民银行负责。

改革开放时期,我国开始积极稳妥地推进银行体制改革,陆续对中国建设银行、中国农业银行和中国银行进行恢复与重建;新设中国工商银行;发放银行牌照以给予当地政府或集团创办银行机构的权利,并由此成立了浦发银行、招商银行、光大银行等众多国内知名银行;恢复国内保险、信托等业务;允许各地组建城市信用合作社等其他金融机构。从上述举措中可以发现,中国人民银行正在将其权利义务伴随着业务下放至其他金融机构,而自己逐渐从国家银行向中央银行过渡,由此我国金融业进入多元化发展新时代。正在此时,建设银行、农业银行、工商银行和中国银行开始接手我国政策性业务。

1993年12月25日,我国正处于计划经济向社会主义市场经济体制的转轨期,国务院发布了《关于金融体制改革的决定》(以下简称《决定》)及其他文件,提出了银行政策性业务和商业性业务的分离计划,具体是将工农中建四大行建设成为大型国有商业银行,以市场原则为前提进行商业化运作,而把过去所承担的政策性业务分离出来,由新组建的政策性银行专门负责。该《决定》详细规定了政策性银行的市场定位、业务经营、内部结构治理、监管原则和方式等内容,开启了我国政策性银行发展新时代(图9-2)。

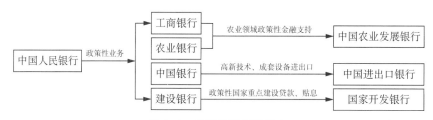

图9-2 政策性银行的设立

(四) 我国政策性银行的改革发展

2005年,在五大国有银行完成股权改革后,政策性银行改革也被提上议事日程。其中,历时三年股改的国家开发银行在2008年率先获批改革,改革原则是全面转型商业化,并获得了中央汇金公司的注资。"变身"为商业银行之后,国家开发银行资金来源仍以发行金融债为主,而不像工农中建交这五大国有银行那样通过吸储筹集资金。2015年4月12日,国务院正式批准国家开发银行、中国进出口银行、中国农业发展银行三大政策性银行改革方案,将国家开发银行定位为开发性金融机构,继续将农发行和进出口银行定位为政策性金融机构。相对于2008年的商业化改革,这是国家开发银行向政策性银行的回归。国家开发银行虽然改革了,但是具体监管还是大致同政策性银行,原银监会体系中负责政策性银行监管的银行监管四部于2015年相应更名为政策银行部(目前三家银行与六家国有大行均由金融监管总局的"大型银行监管司"监管)。2017年11月15日,银监会发布《国家开发银行监督管理办法》《中国进出口银行监督管理办法》《中国农业发展银行监督管理办法》等三份监督管理办法,首次对三家银行制定专门监管制度,标志着针对三家银行的"一行一策"的体系正式形成。

二、我国政策性银行主要监管内容

我国政策性银行监管需要实现两个目标：一是在宏观层面保证政策性银行所经营的业务能够贯彻落实国家产业政策和区域发展战略；二是在微观层面需要政策性银行以安全性为前提，做好国有资产规范管理、保值增值工作。政策性银行监管须以此目标为方向，遵循系统性、统一性、有效性和安全性监管原则。

（一）政策性银行市场准入监管

政策性银行市场准入监管主要包括机构准入监管、业务准入监管以及高级管理人员准入监管三方面。

1. 机构准入监管

由筹备组向国务院银行业监督管理机构提出机构申请并提交规定性文件，经审核通过后上报国务院，在得到最终批准后由国务院银行业监督管理机构批复，由此我国政策性银行正式成立。

我国政策性银行分支机构的设立流程如图9-3所示。

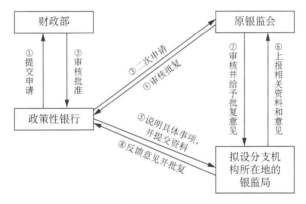

图9-3 分支机构设立流程

2. 业务准入监管

政策性银行的业务范围由原银监会批准，业务准入原则如下：①贯彻落实国家产业政策和区域发展战略；②凸显金融的政策属性；③有利于促进政策性银行健康可持续发展；④不与商业银行竞争。

政策性银行的业务范围在机构设立时由国务院一同审批。当政策性银行开办新业务时，由总行向原银监会提交申请，经审核后发放正式批准文件。

当政策性银行的分支机构增开上级行授权的人民币业务时，由分支机构向所在地的银监局报备；对于上级行授权的外币业务，由分支机构所在地的银监局审批。原银监会对部分业务准入设置业务额度、指定业务对象等限制条件。

3. 高级管理人员准入监管

政策性银行的高级管理人员是指在银行中担任要职，负责日常经营管理，并能够对银行产生重要影响的管理层人员。政策性银行高级管理人员的基本要求具体如表9-2所示。

表 9-2 政策性银行高级管理人员从业资格

高级管理人员	从业经验	学历	审核制度
董事长、副董事长、行长、副行长	金融从业 8 年以上,或从事经济工作 15 年以上(其中金融从业 3 年以上)	本科以上(含本科)	备案
总行营业部总经理(主任)、一级分行的行长和副行长、境内代表机构办事处的主任、副主任以及首席代表	金融从业 6 年以上,或从事经济工作 12 年以上(其中金融从业 3 年以上)		经当地银监局核准后,由政策性银行总行正式任命
一级分行营业部总经理(主任)、二级分行的行长和副行长	金融从业 6 年以上,或从事经济工作 9 年以上(其中金融从业 3 年以上)	大专以上(含大专)	
支行行长	金融从业 6 年以上,或从事经济工作 9 年以上(其中金融从业 3 年以上)	高中、中专以上(含高中、中专)	

(二) 政策性银行业务运营监管

政策性银行业务运营监管主要包括非现场监管和现场检查监管两方面,目的是提前发现、识别和评估其在业务运营过程中的各种风险,并在监管部门的指导下及时采取一系列防范与保护措施,同时对存在问题的业务设置限制条件,从而做到及时止损,防止风险蔓延至整个银行。

1. 政策性银行非现场监管

非现场监管要求监管部门对政策性银行提交的报表数据与文件资料进行整理、核查,并据此计算出一系列监管评价指标,同时针对现存问题向政策性银行提出质询,在深入分析后对其经营状况作出初步评价和早期预警。非现场监管包括非现场监管指标和非现场监管分析。

(1) 非现场监管指标。除安全性、效益性和总量控制等指标以外,由于我国三家政策性银行所从事的业务领域、市场定位、发展状况均不尽相同,所以在资产运营、风险控制等方面的指标会相应存在差异,具体如表 9-3 所示。

表 9-3 政策性银行非现场监管指标

国家开发银行非现场监管指标		
指标类别	指标名称	计算公式
贷款投向指标	中长期贷款比率	中长期贷款期末余额÷各项贷款期末余额×100%
	贷款行业投向比率	"两基一支"行业贷款期末余额÷各项贷款期末余额×100%
	大中型项目贷款比率	大中型项目贷款期末余额÷各项贷款期末余额×100%
安全性指标	保证/抵押/质押/信用贷款率	保证÷抵押÷质押÷信用贷款期末余额÷各项贷款期末余额×100%

续表

	国家开发银行非现场监管指标	
指标类别	指标名称	计算公式
安全性指标	单一客户贷款比率	同一客户贷款期末余额÷资本净额×100%
	前十大客户贷款比率	前10大客户期末贷款总额÷资本净额×100%
效益性指标	人民币资金拆入比率	拆入人民币资金期末余额÷负债余额
	人民币资金拆出比率	拆出人民币资金期末余额÷(市场发债余额+各项存款余额)×100%

	中国进出口银行非现场监管指标	
指标类别	指标名称	计算公式
贷款投向指标	一般机电产品出口信贷比例	一般机电产品出口信贷期末余额÷出口信贷期末余额×100%
	高新技术产品出口信贷比例	高新技术产品出口信贷期末余额÷出口信贷期末余额×100%
安全性指标	银行承兑汇票履约率	到期实际收回银行承兑汇票本金额÷到期应收回银行承兑汇票本金额×100%
出口信贷收汇风险指标	信用证收汇比例	信用证收汇贷款项目期末余额÷出口信贷期末余额×100%
表外业务风险指标	担保项下垫款比例	担保垫付期末余额÷(担保垫付期末余额+担保期末余额)×100%
出口信用保险风险指标	出口信用保险赔付率	出口信用保险实际赔付金额÷出口信用保险保费收入总额×100%
总量控制指标	对最大客户的外汇授信与外汇资本金比例	(对一家企业法人的外汇放款余额+外汇投资余额+50%的外汇担保)÷外汇资本金×100%

	中国农业发展银行非现场监管指标	
指标类别	指标名称	计算公式
资金封闭运行指标	信贷资金运用率	各项贷款月末平均余额÷(向中央银行借款月末平均余额+各项存款月末平均余额+发债月末平均余额)×100%
	原值库贷比	粮棉油库存原值÷粮棉油贷款期末余额×100%
	净值库贷比	粮棉油库存净值÷粮棉油贷款期末余额×100%
	粮油、棉花回笼销售货款归行率	考核期累计回笼粮油、棉花销售货款归行率÷考核期累计回笼粮油、棉花销售货款额×100%
流动性指标	人民币(或外币)资产流动性比率	人民币(或外币)流动资产期末余额÷人民币流动负债期末余额×100%
安全性指标	粮食(棉花)陈化率	陈化粮(棉)期末余额÷粮食贷款期末余额×100%
效益性指标	财政补贴资金比率	本期实收财政补贴贷款本息和收入÷本期应收财政补贴贷款本息和收入×100%

(2) 非现场监管分析。非现场监管分析是指对加工后的数据资料进行分析,据此对政策性银行的经营状况进行总结,并提出相应意见和整改措施。分析思路主要是对历史比较分析法和水平分析法的有效结合:前者是将本期与上期指标进行比较,观察政策性银行业务运营水平的变化;后者则是将本期指标与官方规定数值进行比较,判断是否达标或超标。举例来说,我国政策性银行的资本充足率一般参考商业银行,考虑到政策性银行的特殊性,其拥有相对于商业银行更为严格的约束机制,因此一般以高于商业银行的资本充足率作为对政策性银行监管的参考指标。

2. 政策性银行现场检查监管

现场检查是指监管部门为了调查、核实非现场监管中所发现的风险和问题,安排监管人员进行实地检查,以便于全面真实地掌握政策性银行业务经营情况。一般而言,政策性银行的常规现场检查是一年或一年半一次,检查内容包括合规性检查、经营管理检查和其他检查。

(1) 合规性检查。合规性检查是保证政策性银行的资产、负债、结算等业务经营符合法律法规的要求,具体如表 9-4 所示。

表 9-4 政策性银行合规性检查

合规性检查	大致内容
资产合规性	政策性银行的资金运用是否符合国家相关政策规定。例如,国家开发银行是否违背国家经济政策和区域发展战略,向不属于国家基础设施、支柱产业、新兴行业的建设改造或技术创新等政策性项目提供信贷支持;中国进出口银行是否存在向非机电产品、成套设备和新型科技产品等进出口业务发放违规贷款;中国农业发展银行是否违规向非"三农"领域提供信贷服务或向政策性收储企业发放其他类型的贷款等问题
负债合规性	政策性银行的资金来源是否符合要求。不能办理个人存款业务,不从民间借款;资产负债期限结构不匹配,长期资产是否拥有对应的资金来源;是否存在强制违规拉存款行为等问题
结算合规性	政策性银行是否违规开展结算业务。例如,国家开发银行是否开展非贷款项目领域的本外币结算业务;中国进出口银行是否违规开办外汇结算业务;中国农业发展银行是否存在办理开户企事业单位以外的结算等问题

(2) 经营管理检查。经营管理检查反映了政策性银行在经营方式上的合理性,保证银行发展战略与经营目标一致是经营管理检查的应有之义。不同政策性银行的检查侧重点不同,具体如表 9-5 所示。

表 9-5 政策性银行经营管理检查

政策性银行	经营管理检查
国家开发银行	主要体现在项目运营管理上:在立项时项目设计、可行性研究、实施流程是否符合程序;对项目提供信贷的额度、利率和使用范围等是否规范;对项目贷后的检查频率、报告内容以及采取的措施是否符合要求;在项目实施过程中是否针对其决策内容、生产经营、财务状况、信贷质量、经济效益等方面作出合理评估;对项目贷款违约后是否及时有效地采取相应措施等

续　表

政策性银行	经营管理检查
中国进出口银行	主要体现在转贷业务的运营管理上：转贷对象是否为国家境内、经工商行政主管机关登记核准的企事业法人或政府部门；转贷使用范围是否纳入国家引进外资、基本建设、技术改造的贷款项目及其项下的资本货物采购和技术、服务提供等方面；手续费的计付是否符合国务院银行业监督管理机构有关规定；是否在收益、支出等方面单独核算；转贷业务的评审、发放和回收是否分开管理等
中国农业发展银行	主要体现在资金运营管理上：是否贯彻落实"库贷挂钩、钱随粮走、购代销还、封闭运行"原则；是否多用于粮棉油收购、储备和调销等流动资金贷款；所发放的贷款和收储的农副产品在价值和方向上是否一致；收购资金和农副产品是否按时足额供应；信贷资金是否精准用于农业基础设施建设、综合开发和生产资料的流通和销售环节等

3. 其他检查

其他检查包括：利率政策的履行情况，筹资贷款利率是否合理；银行利息收入等各项收入的真实性，是否存在违规收息行为；银行是否存在利用会计科目虚列开支、挤占成本的行为；财政拨款是否按时足额到位；税收减免政策的执行情况是否合规等。

(三) 政策性银行风险监管

风险表现为收益或损失的不确定性，贯穿于政策性银行经营管理的全过程。风险一旦发生，会削弱政策性银行对国家经济政策和区域发展战略的支持力度，或是为弥补政策性银行的亏损而加剧国家财政困难，又或是影响中央银行的货币政策，引发通货膨胀等诸多金融风险。因此，政策性银行风险监管一直是监管工作的重中之重，风险监管路径一般是风险发现、识别、分析、评价和处置。

1. 风险检查

风险检查主要体现在：首先，通过非现场监管获取政策性银行的经营报表、数据等相关资料，必要时向银行提出质询；其次，监管人员现场检查和第三方审计事务所介入，核实监管数据的真实性，全面深入地掌握政策性银行的经营状况；最后，对政策性银行所存在的问题和风险进行专项检查，根据风险资产管理状况衡量银行风险水平。

2. 综合分析

根据风险检查阶段所获取的报表数据和文件资料，经整理后将其转化为相关风险监管评价指标，并从定性、定量两个角度进行综合分析。

3. 风险评价

主要基于以下角度开展风险评价：①政策性是前提，政策性业务不能与商业性业务混同在一起；②从不良贷款、一逾两呆、贷款五级分类等方面评价银行资产质量情况；③从业务规模、资产负债结构、现金流量等方面评价银行资产流动情况；④从当期收益评价银行盈利水平是否真实合理；⑤从经营管理情况评价银行内部管理和风险控制体系是否完善。

政策性银行的风险评价方法主要有加权评价法和特征评价法，前者主要依据风险的大小以及对政策性银行的威胁程度赋予不同的风险权重，计算得出风险加权之和即为总风险水平；后者是针对政策性银行的风险特征、水平以及非现场监管与现场检查等情况进行判断，将政策性银行划分为基本正常机构、关注机构、有问题机构和危机机构四类情形，不同类型代表的风险程度不一样。

4. 风险处置

风险处置主要依据不同风险水平分别采取纠正性措施、救助性措施和市场退出。

（1）纠正性措施。当政策性银行出现违背政策性贷款投向、不良贷款率逐年增高、内部控制制度不健全等问题时，金融监管当局会通过书面形式责令政策性银行立即采取纠正性措施，并作出书面解释。

（2）救助性措施。救助性措施一般以财政局或中国人民银行为主导，包括中央财政向政策性银行增拨资本金、建立风险缓释基金或专项业务周转金，提供财政补贴和税收减免；中国人民银行向政策性银行提供再贷款，指导政策性银行加强内部控制机制等。

（3）市场退出。市场退出是针对采取一切必要措施后仍无法挽救时，为防止风险扩散至整个金融系统而安排其退出金融市场的一种风险处置方式。事实上，我国政策性银行在中央财政的支持下一般不会采取市场退出措施。

第二节　信托投资公司监管

信托的概念源自古罗马的"信托遗赠"制度。在13世纪中期，英国参考信托遗赠制度而创造了"尤斯制"，其将土地财产作为信托标的，用以规避《没收条例》的约束。尤斯制度在经历了封建经济向资本主义市场经济过渡后，伴随着商业、货币信用的发展而逐渐演变为现代信托制度。当美国完成由个人信托向法人信托过渡、民事信托向商事信托转移后，金融信托制度便应运而生，由此美国的信托制度最为健全，信托行业最为发达。总而言之，信托起源于罗马，发展于英国，成熟于美国。

我国信托制度诞生于20世纪初，但一直发展缓慢。直至改革开放，我国为了适应多样化融资需求而恢复了金融信托业务。截至2021年底，全国正常经营的信托公司仅68家（国有控股50家、民营信托15家和3家存疑），信托业已迎来严监管时代，创新转型主基调长期不变。

一、我国信托概述

（一）信托的概念

信托，顾名思义，即信任委托，是指委托人基于对受托人的信任，将其财产权交付受托人，在受托人的名义下依照委托人的意愿，为受益人的利益或特定目的，对信托财产进行合理管理和处置的行为。

（二）我国信托发展历程

我国信托发展共经历了6个阶段，即萌芽阶段、停滞阶段、重新摸索阶段、规范发展阶段、创新提速阶段、降速提质阶段，如图9-4所示。

我国信托业虽然经历了长达20年的无序发展，但是也在高速扩张时期取得了显著成就。如今，信托业的严监管时代已经到来，在此阶段需要加强风险管控能力，加速推进转型升级，促进行业规范经营，引导行业在强化监管中回归本源。

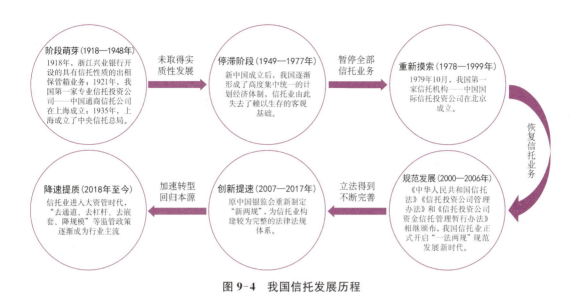

图 9-4 我国信托发展历程

二、我国信托投资公司主要监管内容

当前我国信托业监管主要参考相关法律法规①,从市场准入监管、业务经营监管、风险监管和市场退出监管等方面加以介绍。

(一) 信托公司市场准入监管

1. 机构准入监管

2007 年 3 月 1 日,《信托公司管理办法》颁布实施,"信托投资公司"统一改称为"信托公司"。我国信托公司的设立条件:①具有符合规定的公司章程;②注册资本最低限额为 3 亿元人民币或等值的可自由兑换货币,并且为实缴货币资本;③有具备国家金融监管总局规定任职资格的董事、高级管理人员和与其业务相适应的信托从业人员;④具有健全的组织机构、信托业务操作规程和风险控制制度;⑤有符合要求的营业场所、安全防范措施和与业务有关的其他设施等条件。

我国信托公司的设立包括筹建与开业两个阶段。在筹建时期,主要出资人向拟设地金融监管局提交申请,由金融监管局受理并初步审查、国家金融监管总局作出决定。经批准后申请方须在规定期限内完成筹建工作。在开业时期,主要出资人向拟设地金融监管局提交开业申请,由金融监管局受理、审查并决定,并向国家金融监管总局报备。经批准开业后获得金融许可证,凭该证在工商局办理注册登记,领取营业执照,信托公司正式成立。

2. 业务准入监管

信托公司须按照公司章程制定信托业务并由银保监会核准。

我国信托公司的业务经营范围包括:①资金、动产、不动产、有价证券等其他财产信托业务;②外汇信托业务;③公益信托业务;④法律、行政法规允许从事的投资基金业务;⑤经营

---

① 主要有《中华人民共和国信托法》《信托公司管理办法》和《中国银保监会信托公司行政许可事项实施办法》。

企业资产的重组、公司理财等中介业务;⑥经营国务院相关部门批准的证券承销业务;⑦代保管业务等其他业务。

3. 高级管理人员准入监管

信托公司高级管理人员的任职资格如表9-5所示。

表9-5 信托公司高级管理人员任职资格

高级管理人员	从业经验	学历
董事长、副董事长	从事金融工作5年以上,或从事相关经济工作10年以上	本科以上学历
总经理、副总经理、董事会秘书、运营总监、总裁助理	从事信托业务5年以上,或从事其他金融工作8年以上	
财务总监、总会计师、总审计师	从事财务、会计或审计工作6年以上	
风险总监	从事金融机构风险管理工作3年以上,或从事其他金融工作6年以上	
合规总监	从事金融工作6年以上,其中从事法律合规工作2年以上	
信息总监	从事信息科技工作6年以上	

信托公司高级管理人员的任职许可是由信托公司向金监分局或所在地金融监管局提出申请,经其受理并初步审核后,由金融监管局作出最终决定。

(二)信托公司业务经营监管

信托公司的业务经营监管主要为非现场监管和现场检查监管,必要时允许第三方事务所开展审计工作。一方面,根据信托公司的基础报表、财务信息等资料数据,检查业务经营的合规性与风险性;另一方面,重点核查信托公司在内部控制、公司治理等方面是否符合相关法律规定。

信托公司业务经营监管具体可依照信托业务的开展流程进行介绍,具体如表9-6所示。

表9-6 信托公司业务经营监管

信托业务经营阶段	信托业务经营监管
信托业务的设立	依据我国《信托公司管理办法》的规定,在信托关系订立时是否采取书面形式且按要求载明相关事项;信托目的是否违法违规;信托财产是否确定且合法;受益人是否确定;是否依照规定以手续费或佣金的方式获取收入等
信托业务的运营	信托公司在管理处分信托财产时是否恪尽职守、以受益人利益最大化为目标;是否及时履信息披露义务;是否将不同性质业务资产分开管理、记账;是否以信托资产承担信托公司在管理信托事务上的费用和债务;是否依法对信托业务单独核算等

续　表

信托业务经营阶段	信托业务经营监管
信托业务的违规及处理	检查是否存在以下违规行为：以卖出回购方式运用信托财产；违背信托目的运用信托资产；承诺保本或最低收益；以非自有资产对外担保等 检查违规处理是否得当：信托公司违规所造成的损失由其自有财产承担；在信托财产得到补偿前，信托公司无法获取报酬；委托人或受益人有权按约定解任过失信托公司，并针对该信托业务选任新受托人继续经营，暂未产生新受托人时，可由原银监会指定临时受托人
信托业务的终止	信托业务经营终止的情形如下：违反信托目的；信托目的已经实现或者不能实现；信托期限届满；信托被解除或撤销等 信托终止后，信托公司按规定作出处理信托事务的清算报告并就所列事项解除责任

除此之外，信托公司在固有业务方面也存在诸多限制。例如，股东不得质押公司股权获取融资；公司不得向关联方融出资金或转移财产，不得为关联方提供担保，开展关联交易前须向金融监管总局报告，并及时公开信息披露。

（三）信托公司风险监管

信托公司的风险主要表现在资本结构不合理、公司治理不完善、业务经营不规范等方面。一方面，监管部门应当根据相关数据资料设计风险监管指标，从而进行定性与定量分析，部分风险监管指标如表9-7所示。

表9-7　信托公司风险监管指标

监管风险指标	要求
信托资金总余额占注册资本金的比例	≤10%
单笔信托资金	≥50 000元
存放于银行和用于购买政府债券的信托资金余额占信托资金总额的比例	≤10%
投资于股票、公司债、不动产的信托资金余额占信托资金总额的比例	≥50%
投资于单项股票、公司债、不动产的信托资金余额占信托资金总额的比例	≥25%
拨付分支机构营运资金总额占注册资本金的比例	≤60%
投资于股票、公司债、非自用不动产的自有资金余额占注册资本金的比例	≤30%
对单个非金融企业的股权投资额占被投资企业注册资本金的比例	≤25%
长期累计投资余额（包括自用固定资产）占自有资金余额的比例	≤80%
同业拆借余额占净资产的比例	≤20%
对外担保余额占净资产的比例	≤50%
信托赔偿准备金累计额占注册资本金的比例	≤20%

另一方面，针对上述信托公司业务运营监管，在该过程中也存在着诸多风险。举例来说，要求信托公司的自有资产与信托资产分开管理、记账是预防信托业务与固有业务风险交叉，从而损害委托人的合法利益；禁止将信托资产挪用于非信托目的或限制关联交易是为了

避免因违规担保贷款而形成大量不良资产,从而产生关联交易风险,并上升至整体经营风险;加强信托公司在固有业务方面的限制是为了防止固有业务背离监管趋势,将金融资产集中投资于高风险领域,导致风险集中爆发,不良率巨幅攀升;禁止违规处理信托事务,变相开展非标资金池、多层嵌套等业务,以防信托资产质量持续恶化,进而产生兑付风险,为此信托公司每年会从税后利润中提取5%作为信托赔偿准备金,并存放于经营稳健的境内商业银行或购买国债以应对流动性危机。

(四)信托公司市场退出监管

1. 重整

信托公司在市场退出之前,若出现以下情况,均可依法由银保监会采取重整措施:①因资产负债结构不匹配、短期资产质量下降或偶发事件导致的财务亏损而出现暂时的流动性困难;②违反审慎经营原则,逾期未改正,或其经营行为严重影响自身稳健发展的;③存在信用危机,造成受益人合法权益严重受损的。

重整是指当信托公司在经营过程中存在严重问题时,由监管部门主持、制定重整计划,从公司的生产经营、债权债务关系等方面进行全面整顿与清理,帮助其摆脱财务困境,恢复正常经营能力。重整措施包括接管和托管,前者指由监管当局对企业法人的资产负债和业务经营活动进行直接管制,以防止其持续恶化,在这个过程中被接管者的债权债务关系并未改变;后者指监管当局依法暂停问题业务,实行停业整顿后委托第三方机构代为经营管理,具有一定的行政干预色彩。

2. 市场退出

当信托公司在重整后仍然严重资不抵债或明显缺乏清偿能力时,可经金融监管总局批准后向人民法院提出破产申请。当信托公司通过分立、合并等形式向金融监管总局申请解散事项时,经金融监管总局批准后依法组织清算组进行清算。同时,金融监管总局有权根据信托公司的实际经营状况直接向人民法院提出破产申请。

第三节 金融租赁公司监管

古代租赁产生于原始社会向奴隶社会的过渡时期,是一种原始的实物租赁,大多为劳动工具、牲畜和房屋租赁等。传统租赁兴起于封建时期,其扩大了租赁资产范围且以土地租赁为主,租赁资产的使用权和所有权开始分离。随着社会生产力和商品经济的发展,近代租赁出现于19世纪初的英国,其以设备租赁为主,制造商将自己制造的机器设备作为租赁标的,与承租人直接开展租赁业务,无须中介参与。直至20世纪中叶,以融资租赁为代表的现代金融租赁在美国逐渐形成,实际上是融资与融物相结合的一种信用形式。

我国金融租赁行业起源于20世纪80年代初,最初的发展目的是促进对外国际经济技术合作与交流,引入外资技术。随着我国租赁业发展的四大支柱①不断得到完善,加之健全的立法制度和强有力的政策扶持,我国金融租赁业得到了迅速发展。然而,在当前宏观政策环境下,我国金融租赁业仍处于初级发展阶段,面临着诸多机遇和挑战,为保证行业健康规

---

① 中国租赁行业发展的四大支柱包括法律、监管、税收和会计准则。

范发展,该行业的监管将逐步由宽松监管变为严格监管,由多头监管变为统一监管,引导金融租赁公司专注主业、回归本源。

一、我国金融租赁概述

（一）金融租赁的概念

金融租赁是指出租人按照承租人的要求,向承租人指定的供应商购买特定的资产设备,以向承租人让渡一定时期内该资产的占有权、使用权和收益权为代价,获取一定租金的行为。当租赁期届满时,双方可以针对所有权的归属问题进行协商。

（二）我国金融租赁发展历程

我国金融租赁行业发展轨迹呈"N"形,如图 9-5 所示。近几年我国金融租赁行业逆流而上,在经济下行压力加大的情况下仍然保持着业务规模的扩大趋势,国际租赁联盟组委会和租赁联合研究院《2021 世界租赁业发展报告》显示,中国融资租赁业务总量约占全球的 23.6%。庞大的租赁规模和多元化的业务创新在客观上要求进一步加强对于金融租赁公司的监管力度,完善租赁业务监管制度,全面强化风险管控。

问题暴露期（1988—1998年）
1. 行业法治建设缺失,公司治理结构不完善,经营较为混乱,内部风控薄弱,项目决策脱离审慎标准
2. 国家会计制度重大改革,取消融资租赁业务原有的税收优惠政策
3. 1995年,《商业银行法》规定银行不能参股融资租赁公司,金融租赁行业资金来源严重受限
4. 股市、地产市场泡沫破裂、亚洲经济危机爆发,大量业务违约,内外部流动性逐渐枯竭,行业整体处于破产边缘

转型升级期（2014年至今）
1. 2014年以后,地方政府融资渠道收缩,强化机构经营风险监管,加大对非标融资渠道的监管力度
2. 2014年原银监会修订《金融租赁公司管理办法》
3. 2015年国务院进一步发布《关于加快融资租赁业发展的指导意见》《关于促进金融租赁行业健康发展的指导意见》
4. 金融租赁公司监管趋严,内、外资融资租赁公司统一划归银保监会监管

恢复调整期（1999—2013年）
1. 自1999年以后,《中华人民共和国合同法》《企业会计准则——租赁》《企业会计准则第21号——租赁》《金融租赁公司管理办法》《外商投资租赁公司审批管理暂行办法》等一系列监管文件相继出台,金融租赁业的法律法规制度建设,为行业运行发展提供基本的法律框架,标志我国金融租赁业进入法制规范时代
2. 2001年,监管部门对金融租赁业进行大规模清理整顿,行业逐渐恢复活力

迅速发展期（1981—1987年）
1. 1981年4月,我国首家中外合资的现代融资租赁公司——中国东方租赁有限公司成立
2. 1981年7月,我国首家由中资组成的全国性金融租赁公司——中国租赁有限公司成立
3. 我国金融租赁行业正式兴起并得到快速发展

图 9-5　我国金融租赁公司发展历程

二、我国金融租赁公司主要监管内容

(一) 金融租赁公司市场准入监管

1. 金融租赁公司的设立条件

根据《非银行金融机构行政许可事项实施办法》，我国设立金融租赁公司应当具备以下条件：①具有符合规定的公司章程；②具有符合条件的发起人；③注册资本最低限额为1亿元人民币或等值的可自由兑换货币，且为一次性实缴货币资本；④有符合任职资格条件的董事、高级管理人员；⑤具有有效的公司治理、内部控制、业务经营和风险管理体系；⑥拥有合格的营业场所、安全防范措施和其他与业务相关的配套设施等其他条件。

2. 金融租赁公司的设立程序

根据《非银行金融机构行政许可事项实施办法》，金融租赁公司的设立程序与信托公司基本一致。

(二) 金融租赁公司业务经营监管

1. 业务范围

经银保监会批准，金融租赁公司可以经营下列部分或全部本外币业务：①融资租赁业务；②固定收益类证券投资业务；③同业拆借业务；④租赁物变卖及处理业务；⑤经济咨询业务；⑥在境内保税地区设立项目公司开展融资租赁业务；⑦资产证券化业务；⑧对外融资担保等其他业务。

2. 业务监管

在业务监管方式上：一方面，由监管部门通过非现场监管获取金融租赁公司的报表数据、经营管理状况等内部资料信息，并将数据进行交叉比对和分析处理；另一方面，派遣监管人员进行现场检查，核实资料信息的真实性，并深入掌握金融租赁公司的经营情况，以此对公司的业务经营作出初步评价和风险预警，为制定实施相应监管措施奠定基础。

在业务监管内容上：监管部门需要针对金融租赁公司业务经营管理的合规性进行检查，不同业务或同一业务的不同阶段的监管内容是不一样的。以融资租赁业务为例，在租赁资产的购买阶段，金融租赁公司必须合理合法取得租赁物的所有权，并且就所有权的转移进行相关登记，采取有效措施以保障对租赁物的合法权益，同时，针对租赁物的金额、种类、购置方式和时间等事项，综合考虑是否与公司当前经营能力和风控水平相适应。在租金定价阶段，金融租赁公司应当建立健全租金评估体系，根据租赁物的价值和其他成本等设置合理的租金水平。在租赁实施阶段，金融租赁公司需要对租赁物的使用情况、价值变化以及承租人的违约风险等进行实时监测与评估。在租赁结束阶段，当租赁期限届满后，金融租赁公司应当建立完善的租赁物处置制度以应对租赁物潜在的持有风险。

另外，金融租赁公司在经营外汇业务时，需要遵守国家外汇管理有关规定；开办资产证券化业务时，需要参考信贷资产证券化的有关规定；开展关联交易时应当按照商业原则，不得优于非关联方同类交易的条件。

(三) 金融租赁公司风险监管

在整体上，金融租赁公司应当以股东大会、董事会、高级管理层为主体建立职责分明、独立运行的公司组织架构，全面强化公司激励约束机制，并且在此基础上建立以内部控制为主、内外部审计为辅的公司治理体系以及有效的风险防控机制。

在局部上,金融租赁公司应当加强资本监管体系建设,确保资本充足率处于合理水平;建立健全集中度风险管理体系,防止风险过度集中引发一系列经营风险;建立严格的关联交易管理制度,有效防范关联交易导致的风险扩散;建立资产损失准备金制度,在资产质量分类的基础上及时足额计提资产减值损失准备。金融租赁公司的部分监管指标如表 9-8 所示。

表 9-8 金融租赁公司的监管指标

监管指标	要求
资本充足率＝资本净额÷风险加权资产	须高于原银监会的最低监管要求
单一客户融资集中度＝单一承租人的全部融资租赁业务余额÷资本净额	≤30%
单一集团客户融资集中度＝单一集团的全部融资租赁业务余额÷资本净额	≤50%
单一客户关联度＝一个关联方的全部融资租赁业务余额÷资本净额	≤30%
全部关联度＝全部关联方的全部融资租赁业务余额÷资本净额	≤50%
单一股东关联度＝单一股东及其全部关联方的融资余额÷该股东在金融租赁公司的出资额	≤100%且应同时满足本办法对单一客户关联度的规定
同业拆借比例＝金融租赁公司同业拆入资金余额÷资本净额	≤100%
固定收益证券比例＝固定收益类证券投资额÷资本净额	≤20%

(四) 金融租赁公司市场退出监管

1. 金融租赁公司的整顿

当金融租赁公司出现以下情形金融监管当局可要求公司暂停部分或全部业务,限制股东权利和分红,对涉事人员进行人事调动,并在规定期限内补充资本:①当年亏损超过注册资本的 30%,或连续 3 年亏损均超过注册资本的 10%;②存在严重的信用危机;③违法违规经营。

一般而言,整顿期限不超过 1 年,并且必须满足以下条件才能认定公司已在整顿后恢复正常经营能力:①已恢复支付能力;②已弥补亏损;③已纠正违法违规经营。

2. 金融租赁公司的解散

当金融租赁公司出现严重经营困难、重大违法违规等行为而被撤销后,由银保监会委派成立清算组进行清算。

3. 金融租赁公司的破产

当金融租赁公司出现严重资不抵债或明显缺乏清偿能力的情况时,可向人民法院提出破产申请。除此之外,如果在清算过程中发现公司财产不足以偿还债务时,清算应当立即停止,并经银保监会批准后依法向人民法院申请破产。

第四节 金融控股集团监管

在经济全球化和金融一体化的趋势下,金融机构开始迈入集团化、全能化和全球化发展轨道，金融机构之间的业务交流不断加强，市场优质金融资源加速整合，配置方式灵活合理，以低成本、高效益服务实体经济。

金融控股公司作为金融业实现综合经营的一种新型金融组织形式，集团化经营形成的协同效应为其带来了规模经济效益、范围经济效益等诸多优势，但同时也产生了关联交易、内幕交易、高财务杠杆等风险。鉴于金融控股集团在整个金融业中的影响力以及自身复杂的内部结构，容易导致各领域、行业之间交叉感染，风险由内部集聚并逐渐向外部溢出，最终上升为系统性金融风险。因此，金融控股集团应加快建立健全风控监管体系，筑牢风险防控底线，积极主动采取全面、持续、穿透式监管。

一、我国金融控股集团概述

（一）金融控股集团的概念

美国金融经营体制的演变过程呈现螺旋式上升趋势，其中第一个转折点是 1933 年《格拉斯-斯蒂格尔法案》的颁布，从商业银行中分离投资业务，抑制商业银行投机，提高储户存款的安全性，由此开启了美国金融分业经营的时代。然而，当经营范围、跨州设立分支机构权利等受到法律限制，并且欧洲大陆国家的全能制银行不断施加竞争压力时，美国银行业开始力不从心，其不得不开始寻找新出路。理论上，通过收购其他州的银行可以规避无法跨州设立新的分支银行的约束，又或是对证券、期货、保险等金融业务进行投资控股以间接实现金融的跨业整合。当理论付诸实践后，银行控股公司制开始兴起并掌控美国银行业总资产的 90% 以上，成为目前美国商业银行最基本的组织形式。

第二个转折点是 1999 年《金融服务现代化法案》的颁布，其首次针对银行控股公司的组织结构条款提出"金融控股公司"的概念，并允许其从事包括银行、证券、保险、信托等具有金融性质的任何业务。自此，美国结束了金融分业经营、分业监管的历史，重新开启了金融混业经营的时代。

在我国，金融控股公司被定义为依法设立，控股或实际控制两个或两个以上不同类型金融机构，而自身仅开展股权投资管理、不直接从事商业性经营活动的非银行金融机构。

（二）我国金融控股集团发展状况

在我国改革开放背景下，面对全球金融混业经营带来的压力和挑战，国内金融机构也在不断地尝试着从分业经营向综合经营过渡，但是现阶段我国金融业暂时不具备大范围实行混业经营的条件。因此，金融控股集团是目前我国金融业综合经营的一种重要尝试，虽然起步较晚，但是发展非常迅速，规模庞大，其加快推进了我国金融混业经营的改革进程，我国部分金融控股集团如表 9-9 所示。

表 9-9　我国部分金融控股集团

金融控股集团名称		银行牌照	非银行牌照
国有大行	工商银行	加拿大东亚银行、南非标准银行	工银国际控股、工银安盛人寿、工银瑞信基金、工银金融租赁、工银理财、工银金融资产投资
	农业银行		农银国际、农银人寿、农银汇理基金、农银理财等
	中国银行		中银国际、中银保险、中银国际期货、中银理财等

续 表

金融控股集团名称		银行牌照	非银行牌照
国有大行	建设银行		建银国际、建银人寿、建银信托、建银金融租赁等
	交通银行	巴西BBM银行	华英证券、交银康联人寿、交银国际信托等
	中国邮政集团	邮储银行	中邮证券、东方证券、中邮保险
	国家开发银行		国开证券、国开发展基金
股份制银行	中信集团	中信银行	中信证券、中信信托、中信金融租赁、信诚人寿等
	光大集团	光大银行	光大证券、光大永明人寿、光大保德信、光大期货、光大兴陇信托、光大金融租赁
	平安集团	平安银行	平安证券、平安保险、平安信托、平安大华基金等
	兴业银行		华福证券、兴业金融租赁、兴业国际信托等
	招商局	招商银行、永隆银行	招商证券、招商信诺人寿、招商期货
	上海国际集团	浦发银行、上海银行	国泰君安证券、国泰君安期货、东方人寿、上海国际信托、华安基金、浦银金融租赁
四大AMC	长城资管	长城华西银行	长城国瑞证券、长生人寿、长城新盛信托、长城金融租赁
	信达资管	南洋商业银行	信达证券、幸福人寿、金谷信托、信达期货、信达金融租赁、信达澳银基金
	华融资管	湘江银行	华融证券、华融信托、华融期货、华融金融租赁
	东方资管	大连银行	东兴证券、中华联合保险、大业信托、东兴期货、外贸金融租赁
大型央企	中国人寿	广发银行	西南证券、人寿保险与财险、重庆信托、国寿安保基金
	中石油	昆仑银行	中银国际证券、中意财产、中意人寿、银河基金
	国家电网（英大国际控股集团）	广发银行、华夏银行	英大证券、湘财证券、英大泰和财产人寿与养老、英大国际信托、英大期货、国寿基金
民营企业	恒大集团	盛京银行	恒大人寿
	明天系	包商银行、潍坊银行	恒泰证券、华夏人寿、恒泰期货、天安人寿、天安财险、新时代证券、国盛证券、新华信托、将信基金等
	海航系	营口沿海银行	天津渤海租赁、皖江金融租赁、海航资本投资等
互联网企业	阿里巴巴	网商银行	云峰证券、德邦证券、众安在线、天弘基金
	腾讯	前海微众银行	众安在线、好买基金、财付通
	苏宁	苏宁银行	苏宁消费金融、易付宝、苏宁征信、苏宁商业保理等

金融控股集团在我国起步较晚，但是发展非常迅速，规模庞大，同时也暴露出诸多问题。

对此,中国人民银行印发了《金融控股公司监督管理试行办法》,着重强调金融控股公司的市场准入监管,为促进金融控股集团规范运作和稳健经营,防范系统性金融风险奠定良好的制度基础。在未来,监管当局将不断深入完善对金融控股公司的监管体系建设,在并表管理、公司治理、内部控制以及风险防控等各方面的监管也会随之严格落实。

二、我国金融控股集团主要监管内容

我国金融控股集团正在经历着全方位严监管时期,金融控股公司及其所控股机构分别由中国人民银行和国务院金融管理部门依法实施监管,不同部门之间加强交流合作和信息共享。

(一)金融控股公司市场准入监管

1. 设立条件

在申请设立金融控股公司时,除了满足《中华人民共和国公司法》的相关规定,还需要具备以下条件:①有健全的组织机构和有效的风险管理、内部控制制度;②符合规定的控股股东、实际控制人;实缴注册资本额不低于50亿元人民币,且不低于直接所控股机构注册资本总和的50%;③有符合任职条件的董事、监事和高级管理人员;④能够为所控股机构持续补充资本等其他条件。

2. 设立程序

在我国设立金融控股公司应当向中国人民银行提出申请,提交规定性文件、资料,中国人民银行在规定期限内作出决定。经批准后获得许可证,并凭该证向市监局办理注册登记,领取营业执照,金融控股公司正式成立。

金融控股集团成立背景有两种:一是满足相应条件后专门设立金融控股公司,并由该公司及其所控股机构组成金融控股集团;二是满足相应条件后由企业集团母公司直接申请成为金融控股公司,企业集团相应地成为金融控股集团。

(二)金融控股公司股权结构监管

股权结构是公司治理的基础,金融控股公司应在监管下形成简明、清晰、可穿透的股权结构,这主要体现在以下几个方面:第一,应当根据风险管理能力和专业化经营水平设置合理的组织结构;第二,集团内部的法人层级一般不超过三级;第三,所控股机构不得持有母公司与其他所控股机构的股权。当以上情况发生时,除国家另有规定外,应按监管规定及时制定实施持股整改计划。

(三)金融控股公司并表监管

财务并表既为监管当局提供充分的监管依据,也有利于金融控股集团预防诸如资本金和财务损益的重复计算造成的高杠杆等风险,维护集团整体稳定。金融控股公司所控股机构,以及能够对集团经营产生重要影响的非控股机构都要纳入并表监管范围内,按照企业会计准则和资本规定加以监管。

(四)金融控股公司风险监管

对金融控股公司的风险主要采取内外穿透式监管。内部监管表现为金融控股公司及其所控股机构应当根据各自的组织架构、业务范围、经营规模等方面建立全面风险管理体系。外部监管以中国人民银行为主体,通过非现场监管、现场检查监管、监管谈话、报告制度等方式获取金融控股公司的财务报表、审计报告等经营管理资料,在并表基础上加强对集团整体风险防控。同时,由中国人民银行建立统一的金融控股公司监管信息平台和统计制度,并会同相关监管部门完善信息共享机制和风险评估体系,由此根据金融控股集团的经营管理和风险评估结果对其监管要求进行动态调整,并及时采取预警、纠正等处置措施。

聚焦于金融控股公司的具体风险也有相应的监管要求。例如,针对关联交易风险,要求金融控股公司积极履行关联交易信息披露,不得利用关联交易损害其他人的合法权益,不得向关联人提供无担保融资等,并为此建立集团风险隔离制度,防止集团内部风险交叉传递;针对集团风险集中与大额风险暴露,金融控股公司应当建立大额风险暴露的预警、监测和控制制度或对集中于某一对手、行业、地区的业务往来采取一定的限制措施;针对金融控股公司资本不足风险,应当建立可持续的资本补充机制,以缓解资本补充压力。

(五) 金融控股公司市场退出

金融控股公司因自身经营不善而对整个集团造成重大风险的,由中国人民银行督促限期整改。如果严重影响金融稳定、损害社会公众利益的,可进一步暂停公司部分业务经营,限制分红,对涉事主体进行人事调整,并要求公司限期补充资本或转让股权。

金融控股公司陷入严重的经营危机,在采取一切挽救措施后仍难以为继的,应当依法实施市场退出。当所控股机构出现上述情况时,应当对金融控股公司的救助行为加以限制,必要时对所控股机构进行破产清算处理,以免拖垮整个金融控股集团。

第五节 企业集团财务公司监管

财务公司兴起于 20 世纪初,主要类型有美国模式和英国模式,前者主要依附于制造商,为零售商提供融资便利,后者主要依附于商业银行,为跨业经营提供监管便利。

我国财务公司主要依附于大型企业集团,符合我国经济、金融体制改革的客观规律,有利于全面推进企业集团产融结合。在当下强监管时期,监管部门拟定办法以优化财务公司业务范围,实施分级监管,强化向上延伸监管,防止集团产业风险转化为金融风险,积极引导财务公司规范经营,坚守主责主业,专注向企业集团内部提供高质量金融服务。

一、我国企业集团财务公司概述

(一) 企业集团财务公司概念

企业集团财务公司是指由企业集团出资设立,以强化集团内部资金集中管理,提高资金利用效率为目的,专门为企业集团成员单位提供结算服务以及为企业技术改造、产品创新和销售等提供中长期融资服务的非银行金融机构。

(二) 企业集团财务公司发展

随着改革开放的不断深入,大型企业集团逐渐发展成为国民经济的中坚力量,集团成员之间的资金往来也愈发频繁,集团资金运用效率低、整体融资成本高等问题随之暴露出来,同时集团日益多元的金融服务需求也无法得到满足,为了方便资金随时调度,企业集团开始发展内部专属的财务公司。

1987 年 5 月,我国首家企业集团财务公司——东风汽车工业财务公司成立。随后,在企业集团试点工作开展过程中,能源电力、石油化工、钢铁冶炼等重要领域的大型企业集团也相继建立了财务公司。

1996年9月,中国人民银行发布《企业集团财务公司管理暂行办法》,明确了财务公司的定位和未来发展方向。2000年6月,中国人民银行出台《企业集团财务公司管理办法》,进一步规范财务公司制度,并在风险控制层面提出了综合性监管的要求,该办法在未来又经历了两次修订。自此,我国企业集团财务公司迎来规范快速发展时期,并在一系列监管政策陆续出台后趋于成熟。

二、我国企业集团财务公司主要监管内容

（一）企业集团财务公司市场准入监管

1. 设立条件

财务公司由集团母公司正式向金融监管总局提出设立申请,需要具备相应条件如下：①确属集中管理企业集团资金的需要,经合理预测能够达到一定的业务规模；②具有规定的公司章程；③具有符合条件的出资人；④注册资本最低限额为1亿元人民币或等值的可自由兑换货币,且为一次性实缴货币资本；⑤有符合任职资格条件的董事、高级管理人员；⑥建立了有效的公司治理、内部控制和风险管理体系；⑦有与业务经营相适应的营业场所、安全防范措施和其他设施等其他条件。

2. 设立程序

财务公司由集团母公司正式向金融监管总局及其省级派出机构提出设立申请,经审批通过方可成立企业集团财务公司,设立程序与信托公司、金融租赁公司基本一致。

（二）企业集团财务公司业务经营监管

1. 业务范围

根据《企业集团财务公司管理办法》的规定,经金融监管总局批准后,企业集团财务公司可以经营业务如下所示：①对成员单位办理财务和融资顾问、信用鉴证及相关的咨询、代理业务；②协助成员单位实现交易款项的收付；③经批准的保险代理业务；④对成员单位提供担保；⑤办理成员单位之间的委托贷款及委托投资；⑥对成员单位办理票据承兑与贴现；⑦办理成员单位之间的内部转账结算及相应的结算、清算方案设计；⑧吸收成员单位的存款；⑨对成员单位办理贷款及融资租赁；⑩从事同业拆借等其他业务。

需要注意,企业集团财务公司不得从事离岸业务,不得从事任何形式的资金跨境业务,不得办理实业投资、贸易等非金融业务。

2. 经营监管

监管部门主要通过非现场监管和现场检查对企业集团财务公司的业务经营活动进行监管。

一方面,非现场监管要求财务公司遵循审慎会计原则,全面真实地记录和反映其业务经营和财务状况,并每年委托第三方审计机构对公司上一年度的经营活动进行审计,将其所出具的年度审计报告交由董事长签字后于4月15日前向金融监管总局报备。同时,财务公司还应当在4月底前将所属企业集团的成员单位名单、上年度业务经营状况等相关材料一并报送银保监会。其中,对于企业集团新成员单位,财务公司需要在向其开展业务前向金融监管总局备案并提供新成员单位的相关资料；对于脱离企业集团的成员单位,财

务公司也需要及时向金融监管总局备案,若存在遗留业务的,需要制定处置方案并提交金融监管总局审批。同时,监管部门根据报送的材料,从资本充足性、资产质量、市场风险、盈利能力、流动性和服务水平等方面对其业务经营和风险管理进行评估,从中发现问题并提出相应建议和处置措施。

另一方面,监管部门有权按照相关规定和程序对财务公司进行现场检查,检查程序包括询问职员工作情况,并要求其对相关检查事项作出说明;查阅、复制与检查事项有关的文件、资料;检查公司的电子业务数据管理系统等。

(三)企业集团财务公司风险监管

根据审慎经营原则,企业集团财务公司应当建立健全内部控制、财务会计等制度,针对业务稽核与风险防控设立业务稽核、风险管理部门,并于每年定期向董事会和金融监管总局报告。此外,当财务公司出现债务到期无法偿还、贷款过于集中或无法收回、董事或高级管理人员涉嫌违法违纪以及影响自身正常经营的重大事项时,需要立即采取应急措施并向银保监会报告。

在业务风险控制方面,财务公司应当满足相应监管要求,具体如表 9-10 所示。

表 9-10 财务公司的风险监管要求

监管指标	要求	监管指标	要求
资本充足率	$\geqslant 10\%$	短期证券投资占总资本比重	$\leqslant 40\%$
不良资产率	$\leqslant 4\%$	长期投资占总资本比重	$\leqslant 30\%$
不良贷款率	$\leqslant 5\%$	自有固定资产占总资本比重	$\leqslant 20\%$
流动性比率	$\leqslant 25\%$	同业拆入余额占总资本比重	$\leqslant 100\%$
贷款损失准备充足率	$\geqslant 100\%$	担保风险敞口占总资本比重	$\leqslant 100\%$

(四)企业集团财务公司市场退出

1. 整顿

金融监管总局对企业集团财务公司采取以下整顿措施:①限制分配红利与其他收入;②限制资产转让;③停止批准增设分公司等。当财务公司可能或已经发生严重的信用危机,且对债权人利益和金融秩序稳定造成巨大影响时,可由金融监管总局决定组织实施对财务公司的接管或督促重组。

2. 解散

企业集团财务公司存在以下情况的,可经金融监管总局批准解散:①解散事由出现;②股东大会决议解散;③组建财务公司的企业集团解散;④公司分立、合并。

3. 破产

当财务公司违背审慎经营原则,出现违法违规经营的情况,不撤销将会损害社会公众利益、危害金融稳定的,金融监管总局有权予以撤销。

在财务公司解散或被撤销时,集团母公司或金融监管总局有权依法成立清算组,按照法定程序进行清算,并由金融监管总局公告。当清算组在清算中发现财务公司存在严重资不抵债时,应立即停止清算,并向金融监管总局报告情况,经批准后依法向人民法院提出财务公司的破产申请。

第六节 信用合作联合社监管

信用合作社作为我国金融体系的重要组成部分,在体系中起到了拾遗补阙的作用。在经济生活中,信用合作社广泛吸收社会闲散资金并加以高效利用,多聚焦于"三农"建设、乡村振兴战略,弥补现代金融服务难以覆盖的领域与地区。随着金融体制改革的不断深入,信用合作社由以服务会员为中心逐渐走向多元创新发展道路。因此,现阶段需要处理好信用合作社发展与监管之间的关系,强调既要在发展中监管,也要在监管中发展。

一、我国信用合作联合社概述

(一)信用合作社的概念

信用合作社是指由一些基于互助合作的人们出资组建起来的一种传统的集体金融组织。信用合作社以简便的手续和较低的利率,向社员提供便利的信贷服务,缓解短期资金压力。

信用合作社具有以下基本特征:①自愿入社和退社;②社员入社需要缴纳一定金额的股金并承担相应的责任;③信用合作社实行自主经营,民主管理,社员的权力大小不以入股金额来衡量,各社员之间一律平等;④经营目标是为社员提供信用服务。

信用合作联合社是不同信用合作社法人入股组成的一种联合组织形式,对信用社成员实行管理、监督和履行协调、服务职能,解决信用社之间存在的供需矛盾和单一信用社作用有限等问题,集各信用社之合力提供综合性金融服务。

(二)我国信用合作社发展历程

1. 农村信用合作社

农村信用合作社是经中国人民银行批准设立,由农民或农村的其他个人自愿出资入股组成,在社员间实行民主管理,为社员提供各类金融服务的互助性的农村合作金融机构,以下简称"农信社",如表9-11所示。

表9-11 我国农信社发展历程

时间	事件
1923年	我国第一家农信社在河北香河成立
1949年10月	在引导农民逐步走向社会主义农业集体化道路的过程中得到进一步发展
1979年	接受中国农业银行统一领导与管理
1984年	农信社在中国农业银行指导下朝着合作金融组织方向发展,并在之后设立了县联社
1996年	国务院发布《关于农村金融体制改革的决定》,宣布农信社与中国农业银行正式脱钩,农信社从此走上独立发展的道路

2. 城市信用合作社

我国城市信用社兴起于改革开放时期,其主要是城市居民、个体工商户、城市集体企业出资组建的一种互助性城市集体金融组织。因城市信用合作社在发展过程中积攒大量金融风险,严重危害我国金融秩序稳定而不得不进行大规模清理。1998年10月,中国人民银行颁布《整顿城市信用合作社工作方案》,提出将城市信用社改制为城市商业银行。2012年3月,全国最后一家城市信用社改制成功,自此城市信用社正式退出历史舞台。因此,本节介绍的信用合作社主要指的是农信社。

二、我国农村信用合作联合社主要监管内容

(一)农村信用合作联合社市场准入监管

农村信用合作联合社的设立应满足以下条件:①具有清晰、成熟的农村金融发展战略和农村金融商业模式;②具有符合规定的章程;③注册资本最低限额为300万元人民币且为实缴资本;④具有合理的股权结构设置;⑤具有符合任职资格条件的理事、高级管理人员和熟悉银行业务的合格从业人员;⑥有健全的组织机构、管理制度和风险管理体系;⑦有与业务经营相适应的营业场所、安全防范措施和其他设施等其他条件。

农村信用合作联合社的设立包括筹建和开业两个阶段。在筹建阶段,发起人提交筹建申请及其他规定性文件,由地市级或省级的派出机构受理、省级派出机构审查并决定,经批准后开始筹建工作。在开业阶段,由地市级或拟设地的省级派出机构受理、审查并决定,经批准后获取金融许可证,并凭该证向市监局办理注册登记,领取营业执照,农村信用合作联合社正式成立。

(二)农村信用合作联合社内部治理监管

1. 农村信用合作联合社的股权设置

农村信用合作联合社作为服务农村经济发展的主要金融力量,有能力和义务引导农村金融机构加强合作,共同致力于"三农"工作和乡村振兴战略。关于农村信用合作联合社的股权安排,首先,在入社资格上仅限定在县以上的农村信用合作社、农村合作银行和农村商业银行,不允许个人和其他法人入股;其次,在入股条件上必须是一次性募足的货币资金,单笔资金不得高于联合社股本的10%及其实收资本的30%;最后,为了给予社员社所有权凭证和分红依据,联合社须以人民币为面值印发记名股权证书,该股权证书可依法承继或转让,股份过户手续需要在年终决算之后、社员大会之前办理。

2. 农村信用合作联合社的组织结构

农村信用合作联合社的组织结构包含社员大会、理事会和高级管理层,监管部门对联合社的组织结构和职能制定了具体的规范标准。

(1)社员大会。社员大会是农村信用合作联合社的权力机关,由各个社员社的代表组成,行使对决议事项的审批职能。社员大会由理事长主持召开,大会须半数以上社员代表出席,主要是针对制定和修改省联社章程、农村信用社行业自律管理办法、省联社发展方针和工作计划以及年度各种方案等事项完成审批职责。其中,社员大会实行一人一票的表决制度,针对修改章程、合并、分立、解散等重大事项须出席会议的代表三分之二以上通过方可执行,其余决议事项只需半数以上出席代表通过即可。

(2)理事会。理事会是社员大会的执行和监督机关,由9~15名理事组成,设理事长、副理事长各一名,负责对决议事项的制订工作。理事源于社员社以及联合社职工,职工担任

理事的人数不得超过理事总人数的20%,理事长、副理事长由全体理事三分之二以上选举产生,并经中国银保监会核准后上任。

理事会由理事长主持召开,每年至少召开4次,主要针对省联社的发展方针和工作计划、年度各种方案的制订工作,以及向社员大会报告、执行社员大会决议等职责。理事会的表决制度与社员大会基本相同。

(3) 高级管理层。农村信用合作联合社的高级管理层由1名主任和2~4名副主任组成并向理事会负责,聘任原则上由全体理事的三分之二以上通过,任期3年且可连任。关于主任、副主任任职资格方面与理事长的条件相同,除此之外,还要求不得在党政机关任职、不得由理事长兼任、不得在本职工作范围外从事任何以营利为目的的经营活动。高级管理层主要承担对理事会决议事项的执行、联合社内部机构设置方案和基本管理制度的拟定、相关从业人员的聘任工作等联合社章程和理事会所赋予的其他职责。

(三)农村信用合作联合社业务经营监管

对于现场检查而言,监管机构能够参与农村信用联合社的日常业务经营中,并直接掌握辖内农信社的经营情况,这表现在两方面:一是农村信用合作联合社召开社员大会、理事会,应至少提前5个工作日通知监管机构,并在10日主动报送会议决议事项,监管机构有权委派监管人员出席会议;二是联合社应建立健全行业审计制度,培养专业的审计人员,以便于定期对辖内农村信用社进行审计,并向监管机构提交报告。

对于非现场监管而言,监管机构从资产负债比例、财务状况、合规经营等方面对联合社进行风险性检查。关于资产负债监管,农信社是否严格控制存贷比,是否在安全性、效益性、流动性之间实现最优管理,是否限制其同业拆借资金的期限和用途等;关于财务风险监管,农信社是否合理计提应付利息、呆账准备金和坏账准备金,是否制定适当的借贷利率;关于经营合规监管,农信社是否存在违背国家利率政策吸存放贷、乱摊成本等违规行为,收入支出的核算方式与结果是否真实准确;关于业务风险监管,贷款质量是否达标,贷款结构是否与经营状况和资产运用相匹配,贷款投向是否集中于"三农"领域,资本充足性是否符合监管标准,农信社在备付金比例、拆借资金比例、短期贷款比例等方面是否符合流动性规定。

(四)农村信用合作联合社市场退出监管

1. 解散

当农村信用合作联合社出现以下情形时,应申请解散:①解散事项出现;②社员大会决议解散;③联合社分立、合并;④营业期限届满。

2. 破产

当农村信用合作联合社无法偿还到期债务或出现严重资不抵债时,可以申请破产。当在解散清算中,清算组发现农村信用合作联合社的资产不足以清偿债务时,可由其向人民法院申请破产。

第七节 汽车金融公司监管

我国汽车产业在国民经济中占据着重要地位,汽车消费市场前景非常广阔,加之现阶段消费理念的年轻化、超前化,这促使汽车行业不再满足于制造、消费等环节所带来的价值,汽车金融逐渐成为行业发展的新价值增长点。

我国汽车金融起步较晚,虽然存在着相关法律法规不健全、个人征信系统不完善,以及汽车市场价格风险等诸多问题。但是随着我国市场逐渐发展成熟,汽车金融公司正趋向专业化、规模化发展,与之对应的,监管当局对汽车金融公司的监管方式和力度也应由多头、宽松向统一、严格转变。

一、我国汽车金融公司概述

(一)汽车金融公司的概念

汽车金融公司是指经金融监管总局批准设立的,为我国汽车生产商、经销商以及广大消费者提供金融服务的非银行金融机构。

(二)我国汽车金融发展历程

我国汽车金融行业兴起于 20 世纪 90 年代,至今仅有近 30 年的发展历史(图 9-6)。

图 9-6 我国汽车金融发展历程

二、我国汽车金融公司主要监管内容

(一)汽车金融公司的市场准入监管

1. 汽车金融公司的设立条件

我国设立汽车金融公司应具备以下条件:①具有符合规定的公司章程;②有符合条件的出资人;③注册资本最低限额为 5 亿元人民币或等值的可自由兑换货币,且为一次性实缴货币;④有符合任职资格条件的董事、高级管理人员和熟悉汽车金融业务的合格从业人员;⑤建立了有效的公司治理、内部控制和风险管理体系;⑥有与业务经营相适应的营业场所、安全防范措施和其他设施等其他条件。

2. 汽车金融公司的设立程序

根据《非银行金融机构行政许可事项实施办法》,我国汽车金融公司的设立程序与金融租赁公司、信托公司基本一致。

3. 汽车金融公司的高级管理人员准入监管

汽车金融公司的董事和高级管理人员的任职资格须经国家金融监督管理总局核准。

(二) 汽车金融公司的业务经营监管

1. 业务范围

汽车金融公司须经银保监会批准后方可经营以下业务:①经批准发行金融债券;②从事同业拆借;③提供购车贷款业务;④提供汽车经销商采购车辆贷款和营运设备贷款;⑤提供汽车融资租赁业务;⑥向金融机构出售或回购汽车贷款应收款和汽车融资租赁应收款业务;⑦办理租赁汽车残值变卖及处理业务;⑧从事与购车融资活动相关的咨询、代理业务;⑨经批准后从事与汽车金融业务相关的金融机构股权投资业务等其他业务。

2. 经营监管

一方面,汽车金融公司应建立权责清晰、分工合理的公司治理结构和科学高效的决策、激励和约束机制。另一方面,汽车金融公司在非现场监管下,须向银保监会报送基础报表、各项监管指标执行情况报告、财务会计报告以及其他规定性文件,并在每个会计年度结束后的4个月内向公司所在地银保监会派出机构提交年度审计报告,当银保监会及其派出机构认定汽车金融公司的审计报告不符合监管要求,或是第三方会计事务所的专业性与独立性未达到监管要求时,监管部门有权在必要时指定会计事务所对汽车金融公司的经营状况、财务管理、风险防控、内部控制等方面进行审计。针对业务外包服务,汽车金融公司应当根据业务外包的决策、评价和管理,业务信息的保密性、安全性以及在遭受风险损失后的应急计划等制定相关政策和管理制度,并且在签署业务外包协议前就所涉及的主要风险和相应避险措施向所在地银保监会派出机构报告。除此以外,汽车金融公司可在中国银监会的监督和指导下自行成立行业自律组织,开展一系列自律活动,实行自律管理,以促进汽车金融行业健康规范发展。

(三) 汽车金融公司风险监管

汽车金融公司应当建立健全公司治理、内部控制以及全面有效的风险防控体系,并结合非现场监管和现场检查,履行相关监管指标要求,如表9-12所示。

表 9-12 汽车金融公司的风险监管要求

监管指标	要求	监管指标	要求
资本充足率	≥8%	对同一股东及其关联方的授信余额/该股东在汽车金融公司的出资额	≤100%
核心资本充足率	≥4%		
对同一借款人的授信余额/资本净额	≤15%	自用固定资产/资本净额	≤40%
对同一集团客户的授信余额/资本净额	≤50%	流动性资产/流动性负债	≥100%

在具体业务风险上,汽车金融公司实施信用风险资产五级分类制度,在资产质量分类的基础上足额计提资产减值损失准备;在关联业务中,不得向关联人发放信用贷款,对关联人的授信条件不得优于非关联人同类授信的条件;对于汽车金融公司的担保余额、最大10家

客户的授信余额、金融机构借款利率和汽车贷款利率等方面都存在相关限制条件。

（四）汽车金融公司市场退出监管

1. 整改

当汽车金融公司存在违法违规经营行为，由金融监管总局责令限期整改；若逾期未整改，或其经营活动对公司的稳健运行造成严重影响、损害客户合法权益时，金融监管总局有权暂停部分或全部业务、限制股东分红与权利等监管措施。

2. 接管、重组或撤销

当汽车金融公司发生巨大的信用危机，难以独立经营并且严重损害客户利益时，银保监会依法对其实行接管或督促重组。当汽车金融公司存在不予以撤销将会严重危害金融稳定、损害公众利益时，金融监管总局有权予以撤销。

3. 解散

当汽车金融公司出现以下情形时，应申请解散：①解散事项出现；②权力机关决议解散；③公司分立、合并。汽车金融公司需要向金融监管总局提出清算申请，经批准方可解散。

4. 破产

当汽车金融公司无法偿还到期债务，出现严重资不抵债时，可以要求申请破产。在解散清算中，当清算组发现汽车金融公司的资产不足以清偿债务时，可由其向人民法院申请破产。

延伸阅读

中信信托在"两压一降"监管政策下加速转型

自资管新规和"两压一降"监管政策的出台，我国信托业开始进入转型升级调整期，全行业信托资产规模大幅度下降，而龙头企业依旧是稳中求进。2021年作为资管新规过渡的收官年，为了迎接大资管时代的来临，此后信托业严监管仍将持续，以"去通道、降规模"为特征的行业主基调保持不变。因此，银保监会在2021年11月发布《关于进一步推进信托公司"两项业务"压降有关事项的通知》，要求信托公司针对主动管理类融资业务，在去年的基础上继续压降约20%，违规通道类业务争取实现清零，风险处置3 000亿元以上，房地产业务规模以2020年年底为限。显然，信托业压降政策的升级彰显了监管当局对于加速行业转型升级、引导行业回归本源的决心。

在信托业强监管下，中信信托作为行业"一哥"切实起到了带头作用。根据中信信托的年报可知，其2019—2021年的信托资产余额分别为15 742亿元、12 247亿元和9 788亿元，信托资产规模大幅度缩水，压降比例稳定保持在监管所要求的20%左右。具体而言，中信信托的被动管理类业务由2020年的5 658亿元降至2021年末的2 635亿元，降幅为53.43%，主动管理类融资业务下降了944亿元，降幅为28.20%。与此同时，在整个行业利润下滑的情况下，中信信托在2021年实现营业总收入85.85亿元，净利润35.02亿元，成功实现连续7年净利润保持在30亿元以上。不仅如此，中信信托的风险管理能力也是有目共睹的。截至2021年末，中信信托的不良资产下降了13.31亿元，降幅高达81.10%；不良资产率为2.44%，较年初下降4.62%，经核销的信用类不良资产为10.58亿元，较年初增加了7.38亿元。

事实上，中信信托在此期间采取了诸多措施，包括：①中信信托在信托资产运用中，加大主动管理型信托资产中的证券和股权的投资力度,它们分别同比增加了21%和136%,证券市场即将成为信托业的主战场,同时考虑到当时房地产行业的深度调整和城投公司出现区域性风险等原因,收缩在基础产业、房地产、工商企业等领域的投资;②中信信托将投资标的从非标固收类产品逐渐转向标准化产品,以降低信用风险敞口;③中信信托大力拓展创新转型业务,如家族信托、标品信托、资产证券化信托等业务,并对其给予在考核、激励和资源上的倾斜;④中信信托为了加强内部组织改革,首次采取事业部模式,同时推进非标部门自主合并,合理配置人力资源。

中信信托用自己的实际行动证明了强者恒强,虽然在监管时期产生了一定的负面影响,但是其发展是螺旋式前进的。因此,中信信托完美诠释了信托如何在即将来临的大资管时代下稳步前进,并给予我们以下启示:第一,着力加强风险防控,坚守规范经营底线,这是行业维持生存和持续发展最基本的要求;第二,加快推动业务结构优化,在"两压一降"政策监管下大力发展标品业务,适时转战证券投资领域,积极求变,寻找新的业务增长点;第三,强化公司治理,从组织管理层面形成发展合力,推动实现高质量发展;第四,小到个人,大到行业,信仰必不可少,加强党建引领行业文化,将眼光放在更高更远的国民经济建设上,加大国家重大战略领域的投资力度,跟随政策导向把握发展机遇;第五,加速推进信托业转型升级,坚持走可持续发展道路,回归本源服务实体。

本章小结

本章在简要介绍其他金融机构的基础上,着重阐述机构的市场准入监管、业务经营监管、风险监管和市场退出监管的监管内容。针对不同金融机构的合规经营和风险管控的侧重点不同,可以弥补当下监管的缺失与重叠等问题。

1. 对政策性银行的业务经营监管主要从非现场监管、现场检查和其他检查三方面阐述,非现场监管重点体现在不同政策性银行的监管指标上,现场检查主要包括业务合规性和内部经营管理,其他检查则主要体现在政策支持是否到位、财务信息是否真实等方面。风险监管依照风险检查、分析、评价和处置这一系列流程,在各阶段均采取对应的风险监管措施。

2. 对信托投资公司和金融租赁公司的业务经营监管更关注业务经营过程中所需遵循的监管要求进行阐述,而在风险监管上则主要从公司治理、内部控制等相关制度,以及有关资产负债业务的风险监管指标加以分析。

3. 金融控股公司以股权结构、财务并表为经营活动监管重点,而在风险监管层面主要采取内外穿透式监管,对内完善组织架构、风险防控体系等,对外由金融监管当局针对金融控股公司建立的信息共享机制和风险评估管理体系,并且在内部交易、关联交易、风险集中等具体风险上均有监管指标要求。

4. 企业集团财务公司和信用合作联合社的共同特点均是以服务股东为宗旨,因此在业务经营监管上突出他们为成员单位服务的限制,重点是机构的内部组织结构和各种制度的管理。而在风险监管上,企业集团财务公司主要通过建立业务风险管理制度以及风险稽核部,对其存在的风险进行实时监控并向监管部门报告;信用合作联合社的风险监管更多体现在对社员的指导、协调、服务过程,监管效益会通过联合社向下传导至社员,以监管辖内信用社的风险管理情况。

5. 汽车金融公司的业务经营监管主要从限定业务范围、规范业务经营两方面阐述，对于风险监管，主要以完善法人治理、内部控制和风险防控制度建设为主，以优化信用风险资产五级分类、资产减值损失准备等制度建设为辅，并核实其是否满足监管部门风险控制指标的要求。

关键词

政策性银行　信托投资公司　金融租赁公司　企业集团财务公司　金融控股公司
农村信用合作联合社　汽车金融公司

复习思考题

1. 简述我国政策性银行非现场监管的主要内容。
2. 金融监管当局如何根据信托业务经营流程采取监管？
3. 金融租赁公司在什么情况下需要依法整顿？整顿措施有哪些？如何判断整顿已完成？
4. 简述金融控股公司的潜在风险与问题。
5. 简述企业集团财务公司的特点。
6. 简述农村信用合作联合社的组织结构。
7. 汽车金融公司对资本金的监管指标要求有哪些？

第十章　涉外金融机构监管

> **本章概要**
>
> 本章介绍对境内外资金融机构、本国境外金融机构的监管;中国对跨国金融监管的内容;国际金融业跨国并购的主要类型及其监管;跨国金融风险的主要类型及对跨国金融风险的监管。

> **学习要点**
>
> 境内外资金融机构监管、本国境外金融机构监管及中国对跨国金融监管的具体内容、跨国金融风险的种类及其监管。

> **引导案例**
>
> 2008年3月民生银行以9 573.19万美元收购了美国联合银行4.9%的股份,实现了第一步并购。此后,金融风暴来临,民生银行又以抄底的心理于2008年12月以2 989.91万美元收购了美国联合银行5%的股份。至此,其在美国联合银行的持股比例为9.9%,实现了第二步并购。然而,2009年9月,民生银行的第三步还没有来得及迈出,联合银行董事会便公布独立调查报告,承认管理层有意隐瞒日趋恶化的财务状况。同年11月,美国联合银行被加州金融管理局勒令关闭。最终,中国民生银行并购美国联合银行的故事以美国联合银行被美国联邦存款保险公司接管、民生银行损失8.87亿元人民币黯然收场。尽管中资商业银行里第一个尝试并购美国本土银行的民生银行铩羽而归,但是中资商业银行赴美并购的道路并没有就此中断(2012年,中国工商银行并购美国东亚银行),民生银行并购美国联合银行案例中凝结的经验与教训仍然值得我们不断去汲取与深思。

第一节　境内外资金融机构监管

一、境内外资金融机构监管的主要内容

外资金融机构通常是指外国金融机构在本国境内投资设立的从事金融业务的分支机构和具有本国法人地位的外商独资金融机构、合资金融机构。对境内外资金融机构监管的主

要内容包括外资金融机构的界定、金融市场准入监管、金融业务监管、金融风险监管和市场退出监管五个方面。

（一）外资金融机构的界定

外资金融机构通常有以下判定标准：

(1) 总行（总公司）为外资；

(2) 外资金融机构在本国的分支机构；

(3) 外资与本国企业合资。

（二）金融市场准入监管

金融市场准入监管即东道国对进入本国的外资金融机构作出审查、评估和结论，以保证合格的外国金融机构进入本国金融市场。它是各国对外资金融机构监管的第一关。金融市场准入监管的内容主要包括：外资金融机构应具备的条件、对外资金融机构进入的限制以及金融机构的形式要求等。

对外资金融机构进入的资格要求和限制主要包括：①最低资本金和总资产要求，只有达到一定金融实力的金融机构才可进入本国市场；②经营管理水平要求，包括金融机构的发展历史、业务记录、在国际金融业中的地位及其高层管理人员的能力和影响；③规定金融机构的服务范围；④完善的内部管理和专业技术人才；⑤母国监管当局提供的高级别信誉证书，或总部有约束力的保证书；⑥有潜力为东道国社会服务提供更多的便利；⑦申请开业金融机构的海外总部在其母国受到有效的金融监管。

大多数国家对外资金融机构进入本国都有一定控制，只是程度上的差别。自由贸易区和避税型金融中心控制宽松，如开曼群岛。发达国家对外资金融机构进入本国相对宽松，但部分国家设置了特别条款，例如美国要求外资在美国可以开设银行但若不属于联邦存款保险公司（FDIC）会员银行则有经营限制如不能向公众吸收存款，又如德国对于外资在本国设立，要求高管中具备德国籍人士。少数发达国家和发展中国家对外资金融机构准入控制较严：如葡萄牙银行法规定，禁止外资银行在葡萄牙开设分行；我国对外资金融机构进入要严格审查。

（三）金融业务监管

金融业务监管主要是对外资金融机构的经营范围、经营品种、经营合规性进行的监管。在实行国民待遇原则的国家，对外资金融机构允许经营的业务范围与本国金融机构相同。我国香港地区，对外国银行与本地银行业务范围的规定相同，外国银行允许经营所有本地银行从事的业务。韩国和法国对外资金融机构的业务范围，基本没有什么限制。多数国家对外资金融机构的业务监管都较为严格，主要通过限制外资金融机构的业务范围和业务量来保护国内银行的发展，包括：①业务币种限制，有些国家限制外资银行经营本币业务；②业务范围限制，在限制或禁止外资金融机构经营的行业或业务方面通常对外资商业银行的限制最严格，因为商业银行可以吸收公众存款影响较大，对非银行金融机构的限制比较宽松；③业务对象限制，有些国家对外资银行顾客群体作出限制；④分支网络限制，许多国家规定外资银行可以设立分支机构的地区和数量，限制外资银行的扩张；⑤资产规模控制，加拿大规定外资银行在本国金融市场所占市场份额不得超过12%（美国银行除外）。

（四）金融风险监管

随着全球金融一体化，金融创新不断涌现，金融风险也不断爆发，对金融风险的监管重要性不断提升。对外资金融机构监督管理，主要包括以下内容。

1. 外资银行业监管

对于外资银行类金融机构的监管类似对本国银行业的监管，主要包括：银行业资本充足率监管、资产质量监管、流动性监管、盈利能力监管等。

2. 外资保险类公司监管

监管部门检查外资保险公司的业务状况、财务状况及资金运用状况，要求外资保险公司在规定的期限内提供有关文件、资料和书面报告，对违法违规行为依法进行处罚、处理，禁止外资保险公司及其关联企业从事特定的交易活动，依法进行信息披露等。

3. 外资投资类公司监管

外资投资类公司监管主要内容包括境外股东出资比例、出资资格，外资所在国家或者地区具有完善的证券法律和监管制度，制作合作谅解备忘录，并保持着有效的监管合作关系、信息披露等。

（五）市场退出监管

由于金融业在社会经济中的特殊作用和影响，各国对外资金融机构的市场退出监管持谨慎态度。一般情况下，当外资金融机构出现不审慎行为时，监管当局要求其采取相应措施加以改正；当问题比较严重时，采取诸如限制业务、停止业务、禁止资产转让与出售等措施；当问题极为严重时，实施强制性接管措施，或通过与母国协调紧急援助，或促成有实力的金融机构的兼并、收购等。只有在所有努力都无法奏效时，监管当局才采取关闭手段。

二、我国对外资金融机构的监管

目前，我国对外资金融机构实施监管主要依据《中华人民共和国外资金融机构管理条例》《中华人民共和国外资银行管理条例》《中华人民共和国外资保险公司管理条例》《外商投资证券公司管理办法》的规定。

依照《外资金融机构管理条例》规定，外资金融机构是指依照中华人民共和国有关法律法规的规定，经批准在中国境内设立和营业的下列金融机构：

（1）总行在本国境内的外国资本的银行；

（2）外国银行在本国境内的分行；

（3）外国的金融机构同本国的公司、企业在本国境内合资经营的银行；

（4）总公司在本国境内的外国资本的金融机构；

（5）外国的金融机构同本国的公司、企业在本国境内合资经营的金融机构。

（一）金融市场准入监管

根据《外资金融机构管理条例》和《外资银行管理条例》的规定，外商独资银行、中外合资银行的注册资本最低限额为10亿元人民币或者等值的自由兑换货币，注册资本应当是实缴资本。

外商独资银行、中外合资银行在中华人民共和国境内设立的分行，应当由其总行无偿拨给不少于1亿元人民币或者等值的自由兑换货币作为营运资金。外商独资银行、中外合资银行拨给各分支机构营运资金的总和，不得超过总行资本金总额的60%。外国银行分行应当由其总行无偿拨给不少于2亿元人民币或者等值的自由兑换货币作为营运资金。国务院

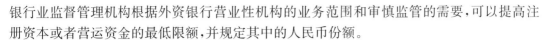

银行业监督管理机构根据外资银行营业性机构的业务范围和审慎监管的需要,可以提高注册资本或者营运资金的最低限额,并规定其中的人民币份额。

1. **外资银行**

拟设外商独资银行、中外合资银行的股东或者拟设分行、代表处的外国银行应当具备下列条件:

(1) 具有持续盈利能力,信誉良好,无重大违法违规记录;

(2) 拟设外商独资银行的股东、中外合资银行的外方股东或者拟设分行、代表处的外国银行具有从事国际金融活动的经验;

(3) 具有有效的反洗钱制度;

(4) 拟设外商独资银行的股东、中外合资银行的外方股东或者拟设分行、代表处的外国银行受到所在国家或者地区金融监管当局的有效监管,并且其申请经所在国家或者地区金融监管当局同意;

(5) 国务院银行业监督管理机构规定的其他审慎性条件,拟设外商独资银行的股东、中外合资银行的外方股东或者拟设分行、代表处的外国银行所在国家或者地区应当具有完善的金融监督管理制度,并且其金融监管当局已经与国务院银行业监督管理机构建立良好的监督管理合作机制。

拟设外商独资银行的股东应当为金融机构,除应当具备上述规定的条件外,其中唯一或者控股股东还应当具备下列条件:①为商业银行;②在中华人民共和国境内已经设立代表处2年以上;③提出设立申请前1年年末总资产不少于100亿美元;④资本充足率符合所在国家或者地区金融监管当局以及国务院银行业监督管理机构的规定。

拟设中外合资银行的股东除应当具备外商独资银行规定的条件外,其中外方股东及中方唯一或者主要股东应当为金融机构,且外方唯一或者主要股东还应当具备下列条件:①为商业银行;②在中华人民共和国境内已经设立代表处;③提出设立申请前1年年末总资产不少于100亿美元;④资本充足率符合所在国家或者地区金融监管当局以及国务院银行业监督管理机构的规定。

拟设分行的外国银行除应当具备外商独资银行规定的条件外,还应当具备下列条件:

①提出设立申请前1年年末总资产不少于200亿美元,并且资本充足率不低于8%;②资本充足率符合所在国家或者地区金融监管当局以及国务院银行业监督管理机构的规定;③初次设立分行的,在中华人民共和国境内已经设立代表处2年以上;④申请人所在国家或者地区有完善的金融监督管理制度,并且申请人受到所在国家或者地区有关主管当局的有效监管。

2. **外资保险公司**

独资保险公司、合资保险公司注册资本最低限额为2亿元人民币或等值自由兑换货币;注册资本最低限额必须为实缴货币资本。外国保险公司的出资,应当为自由兑换货币外国保险公司分公司应当由总公司无偿拨给不少于2亿元人民币等值的自由兑换货币营运资金。金融监管总局可以提高上述规定的外资保险公司注册资本或者营运资金的最低限额申请设立外资保险公司的外国保险公司,应当具备下列条件:

(1) 经营保险业务30年以上;

(2) 在中国境内已经设立代表机构2年以上;

(3) 提出设立申请前 1 年年末总资产不少于 50 亿美元；

(4) 所在国家或者地区有完善的保险监管制度，并且该外国保险公司已经受到所在国家或者地区有关主管当局的有效监管；

(5) 符合所在国家或者地区偿付能力标准；

(6) 所在国家或者地区有关主管当局同意其申请；

(7) 金融监管总局规定的其他审慎性条件。

3．外资财务公司

外资财务公司、合资财务公司的最低注册资本为 2 亿元人民币等值的自由兑换货币；其实收资本不低于其注册资本的 50%。设立外资财务公司，应当具备下列条件：

(1) 申请者为金融机构；

(2) 申请者在中国境内已经设立代表机构 2 年以上；

(3) 申请者提出设立申请前 1 年年末总资产不少于 100 亿美元；

(4) 申请者所在国家或者地区有完善的金融监督管理制度，并且申请人受到所在国家或者地区有关主管当局的有效监管；

(5) 申请人所在国家或者地区有关主管当局同意其申请；

(6) 金融监管总局规定的其他审慎性条件。

4．外资证券公司

外商投资证券公司的境外股东，应当具备下列条件：

(1) 所在国家或者地区具有完善的证券法律和监管制度，相关金融监管机构已与中国证监会或者中国证监会认可的机构签订证券监管合作谅解备忘录，并保持着有效的监管合作关系；

(2) 为在所在国家或者地区合法成立的金融机构，近 3 年各项财务指标符合所在国家或者地区法律的规定和监管机构的要求；

(3) 持续经营证券业务 5 年以上，近 3 年未受到所在国家或者地区监管机构或者行政、司法机关的重大处罚，无因涉嫌重大违法违规正受到有关机关调查的情形；

(4) 具有完善的内部控制制度；

(5) 具有良好的国际声誉和经营业绩，近 3 年业务规模、收入、利润居于国际前列，近 3 年长期信用均保持在高水平；

(6) 中国证监会规定的其他审慎性条件。

(二) 金融业务经营监管

根据规定，外资银行、外国银行分行、合资银行按照金融监管总局批准的业务范围，可以部分或者全部经营下列业务：吸收公众存款；发放短期、中期和长期贷款；办理票据承兑与贴现；买卖政府债券、金融债券，买卖股票以外的其他外币有价证券；提供信用证服务及担保；办理国内外结算；买卖、代理买卖外汇；从事外币兑换；从事同业拆借；从事银行卡业务；提供保管箱服务；提供资信调查和咨询服务；经批准的其他业务。

外资金融机构必须遵守以下规定：外资金融机构的存款、贷款利率及各种手续费率，由外资金融机构按照中国人民银行的有关规定确定；外资金融机构经营存款业务，应当向所在地区的中国人民银行分支机构缴存存款准备金，其比率由中国人民银行制定，并根据需要进行调整；外国银行分行的营运资金的 30% 应当以中国人民银行指定的生息资产形式存在，包括在中国人民银行指定的银行的存款等；独资银行、合资银行、独资财务公司、合资财务公司的资本充足率不得低于8%；独资银行、合资银行、独资财务公司、合资财务公司对1个企业及其关联企业的授信余额，不得超过其资本的25%，但是经中国人民银行批准的除外；独资银行、合资银行、独资财务公司、合资财务公司的固定资产不得超过其所有者权益的40%；独资银行、合资银行、独资财务公司、合资财务公司资本中的人民币份额与其风险资产中的人民币份额的比例不得低于8%；外国银行分行营运资金加准备金等之和中的人民币份额与其风险资产中的人民币份额的比例不得低于8%；外资金融机构应当确保其资产的流动性，流动性资产余额与流动性负债余额的比例不得低于25%；外资金融机构从中国境内吸收的外汇存款不得超过其境内外汇总资产的70%，对此比例，中国人民银行按照有关规定逐步调整；外资金融机构应当按照规定计提呆账（坏账）准备金；外资金融机构应当聘用中国注册会计师，并经所在地区的中国人民银行分行认可。

外资保险公司按照金融监管总局核定的业务范围，可以全部或者部分依法经营下列种类的保险业务：①财产保险业务，包括财产损失保险、责任保险、信用保险等保险业务；②人身保险业务，包括人寿保险、健康保险、意外伤害保险等保险业务

外资保险公司经金融监管总局按照有关规定核定，可以在核定的范围内经营大型商业风险保险业务、统括保单保险业务；同一外资保险公司不得同时兼营财产保险业务和人身保险业务；外资保险公司可以依法经营《外资保险公司管理条例》规定的保险业务的下列再保险业务：①分出保险；②分入保险。在经营过程中，金融监管总局有权检查其业务状况、财务状况及资金运用状况，有权要求在规定的期限内提供有关文件、资料和书面报告，有权对违法违规行为依法进行处罚、处理外资保险公司应当接受金融监管总局的监督检查，如实提供有关文件、资料和书面报告，不得拒绝、阻碍和隐瞒。

(三) 金融市场退出监管

根据《外资金融机构管理条例》，外资金融机构市场退出的主要规定如下：①外资金融机构自行终止业务活动，应当在距终止业务活动30日前以书面形式向国内金融监管部门提出申请，经审查批准后予以解散并进行清算。②外资金融机构无力清偿到期债务，国内金融监管部门可以责令停业，限期清理，在清理期限内，已恢复偿付能力，需要复业的，须向国内金融监管部门提出复业申请；超过清理期限，仍未恢复偿付能力的应当进行清算。③外资金融机构因解散、依法被撤销或者宣告破产而终止的，清算的具体事宜，参照中国有关法律、法规的规定办理。外资金融机构清算终结，应当在法定期限内向原登记机关办理注销登记。

依照《外资保险公司管理条例》，对外资保险公司市场退出监管的规定如下：①外资保险公司因分立、合并或者公司章程规定的解散事由出现，经金融监管总局批准后解散。外资保险公司解散时，应当依法成立清算组，进行清算。②经营人寿保险业务的外资保险公司，除分立、合并外不得解散。③外资保险公司违反法律、行政法规，被金融监管总局吊销经营保险业务许可证的，依法撤销，由金融监管总局依法及时组织成立清算组进行清算。④外资保险公司因解散、依法被撤销而清算的，应当自清算组成立之日起60日内在报纸上至少公告3次。公告内容应当经金融监管总局核准。⑤外资保险公司不能支付到期债务，经金融监管总局同意，由人民法院依法宣告破产。外资保险公司被宣告破产的，由人民法院组织金融监管总局等有关部门和有关人员成立清算组，进行清算。⑥外资保险公司解散、依法被撤销或者被宣告破产的，未清偿债务前，不得将其财产转移至中国境外。

第二节 本国境外金融机构监管

一、本国境外金融机构监管的原则

本国境外金融机构是指境内金融机构、非金融机构及境外中资金融机构和非金融机构在境外设立或者收购的从事存款、贷款、票据贴现、结算、信托投资、金融租赁、担保、保险、证券经营等项金融业务的机构。

目前金融机构的跨国通用准则以巴塞尔协议为主。1975年《关于银行海外机构的监管原则》，是金融监管国际合作的重要基石。1983年《巴塞尔协议修订本：银行海外机构的监管原则》，1992年《关于监管国际性银行集团及其跨国分支机构最低标准的建议》和1997年《银行业有效监管核心原则》中，均有对境外金融机构的监管的内容。2009年12月发布的《增强银行业稳健性（征求意见稿）》中提出从四个方面应对顺周期性：一是通过对内部评级模型的输入参数，减少最低资本要求产生的顺周期性；二是建立前瞻性贷款损失准备金制度；三是建立高于最低资本要求的资本留存缓冲制度；四是建立与信贷增长有关的逆周期资本缓冲制度将逆周期的宏观审慎机制写入《巴塞尔协议Ⅲ》。2010年9月，巴塞尔银行监管委员会提出加强资本监管和流动性监管建议。

（一）充分性原则

充分性原则，是指不应有任何金融机构的海外机构逃脱监管。监管的充分性原则是母国监管当局和东道国监管当局合作的基础，为了达到对跨国金融机构的充分监管，东道国监管当局应确保母国监管当局能够及时掌握母国境外金融机构中所发生的任何重大问题。同样，当母公司发生的问题有可能波及海外机构时，母国当局也应及时向东道国监管当局通报情况。充分性原则还要求母国监管当局掌握东道国当局是否有能力充分监管。如果东道国的监管不充分，母国监管当局需另外采取措施加强监管力度，通过现场检查或要求金融机构总部或其外部审计师提供额外的信息。如果这些方法都不能收到令人满意的效果，考虑到其中的风险，母国监管当局可要求母国金融机构总部终止该海外机构的经营。充分性原则的实施有赖于东道国和母国当局的积极参与，东道国当局将其管辖范围内的外国金融机构视为一个单独机构进行监管，母国当局则将其视为整个金融集团的一部分。因而，监管也是母国当局对整个金融集团全球业务综合监管的一部分，东道国和母国当局的职责相互补充和相互交错。

（二）合并监管原则

对跨国银行的有效监管，不仅需要在母国和东道国之间合理分配监管责任，而且需要密切接触和合作。1997年的《银行业有效监管核心原则》强调了母国与东道国监管者的合作关系。由于跨国银行分支机构庞大，与之相比，任何单一国家的监管当局获取银行经营信息的手段和渠道，都是有限和不充分的。信息不对称会导致许多不稳定因素的产生，这就要求母国与东道国之间建立长期联系并相互交换信息，实现对跨国银行的有效监管。

（三）母国监管为主原则

巴塞尔银行监管委员会的《关于银行海外机构的监管原则》和《关于监管国际性银行集

团及其跨国分支机构最低标准的建议》规定，原则上由母国对跨国银行承担统一监管责任，得到了许多国家的采纳。母国监管的一个主要责任是保证母行有效监控其海外机构，对其内部控制制度的执行情况进行有效监督。为了贯彻实施这个原则，巴塞尔银行监管委员会又规定：母国应在统一监管的基础上，对跨国银行的全球业务进行控制；母国当局有获取跨国分支机构信息的权力。

从理论上讲，由母国对跨国银行进行统一监管具有优势。根据主权原则，东道国监管当局无法控制外国母行和其他国家分支行的经营行为，而跨国银行总部所在的母国，有权通过对银行总部的监管，实现对该行整体运作的控制。母国之所以无法很好地实现对跨国银行的全面有效控制，主要是由于获得银行海外机构的信息的能力有限。这就决定了东道国在合并监管中的主要任务是：积极控制境内分支机构运作，向银行母国提供有用的监管信息，协助母国完成监管。东道国在这种以母国监管为主的方式下，可以采取保护自身利益的一项主要手段，即严格外国金融机构的市场准入。东道国可依据审慎经营的原则，对母国监管能力未达到令人满意程度的银行实行禁止进入。由于东道国无法对跨国银行实施统一监管，那么，可以实行统一监管的母国的监管能力就显得尤为重要。当某一银行的母国监管不足时，准许该银行进入的国家将面临很大风险。

（四）并表监管原则

并表监管原则要求母行和母国监管当局除了根据银行或银行集团全球业务规模控制资本充足率外，还应当在合并资产负债表的基础上，按照审慎原则对银行或银行集团在世界范围内的所有业务进行风险和资本充足性管理。对母国监管者来说，在实施全球性并表监管时，银行监管者必须对银行在世界各地的所有业务进行适当监测，并执行审慎监督原则，包括其外国分行、附属机构和合资机构。母国银行监管者的一项主要责任，是确保母国银行有效控制其海外机构内控制度的遵守情况，定期收集足够的信息并核对信息。在许多情况下，银行海外机构从事的业务可能与其国内的业务完全不同，因而，监管者必须要求银行具有专业技能。目前，主要发达国家基本实现了并表管理，法律要求银行集团的所有成员和跨国银行的所有分支机构，必须联合制定统一的业务报表，以便监管当局对银行进行统一有效监管。但某些国家的银行保密法规有可能构成对母国方面实施全面综合并表监管的障碍。因此，综合并表监管的一项关键内容是与各国的监管者，特别是东道国监管当局建立联系、交换信息。这种联系应表现为在东道国监管当局发照之前，要征求母国监管当局的意见。有些监管当局已经达成了双边协议，可以帮助确定分享信息的范围和在一般情况下分享信息的条件。除非能就获取信息达成满意协议，否则，银行监管当局应当考虑禁止国内银行在其法规不提供给监管者所需信息的国家内建立机构与开展业务。

二、本国境外金融机构监管的内容

由于对本国境外金融机构遵循共同监管原则，母国在实施监管的过程中，需要东道国的支持与配合。根据被监管机构类型的不同，母国监管当局对境外金融机构监管内容也随之调整。对本国境外银行监管的主要内容，包括偿付能力监管、流动性监管和外汇交易头寸监管。

母国对银行海外机构偿付能力监管的责任划分，取决于被监管机构的类型，分行的偿付能力与母行的整体偿付能力分不开。因此,尽管东道国当局对国外分行财务状况负有一般管理责任,但其是否有偿付能力主要是母国金融监管当局的责任。对于附属行,偿付能力监管是东道国和母国当局共同的责任。东道国当局有责任对其管辖范围内所有外国附属行的偿付能力进行监管。与此同时,负责对母行进行综合监管的母国当局,也需要了解母国机构的偿付能力是否受到海外附属行经营业绩的影响。

母国监管当局对银行海外机构流动性监管的责任划分,也取决于所监管的机构类型。东道国当局有责任对境内外国银行机构的流动性进行监管,母国当局有责任对整个银行集团的流动性进行监管。对于分行,流动性监管主要是东道国监管当局的责任。东道国监管当局通常都具备监管流动性的能力。因为流动性问题关系到当地法规、惯例及其国内货币市场的功能。同时,母国当局也有责任对整个银行集团的流动性进行监管。母国监管当局需要了解母行的控制系统,考虑海外分行的依赖性。如果东道国和母国监管当局在彼此职责划分的某些具体问题上存有疑问,双方应协商一致对于附属行,流动性监管的主要责任也应由东道国监管当局承担,母国监管当局应对母行与附属行之间的约定以及其他措施加以考虑。东道国监管当局应将这些措施和约定中的重点通知母国监管当局,以确保母国监管当局在对母行的监管中充分考虑这些问题,当东道国监管当局对外国附属行的流动性实施监管遇到困难时,应通知母国监管当局并及时采取相应措施,以保证监管充分性。对于合资银行,流动性监管的主要责任由注册国监管当局承担。

外汇交易和头寸监管,同样是母国和东道国当局的共同责任。母行对集团外汇总敞口应有现场控制,母国当局必须对这些控制系统进行管理。东道国当局应了解母国当局对海外机构进行监管的程度和范围,以更好地对辖内外国机构的外汇敞口进行管理。

三、我国对境外金融机构的监管

随着我国金融机构尤其是商业银行纷纷在海外开设分支机构的增加,金融监管当局加强对境外金融机构的监管的必要性逐渐提升。为了加强境外金融机构的管理,保障金融事业的健康发展,中国人民银行发布制定《境外金融机构管理办法》。主要包括以下四个方面。

(一) 严格境外设立分支机构的审批制度

金融监管机构对提出申请的金融机构进行全面评估,确认其是否具备经营海外业务的条件,以及应对各种突发事件和控制、化解风险的能力。同时,对东道国的金融、经济、法律和政治状况进行详尽了解,充分估计不利因素和潜在风险,确保我国境外金融机构的平稳运营。

(二) 加强对海外分支机构总行的监管

各总行对境外机构的风险进行充分评估,总行及其境外分支机构建立风险防范机制,对境外业务进行全面风险监测,协同分支机构对发现的风险隐患及时化解。通过各种途径评估与掌握境外机构的运营状况,定期检查所有海外机构内部制度的执行情况。此外,金融监管机构加强全面监控,从中分析有可能对海外业务产生不利影响的各种隐患。

(三) 完善境外监管制度,保证监管基础

根据《银行业有效监管核心原则》,结合我国境外监管实践,健全境外监管制度。在对境外金融机构实行有效统一监管制度的基础上,针对境外金融机构所在东道国的具体情况,采取富有针对性的监管措施,坚持例行监管制度,如定期报表报送制度、监管档案制度、信息通

报制度、现场检查制度等

（四）加强与各国监管机构的合作

在遵循国民待遇和平等互惠原则的基础上，与东道国监管当局建立联系制度，经常交换信息，主动为东道国监管机构提供我国金融机构的信息资料东道国监管有困难时，我国监管机构予以积极配合，必要时通过现场检查、外部审计等途径协助东道国加大监管力度。

2014年12月，《中国人民银行关于存款口径调整后存款准备金政策和利率管理政策有关事项的通知》（银发〔2014〕387号），规定将境外金融机构在境内金融机构存放纳入存款准备金交付范围。自2016年1月25日起，对境外金融机构在境内金融机构存放执行正常存款准备金率政策。境外金融机构不包括境外央行（货币当局）和其他官方储备管理机构、国际金融组织、主权财富基金等境外央行类机构。对境外金融机构境内存放执行正常存款准备金率，建立了对跨境人民币资金流动进行逆周期调节的长效机制，是完善宏观审慎政策框架的一项重要措施，有助于抑制跨境人民币资金流动的顺周期行为，引导境外金融机构加强人民币流动性管理，促进境外金融机构稳健经营，防范宏观金融风险，维护金融稳定。

第三节　跨国金融机构并购监管

并购指的是兼并（merger）和收购（acquisition）。兼并指两家或者多家独立法人的企业合并组成一家，通常由占优势一家公司吸收一家或者多家公司。收购指一家企业用现金或者有价证券购买另一家企业的股票或者资产，以获得对该企业的全部资产或者某项资产的所有权，或对该企业的控制权。合并（consolidation）则指两个或两个以上的企业合并成为一个新的企业，合并完成后，多个法人变成一个法人。

跨境并购主要包括股权收购、资产收购两种模式。股权收购指并购方企业通过受让现有股权、认购新增股权等方式获得标的企业实际控制权；资产收购是指并购方通过收购资产、承接债务的方式以实现合并或实际控制目标企业或资产。金融机构跨境兼并收购能拓展市场，开拓业务，增加企业影响力。

一、全球金融业的跨国并购

20世纪80年代，全球只有1 000件左右的金融业并购重组案，总金额约500亿美元；20世纪90年代，全球金融业的并购总值相当于1.4万亿美元。20世纪90年代中期至21世纪初期，银行跨国并购迎来了发展高潮。该阶段银行的并购行为更具有战略性，通过跨国并购这种途径来实现自身的全能化发展。跨国银行全能化发展的模式主要有三种：德国的全能银行模式、英国的金融集团模式和美国的金融控股公司模式。跨国银行通过混业并购实现了优势互补，1998年具有经营商业银行优势的德意志银行为了抢占美国市场的地位，以100亿美元巨资收购了具有投资银行业务优势的美国信孚银行，在成为当时美国最大的外资银行的同时，对外也实现了更为全面的金融服务。同年，美国花旗银行与旅行者集团合并，组建了花旗集团，成为当时世界最大的金融"航空母舰"，从规模和经营上，创下了国际金融业并购的最高纪录。合并后的花旗集团资产总额近7 000亿美元，市值达到1 660亿美元,雇员超过 16 万人,业务涉足银行业、保险业和证券投资业等几乎所有金融领域,成为当时全球业务范围最广的国际金融服务集团。在亚洲,日本、韩国、印度尼西亚、马来西亚和泰国等国家将金融业并购作为金融体制改革的重要举措,用以提高金融机构的资本实力。1999 年 5 月 10 日,汇丰控股有限公司耗资 103 亿美元收购美国纽约共和公司及其欧洲姐妹机构 SRH 的股份。美国纽约共和公司的主要附属公司是美国利宝银行,SRH 则是一家银行控股公司,旗下银行分布于欧洲多个国家。收购完成后,汇丰公司增添了 100 万名美国和欧洲客户,极大地扩展了个人银行、商业银行及外汇市场业务,巩固了庞大的全球银行业务体系,促进了业务和利润增长。

随着全球经济一体化的发展及我国跨国企业走出去的需求,中国金融机构也不断拓展跨境业务,并购以国有大型商业银行为主,例如 2008 年中国工商银行以 55 亿美元收购南非标准银行 20% 的股权,是当时工商银行最大的一笔对外直接投资。中国商业银行并购模式主要有三种:直接并购、在境外设立子公司、直接参股外国银行。在并购过程中,中国商业银行也经历过失败的案例,例如 2008 年中国民生银行计划收购美国联合银行。

二、外资金融机构对我国金融机构的收购

20 世纪 80 年代以来,随着中国金融业对外开放的加速,外资银行等金融机构加快进入中国。进入的方式主要有新设进入和并购进入两种。

(一)外资进入机构新设进入

新设进入主要是指外资金融机构根据自身情况在我国设立各种形式、规模的海外分支机构,主要包括代表处、分行、外商独资银行和合资银行。

代表处(representative office),又称外国企业在华常驻代表处。外国企业常驻代表机构只能在中国境内从事非直接经营活动,不能从事任何营利活动。1979 年日本输出入银行在北京设立了第一家代表处。分行是不具备独立法律地位,属于外国总行的一部分经济实体,不具有独立的法人资格、资本、资产和负债,隶属于母行中外合资银行是中国和外国的金融机构共同出资经营的银行,1985 年厦门国际银行即首家中外合资银行,从事外汇汇款、国际结算、咨询等服务外商独资银行是外国银行单独出资或与其他外国金融机构共同出资设立的外资银行。2006 年,《外资银行管理条例》对外资银行的业务和法人资格均有规定,以确保其处于中国银监会的有效监管之下。

2006 年,《外资银行管理条例》主要规定:外商独资银行、中外合资银行的注册资本最低限额为 10 亿元人民币或者等值的自由兑换货币。注册资本应当是实缴资本。外商独资银行、中外合资银行在中华人民共和国境内设立的分行,应当由其总行无偿拨给人民币或者自由兑换货币的营运资金。外商独资银行、中外合资银行拨给各分支机构营运资金的总和,不得超过总行资本金总额的 60%。外国银行分行应当由其总行无偿拨给不少于 2 亿元人民币或者等值的自由兑换货币的营运资金。国务院银行业监督管理机构根据外资银行营业性机构的业务范围和审慎监管的需要,可以提高注册资本或者营运资金的最低限额,并规定其中的人民币份额。

拟设外商独资银行、中外合资银行的股东或者拟设分行、代表处的外国银行应当具备下列条件:

(1) 具有持续盈利能力,信誉良好,无重大违法违规记录;

(2) 拟设外商独资银行的股东、中外合资银行的外方股东或者拟设分行、代表处的外国银行具有从事国际金融活动的经验;

(3) 具有有效的反洗钱制度;

(4) 拟设外商独资银行的股东、中外合资银行的外方股东或者拟设分行、代表处的外国银行受到所在国家或者地区金融监管当局的有效监管,并且其申请经所在国家或者地区金融监管当局同意;

(5) 国务院银行业监督管理机构规定的其他审慎性条件。

拟设外商独资银行的股东、中外合资银行的外方股东或者拟设分行、代表处的外国银行所在国家或者地区应当具有完善的金融监督管理制度,并且其金融监管当局已经与国务院银行业监督管理机构建立良好的监督管理合作机制。

拟设外商独资银行的股东应当为金融机构,满足以上条件外,其中唯一或者控股股东还应当具备下列条件:

(1) 为商业银行;

(2) 提出设立申请前1年年末总资产不少于100亿美元;

(3) 资本充足率符合所在国家或者地区金融监管当局以及国务院银行业监督管理机构的规定。

2006年底出台的《外资银行管理条例》,于2014年进行修改,主要是对外国银行分行改制为由其总行单独出资的外商独资银行的规定。2019年9月30日为进一步扩大金融业对外开放,国务院决定对《外资保险公司管理条例》和《外资银行管理条例》部分条款予以修改,进一步完善对外资金融机构进入中国的监管内容。

(二) 外资银行并购方式进入

中国加入WTO之前只有少数外资获批参股中资银行,而且参股的比例也比较小。加入WTO后外资收购中资银行特别是中小银行股份成为外资金融机构进入及扩大在华市场份额的便捷途径。2001年11月29日,国际金融公司(IFC)注资2 700万美元,持有南京商业银行15%的股权;2002年,IFC和加拿大丰业银行在西安市商业银行增资扩股后,分别持有西安商业银行12.5%和12.4%的股份;2003年7月,汇丰银行收购了上海银行8%的股权;2003年12月17日,恒生银行、新加坡投资有限公司、IFC参股兴业银行,合计持有兴业银行总计24.98%的股本,成为仅次于福建财政厅的第二大股东。2003年《境外金融机构投资入股中资金融机构管理办法》规定,单一外国机构在中国一家银行持股比例不得超过20%,多家外资总持股比例不得超过25%。2006年底《外资银行管理条例》及其《实施细则》发布后,法人银行逐渐成为外资银行进入中国的主要方式。

2003年《境外金融机构投资入股中资金融机构管理办法》投资入股中资金融机构的主要规定:

(1) 以中长期投资为目标;

(2) 使用货币出资;

(3) 投资入股中资商业银行的,最近一年年末总资产原则上不少于100亿美元;投资入股中资城市信用社或农村信用社的,最近一年年末总资产原则上不少于10亿美元;投资入股中资非银行金融机构的,最近一年年末总资产原则上不少于10亿美元;

(4) 中国银行业监督管理委员会认可的国际评级机构最近两年对其给出的长期信用评级为良好;

(5) 最近两个会计年度连续盈利;

(6) 商业银行资本充足率不低于8%;非银行金融机构资本总额不低于加权风险资产总额的10%;

(7) 内部控制制度健全;

(8) 注册地金融机构监督管理制度完善;

(9) 所在国(地区)经济状况良好;

(10) 中国银行业监督管理委员会规定的其他审慎性条件。

第四节　涉外金融机构风险监管

涉外金融机构风险,指金融机构在涉外金融业务的经营过程中所面临的所有风险,以及国内金融业务受国际因素影响所遭受的风险。金融机构在涉外金融业务的经营中所面临的风险因素很多,既有金融机构的一般风险,又有涉外金融业务所引起的特殊风险。主要有国家风险、信贷风险、利率风险、外汇风险。

一、涉外金融风险的种类

(一) 国家风险

国家风险(country risk)指在国际经济活动中,由于国家的主权行为所引起的造成损失的可能性。国家风险是国家主权行为所引起的或与国家社会变动有关。在主权风险的范围内,国家作为交易的一方,通过其违约行为(如停付外债本金或利息)直接构成风险,通过政策和法规的变动(如调整汇率和税率等)间接构成风险。在转移风险范围内,国家不一定是交易的直接参与者,但国家的政策、法规却影响着该国内的企业或个人的交易行为。

主权风险(sovereign risk)指作为借款人或担保人的外国政府单方面拒绝或延期偿还贷款的风险。政府借款人也称为"主权借款者",因此主权风险也可以理解为主权借款者的违约风险。由于国家实体具有受国际法保护的主权豁免,所以,当一国国内的经济实体在政府担保下违约,银行不能诉诸法庭,也不能以政府的财产作抵押。有时候,这个违约国还可能有一个强有力的保护国,也可能债权银行的命运与违约国紧紧联系在一起。

国家风险比主权风险或政治风险概念更广。主权风险只是对某一主权国家政府贷款可能遇到损失的不确定性,这是国家风险的一部分。国家风险必须是政府导致且无法被个人或企业控制的因素造成的风险。根据性质划分,国家风险可分为政治风险、社会风险和经济风险;根据借款形态划分,可分为主权风险、部门风险、公司风险、个人风险等。从风险分析上看,国家风险的分析包括经济、政治、国际关系的基本面分析。

(二) 信用风险

信贷风险有两种含义:其一是指由于银行从事信贷活动而导致的风险;其二是指信用风险或违约风险,即由于借款人违约而导致的风险。信贷风险在通常情况下是银行所面对的最大的风险。在国际银行业中，信贷风险显得更为严重。主要的原因有二：一是信息不对称要比国内银行业更为严重；二是合同的可执行性、抵押品的保障作用要比国内银行业弱。而这些原因又是由于国境和国家主权的存在导致的。

国际信贷业务要求银行对国外借款人信用水平作出判断，这些判断并非总是正确的。因此，银行面临的一个主要风险是信用风险。信用风险不仅存在于贷款业务中，也存在于其他表内与表外业务中，如担保、承兑和证券投资。亦有可能是由于国家间双边或多边条例促使金融机构寻租行为产生风险。涉外金融业务的国际性，使金融机构在经营中面临不同的法规体系、政治风险和外债清偿中断的可能性。最重要的是，涉外金融特殊的经营背景和独特的业务特征，使金融机构的活动具有更为复杂的风险。据穆迪投资公司1998年发表的一份研究报告，全球12大银行体系都受到亚洲金融危机的影响。其中，日本银行业所受的影响最大，涉及贷款额1 820亿美元；德国银行业涉及贷款额620亿美元；比利时银行业涉及贷款额150亿美元。

（三）利率风险

利率风险是指由于预期利率水平和到期时实际市场利率水平的差异而造成金融机构损失的可能性。利率风险可以分为直接利率风险和间接利率风险。前者是指由于利率的变动，引起银行资产负债产生的收益和成本的变动，直接导致最终损益的变动；后者是指由于利率的变动，引起客户存贷款行为的变动，从而间接地导致银行损益的变动。对于利率风险管理而言，利率缺口和流动性缺口二者之间有密切的联系：任何流动性缺口都会产生利率缺口。因为当银行流动性不足时（流动性缺口为负），需要从市场上以市场利率筹资来弥补，就会产生利率敏感性负债；相反，流动性盈余时（流动性缺口为正）就会产生利率敏感性资产。

（四）外汇风险

外汇风险是指因汇率变动或外汇交易的不确定性而可能蒙受的损失。外汇风险的三个要素包括：①外汇暴露（foreign exchange exposure）资产负债或营业收支的真实本币值，对汇率的非预期变动的敏感性；②汇率的不确定性，汇率偏离预期值的程度；③外汇交易中其他因素的不确定性。外汇风险的类型主要有：交易风险、清算风险、信用风险。

二、涉外金融风险监管

（一）金融风险预警制度

由于金融机构从事涉外金融业务使金融机构面临的风险更加复杂，建立一套有效的预警指标体系，科学地预测风险是监管当局的高度重视的内容。在金融风险预警制度上，主要是依照巴塞尔协议以及骆驼信用评级指标体系进行日常性监管。骆驼信用评级指标体系是美国金融管理当局对商业银行及其他金融机构的业务经营、信用状况等进行的一整套规范化、制度化和指标化的综合等级评定制度。因其五项考核指标，即资本充足性（capital adequacy）、资产质量（asset quality）、管理水平（management）、盈利水平（earnings）和流动性（liquidity），与巴塞尔协议均为银行类金融机构监管的主要框架。

（二）涉外金融风险监管

1. 国家风险的监管

国家风险评估的结果是银行进行跨国贷款业务时控制国家风险的基础和依据，目的是对国家风险进行有效的管理。从监管角度来说,通常对国家风险的监管主要是监管当局对母公司的监管来实现的。银行所属国的官方监督机构对所有国外贷款实行检查,东道国官方监督机构对在该国的分行和附属机构的贷款进行检查。

银行一般采用以下几种管理措施:风险规避和限制、风险转移、风险集合、风险分散。从监管的角度来说主要是对一国贷款限额从金额和比例上做监管。国家贷款限额是商业银行承担向任何一国贷款的最高限额。国家贷款限额的设定以国家险评估为基础。对外资产的构成应反映分散风险的要求,避免对某个国家的集中贷款。贷款银行应经常监视国家贷款限额执行情况,使风险资产保持在限度内。

2. 外汇风险的监管

金融机构从事外汇交易要承担诸多风险,许多国家对金融机构从事外汇交易业务加以限制美国、法国、加拿大等国家对银行从事外汇交易没有限制,但大部分国家对银行的外汇交易有不同程度的监管,德国规定,任何一家银行的外汇交易净总额不超过资本的30%英国监管当局根据外币的结构和交易状况的差异,限制货币净交易额不能超过资本量的10%,一切货币的总计交易额不得超过资本量的15%。

对金融机构而言,应在金融监管当局的规定范围内,根据资本实力、风险承受能力和管理成本高低等、决定采取风险管理的措施。总的目标是既要避免汇率风险,又要敢于冒可以控制的风险,获取交易利润。对外汇风险的管理的主要措施有:①根据汇率变动,对汇率变动方向作出预测;②根据外汇买卖情况,通过设立各种头寸限额,包括对缺口头寸的额度、现汇和期汇的敞口头寸等进行管理,保证敞口头寸在限额控制的范围内;③灵活调整资产负债货币结构,降低货币结构的不对称汇率风险,使资产负债在货币结构上匹配;④利用金融市场工具进行保值,采用货币调期、外币期货交易、货币期权等金融工具。

3. 信用风险的监管

信用风险监管一般包括信用风险评级、风险管理信息系统和设立信用限额。

信用风险评级是金融机构应对每个国外借款人和每笔授信业务进行评级。对每笔授信的评级不仅在国际贷款后定期进行,即使在提供贷款前,也应根据国外借款人的资信状况、授信种类和数额、担保条件等因素,对可能发放的授信事先评级,以便决定是否发放授信。

风险管理信息系统通常根据要求及时收集、汇总在某国、某地区、某行业以及某个风险级别等方面的授信情况,以随时获取信贷敞口的分布情况。管理信息系统提供的这些信息在审批具体交易或者贷款时可供参考,为贷款组合管理提供了数据支持,为风险评价模型的准确设立提供了充分的历史统计数据。

设立信用限额是对客户设定最大限额。这一最大限额不应超过权益的一定百分比;对某行业的限额也不应超过总信用组合的某一百分比。

4. 利率风险的监管

利率风险管理在利率预测和利率风险衡量的基础上,进行利率风险管理主要有两大类:一类是传统的表内管理方法,通过增加(或减少)资产或负债的头寸,或者改变资产或负债的内部结构(如构造免疫资产组合),达到控制利率风险的目的;另一类则是表外管理方法,主要是为现有资产负债头寸的暂时保值以及针对个别风险较大,或难以纳入商业银行利率风险衡量体系的某一项(类)资产或负债业务,通过金融衍生工具等表外科目的安排来对其进行"套期保值"。

延伸阅读

外资积极进入中国金融市场(节选)

近年来,中国金融业对外开放有序推进,取得积极进展,共批准设立100多家外资银行、保险、证券、支付清算等机构。接下来,中国将推动形成以负面清单为基础的更高水平金融开放,优化外资银行、保险等金融机构准入门槛要求,中国金融市场对外资的吸引力会进一步提升。

一、多个"第一"陆续诞生

"能够在中国设立并运营一家全资证券公司,是我们在这一关键市场达成的又一重要里程碑。"摩根大通亚太区主席及首席执行官郭利博说,"我们相信,在中国金融市场不断发展、客户需求不断多元化的背景下,此举将进一步强化摩根大通在中国的业务实力。"

2021年,摩根大通对外宣布,摩根大通证券(中国)有限公司控股股东——摩根大通国际金融有限公司受让5家内资股东所持股权并成为摩根大通证券(中国)唯一股东的事项已被准予备案,摩根大通证券(中国)将成为中国首家外资全资控股的证券公司。

从取消合格境外机构投资者(QFII)和人民币合格境外机构投资者(RQFII)投资额度限制,到取消银行、证券、基金管理、期货、人身险领域的外资持股比例限制,再到取消企业征信评级、信用评级、支付清算等领域的准入限制……近年来,中国金融开放连出实招,吸引国际金融机构进入中国市场,首家外资控股证券公司、首家外资独资寿险公司、首家外资全资控股期货公司、首家外资全资控股公募基金等多个"第一"陆续诞生。

2020年9月获批筹建,2021年7月正式开业——不到一年时间,中国首家外商独资货币经纪公司上田八木货币经纪(中国)有限公司跑出了在华布局"加速度"。该公司总裁黄洪表示:"我们长期看好中国,将通过金融科技创新,不断完善业务产品线和业务系统,为境内外客户提供业界最前沿、最周到的服务。"据悉,上田八木公司注册资本为6 000万元人民币,经营业务范围包括境内外的外汇市场交易、货币市场交易、债券市场交易、衍生产品交易。

从设立公司到开展业务,外资机构纷纷加快在华发展步伐。2021年8月30日,贝莱德基金首只公募产品公开发售。作为中国首家外资全资控股公募基金公司,贝莱德基金管理有限公司2021年6月在上海正式开业,公司董事长汤晓东表示:"中国金融业的进一步开放赋予贝莱德更大的发展机遇和空间。贝莱德深耕中国市场超过15年,我们将凭借全球视野的投研平台、行业领先的风险管理体系,在中国市场推出一系列公募基金产品。"

二、人民币资产被看好

外资不仅积极在华新设公司,而且"组团"增持人民币资产。

截至2021年7月末,境外机构持有银行间市场债券3.77万亿元,较2020年12月末增加0.52万亿元,约占银行间债券市场总托管量的3.5%。7月份,新增5家境外机构主体进入银行间债券市场;7月末,共有972家境外机构主体入市,较2020年12月末增加67家。

"尽管全球经济和金融局势紧张,中国仍继续吸引着创纪录的投资流入。"随着金融业进一步开放,中国吸引的外资迅速增长,2021年以来流入中国A股和购买中国政府债券的外资实现了大幅增长。

顺应全球投资者的需求,国际主流指数纷纷将人民币债券纳入其中。继花旗、彭博、摩根大通把中国债券纳入其主要指数后,2021年10月29日开始,富时罗素将把中国国债纳入其富时世界国债指数。英国杜伦大学金融学首席教授郭杰认为,中国国债安全、稳定,经济表现优于全球大部分经济体,即使在市场波动中也体现出了稳定性,这促使人民币债券成为全球投资的避风港。"按照5.25%的纳入权重计算,未来3年,纳入富时世界国债指数将为中国债市吸引上千亿美元国际资金。"

包括债券在内,当前人民币资产在全球资产配置中的占比相对高于其他新兴经济体。国家外汇管理局副局长、新闻发言人王春英介绍,从市场机构配置需求来看,人民币债券和股票纳入主要国际主流指数后,所占的权重在新兴经济体中居首位,未来境外投资者还会继续投资中国债券。从官方配置来看,国际货币基金组织(IMF)最近发布的数据显示,2021年一季度末,全球外汇储备中的人民币占比升至2.45%,规模达到2875亿美元。

总部设在伦敦的智库——国际货币金融机构官方论坛发布的一份年度调查报告显示,2021年全球30%的央行计划在两年内增加人民币持有量,这一比例较2020年明显提升。同时报告显示,20%的央行计划在两年内减持美元,18%的央行计划在同一时间段内减持欧元。

"展望未来,将有更多海外机构投资人配置人民币资产。"花旗银行研究部董事总经理、首席中国经济学家刘利刚说。

三、抓好开放承诺落实

市场热情高,政策再发力。2021年7月21日召开的国务院常务会议提出,持续抓好金融业对外开放承诺落实,主动对标开放程度较高的国际标准,推动形成以负面清单为基础的更高水平金融开放。优化外资银行、保险等金融机构准入门槛要求,完善金融机构母子公司跨境往来规则。优化外资参与境内金融市场的渠道和方式。

中国人民大学中国资本市场研究院联席院长赵锡军认为,近年来,中国金融业对外开放措施接连发布,取得了显著成效。通过扩大行业开放引入各类金融机构、业务、产品,鼓励良性竞争,可以增加金融的有效供给,有利于统筹利用好两个市场、两种资源,优化资源配置,更好地满足差异化、个性化的金融服务需求,以此促进行业服务水平实现跃升,以更优质的金融服务满足实体经济高质量发展和人民对美好生活的需要,帮助外资分享中国市场机遇。

围绕金融业开放,各地各部门加快作出新部署。人民银行等六部门日前发布《关于推动公司信用类债券市场改革开放高质量发展的指导意见》,提出推动债券市场高水平开放,健全境外发行人在境内发债的制度框架,推动更多符合条件的境外评级机构开展境内业务。外汇局提出,2021年下半年进一步扩大贸易外汇收支便利化、私募股权投资基金跨境投资、跨国公司本外币一体化资金池等便利化试点范围。

作为全球资管机构在国内的重要集聚地和展业地,上海陆家嘴日前启动全球资产管理伙伴计划,邀请全球知名资产管理机构、综合金融服务商、行业组织等加入,促进各类金融机构务实合作,加强境内外资管业务沟通交流,首批共82家成员,同时推出畅通境内外资金投资渠道、加强配套服务、优化法治环境等系列措施。

"海外投资人很关注中国市场,很愿意将其资产配置在中国。"贝莱德基金管理有限公司总经理张弛表示,"陆家嘴全球资产管理伙伴计划有利于搭建有效整合国际国内资管机构等各类金融机构的行业领先合作平台,我们期待与同业伙伴一起为中国金融市场发展助力。"

"随着稳妥推进银行、证券、保险、基金、期货等金融领域开放,各项措施陆续落地,未来会有更多外资进入中国市场。"赵锡军说。

 本章小结

1. 对境内外资金融机构监管的主要内容包括：金融市场准入监管、金融风险监管、金融业务监管和市场退出监管。

2. 对本国境外金融机构监管的原则包括：充分性原则、合并监管原则、母国监管为主原则和并表监管原则。监管内容主要包括对金融机构偿付能力、流动性及外汇头寸的监管。

3. 涉外金融风险的种类主要包括国家风险、信贷风险、外汇风险和利率风险。涉外金融风险的特点是：涉外业务的国际,性使金融机构在经营中面临不同法规体系、政治风险和外债清偿中断的可能性；涉外业务货币多元化，使得金融机构在经营中涉及多种货币，汇率风险比较大；涉外金融特殊的经营背景和业务，使金融机构的业务风险更为复杂。对涉外金融风险的监管包括：建立预警制度、对国家风险的监管、对外汇风险的监管、对信用风险的监管。

 关键词

境内外资金融机构监管　本国境外金融机构监管　跨国金融风险　骆驼信用评级指标　国家风险　信贷风险　外汇风险　利率风险

 **复习思考题**

1. 请简述涉外金融风险的类型。
2. 请简述骆驼评级系统。

第十一章 反洗钱金融监管

本章概要

本章主要介绍洗钱及反洗钱有关方面的知识以及当前国际和国内打击反洗钱犯罪的途径和未来发展趋势。

学习要点

1. 洗钱活动的特点与主要渠道。
2. 反洗钱金融监管的方法与手段。
3. 国际反洗钱联合监管的合作网络。
4. 我国的反洗钱金融监管及未来发展。

引导案例

2014年,南昌市某房地产开发有限公司(以下简称"A公司")为低价取得山某村157.475亩土地使用权进行房地产开发,多次向村支书熊某行贿,曾某以提供银行账户、转账、取现等方式,帮助熊某转移受贿款共计3 700万元。2016年11月16日,熊某因另案被检察机关立案侦查,曾某担心其利用众某公司帮助熊某接收、转移500万元受贿款的事实暴露,以众某公司名义与银某公司签订虚假土方平整及填砂工程施工合同,将上述500万元受贿款伪装为银某公司支付给众某公司的项目工程款。2019年,东湖区人民法院于11月15日作出判决,认定曾某犯洗钱罪,判处有期徒刑三年六个月,并处罚金300万元。曾某未上诉,判决已生效。

近年来,洗钱犯罪行为频繁发生,反洗钱的监管也在不断完善,洗钱行为是如何产生的?各国在反洗钱方面分别做出了哪些努力?

第一节 洗钱的主要渠道

一、洗钱的定义及成因

(一)洗钱的定义

洗钱是由英文"money laundering"翻译而来,本意是指将脏污的硬币清洗干净的意思。

据说在20世纪初,美国旧金山一家饭店的老板为了不让沾满污垢的硬币弄脏了顾客的白手套,而将硬币通通都清洗了一遍,被清洗后的硬币像新币一样干净,这也就是最原始意义上的洗钱。

现代洗钱活动则起源于20世纪20年代,美国芝加哥出现了以鲁西诺为首的有组织的犯罪集团,他们以开洗衣店来掩盖贩卖毒品的罪行。该组织通过购买自动洗衣机为客户清洗衣物,并收取现金,然后将贩卖毒品的非法收入和洗衣合法收入混在一起申报,将非法收入成功"洗"成合法收入,这便是最早的现代意义的"洗钱"活动。

洗钱作为一个法律概念,出现在1988年12月9日通过的《联合国反对非法税务机关交易麻醉药品和精神病药物公约》中。该公约对洗钱的定义是:"为隐瞒或掩饰因制造、贩卖、运输任何麻醉药品和精神药物所得之非法财产的来源,而将该财产转换或转移"。可以看出,该定义仅将毒品犯罪作为洗钱的上游犯罪。

此后,许多国家与国际组织将洗钱的上游犯罪进一步扩大。1989年成立的反洗钱国际性组织——金融行动特别工作组(FATF)将洗钱定义为:"凡隐匿或掩饰因犯罪行为所取得的财物的真实性质、来源、地点、流向及转移,或协助任何与非法活动有关系之人规避法律应负责任,均属洗钱行为。"这一定义将洗钱的上游犯罪从毒品犯罪扩大到几乎所有犯罪。

2000年10月在加拿大温哥华召开的"太平洋周边地区反洗钱金融犯罪会议",将洗钱概念又一步外延,将下列行为也视为洗钱:①把合法资金洗成"黑钱"用于非法行径,如把银行贷款通过洗钱变为某人在赌场的赌资;②把一种合法资金"洗成"另一种表面也合法的资金,如将国有资产通过"洗钱"转移至个人账户以实现侵吞的目的;③把合法收入通过"洗钱"逃避税收、外汇等监管,如外资企业把合法收入通过洗钱转移至境外。

巴塞尔银行监管委员会则从金融交易的角度将洗钱定义为:"犯罪分子及其同伙利用金融系统,将资金从一个账户向另一个账户作支付或转移,以掩盖款项的真实来源和收益所有权关系;或者利用金融系统提供的安全保管服务存放款项。"这一定义指出,洗钱是洗钱者利用金融系统将非法的资金通过账户间的转移支付、保管等手段转化为合法资金,从而使之进入正常的货币流通领域并为其所用的过程,也就是将非法收入合法化的过程。

进入21世纪,恐怖融资逐渐成为洗钱活动的新方向。受"9·11"事件影响,国际社会开始注重对恐怖融资的打击。2001年10月,金融行动特别工作组发布的《关于恐怖融资的特别建议》中提道:"各国应当将恐怖主义融资、恐怖行为和恐怖组织规定为犯罪。各个国家应当确保指明这些犯罪为洗钱延伸犯罪。"这也意味着洗钱已从最初个体的、经济的犯罪行为演变为复杂的、有组织的、呈现出国际化和政治化的犯罪行为。

从上述定义可以总结出,狭义的洗钱是指将犯罪或其他非法违法行为所获得的违法收入,通过各种手段掩饰、隐瞒、转化,使其在形式上合法化的行为。广义的洗钱除了包括将非法收入合法化,还扩展到了合法资金非法化、合法资产非法转换等其他领域。

(二)洗钱的成因

洗钱得以出现并日益猖獗的主要原因包括以下四个方面。

1. 自由经济的发展为洗钱犯罪提供了客观环境

20世纪70年代以来,经济全球化浪潮席卷全球,世界各国享受到了全球化所带来的红利,纷纷加大了开放力度,许多封闭经济逐渐转向开放经济,也逐步放松了本国的金融监管。这为高度依赖金融手段和跨国化操作的洗钱活动提供了客观便利。

2. 高收益的巨大诱惑为洗钱犯罪提供了主观动机

犯罪集团为了将非法收入合法化,常常不惜花重金进行洗钱。在巨大利润的诱惑下,个人、机构甚至是国家都可能成为提供洗钱服务的实体,有部分国家甚至催生出了"洗钱贸易"。

3. 监管的宽松与制度漏洞为洗钱犯罪提供了活动的空间

西方社会崇尚市场自由和财务保密原则,因此金融监管当局在进行反洗钱调查时容易受阻。同时,由于各国在反洗钱的认识与金融监管上也存在一定差异,洗钱分子常常会利用这些差异开展跨国洗钱活动,尤其是在一些金融监管较为宽松、制度不完善的国家长期地进行有组织的大规模洗钱。

4. 部分国家带来的"洗钱贸易"

不同国家对洗钱的定义、预防及惩罚不同,部分国家甚至没有明确洗钱犯罪的概念。这使得洗钱者投奔金融监管宽松的国家,开放经济条件下,新兴市场经济国家由于存在众多薄弱环节吸引了洗钱者。这些国家大多注重吸引外资,而其金融监管松散、市场不规范、金融制度不完善,难以辨别国际资本中的黑钱,不具备足够的反洗钱能力。这些国家投资与投机机会多、利润丰厚、洗钱成本低,引发了"洗钱贸易"。假设 A 国是发达国家,金融监管严厉、洗钱成本高且安全性低;B 国是新兴国家,金融监管松散、洗钱成本低且安全性高,这导致两国洗钱的供求曲线形状的差异,如图 11-1 所示。由于 A 国洗钱的需求大于供给,于是进口"洗钱服务",B 国洗钱的供给大于需求,出口"洗钱服务"。

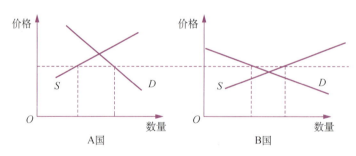

图 11-1 洗钱贸易中 A、B 两国洗钱的供求曲线

二、洗钱的发展阶段及其特点

(一) 洗钱的发展阶段

1. 洗钱的原始阶段

在经济欠发达的国家或社会形态里,犯罪组织或个人清洗犯罪所得的手段和方式往往比较原始,如通过将犯罪所得藏匿在家中,或者将赃款用于购买奢侈品或存入银行生息等方式来隐匿和掩饰非法所得。在这一时期,洗钱本身尚未发展成为专业性、目的性的犯罪行为,同时洗钱的手段也比较简单原始,容易被司法部门追踪和察觉。

2. 洗钱的有组织阶段

随着各种"地下经济"和"黑市经济"的发展,洗钱逐渐进入到有预谋和有组织的犯罪阶段。在这一阶段,洗钱分子开始通过从事合法生意将"黑钱"混入其中以掩盖资金来源。从20 世纪 30 年代起,意大利黑手党和美国黑手党组成庞大的贩毒集团。1957 年 11 月,该贩毒集团伙同洗钱分子和有专业金融背景的人士在美国阿巴拉钦召开"国际会议",集中讨论毒品走私与洗钱问题。会议对集团内部的各黑帮组织进行了职责划分,对毒品走私进口、分销、零售和洗钱进行了细致分工。此后,该集团中的洗钱活动则交由专门的人负责。这标志着洗钱活动从原有的孤立无序的行为逐渐演变为有团体、有组织的行动,洗钱的方式也开始呈现出专业化、技术化和产业化的趋势。

3. 洗钱的国际化阶段

随着经济全球化的不断发展,洗钱逐步演变为跨越国境的职业性犯罪活动。在这一阶段,国际犯罪资金转移越发频繁,金额越来越大,涉及的范围也越来越广,洗钱分子的素养也越来越高,多为具有金融、法律等知识背景的高级人才。同时,洗钱的方式和手段也越来越智能化、科技化和国际化。

(二) 洗钱的特点

进入 21 世纪,伴随着经济全球化的浪潮,各国也不断深化本国领域的金融开放,洗钱也逐渐呈现国际化。从当前全球范围内的洗钱活动来看,其主要包括以下特点。

1. 跨国性

在封闭经济条件下,即使一国存在洗钱犯罪,也多为分散的和个人的行为。但是进入 20 世纪 80 年代以来,随着世界各国经济的不断开放,跨国洗钱逐渐成为洗钱犯罪的最主要形式。洗钱者越来越多地利用世界各国监管之间的差异和漏洞,以及一些金融工具进行跨国的、有组织的洗钱活动。同时,受高利润的诱惑,洗钱者的整体素养也越来越高,越来越多的熟识各国金融政策和监管措施的金融类人才也参与其中助纣为虐。

2. 多样化

由于传统的洗钱方式成本较高,也极易被监管当局发现,同时,随着越来越多的金融专业人士开始从事职业洗钱活动,洗钱方式呈现多样化,包括现金走私、将现金转变为可流通的有价证券、建立并使用前台公司或空壳公司、利用避税和保密的天堂、进行虚假交易等方式。同时,伴随着信息技术和金融科技的不断发展,网络银行、电子货币、虚拟货币等新金融形式的相继出现,也为洗钱者提供了新的洗钱方式。

3. 政治化

现代洗钱活动起源于毒品犯罪,但进入 21 世纪后,恐怖融资逐渐成为洗钱活动的新动向,引起各国重视。尤其是在美国"9·11"事件后,国际社会愈发注重洗钱活动与恐怖主义之间的关联,反洗钱也成为反恐工作的重要组成部分。

4. 科技化

随着现代化信息技术的不断发展,高科技手段在经济活动中的广泛运用,线上交易日益增加,使得资金在全球范围内的流动速度得以加快。同时,金融创新层出不穷,洗钱者的素养愈来愈高,使得洗钱犯罪的手段更加高超。

三、洗钱的主要渠道

(一) 通过金融渠道的洗钱活动

金融渠道由于具备周转资金的便捷性与专业性,成为洗钱者最常用的渠道。洗钱的金融渠道主要包括本国金融机构渠道、外国金融机构渠道、离岸金融中心渠道以及互联网金融渠道。

1. 本国金融机构渠道

该渠道通常以商业银行为主,还包括证券公司、保险公司和其他金融机构。在一些国家或地区实行严格的信息保密制度,金融机构负有为客户保密的义务,这为洗钱犯罪活动提供了金融活动的空间,这也使得金融机构一度成为洗钱犯罪的重灾区。随着近年来各国反洗钱力度的加大,金融监管制度的不断完善,这一渠道的洗钱活动得到有效遏制。

2. 外国金融机构渠道

由于不同国家的金融监管力度和标准存在差异,如果所在国金融监管极为严格,洗钱者则会选择监管相对宽松的国家或地区的金融机构进行洗钱。特别是那些有严格的保密制度以及金融监管相对宽松的国家,成为洗钱者的理想国度。

3. 离岸金融中心渠道

离岸金融中心起源于20世纪中期,最先是在英国伦敦出现的不受所在地政府管辖的国际金融业务汇集地。离岸金融中心具有税率低、金融监管松散、无外汇管制、保密性强等特点,成为洗钱分子的犯罪"天堂"。洗钱者通常在离岸金融中心利用当地人的身份创办空壳公司,再通过空壳公司的账户进行洗钱活动。这些当地人往往是为了一定收入而根据外国律师的指令登记注册的公司,对于公司的真实情况一无所知。如开曼群岛是典型的离岸金融中心。2003年,开曼群岛仅有人口36 000人,却有超过500家的保险公司,600家银行和60 000家工商企业。

4. 互联网金融渠道

互联网金融指传统金融机构利用互联网技术和信息通信技术实现资金融通、支付、投资和信息中介服务的新型金融业务模式。由于其具有的匿名性、效率高、门槛低、管理难等特点,互联网金融成为新的洗钱犯罪集聚地。依托互联网金融的第三方支付平台,可以轻松地帮助洗钱者进行非面对面交易、远距离交易和在线资金的流转,成为洗钱风险的高发地。以比特币为代表的虚拟货币等新兴金融领域,也正在成为洗钱活动的主要渠道。此外,随着金融科技的高速发展,相配套的法律法规和监管措施还未能够完善,这也使得洗钱者有制度的漏洞可钻。

专栏 11-1

运用虚拟货币和"跑分"平台进行洗钱犯罪

近年来,随着监管加强,传统出租支付宝收款码、银行账户的洗钱成本和风险逐渐升高,犯罪分子开始盯上虚拟货币洗钱。由于部分虚拟货币币值稳定,利用虚拟货币洗钱不受监管限制,通道永不被冻结,同时交易是个人与个人之间的点对点分散式交易,十分安全与便捷。因此,虚拟货币洗钱深受犯罪分子"爱戴"。

犯罪分子首先会将"黑钱"用于购买虚拟货币,随后利用虚拟货币的匿名性进行多次交易,最后将"清洗"过的虚拟货币在境外交易所或境内私下交易中变现,完成洗钱操作。在这一过程中,犯罪分子为了隐藏身份,常常使用到一种名为"跑分"的洗钱手段。"跑分"指的是洗钱分子招募社会人员提供自己的银行卡、支付宝等账号,用以打款转账,逃避反洗钱部门追查资金流向。

洗钱者如何找到跑分人员,又是如何利用这些"白手套"完成资金洗白呢?在互联网上,此类黑灰产业已形成一条较为完整的链条。首先,犯罪分子利用互联网平台广泛发布兼职信息,吸引人员参与。随后,跑分平台将手把手教学,带领人员完成洗钱。一般而言,参与者需要在虚拟货币交易所购买虚拟货币,随后提现到跑分平台的钱包地址,平台采取类似网约车的抢单机制,用户接单后可获得一定比例的佣金。而一系列流程结束后,犯罪分子手中的"黑钱"绕过交易所就被兑换成虚拟货币。此外,还有部分"跑分车队"私下交易完成洗钱,其流程大同小异。

由于区块链钱包具有匿名性,整套流程中,实际留痕的只有购买虚拟货币的兼职者,避免了黑灰产从业者的正面接触,以逃避监管。由于参与此类跑分需要掌握访问境外互联网以及买卖虚拟货币的经验,因此不乏许多学生群体参与其中误入歧途。

(二)通过投资渠道的洗钱

1. 国内投资渠道

洗钱者可以通过将非法收入投资国内实体部门进行洗钱,主要有三种方式:一是将黑钱投入现金密集产业,如前文所提到的现代洗钱活动的起源,洗钱者通过投资洗衣店进行洗钱活动;二是将黑钱投资于在建工程,从而将大笔非法资金转换为合法项目的投资收益;三是将非法收入用于购买国有资产以转化为合法资产。

2. 国外投资渠道

洗钱者通常选取监管相对宽松、对资金需求迫切的国家或地区进行洗钱,采取的方式通常有:以投资的方式用大量现金购买该国破产企业、建立空壳公司进行资金转移或者用现金购买证券以"洗白"黑钱。

(三)通过贸易渠道的洗钱

贸易也是洗钱分子进行洗钱活动的渠道之一,主要有以下两种方式:一是在国际贸易中以先买后卖的方式,将黑钱转化为资产后再进一步转化为合法资金,如用非法获取的现金购置房屋、土地、古董等价值昂贵的资产,然后再变卖出去,由此取得合法收入;二是利用贸易中的支付手段将黑钱转化为合法收入,如高报或低报货物或服务价格,对同一货物或服务重复开票,虚报货物或服务数量等。

(四)通过其他手段的洗钱活动

洗钱者还会通过地下钱庄将非法收入转移出境进行洗钱,走私贵重金属、古玩或艺术品进行洗钱或者将非法资金用来赌博在赌场过一遍来进行洗钱等。洗钱者会根据洗钱的阻力大小、成本等因素,选择最合适的洗钱渠道。

四、洗钱的危害

(一)妨碍金融体系的正常运行

由于金融渠道具备周转资金的便捷性与专业性,因此利用金融渠道洗钱依旧是当前不法分子最常用的洗钱方式。伴随着上游犯罪的日益猖獗,犯罪分子的非法收入大幅增加,随之需要进行清洗的黑钱数量也大幅增加。同时,洗钱分子总是在寻找最有利的渠道进行资金清洗,使得黑钱往往瞬间无征兆流动,短时间内通过金融渠道注入或抽逃大量资金对正常的金融秩序会产生巨大冲击,加剧了金融体系的脆弱性。此外,洗钱分子在运用金融渠道洗钱遇到较大阻力时,也会转向其他非法金融或非金融渠道,从而干扰到正常的金融体系运转。

(二) 影响国家经济秩序的平稳运行

随着跨国洗钱的盛行,大量犯罪资金在国际金融市场上流动,这无疑会对一国的汇率稳定造成冲击。

首先,对于实行固定汇率制的国家,大量资金流入导致该国面临着汇率上升的压力,国家被迫投放本币以维持汇率水平,这易引发国内通货膨胀和资产价格泡沫;当大量资金流出本国,导致本国汇率面临着汇率下跌的压力,国家为了维持汇率稳定投放外汇储备,这可能引发外债危机。对于实行浮动汇率制度的国家,大量资金流入导致本币升值,不利于本国商品的出口;大量资金的流出导致本币贬值,则有可能诱发货币危机。此外,洗钱活动一旦在某国形成气候并渗透到该国经济的方方面面,则有可能导致一国的经济命脉被控制的危险。

其次,洗钱分子为了洗钱,常把资金投入到现金密集行业,如房地产、证券市场,一旦大量资金涌入这些市场,都会造成价格信号的失真,影响市场资源配置的效率,也可能会干扰到货币当局对货币政策的制定与实施。

(三) 扰乱政治和社会秩序

首先,洗钱活动阻碍了司法机关对犯罪分子的上游犯罪的追查,为犯罪分子掩饰犯罪创造了条件,使得犯罪分子未能受到应有的惩罚。其次,犯罪集团通过洗钱活动将非法收入合法化,进一步积累了犯罪资本,为其实行其他犯罪和犯罪集团的畸形发展提供了资金来源。因此,洗钱不仅仅是其上游犯罪的延伸,更可能是对未来犯罪的推动,对社会秩序和国家的安全稳定产生不利因素。更有甚者,某些犯罪分子凭借其强大的资本力量,在一定程度上控制了国家经济命脉或者掌控了国家的行政力量,从而进一步扰乱政治秩序,为其非法行为提供某些"合法"保护。

第二节 反洗钱监管制度框架

一、反洗钱监管的环节

洗钱所带来的巨大社会危害,催生出了反洗钱工作。反洗钱是指政府动用立法、司法力量,调动有关的组织和商业机构对可能的洗钱活动予以识别,对有关款项予以处置,对相关机构和人士予以惩罚,从而达到阻止犯罪活动目的的一项系统工程。

反洗钱一般分为三个环节(图11-2)。

图11-2 反洗钱监管的环节

首先是识别,识别出疑似的洗钱案件。在实际的案例情况中,有以下两种途径发现疑似的洗钱案件:一是反洗钱监管当局对金融机构上报的大额与可疑交易报告进行整理分析,再结合国内外金融机构的数据进行联合判断,识别出疑似的洗钱案件;二是公安机关在侦办其他非法犯罪的上游犯罪时,发现犯罪分子大量非法所得去向不明,从而认为存在可疑的洗钱案件。

其次是侦查,甄别疑似的洗钱案件是否洗钱犯罪。经过识别后的疑似洗钱案件,反洗钱监管当局应当立即向有管辖权的侦查机关报案,并在法律法规范围内积极配合侦查机关调查取证。经过侦查机关的侦查后,再决定下一步工作走向。

最后是处理,这也是反洗钱的重点。经过侦查机关的侦查后,确定为洗钱犯罪的案件,应当移送当地司法机关,由司法机关依照有关法律法规进行定罪和判罚。

二、反洗钱监管的机制设计

(一)加强和完善反洗钱的监管立法

通过加强和完善反洗钱立法,既有利于执法机关开展反洗钱工作,也有利于监管程序的规范化。以德国为代表的大陆法系国家,多是对原有法典进行修改,再以其他相关法律法规进行补充;以美国为代表的英美法系的国家,多是单设一套法律体系以此构成新的反洗钱监管法律系统。

(二)建立适合本国国情的监管制度

首先,各国应当设立专门的监管机构负责反洗钱工作。在中央银行执行货币政策和金融监管职能合一的国家,反洗钱监管由中央银行负责;在金融监管机构与中央银行分设的国家,反洗钱监管也常是在中央银行协调下进行。其次,各国还应当建立适合本国的现金交易报告制度。现金交易报告制度打破了银行保密法的约束,对必要的现金交易进行报告以沟通反洗钱信息,实现了对本国金融渠道洗钱的常态化监控,有利于提高反洗钱的效率。最后,各国还应当建立专门的反洗钱情报机构,负责对所收集汇总的情报进行分类分析和国内外数据交换,培养国内民众反洗钱意识,向政府提供建议。反洗钱情报机构设置主要有四种形式:设置在警察系统内;设在司法部门内;附属于监管当局;以独立的机构存在。

(三)充分发挥金融机构在反洗钱中监管主体的作用

金融渠道由于其所具有的周转资金的便捷性与专业性等特点,成为洗钱分子最常用的洗钱渠道,一切具有规模的洗钱活动都得通过金融渠道进行,因此,金融机构在反洗钱工作中,具有重要作用,是反洗钱工作的重要环节。纵观国际上所有涉及反洗钱的国际公约,都将金融机构置于反洗钱的重要地位。反洗钱金融行动特别工作组发布的《关于反洗钱问题的40项建议》中提到,金融机构在客户出现可疑情况下,应采取对该客户的尽职调查,此外,对于国内和国外所有必要的交易记录应当至少保存五年。

(四)积极开展反洗钱国际监管合作

当前洗钱犯罪已普遍发展为国际行为,仅凭借一国力量难以对这种国际犯罪行为进行有效打击。因此,各国应当积极开展国际合作,签订双边或多边协议,建立相关反洗钱国际及区域组织,实现反洗钱信息收集上的互通。

三、反洗钱的主要手段

(一)法律手段

反洗钱的法律手段主要从立法和执法两个方面入手。一方面加快有关法律法规的建设和完善,为反洗钱工作提供基本工作准则,做到有法可依。另一方面国家司法机关坚决依法打击各种洗钱行为和导致洗钱行为的上游犯罪。运用法律手段洗钱是反洗钱工作的立足点,能够提高打击洗钱的力度,增强威慑力和有效遏制犯罪行为。

(二)行政手段

行政手段主要指国家运用行政力量来打击洗钱犯罪所采取的一系列措施,如通过设立专门的反洗钱机构来执行反洗钱任务。这些措施以国家行政权威作为后盾支持,以保证能在一国范围内得到贯彻执行。

(三)金融手段

金融手段主要指反洗钱监管当局利用银行等金融机构的力量对洗钱活动进行识别、监控、报告等手段的总和。由于洗钱分子主要是通过金融渠道进行洗钱活动,因此,金融机构在反洗钱活动中处于第一线的位置,将部分反洗钱监管当局的监控职能下沉到处于一线位置的金融机构,有助于全面、系统和长期地监控,从而提高反洗钱工作的效率。

(四)科技手段

科技手段主要是指利用现代高新科学技术提高反洗钱行动的实时监测水平和整体实施效果的系列手段。随着现代信息技术的不断发展,互联网金融和金融科技的普及,一些犯罪分子也开始借助现代高新技术进行洗钱活动。这就要求监管当局也应当与时俱进,加强相应的科技投入,不断提升反洗钱工作的科技水平。

第三节 国际反洗钱联合监管

一、反洗钱合作的理论分析

金融全球化使得洗钱成为跨国的集团性行为,一国反洗钱是否能够有效受到国内外因素的影响,单一国家无法从根本上阻止洗钱犯罪。假如 A 国反洗钱制度严格,B 国反之,则洗钱罪犯会选择 B 国,尽管 A 国付出了反洗钱成本,但是没有阻止洗钱活动,这是个博弈过程,如图 11-3 所示。

		A国反洗钱监管	
		严格	不严格
B国反洗钱监管	严格	(4, 4)	(8, −4)
	不严格	(−4, 8)	(2, 2)

图 11-3 反洗钱监管博弈

如果 A、B 两国都严格反洗钱监管,收益是(4,4);如果 A 国严格反洗钱监管而 B 国没有,收益是(−4,8),反之是(8,−4);如果 A、B 两国都没有反洗钱监管,收益是(2,2)。可见,如果 A、B 两国协作,可以得到最优解(4,4),对于各国和整个世界都是更优的。正是基于这个道理,20 世纪 80 年代后期,各国意识到金融监管当局的协调合作对于打击洗钱极为关键,加强了反洗钱的国际合作。

二、全球性反洗钱合作网络

(一) 联合国

联合国作为世界规模最大、最有影响力的全球性国际组织,它所制定的公约对全球具有重要影响。20世纪80年代以来,联合国有关反洗钱方面的立法经历了一个从起步到完善的过程,一共通过并实施了四部有关反洗钱的法律法规。

1988年12月19日,在维也纳通过的《联合国禁止非法贩运麻醉药品和精神药物公约》(以下简称《禁毒公约》)是联合国制定的第一部涉及惩治跨国洗钱犯罪的国际法律文件,该公约于1990年11月正式生效。虽然该公约主旨并不在于反洗钱,而是针对非法贩运毒品的国际犯罪行为,但其对于国际社会在对洗钱进行国际法律立法方面取得历史性突破,确立了国际社会在反洗钱方面进行国际合作的原则和基础。首先,它实现了一种观念上的更新,提出了通过控制洗钱这个环节来遏制犯罪的战略策略,《禁毒公约》取得的成效也证明了该策略是十分有效的。其次,该公约作为一个国际合作协定,形成了对洗钱进行预防、禁止和惩治的国际合作框架。最后,该公约促进了以刑法手段为主,其他手段为辅的反洗钱法律机制的建立和发展。我国于1988年12月签署该公约,并于1989年9月正式执行。

受美国"9·11"事件影响,联合国于1999年12月9日通过了《制止向恐怖主义提供资助的国际公约》,并于2002年4月10日正式生效。该公约虽然与《禁毒公约》一样并非专门针对洗钱犯罪,但该公约提出了洗钱犯罪的新领域——将反恐融资与洗钱犯罪联系起来。它要求缔约国采取法律及金融监管等手段打击恐怖融资,同时阻断恐怖犯罪下游的洗钱活动。我国于2001年11月签署并加入该公约。

2000年11月15日,在意大利巴勒莫签署的《联合国打击跨国有组织犯罪公约》(又称《巴勒莫公约》),将洗钱行为刑事定罪明确为:明知财产为犯罪所得,为隐瞒或掩饰该财产的非法来源,或为协助任何参与实施上游犯罪者逃避其行为的法律后果而转换或转让财产;明知财产为犯罪所得而隐瞒或掩饰该财产的真实性质来源、所在地、处置、转移、所有权或有关的权利,仍获取、占有或使用该财产;参与、合伙或共谋实施,实施未遂,以及协助、教唆、促使和参谋实施本条所确立的任何犯罪。我国于2003年9月加入该公约。

2003年10月31日,联合国通过的《联合国反腐败公约》(以下简称《反腐败公约》),是联合国第一个指导国际反腐败的法律文件,也是首次将反洗钱和反腐败相结合的反洗钱国际公约。该公约要求各缔约国应当建立国内管理洗钱和监督反洗钱工作的相关制度,并确立了反腐败预防、刑事定罪和执法、国际合作、资产追回和履约监督五大机制,要求各国应当控制由腐败问题导致的资金非法流动。

(二) 反洗钱金融行动特别工作组

反洗钱金融行动特别工作组(FATF)是美国、日本、德国、英国、法国、意大利和加拿大等西方七国为了研究洗钱危害、预防洗钱犯罪以及协调洗钱国际行动,于1989年在巴黎成立的政府间国际组织。该组织已经成为世界上最具影响力的全球反洗钱和反恐融资国际组织之一,同时也是全球反洗钱标准的主要制定者。我国已于2007年成为该组织的正式成员。

1990年2月,反洗钱金融行动特别工作组制定并发布了《关于反洗钱问题的40条建议》(以下简称《40条建议》)。该建议为国际反洗钱提供了一整套涵盖司法系统、执法部门、金融系统及其监管和国际合作的反洗钱措施。虽然《40条建议》并不是法律文件,也不是一份有约束力的国际公约,但目前世界上大部分国家都对执行该建议做出了政治承诺,因此,该建议已成为当前国际反洗钱领域的权威文件和国际标准。

2001年10月,受美国"9·11"事件及当时世界恐怖活动影响,反洗钱金融行动特别工作组在美国华盛顿召开了关于反恐怖主义融资的特别大会,并通过了关于针对恐怖融资的"8项特别建议"。2004年10月,反洗钱金融行动特别工作组又通过了反恐怖融资的"第9项特别建议"。该建议同1990年公布的《40条建议》以及2001年颁布的"8项特别建议"并称为《FATF40+9项建议》。

2012年,反洗钱金融行动特别工作组对《FATF40+9项建议》作出了新的修订,出台了"新40项建议"——《打击洗钱、恐怖融资与扩散融资国际标准:FATF建议》,并以此为依据,2014—2022年对所有成员开展第四轮互评估,以综合考察成员反洗钱和反恐怖融资工作的合规性和有效性。2018年,受反洗钱金融行动特别工作组委托,由国际货币基金组织(IMF)牵头组成的国际评估组,对我国开展了为期一年的互评估。评估组先后对北京、上海和深圳进行了现场访问,与一百多家单位九百多名代表进行了深入交流。2019年2月,反洗钱金融行动特别工作组审议通过了《中国反洗钱和反恐怖融资互评估报告》,报告肯定了我国近年来在反洗钱工作方面取得的积极进展,但对我国存在的一些问题也作出了改正的要求。我国在结合自身法律法规的前提下,正积极完善报告中未达标的内容,为下一轮互评估做好准备。

(三)巴塞尔银行监管委员会

巴塞尔银行监管委员会又称"巴塞尔委员会",是由比利时、德国、加拿大、日本、法国、意大利、卢森堡、荷兰、瑞典、瑞士、英国和美国十二个国家的中央银行于1974年在巴塞尔组成,作为国际清算银行下的一个正式机构。1998年12月,巴塞尔委员会通过了《关于防止犯罪分子利用银行系统洗钱的原则声明》。该声明要求监管当局密切关注银行和其他金融机构充当洗钱中介的犯罪活动,并提出了四项建议:①识别客户身份。银行应对所有申请服务的客户,确定其真实身份,对于不能提供身份证明的客户,不允许为其提供服务,不与之发生重大业务交易。②严格依法办事。银行管理人员应确保在为客户提供服务的过程中,保持高尚的道德标准,遵守相关的法律法规,对于有重大嫌疑涉及洗钱有关的交易,银行应拒绝提供有关服务,并对反洗钱调查给予积极支持。③加强与执法机关合作。银行应当在各国保密法规许可的范围内与本国执法机关进行合作,积极配合执法机关进行有关调查和行动。银行可通过推断存款交易本身是否具有犯罪目的的事实,而采取相应措施,如拒绝协助该客户、断绝往来、关闭或冻结该账户。④职员培训。银行应将防范洗钱的政策告知所有职员,加强有关本原则的职员培训。2014年1月,巴塞尔委员会在反洗钱金融行动特别工作组发布的"新40项建议"基础上,发布了《洗钱和恐怖融资风险管理指引》。该指引提出了三点要求:①要求金融机构建立公司治理、内控机制、IT系统结合的风险管理体系;②跨国银行应实施统一的反洗钱、反恐怖融资管理;③监管部门对跨国银行实施统一监督管理职责。

(四)国际刑事警察组织

国际刑事警察组织,简称国际刑警组织(ICPO),成立于1923年,是专门负责和打击跨境犯罪案的国际组织,其中一项重要的工作内容便是负责打击国际洗钱犯罪。1983年,国际刑警组织成立了犯罪资产处理小组,专门负责收集、研究和公布与犯罪活动有关的资产和资金移动的信息,并采取相应的措施予以控制。1989年11月,在法国里昂召开的第58届国际刑警组织年会通过了有关反洗钱及其相关事宜的决议。决议要求,国际刑警组织必须长期致力于法律实施的执法行动,加强与各国执法之间的合作,共同打击与贩毒有关的洗钱活动,以及与其他犯罪活动相联系的洗钱活动。1995年,第64届国际刑警组织年会提出了控制洗钱的三项原则:依法打击洗钱犯罪活动、金融机构必须及时报告所获悉的洗钱信息、积极开展国际反洗钱合作。

国际刑警组织除了促进各国反洗钱法律制度的完善外,还与其他国际反洗钱组织密切合作,促进了全球反洗钱信息系统的建立和信息共享。国际刑警组织先后与世界海关组织、金融行动特别工作组、国际银行证券协会等国际组织建立紧密联系,促进世界反洗钱战线的建立和巩固。此外,国际刑警组织组织开通建立的自动信息接收系统和犯罪信息系统,极大地方便了各成员国接收、传送和查询有关犯罪信息,极大地推动了全球反洗钱运动的进程。

(五)艾格蒙特集团

艾格蒙特集团是一个非正式组织,是由多国的金融情报单位组成。该联盟成立于1995年,因首次会议召开地为比利时的艾格蒙特宫,故取名为"艾格蒙特集团"。该组织制定的《关于金融情报中心的说明》为反洗钱国际信息交流合作提供了行为准则,进一步扩展了反洗钱国际信息交流的渠道。此外,艾格蒙特集团通过美国财政部下属的金融犯罪执法网络(FinCEN),建立了一个安全的国际商业活动和金融交易信息共享系统。该系统的建立为各成员国提供了电子信息交流的途径,提高了信息交换的效率,极大地增强了世界反洗钱的力量。艾格蒙特集团主导建立的反洗钱新交流制度与反洗钱金融行动特别工作组发布的40项建议,是现代国际反洗钱活动的基石之一。

(六)沃尔夫斯堡集团

沃尔夫斯堡集团是一家由13家全球性银行组成的协会,主要职责在于创建金融犯罪风险管理框架以及指引文件,尤其是反洗钱和反恐怖融资政策方面的金融服务行业国际参考标准。2014年,沃尔夫斯堡集团和国际商会经商讨,成立了国际商会-沃尔夫斯堡集团贸易金融原则起草组,确定采取国际商会指引文件的风格;2017年,沃尔夫斯堡集团、金融与贸易银行家协会以及国际商会联合发布了《贸易金融原则》,2019年又对该文件进行了修订,新增了两个附录,即基于赊销的贸易金融和银行间的贸易贷款。该文件主要介绍了与贸易金融活动相关的金融犯罪风险控制的标准,概述了从事贸易交易的银行承担的各项了解你的客户(KYC)责任、须履行遵守的防范金融犯罪的各种法规要求的职责。

三、区域性反洗钱合作网络

(一)欧洲理事会及《欧洲反洗钱公约》

欧洲理事会,又称欧盟首脑会议或欧盟峰会,成立于1974年,是欧盟的最高决策机构。1990年11月8日,欧洲理事会在全面贯彻《联合国禁毒公约》的基础上,签署了《欧洲反洗钱公约》,于1993年9月生效。该公约将反洗钱监督的工作视角扩大到了除毒品犯罪以外的领域,同时也是国际反洗钱法律规范中首次出现洗钱罪名的刑事法律文件。《欧洲反洗钱公约》虽然是由欧洲理事会提出,但其影响力已经大大超越了欧洲范围,许多亚洲国家也签署了这一公约。

(二) 欧盟及《欧盟反洗钱指令》

欧洲联盟,简称欧盟(EU),是由欧洲共同体发展而来的,创始成员国有6个,分别为德国、法国、意大利、荷兰、比利时和卢森堡,现拥有奥地利、比利时、保加利亚等27个会员国。在反洗钱工作方面,欧盟是反洗钱金融特别行动工作组的创始人和重要成员,其于1990年3月23日,发布的《欧盟反洗钱法令》提出了各成员国反洗钱法律的最低要求,并要求各成员国据此发布详尽的法律法规。

(三) 美洲国家组织及《美洲反洗钱示范法》

美洲国家组织是由美国和拉丁美洲的国家组成的区域性国际组织,其前身是美洲共和国国际联盟。1992年3月,美洲国家组织在巴哈马纳索召开大会,通过了一份由组织内部反洗钱专家起草的《关于非法毒品交易与相关犯罪的洗钱犯罪的示范法规》(简称《美洲反洗钱示范法》),为美洲各国制定或修改国内反洗钱法规提供范本,试图消除各成员国在指定反洗钱犯罪上的法规之间的差异,为提高反洗钱执法效率以及国家间的司法协助创造条件,进而促进反洗钱联合监管。该公约并未突破1988年《联合国禁毒公约》中对于洗钱犯罪的上游犯罪的狭窄界定,仅将洗钱活动资金来源限于毒品犯罪收益,并未涉及其他犯罪收益。

(四) 其他区域性反洗钱合作组织

除上述组织外,在世界范围内还包括许多其他区域性反洗钱合作组织,如南方共同市场、加勒比海沿岸国家、亚太经合组织及多家银行组成的反洗钱联盟。2000年,南方共同市场的巴西、阿根廷、巴拉圭和乌拉圭四个国家通过了一揽子决议,决定加强四国在打击洗钱犯罪方面的合作,并将其纳入本国法律体系。同年,美国、哥伦比亚、巴拿马、加勒比地区国家阿鲁巴签署协议,同意加强四国在贩毒和走私方面反洗钱工作上的监管合作,进行信息共享,以便海关等部门采取相应的行动。1995年,在亚太经合组织第二届财长会议上,各成员在反洗钱有关方面的措施达成一致。2001年,亚太经合组织再次表明了在反洗钱合作方面的共同立场。

此外,世界各大银行也开始联手打击洗钱犯罪活动,美国花旗银行、瑞士联合银行、瑞士信贷等10余家世界知名大银行起草了一份旨在联合打击洗钱犯罪活动的计划。该计划强调必须投入更多的人力和财力打击洗钱犯罪活动,加强世界范围内的金融机构合作,采取有效的措施防范"黑钱"通过金融渠道进行洗钱犯罪。

四、国际反洗钱的发展趋势

当前洗钱犯罪呈国际化发展,这要求世界各国相互合作,共同打击洗钱犯罪。其中,反洗钱信息的共享是当前世界各国反洗钱合作中的重要内容之一。反洗钱信息的共享对于实现反洗钱工作的集约化和高效化具有重要作用。反洗钱工作的展开需要大量情报信息的支持,仅依靠本国的信息系统是难以有效打击当前呈国际化犯罪的洗钱活动,因此,这需要各国之间相互合作,实现信息共享,其中签订双边或多边协议是主要的合作形式。为了保证反洗钱合作能够有效展开,双边反洗钱合作需要协调好双方权利与义务的关系,多边反洗钱合作则需要在维护各方利益诉求的基础上明确职责、相互监督,甚至通过国际性或区域性的组织进行监督。

此外,反洗钱国际合作的深度与各国经济发展阶段存在一定关联。总体来看,无论是全球性还是区域性的反洗钱联盟,西方发达国家的反洗钱合作的开展深度都明显高于发展中国家。从当前国际形势来看,经过国际社会的多年努力,反洗钱法律机制从国际层面到各国国内都得到了较好的完善,逐渐演变成了包括国际法和国内法、刑法和金融法、实体法和程序法等在内的综合法律体系。尤其是在当前经济全球化的大背景下,全球金融市场相互关联和影响,没有哪个国家能在国际洗钱犯罪中独善其身,因此,越来越多的国家积极主动地参与到国际反洗钱中来,国际反洗钱合作得到不断的加强和深化。

第四节 中国的反洗钱监管

一、我国反洗钱的形势

近年来,受政治、经济等多重因素影响,国际和国内反洗钱形势发生了深刻且复杂的改变,我国所面临的反洗钱形势也是十分严峻的。首先,全球反洗钱领域政治化色彩日趋浓厚,对国家战略利益影响不断加大。反洗钱最早起源于打击毒品犯罪,但目前反洗钱已经覆盖到经济金融、法律、政治、外交军事等诸多领域。2012年2月,反洗钱金融行动特别工作组(FATF)发布的《打击洗钱和恐怖、扩散融资国际标准40项建议》(简称《新标准》)将反洗钱与反恐融资和反大规模杀伤性武器扩散融资三位一体化,这标志着反洗钱工作不仅仅是简单的技术性范畴,还与国际政治紧密结合在一起。事实上,有些国家早已将反洗钱作为应对非传统安全领域挑战的重要工具,将反洗钱政策上升到国家战略层面,并作为国际政治斗争的武器。因此,能否顺利开展好反洗钱工作关系直接关系到我国的战略安全利益。其次,尽管近年来我国在反洗钱方面取得了有目共睹的成绩,但不可否认仍有不少需要改善的问题。根据2019年4月17日反洗钱金融行动特别工作组公布的《中国反洗钱和反恐怖融资互评估报告》,报告充分认可了我国近年来在反洗钱和反恐怖融资工作方面取得的积极进展,认为我国的反洗钱和反恐怖融资体系具备良好基础,但同时也存在一些问题需要改进。一方面是与有效防范和打击洗钱犯罪的国内现实需求存在差距,另一方面是与反洗钱国际标准仍存在差距。

二、我国反洗钱的法律框架及特征

(一) 我国反洗钱的法律框架

我国有关反洗钱的立法最早也是起源于打击毒品犯罪活动。1990年,全国人大常务委员会通过了《全国人民代表大会常务委员会关于禁毒的决定》,该决议中规定到:为犯罪分子窝藏、转移、隐瞒毒品或犯罪所得财物或者掩饰、隐瞒非法所得的,将受到法律制裁。这属于是我国有关反洗钱方面最早的规定。经过30余年的发展,我国有关反洗钱方面的法律法规体系得到不断完善,多层次的反洗钱法律法规体系初步形成,如表11-1所示。

表 11-1　我国反洗钱法律体系

部门机构	时间	法律
全国人大 常务委员会	1990 年	《全国人民代表大会常务委员会关于禁毒的决定》
	2006 年	《中华人民共和国刑法修正案(六)》
	2006 年	《中华人民共和国反洗钱法》
中国人民银行	2002 年	《金融机构大额和可疑外汇资金交易报告管理办法》
	2006 年	《金融机构反洗钱规定》
	2007 年	《金融机构客户身份识别和客户身份资料及交易保存管理办法》
	2012 年	《支付机构反洗钱和反恐怖融资管理办法》
	2020 年	《关于开展大额现金管理试点的通知》
住房和城乡建设部	2008 年	《房屋登记办法》
中国证券业协会	2008 年	《中国证券业协会会员反洗钱工作指引》
中国期货行业协会	2008 年	《中国期货业协会会员单位反洗钱工作指引》
国务院	2008 年	《中华人民共和国外汇管理条例》

2002 年 9 月,中国人民银行制定并发布了《金融机构大额和可疑外汇资金交易报告管理办法》。该办法旨在监测大额或可疑外汇资金交易,规范外汇资金交易报告,其中明确要求境内各金融机构应当建立和完善机构内部反洗钱工作岗位的责任制。

2006 年 6 月,第十届全国人大常委会第二十二次会议审议通过了《中华人民共和国刑法修正案(六)》,将洗钱罪的上游犯罪进一步扩大,从原有的毒品犯罪、黑社会性质的组织犯罪、恐怖活动犯罪、走私犯罪扩展到贪污贿赂犯罪、破坏金融管理秩序犯罪和金融诈骗犯罪等。同年 10 月,第十届全国人大常委会第二十四次会议审议通过了《中华人民共和国反洗钱法》(以下简称《反洗钱法》),这是我国反洗钱法治建设上的一个重要里程碑,标志着我国反洗钱工作在法治化和国际化的轨道上迈出了关键一步。《反洗钱法》的颁布,正式建立起了我国预防、监控洗钱活动的基本法律制度,对反洗钱监管、金融机构反洗钱义务、反洗钱调查与国际合作等做出了明确规定。

2006 年 11 月 14 日,受《反洗钱法》颁布的影响,中国人民银行颁布了《金融机构反洗钱规定》,同时废止了 2003 年出台的《金融机构反洗钱规定》。新规详细规定了银行等金融机构应当承担的反洗钱义务的范围,如规定金融机构在为客户提供服务时,发现大额交易或可疑交易时,应当及时向中国反洗钱监测分析中心报告。同日,中国人民银行也发布了《人民币大额和可疑支付交易报告管理办法》,加强了对人民币支付交易的监管工作。2007 年,中国人民银行会同银监会和证监会颁布了《金融机构客户身份识别和客户身份资料及交易保存管理办法》,对金融机构客户身份识别、客户身份资料和交易记录保存等具体工作内容作出了规范。2012 年,中国人民银行制定并颁布了《支付机构反洗钱和反恐怖融资管理办法》,以此来规范支付机构反洗钱和反恐怖融资工作。2015 年,中国人民银行等十部门联合印发了《关于促进互联网金融健康发展的指导意见》,明确了由中国人民银行牵头负责对金融从业机构履行反洗钱义务进行监管,并制定相关监管细则的职责。2020年6月,中国人民银行发布《关于开展大额现金管理试点的通知》,通知提出,开展大额现金管理,试点为期2年,2020年7月起先在河北省开展,2020年10月起再推广至浙江省、深圳市。各地对公账户管理金额起点均为50万元,对私账户管理金额起点分别为河北省10万元、浙江省30万元、深圳市20万元。由于现金具有不记名、难以追踪等特点,大额现金交易容易为贪污腐败、偷逃税等洗钱犯罪行为和地下经济活动提供便利,可能危及国家经济金融秩序和安全。因此,中国人民银行进一步规范大额现金管理制度,主要还是为了打击洗钱等经济犯罪活动。

此外,其他部门也制定了相应的反洗钱制度,对相关行业和部门开展反洗钱活动起到了一定指导作用。2008年7月1日施行的由住房和城乡建设部发布的《房屋登记办法》,强化了房地产实名制购房制度,该办法已于2019年9月6日废止。2008年4月,中国证券业协会发布了《中国证券业协会会员反洗钱工作指引》。2008年5月,中国期货行业协会发布了《中国期货业协会会员单位反洗钱工作指引》。2008年8月,国务院颁布的《中华人民共和国外汇管理条例》,规定外汇管理部门应制定有关携带、申报外币出入境的限额。

为什么要对大额现金交易进行管理?

2017年,中国人民银行调研发现,有单次取款超过1亿元现金的情况,在如今银行卡支付、银行转账等方式十分便捷的环境下,这种情况不合常理。

近年来,现金特别是大额现金需求仍呈上升态势。与此同时,我国大额现金流通监测和管理方面仍属空白,已经与我国市场经济发展和社会治理的需要不相适应。根据2017年中国人民银行不完全统计与调研论证,个别地区银行业金融机构现金存取业务中单笔超过10万元的业务数量占比虽不及1%,金额却接近27%。

从其他国家的经验来看,一些发达国家普遍把大额现金管理作为社会治理和国际合作的重要内容,采取从严从紧的管控措施。尽管澳大利亚早在2016年就已经普及银行卡,取代现金成为主要支付手段,但2018年6月份的统计显示,澳大利亚现金流通张数却增长了7%。2001—2014年,包括美国、欧元区、日本等在内的72个国家和地区现金流通量占名义GDP的比例从6.5%增至8.5%。

因此,当前我国亟须借鉴各国管理经验,从我国实际出发,优化大额现金服务,引导并规范社会公众现金使用行为,保证合理需求、抑制不合理需求、遏制非法需求。

在管理大额现金后,个人日常现金使用会不会受到影响?对此,央行有关负责人表示,大额现金管理新规不会明显影响到社会公众日常经济活动。一是目前我国现金、移动支付等支付方式多且应用广,多元化支付方式能够满足绝大多数社会公众日常生产生活的需要。二是大额现金管理金额起点设置经过调研论证,高于绝大多数社会公众日常现金使用量。三是只要客户依规履行登记义务,大额存取现金并不受到限制。更何况,对于有实际正常需求的公众,银行业金融机构也会提前做好现金服务保障措施,正常的经济活动并不会受到明显影响。

（二）我国反洗钱法律框架特征

1. 中国人民银行是反洗钱金融监管的行政主管部门

我国实行的是以中央银行为主管的反洗钱行政管理体制，相应的内设职能部门为反洗钱局。《反洗钱法》中明确提到：国务院反洗钱行政主管部门负责全国的反洗钱监督管理工作。国务院有关部门、机构在各自的职责范围内履行反洗钱监督管理职责。国务院反洗钱行政主管，国务院有关部门、机构和司法机关在反洗钱工作中应当相互配合。反洗钱法还明确了中国人民银行的具体职责：①组织协调全国的反洗钱监督管理工作；②制定或者会同有关部门制定反洗钱规章制度；③监督检查金融机构履行反洗钱义务情况；④设立反洗钱义务，负责大额交易和可疑交易的接收分析；⑤向侦查机关报告涉嫌洗钱犯罪的交易活动；⑥进行可疑交易的调查，以及在法定情形下行使对资金的临时冻结权；⑦行使行政处罚权；⑧会同国务院有关部门监督管理特定非金融机构的反洗钱工作。

2. 有效预防和打击洗钱犯罪活动是反洗钱金融监管的主要目标

根据反洗钱法，我国反洗钱工作的主要目标是预防洗钱活动、维护金融秩序、遏制洗钱犯罪及相关犯罪，具体包括：①明确反洗钱承担主体及其义务。反洗钱义务的承担主体包括金融机构与特定非金融机构，其义务则主要为建立健全客户身份识别，客户身份资料和交易记录保存制度、大额交易和可疑交易报告制度等。②明确反洗钱行政主管部门，相关部门及各自的反洗钱职责。国务院反洗钱行政主管部门负责全国范围内的反洗钱监管工作。国务院有关部门、机构则在各自的职责范围内履行相关职责，各监管机构在反洗钱工作中应相互配合。③动员社会公众参与反洗钱工作，任何单位和个人都有权向中国人民银行或公安机关举报洗钱活动，接受举报的机关应对举报人进行保护和举报内容保密。④明确开展反洗钱合作的国际原则。反洗钱合作既是我国加入重要国际公约所承诺的国际义务，也是反洗钱的客观需要，通过国际合作预防监控国际洗钱活动。⑤明确违反《反洗钱法》的法律责任。对违反《反洗钱法》的单位及个人追究行政责任或给予行政处罚。

3. 金融机构是承担反洗钱义务的核心主体

洗钱活动大多通过金融渠道进行，因此，金融机构自然成为反洗钱工作的核心主体。《反洗钱法》明确规定，金融机构是承担反洗钱工作的核心主体，同时还明确了金融机构具体的反洗钱义务，具体包括：①建立客户识别、身份资料与交易保存记录；②按规定执行大额交易和可疑交易报告制度；③按反洗钱预防、监控制度开展反洗钱培训和宣传工作。

4. 反洗钱信息的使用需要依法依规和严格保密

反洗钱过程中，参与主体会获得大量涉及客户隐私、商业秘密、客户身份资料和交易的信息。《反洗钱法》明确规定：①相关机构在反洗钱工作中获取的涉及客户个人隐私信息应当进行保密，不得向法律未规定的任何单位和个人提供有关信息；②履行反洗钱职责所获得的资料与信息，只能用于反洗钱行政调查或反洗钱刑事诉讼，不得用于其他任何方面，也不得提供给其他部门，用于反洗钱行政调查之外的工作；③履行反洗钱义务的机构及工作人员提交交易报告受法律保护；④向反洗钱行政主管部门或公安机关进行举报，举报人应当受到保护，举报内容应当依法保密。

三、我国反洗钱法律体系的特点

（一）反洗钱法宗旨的法治化

中国反洗钱法致力于维护金融秩序，预防洗钱活动，遏制洗钱犯罪，形成了与联合国发布的《禁毒公约》《打击跨国有组织犯罪公约》《反腐败公约》三大公约的立法宗旨的契合性及与典型国家反洗钱立法宗旨的相像性。

（二）反洗钱行为的法治化

中国反洗钱法将洗钱的上游犯罪限定为毒品犯罪、走私犯罪和恐怖活动犯罪、黑社会组织犯罪、贪污贿赂罪、金融诈骗罪以及破坏金融秩序罪等，并将这几类犯罪所得收益来源及洗钱活动规定为类型化的洗钱行为。

（三）反洗钱监管机构的法治化

我国《反洗钱法》构建了具有中国特色的反洗钱监管体系机构，为我国的反洗钱协调机制运行提供了科学的组织基础，并创制了我国特色的主管机关统一监管并与其他部门监管相结合的反洗钱协调机制搭建了中国特色反洗钱协调平台。

（四）反洗钱信息披露及其限制的法治化

对客户身份资料和交易信息进行保密以及并对其使用加以限制，反洗钱监督管理部门对客户的身份资料以及交易信息的使用也进行限制，同时对司法机关对于客户的身份资料及交易信息的使用限制。

（五）洗钱交易报告制度的法治化

我国《反洗钱法》是我国改革开放以来同反洗钱斗争实践经验制度化、法律化的重大成果，不仅建立了金融机构反洗钱的内控方案备查、客户身份识别以及客户身份资料以及其交易记录等制度，同时还针对大额交易可疑交易报告、反洗钱调查制度以及反洗钱的国际合作与司法协助等制定了相关制度。

（六）将反洗钱法律责任法治化

我国《反洗钱法》将反洗钱的法律责任也进行了法治化，包括对反洗钱的监管部门的行政法律责任、金融机构未履行反洗钱义务以及其他的反洗钱法律责任及刑事责任等。

因此，在起到将非法资金转为合法资金、发现可疑交易的同时，还要保护公民的合法权益、商业机密以及个人隐私，保证正常的金融和经济活动，这也是我国反洗钱法的一大亮点。

四、我国反洗钱存在的难点及未来发展

（一）我国反洗钱存在的难点

虽然近年来我国在反洗钱工作方面取得了较大发展，但由于我国反洗钱工作起步较晚，在以下四个方面仍存在不足。

1. 金融机构无序竞争不利于金融机构反洗钱

我国金融市场经过不断发展，形成了国有商业银行、股份制银行与外资银行共存的局面，其他各类新型金融机构发展也十分迅速。在这一背景下，各大金融机构竞争日趋激烈，部分金融机构为了扩大收益、极力揽储，放松了对资金来源的监管，对资金来源的查证宽松，

甚至游走于洗钱的灰色地带。

2. 反洗钱金融监管体系仍有待完善

进入21世纪以来,我国在反洗钱立法方面取得了巨大进步,形成了"一法一规两办法"的法律法规体系,即《反洗钱法》《金融机构反洗钱规定》《人民币大额和可疑支付交易报告管理办法》《金融机构大额和可疑外汇资金交易报告管理办法》。但是,我国目前反洗钱工作仍然主要是针对银行展开,对于非银行金融机构的监管仍然存在着一定缺失。同时,我国目前各监管部门之间的协同机制仍然不够完善,一个健全的反洗钱金融监管体系的形成仍需时日。

3. 信息的不对称所导致的监管与被监管的委托代理问题

在反洗钱工作中,监管机构处于监管地位,而银行等金融机构处于被监管或受委托进行反洗钱工作的地位,由于二者之间存在着难以避免的信息不对称,因而使得有些金融机构在利益驱动下做出逆向选择或存在道德风险的行为。同时,金融机构与客户之间也存在着信息不对称的情况,这使得金融机构可能要付出很大的成本去获取客户中洗钱者的线索和信息,这一行为对于金融机构几乎是净成本支出,无直接收益可言,使得金融机构缺乏动力去进行反洗钱监测和监控。如何去有效协调监管者和被监管者之间的关系,也是制约着我国当前反洗钱金融监管工作的一个重要因素之一。

4. 反洗钱的国际合作有待加强

我国积极参与国际反洗钱合作,加入了许多国际反洗钱组织,并在平等互惠的原则基础上,积极践行所签署或缔约的国际条约。但由于不同国家法律和制度之间的差异等多方面因素制约,我国暂时无法加入部分国际反洗钱组织,无法与某些国家实现反洗钱信息的共享。

(二) 我国反洗钱工作的未来发展

在当前经济全球化日趋紧密的背景下,洗钱犯罪活动也日趋国际化。我国作为新兴的开放国家,显然已经被不法分子所注意。我国在过去十几年中,在反洗钱方面取得了不小的进步,但对于未来,我国仍有很长的一段路要走。2019年2月反洗钱金融行动特别工作组发布的《中国反洗钱和反恐怖融资互评估报告》对于我国所存在的反洗钱问题提出了以下建议:中国应拓展国家洗钱和恐怖融资评估信息来源;健全特定非金融机构反洗钱和反恐怖融资法律制度,加强对金融机构和特定非金融机构风险评估,加大监管力度,提高金融机构和特定非金融机构合规和风险管理水平;完善金融情报中心工作流程,加大对洗钱和恐怖融资犯罪打击力度;考虑建立集中统一的受益所有权信息登记系统,提高法人和法律安排的透明度;加强司法协助和其他国际合作时效性,完善执行联合国定向金融制裁的法律规定,提高国内转发决议机制效率等。这些建议为我国今后的反洗钱工作开展给予了一定方向。

延伸阅读

一、案例背景

2013年至2018年6月,朱某为杭州某投资管理咨询有限公司(以下代称"A公司")实际控制人,未经国家有关部门依法批准,以高额利息为诱饵,通过口口相传、参展推广等方式向社会公开宣传某非法外汇交易平台,以A公司名义向1800余名集资参与人非法集资14亿余元。朱某为将其非法集资所得"洗白",于2016年年底出资成立了杭州某商务咨询有限公司(以下代称B公司),聘用雷某、李某为该公司员工,并让李某挂名担任法定代表人,为其他公司提供商业背景调查服务。2017年2月至2018年1月,雷某、李某除从事B公司自身业务外,应朱某要求,明知A公司以外汇理财业务为名进行非法集资,仍向朱某提供多张本人银行卡,接收朱某实际控制的多个账户转入的非法集资款,并配合A公司财务人员将上述非法集资款转移给朱某。

二、案例经过

2017年2月—2018年1月,雷某、李某二人多次前往银行柜台大额取现共计2 404万余元,交给朱某及其保镖;还通过大额转账转移940万元进入朱某实际控制的多个账户及房地产公司账户用于买房;还通过银行柜台先取后存6 299万元,存入朱某本人账户及其实际控制的多个账户。其中,雷某转移资金共计6 362万元,李某转移资金共计3 281万元。二人除工资收入外,自2017年6月起收取每月1万元的好处费。

2019年7月16日,杭州市公安局某分局以雷某、李某涉嫌洗钱罪将案件移送起诉。2019年8月29日,当地人民检察院以洗钱罪对雷某、李某提起公诉。2019年11月19日,当地人民法院作出判决,认定雷某、李某犯洗钱罪,分别判处雷某有期徒刑3年6个月,并处罚金360万元,没收违法所得;李某有期徒刑三年,并处罚金170万元,没收违法所得。宣判后,雷某提出上诉,李某未上诉。2020年6月11日,杭州市中级人民法院裁定驳回上诉,维持原判。

同时,案发后,中国人民银行杭州中心支行启动对经办银行的行政调查程序,认定经办银行重业绩轻合规,银行柜台网点未按规定对客户的身份信息进行调查了解与核实验证;银行柜台网点对客户交易行为明显异常且多次触发反洗钱系统预警等情况,均未向内部反洗钱岗位或上级行对应的管理部门报告;银行可疑交易分析人员对显而易见的疑点不深究、不追查,并以不合理理由排除疑点,未按规定报送可疑交易报告。经办银行在反洗钱履职环节的上述违法行为,导致本案被告人长期利用该行渠道实施犯罪。依据《中华人民共和国反洗钱法》第32条的规定,对经办银行罚款400万元。

三、案例启示

洗钱犯罪手段多样,变化频繁,本质都是通过隐匿资金流转关系,掩饰、隐瞒犯罪所得及收益的来源和性质。本案例犯罪嫌疑人为隐匿资金真实去向,大额取现或者将大额赃款在多个账户间进行频繁划转;为避免直接转账留下痕迹,将转账拆分为先取现后存款,人为割裂交易链条,利用银行支付结算业务采取了多种手段实施洗钱犯罪。实践中除上述方式外,还有利用汇兑、托收承付、委托收款或者开立票据、信用证以及利用第三方支付、第四方支付等互联网支付业务实施的洗钱犯罪,资金转移方式更专业,洗钱手段更隐蔽。因此,监管当局在进行反洗钱监管时,要透过资金往来表象,认识行为本质,准确识别各类洗钱手段。

要充分发挥金融机构、行政监管和刑事司法反洗钱工作合力,共同落实反洗钱义务和责任。金融机构应当建立并严格执行反洗钱内部控制制度,履行客户尽职调查义务、大额交易和可疑交易报告义务,充分发挥反洗钱"第一防线"的作用。人民银行要加强监管,对涉嫌洗钱的可疑交易活动进行反洗钱调查,对金融机构反洗钱履职不力的违法行为作出行政处罚,涉嫌犯罪的,应当及时移送公安机关立案侦查。人民检察院要充分发挥法律监督职能作用和刑事诉讼中指控证明犯罪的主导责任,准确追诉犯罪,发现金融机构涉嫌行政违法的,及时移送人民银行调查处理,促进行业治理。

本章小结

1. 洗钱的定义:狭义的洗钱是指将犯罪或其他非法违法行为所获得的违法收入,通过各种手段掩饰、隐瞒、转化,使其在形式上合法化的行为。广义的洗钱除了包括将非法收入合法化,还扩展到了合法资金非法化、合法资产非法转换等其他领域。

2. 当前全球范围内的洗钱活动,具有以下特点:跨国性、多样化、政治化、科技化。洗钱的主要渠道包括以下:通过金融渠道的洗钱活动;通过投资渠道的洗钱;通过贸易渠道的洗钱;通过其他手段的洗钱活动。

3. 反洗钱的机制设计包括:加强和完善反洗钱的监管立法;建立适合本国国情的监管制度;充分发挥金融机构在反洗钱中监管主体的作用;积极开展反洗钱国际监管合作。反洗钱的主要手段包括:法律手段、行政手段、金融手段和科技手段。

4. 全球性反洗钱合作网络包括:联合国、反洗钱金融行动特别工作组、巴塞尔银行监管委员会、国际刑事警察组织和艾格蒙特组织。区域性反洗钱合作网络包括:欧洲理事会《欧洲反洗钱公约》、欧盟《欧盟反洗钱指令》、美洲国家组织《美洲反洗钱示范法》、其他区域性反洗钱合作组织。

5. 我国反洗钱法律框架的特征:中国人民银行是反洗钱金融监管的行政主管部门;有效预防和打击洗钱犯罪活动是反洗钱金融监管的主要目标;金融机构是承担反洗钱义务的核心主体;反洗钱信息的使用需要依法依规和严格保密。

6. 我国反洗钱存在的难点:金融机构无序竞争不利于金融机构反洗钱;反洗钱金融监管体系仍有待完善;信息的不对称所导致的监管与被监管的委托代理问题;反洗钱的国际合作有待加强。

 关键词

洗钱　反洗钱　反洗钱监管　国际反洗钱　法律体系

 复习思考题

一、简答题

1. 洗钱活动的特点、渠道与危害有哪些?
2. 反洗钱的金融机制及其主要手段有哪些?
3. 简述国际反洗钱合作网络。
4. 我国当前反洗钱工作存在哪些难点?

二、案例分析题

2015年8月—2018年10月,陈某波注册成立某金融信息服务公司,未经国家有关部门批准,以公司名义向社会公开宣传定期固定收益理财产品,自行决定涨跌幅,资金主要用于兑付本息和个人挥霍,后期拒绝兑付;开设数字货币交易平台发行虚拟币,通过虚假宣传诱骗客户在该平台充值、交易,虚构平台交易数据,并通过限制大额提现提币、谎称黑客盗币等方式掩盖资金缺口,拖延甚至拒绝投资者提现。2018年11月3日,上海市公安局某分局对陈某波以涉嫌集资诈骗罪立案侦查,涉案金额1 200余万元,陈某波潜逃境外。2018年年中,陈某波将非法集资款中的300万元转账至陈某枝(系陈某波前妻)个人银行账户。2018年8月,为转移财产,掩饰、隐瞒犯罪所得,陈某枝、陈某波二人离婚。2018年10月底—11月底,陈某枝明知陈某波因涉嫌集资诈骗罪被公安机关调查、立案侦查并逃往境外,仍将上述300万元转至陈某波个人银行账户,供陈某波在境外使用。另外,陈某枝按照陈某波指示,将陈某波用非法集资款购买的车辆以90余万元的低价出售,随后在陈某波组建的微信群中联系比特币"矿工",将卖车钱款全部转账给"矿工"换取比特币密钥,并将密钥发送给陈某波,供其在境外兑换使用。陈某波目前仍未到案。

上海市公安局浦东分局在查办陈某波集资诈骗案中发现陈某枝洗钱犯罪线索,经立案侦查,于2019年4月3日以陈某枝涉嫌洗钱罪将案件移送起诉。上海市浦东新区人民检察院经审查提出补充侦查要求,公安机关根据要求向中国人民银行上海总部调取证据。中国人民银行上海总部指导商业银行等反洗钱义务机构排查可疑交易,通过穿透资金链、分析研判可疑点,向公安机关移交了相关证据。上海市浦东新区人民检察院经审查认为,陈某枝以银行转账、兑换比特币等方式帮助陈某波向境外转移集资诈骗款,构成洗钱罪;陈某波集资诈骗犯罪事实可以确认,其潜逃境外不影响对陈某枝洗钱犯罪的认定,于2019年10月9日以洗钱罪对陈某枝提起公诉。2019年12月23日,上海市浦东新区人民法院作出判决,认定陈某枝犯洗钱罪,判处有期徒刑二年,并处罚金20万元。陈某枝未提出上诉,判决已生效。

(1) 在本案例中,陈某枝所运用的洗钱手段有哪些?

(2) 本案例对我国新面临的反洗钱形势有哪些启示?

第十二章　金融科技监管

本章概要

本章介绍金融科技监管的主要内容,在全球金融发展面临监管挑战背景下,展示金融科技监管的国际发展与比较,以国际视野梳理中国的金融科技监管实践。

学习要点

1. 明确金融科技监管的必要性,目标与原则。
2. 掌握金融科技监管内容与工具。
3. 熟悉金融科技监管的国际经验。
4. 了解金融科技监管的中国实践。

引导案例

Trulioo 是一家加拿大在线身份验证服务商,专注于电子身份及地址认证领域,该公司的核心产品"Global Gateway",能帮助企业满足电子商务、支付、汇款和金融服务方面的反洗钱要求,在企业认证方面,能实时访问企业官方注册者的文件,核查最终的受益者。该公司还提供文档验证,允许企业轻松地将用户的文档数据与来自世界各地的无数数据库和数据供应商进行匹配。因此,如果银行想要通过远程检查新客户的身份,只需将 Trulioo 的技术植入他们自己的应用程序。

2021 年,Trulioo 宣布获得 3.94 亿美元 D 轮融资。本次融资由 TCV 领投,花旗与美国运通参投。目前,Trulioo 的平台估值已经达到 17.5 亿美元,并先后在都柏林、奥斯汀和圣地亚哥设立了办事处。

结合此案例,由加拿大 Trulioo 金融监管经验,思考监管科技的重要性以及对我国金融科技监管的启示。

第一节 全球金融科技发展及其监管的影响

一、金融科技

(一) 金融科技的定义

顾名思义,金融科技是指利用技术手段推动金融创新,创造新的商业模式、新的技术应用、新的流程和产品,对金融市场、金融机构和金融机构的供给都有重要的作用。金融行业的发展与经济、政治、文化、科技等各方面都有着强大的内在推进性。如果一种革新被金融部门采纳,那么这种革新将会在很短的时期里迅速推广开来,并且由于市场的激烈竞争,会给金融业带来重大变化。技术发展也受到社会需求的影响,但技术发展具有强烈的选择性,每一次迭代的完成都有许多细微的技术进步支持,许多技术的积累最终会使技术飞跃发展。金融发展和技术发展显然是相似的,长期积累完成了最后一个环节,并实现了产业的飞跃。

(二) 金融科技的分类

广义金融科技强调运用新技术、新方法,并充分考虑新技术、新方法对金融业的冲击。从这一点来看,21世纪以来,金融科技已经深刻地改变了金融行业。2005年,全球首家基于互联网的P2P基金中介平台Zopa诞生于英国。它开创了向网络世界过渡的先河,在出借人和发送者中都很受欢迎。此后,这种模式迅速蔓延至中国各地,近十年来中国网络借贷市场迅速发展,标志着中国传统商业银行业务模式发生了重大转变。

2008年,中本聪首次提出"区块链"概念,设想将其应用于比特币电子货币中,由于采用全网共同记账和分布式时间戳,这种分布式数据存储、点对点传输、全网共识机制的新型计算机技术,由于哈布西数算法和非对称加密技术的支持,已经引起了金融行业的广泛关注,甚至出现了R3区块链与分布式账本技术联盟。一些机构现在离开R3联盟,并不是因为对区块链技术深信不疑,而是因为他们想成为一家致力于在短时间内取得突破的机构。进一步研究显示,区块链技术未来可能会应用于数字货币、信贷、跨境贸易、国内票据结算、债券发行、证券交易等领域。

2016年以来,从国内外机构投资者到个人投资者、华尔街投行、国内金融机构、高盛、摩根士丹利、招商银行等国内外知名投行,再到互联网软件、硬件供应商,金融科技已经成为整个金融行业的焦点。虽然这些行业巨头将巨额资金投入金融科技领域,使其成为热门投资对象,但是它的成长速度也很快,催生了各个种子行业。

金融科技包括大数据、云计算、区块链,人工智能等。从技术角度来看,金融科技属于狭义金融科技范畴,而金融业依靠这些技术手段,不仅拓展了金融业的发展空间,而且极大地拓展了金融业的深度,为金融行业打开了一扇新的窗口。

金融科技的业态包括:P2P网络借贷、第三方支付、众筹、互联网保险、互联网信托、互联网财富管理、智能投顾、手机银行、自动取款机、移动金融、互联网征信、数字货币等。其中有些业态尚未纳入监管机构的金融范畴,如中国监管机构将P2P网络借贷定位为信息中介机构;有些尚处于萌芽阶段,如智能投顾等。虽然国外相关服务提供商的产品已逐渐丰富,但国内总体上仍处于起步阶段,有些甚至不属于狭义的金融服务范畴,如互联网信用风险管理,属于金融行业的基础产业,尤其是信贷服务业的发展。有些业态是传统金融服务由线下向线上转移,如手机银行、移动金融等;还有一些业态,则是基于人工智能的机器服务替代人工,如 ATM、智能投顾等;另一些业态则颠覆了传统的服务,如数字货币。数字货币在主权货币方面也没有突破。

从概念上讲,金融科技能够覆盖供应链金融、消费金融、共享经济、平台经济、普惠金融等领域。随着金融理论与金融科技的发展,使金融概念内涵不断丰富。金融科技不同于金融形态的深层演化,虽然不会对这些新金融理念产生颠覆性的影响,但却成为推动金融理念不断丰富的重要因素。以供应链金融为例,在传统金融服务理念下,商业银行等贷款人基于对借款人信誉的了解,开发了基于订单、运单、仓单等产业流通流程的融资服务,供应链金融显然并不是什么新鲜事物。然而,随着金融科技的不断发展,供应链金融的内涵和内涵也不断丰富,目前,付款人可以实时了解借款人的资金状况,评估其基于订单的融资需求和还款能力,从而在极短的时间内完成信贷发放。金融科技和供应链金融一样,对消费金融、共享金融、普惠金融都起到了推动作用。

（三）金融科技的发展

1. 全球金融科技

当前,金融科技已成为各国各地区金融竞争和资源布局的焦点领域。2005—2010 年间,互联网发展迅速,催生了互联网商业,同时也带来了金融业的一些变化。简单来说,就是传统的金融业务,在 IT 技术的支持下,从传统的金融业务,转移到了 PC 端,其中最典型的就是网上银行。从那时起,IT 部门成为银行的后台支持部门,实现了银行业务的电子化和自动化。

2011—2015 年是移动互联网大发展的时代,智能手机逐渐普及,人们可以随时随地进行交流,极大地提高了网络使用效率。在此期间,金融行业的具体表现为传统金融机构搭建网上业务平台、互联网公司金融化。前者通过改变传统金融渠道,实现信息共享与业务融合。后者则是互联网企业将业务触角延伸到金融行业,使得移动支付成为可能。

2016 年以来,已经进入了人工智能的时代,云计算、大数据、区块链等关键技术都在不断成熟。这些技术的成熟与落地成为金融创新的重要推动力。例如,应用区块链改变了传统金融交易决策过程,利用大数据技术使信息获得更广泛、更多元化,最终实现传统金融机构角色的转变。由此衍生出数字货币、征信大数据、智能投顾、供应链金融等新金融模式。从那以后,科技对金融的影响越来越大。

2. 我国金融科技发展历程及现状

简要回顾我国金融科技的过往,早期阶段主要是 IT 加金融,实现金融业务电子化和自动化,商业银行的信贷、清算及综合业务系统就是典型代表。之后的点是电子金融渠道的变革,金融企业利用互联网、呼叫中心、自动设备、移动终端渠道汇聚大量用户和信息,实现信息共享和业务拓展。紧接着是技术引领,许多科技企业开始进入金融市场,借助网络、机器、数据、用户信息、交易行为提供创新的金融服务。目前阶段,金融机构和科技机构加速融合,金融产品和服务的形式主要以数字化形式提供,大量技术研发和平台建设侧重于金融服务结合,大数据、云计算、人工智能、区块链等新型技术更多地用于金融交易和产品。

我国市场上传统的金融供给存在不足,金融科技的发展正在不断填补这个空白。利用互联网的优势形成高速扩展,吸纳科技人才和创新技术,具备占领先机的可能性,为普惠金融和共享金融提供解决方案。金融科技是开创性的,金融科技机构在发展过程中除了承担相应的社会责任,还需要积极拥抱监管。

（四）金融科技的作用

根据国际货币基金组织和世界银行《巴厘金融科技议程》的总结,金融科技可以发挥以下作用:一是通过技术能力提升、加密技术创新、数据整合与管理创新、分布式计算、人工智能等金融科技创新应用,将显著改善全球金融服务供给,带来广泛的社会效益和经济效益;二是通过收集和金融应用"数字足迹",优化金融服务流程,如客户尽调、信用评估、风险管理等;三是降低市场进入门槛、缩小信息不对称性、提高市场竞争性、创新能力、丰富金融消费者的选择;四是提高金融的普惠性,提高市场覆盖面、客户数据、商业可持续性,改善市场基础设施和市场深度。

（五）金融科技对金融稳定的积极影响

金融稳定理事会从金融稳定的角度探讨了金融科技对金融稳定的积极影响:一是金融科技能使金融系统部分领域分散、多样化,在某些情况下可减少金融冲击;二是通过竞争激励机制,金融科技可以提高金融机构的运行效率,提高金融体系的整体效率,促进实体经济的发展;三是金融科技可以降低信息不对称性,提高风险评估与定价,促进金融工具创新,提高市场参与者管理风险的能力;四是金融科技可以提升金融服务的便捷性,有利于分散投资风险,增强经济增长的可持续性。

二、监管科技

监管科技是指以现代科技手段为依托,以金融监管数据为基础要素,致力于有效优化监管流程、持续提升监管效能、高效达成监管目标。

近些年来,随着金融与科技融合程度更加紧密、互动态势更加明显,金融账户和数据的关联性、交互性不断增强,跨行业、跨市场、跨地区的金融产品日益丰富,各类金融资产的转换也日益便捷高效,金融活动的实时性和不间断性愈发地明显。这些变化对监管数据实时性、监管资源匹配性、监管手段有效性提出了更高的要求。通过发展监管科技,综合运用各类现代科技手段,实现监管规则数字化翻译、数据实时化采集、风险智能化分析、结果自动化处置等功能,提升风险信息采集分析的实时性、准确性、全面性和可追溯性,对侧重于机构监管、分业分段监管、事前准入监管的传统监管模式和流程进行适应性优化调整,有助于进一步提升金融科技监管的现代化、综合化水平。

运用科技手段提升金融监管效能是各国金融监管部门应对金融科技创新风险挑战、促进金融科技实现经济社会价值的重要任务。英格兰银行首席经济学家安迪·哈尔丹斯曾说,随着金融服务业越来越多地使用科技,监管机构也有机会评估以前无法衡量的金融风险,使风险管理成为全局和系统化的可能。事实上,全球金融监管机构已经达成共识,并且正在采取行动。澳大利亚证券投资委员会(ASIC)启动了"Innovation Hub"项目,该项目与初创型科技金融公司合作;新加坡金融管理局计划在金融科技研究方面投入 2.25 亿新加坡元。

三、金融科技发展对金融监管的影响

（一）监管科技保证金融科技发展的合规性

无论是中国金融科技还是海外金融科技，都呈现出与传统金融不断碰撞的基本问题，由此产生了创新与合法监管的矛盾。但在科技监管之下，真正从事金融中介业务的金融科技公司，尤其是新兴金融科技公司，却是可以调整监管政策的。如果没有相关监管体制，处于发展初期的小微企业的创新成果容易受到侵犯，企业主缺乏监管体制下的利益保护，由于合法利益得不到保障，不利于创新技术发展和科技公司的生存。因此补短板、填真空是当下的关键。积极保护实体经济及其创新成果，要构建全面的金融监管体系。金融监管要实施更主动的司法政策、法律解释、指导性案例、创新性的监管措施推动金融科创朝着有利于行业发展的方向行进，保护各方利益。

（二）监管科技可广泛应用于金融科技领域

欧美等发达国家监管当局提出监管科技的设想，其目的在于将监管体系与各个银行的后台数据对接，实现对监管数据的即时采集，并利用"大数据"分析、数据可视化等技术，实现监管报告、建模和合规管理。监控技术的运用，包括四个层面：一是将监控数据数字化，包括图像、音频、图片、文字等数据数字化。二是预知编码，把被监控目标的一组不正常的动作数据作为一组离散的数据，通过一个或几个数据来进行预报，然后把真实数据和预报结果的差异进行代码。三是模式识别与机器智能，利用模式识别与智能化的研究结果，运用计算机视觉、模式识别、图像和视频处理、视频跟踪监控、鲁棒统计和建模模拟等尖端技术，能够识别、捕捉和分析监督目标的行为。四是通过"大数据"的剖析，打破监管与监管的"信息孤岛"，利用现代计算机技术与互联网技术，通过深入的技术，跟踪和跟踪可疑的财务活动及在较大规模的安全网中的活动。

（三）金融科技基础设施对于监管科技监管尤为重要

由于金融科技企业对信息技术的依赖性较强，信息安全与网络安全问题已经严重地制约着财务公司的存续及风险管理。例如，知名的DAO以太货币交易平台被袭击，以致其倒闭造成了千万美金的资金亏损。所以，在加强对金融科技公司的持续经营和风险管理的同时，必须把基础架构融入监管系统中，并在技术基础架构上建立完善的科技基础架构，以大数据和云计算为基础，通过构建实时的、动态的、实时的、与现行的金融法规相适应的、促进技术的实施。例如，必须建立防火墙、入侵检测、数据加密、灾难恢复等防护体系，通过健全技术措施和管理制度确保信息系统安全稳定运行，并进行定期检查监督。

另外，有关部门也应该注意到数据真实性、第三方签名、电子认证、数据使用等与公司技术有关的其他风险。促进产业技术和经营制度的改革，促进行业技术创新和管理制度的改革。

（四）以监管科技实现数字化监管

要构建以大数据和云计算为核心的信息化监管系统，实现实时、动态、全方位的监管，以提升监管的效能。在支付结算行业，对非银行的金融机构实施有效的监督已成为我国金融监管部门所面对的一个重大问题。在此基础上，利用已有的技术资源，运用大数据、云计算等技术，对银行的资金流动与管理进行了全面的监控。在网上贷款方面，可以通过行业内企业和行业协会的支持，构建比较完备的信贷风险辨识和评估体系、机构风险评估体系和资金流向监管体系。这一体系的设立，不仅克服了"准入式"的高成本、低效率的管理思想，也克服了以往的"放任"监管模式的弊端，有利于监管机关实现精准式监管，能够有效规制系统性风险，又不至于对行业发展形成束缚。

第二节　金融科技监管理论概述

一、金融科技监管的必要性

金融科技的迅速发展极大地推动了我国金融结构的转型升级，与此同时金融科技也带来了一系列新风险，如技术风险、数据风险等，影响市场的稳定性。因此，金融科技的健康发展需要金融监管。以下是运用金融科技监管的三点必要性。

（一）应对新金融风险形势的需要

随着金融科技的发展，金融服务模式越来越虚拟，业务边界越来越模糊，经营环境越来越开放，金融风险越来越复杂。一是跨行业和市场跨界金融服务日益丰富，业务间相互渗透，金融风险错综复杂，风险传染性增强。二是金融科技利用信息技术将业务流转转化为信息流，不仅提高了资金融通效率，而且打破了时间和空间的限制，使得风险的传播速度大大加快。三是金融产品的交叉性、关联性不断增强，风险识别与度量变得越来越困难，风险的隐蔽性越来越强，传统的监管手段难以奏效。在这种情况下，金融监管部门通过科技监管手段构建现代金融监管框架，研发基于人工智能、大数据、应用编程接口等金融监管平台和工具，采取系统嵌入、应用对接等方式建立数字化监管协议，有效增强金融监管信息的实时性、准确性、可追溯性和不可抵赖性，为及时高效识别和化解金融风险、整治金融乱象提供有力支持。

（二）解决金融监管瓶颈的需要

在我国金融业快速发展的背景下，金融管理部门在规范、管理和监督金融机构、金融市场等方面遇到了一些新的问题。就时间而言，以往的监管模式大都采用统计报表、现场检查等手段，依靠银行提供的监管资料和规范报表，具有很强的滞后效应。从穿透的角度看，一些金融创新的产物被过度包装，难以精确地辨别出其背后的资产和最终的责任人。金融机构的合规者对业务范围、数据报送口径、披露内容与准则、金融消费者权益的保障等的认识有一定的偏差，导致了金融市场的监管标准无法达成一致。监管技术利用技术对金融企业进行积极监管，将监管政策、合规需求等进行数字化表示，运用风险信息采集、业务特征信息采集等方法，促进监管模式从事前监管到事中监管转变，有效解决信息不对称问题、消除信息壁垒，有利于减轻监管时滞性、提升监管穿透性、增强监管统一性。

（三）降低机构合规成本的需要

自 2008 年金融危机爆发以来，各国纷纷进行金融监管改革，以宏观审慎政策为核心，对金融机构的合规管理和管理创新提出了新的要求。一方面，监管要求日趋严格，新的监管政策出台速度明显加快，金融机构需要投入更多的人力、物力、财力等资源去理解和执行新的监管规则，从而增加监管成本。另一方面，金融创新日新月异，金融机构缺乏对监管要求的了解和及时，可能导致创新滞后、错过商机、丢失市场、忽视监管、拔苗助长形成风险，增加了创新管理的成本。因此，金融机构迫切希望通过数字化、自动化的手段来增强合规能力，降低合规成本，加快金融创新步伐，提高合规效率，增强市场竞争力。

（四）顺应大数据时代变革

随着大数据时代的来临，金融业作为一个典型的数据密集型行业，每天都会产生大量的数据资源并处理这些数据，从而影响到金融监管。一方面，数据已成为金融服务的重要生产资源，金融机构需要进一步了解客户数据（KYD），把尽职调查的对象从每个机构、每个客户扩展到每一位客户，甚至对每一笔交易进行精细、精确的风险管理。另一方面，金融数据数量庞大，来源分散，格式多样，传统的监管手段难以处理。利用大数据技术，及时有效挖掘金融大数据中潜藏的业务规律和风险变化趋势，实现金融风险早识别、早预警、早发现、早处置。

二、金融科技监管的目标与原则

金融科技监管目标是近年来理论界和政策学界讨论的热点问题。金融科技并没有改变金融监管的核心使命，也没有引起金融监管结构的重大变化。多数文献认为金融科技监管应是多元目标（兼顾稳定性、效率性、公平性），一般认为金融科技监管目标应多元化而非单一。艾默尔指出，金融科技监管应寻求经济发展、金融稳定与消费者保护三者之间的平衡。阿姆斯塔德认为，金融科技的监管应着重于减少信息不对称，以保护投资者与消费者、维护金融稳定与市场诚信。科洛马认为，金融科技监管的目标是保护消费者，保护市场的有效性，提高竞争透明度，降低行业运行风险。费基丝、贾格吉亚尼等、弗罗丝特等、阿伦等强调监管对金融科技创新的支持作用，认为金融科技监管在保护消费者权益和金融体系稳定的同时，也应持续推进金融科技创新。费基丝还分析了金融科技监管如何支持创新，认为监管沙盒、创新中心等金融科技监管工具一方面可以加快创新产品进入市场的速度，另一方面可以在技术进入幻灭期时对冲市场信任的衰竭，从而有效平缓金融科技创新预期，减少技术应用造成的市场波动。一些国际组织和区域组织结合成员国实践，对金融科技监管目标提出指导意见。金融稳定理事会（2017）和国际清算银行建议金融监管机构应关注金融稳定、保护消费者投资者、市场完整性和竞争性、普惠金融等目标。欧洲银行监管机构提出，金融科技监管的目的在于保护金融消费者，保障金融市场功能的完整性和有效性，避免监管套利，促进公平竞争。巴塞尔银行监管委员会建议银行监管者应注意如何在保证银行安全稳健和尽可能避免抑制有益的金融科技创新之间寻求平衡，保持这一平衡有助于促进机构稳健运行、金融稳定、保护消费者和反洗钱等合规要求，而不是一味地阻碍创新，尤其是那些旨在提高金融普惠性的创新。为应对多种监管目标之间可能存在的冲突，国际货币基金组织建议，由于一些监管机构同时负责支持金融科技创新，因此，它负责监管和促进发展的双重身份所引发的角色冲突可通过制定法律优先次序来处理。

为了实现金融科技监管目标，促进金融科技监管的稳定性、效率性、公平性等目标，相关法规的制定是必要的。张晓朴就网络金融的12项管理准则进行了阐述：①适度的风险容忍；②实行动态比例监管；③原则性监管与规则性监管相结合；④防止监管套利，注重监管的一致性；⑤关注和防范系统性风险；⑥全范围的数据监测与分析；⑦严厉打击金融违法犯罪行为;⑧加强信息披露,强化市场约束;⑨互联网金融企业与金融监管机构之间应保持良好、顺畅、有建设性的沟通;⑩加强消费者教育和消费者保护;⑪强化行业自律;⑫加强监管协调。李东荣归纳出五条金融技术监督的基本原理:一是贯穿式的监管,即根据实体优先于形式的基本原理,从整体的角度对企业的经营和法律关系进行全面的分析,并制定相关的法规;二是统一的监管,不管是什么金融组织,在经营或提供金融服务时,都要遵守与之相适应的市场环境;三是要强化金融监督协作,健全中央和地区的监督责任,推动政府监督和自我监督相统一、谨慎监督和行为监督相统一;四是持续性监管,完善金融科技统计监测和风险监测体系,持续动态跟踪金融科技的发展演进和风险恶化,避免一些新机构、新模式从"小而被忽视"(too small to care)发展成"大而不能倒"(too big to fail);五是加强监管创新,优化监管流程,积极探讨、监管沙盒、创新加速器、创新中心等新型监管方式的适宜性和可行性。

阿姆斯塔德认为,金融科技监管应遵循以下原则:一是法律确定性(legal certainty),即严格界定监管范围以及透明地适用法律;二是技术中立(technology neutrality),即要求监管机构审视技术时,主要关注其实现的金融服务功能;三是匹配性(proportionality):对由于公司规模、系统重要性、复杂性和风险状况等因素而风险有限的金融服务制定较低的监管要求。欧洲中央银行(2020)强调了金融科技监管的三条原则:一是技术中立,关注经济功能而非技术本身;二是同样业务、同样风险、同样监管(same activity, same risks, same supervision);三是对创新友好(innovation fiendly)。

三、金融科技监管的内容与工具

通过对金融科技监管目标和监管原则的研究,对金融科技监管的重点内容、工具手段等进行探讨,丰富金融科技监管框架体系。由于金融科技应用范围广泛,且各国经营模式、发展状况差异较大,目前国际上尚未形成统一的金融监管框架与模式,但也存在以下几个共性特点:一是按照金融业务属性,基于现有金融监管框架实施归口监管;二是行业自律先行,及时实施和完善金融科技监管;三是加强信息披露,完善金融消费者保护机制。五是建立健全内部监管机制、加强监管科技能力、加强风险分析与协作监管。

阿姆斯塔德总结了金融科技监管三种典型的方法:一是忽略(ignore),即只要金融科技市场规模处于低位,就选择观望,不采取监管举措;二是"鸭子"测试(duck type),按照"相同的风险,相同的规则"的理念,将金融科技纳入现有的规则中,形象地说,"如果它看起来像鸭子,像鸭子一样游泳,像鸭子那样嘎嘎叫,那么它可能是一只鸭子";三是编码(code),根据新技术带来的新功能,对现有规则进行编码调整。

毕马威从金融科技风险的角度出发,从监管对于不同层面金融科技风险的回应进行总结:第一,面对金融科技给金融消费者带来的信息不对称、不当销售、金融排斥、数据隐私保护等风险,监管部门可采取扩大监管范围、加强消费者保护、开展数据安全和隐私保护等措施予以应对;第二,面对金融科技给金融机构带来的商业模式波动、操作风险、金融行为失范等风险,监管部门可以采取扩大监管范围、强化公司治理、明确全面风险管理要求等措施予以应对;第三,面对金融科技对金融体系的过度集中、金融脱媒化、羊群效应、系统脆弱性等风险,监管部门可以采取监管数据整合分析、早期监管干预等措施予以应对。

斯科特总结了美国金融监管机构监管金融科技的工具,主要包括:出台新规则或者修改现有规则;发布明确规则适用于新业务模式的指导方针;设立新机构新牌照;检查受监管实体与非监管实体之间的合作关系;对违反法律的机构采取强制措施;建立一个由专家组成的新办公室。国际清算银行对各国金融科技监管政策的回应进行了梳理,主要包括:保持监管框架与规则不变;出台金融科技相关制度(金融科技专项牌照、金融科技要求及指引);修订现有的监管框架和规则;禁止金融科技活动。

第三节 金融科技监管的国际发展比较

目前各国对金融科技监管的措施不尽相同,下面主要介绍英国、美国、澳大利亚和新加坡等国家的金融科技监管。

一、英国

英国作为金融科技产业最早、最具影响力的国家之一,其监管起步较早。英国金融市场行为监管局将监管技术定义为"一项满足更高监管要求的新技术。"英国金融行为管理局管理金融科技,直接与企业进行联系和指导,利用先进技术进行科技监管,"沙盒"监控制度于2016年率先启动。沙盒,取自计算机术语,特指虚拟技术,主要用于计算机安全领域。是在有限的安全环境下运行应用程序,通过限制对应用程序的代码访问权限,提供一些不可信的、具有破坏性的或者无法判断程序意图的程序的测试环境。沙盒测试一般都是在真实数据环境下进行,但是由于预先设置了安全隔离,所以不会影响到被保护的真实系统和数据。

二、美国

美国按行业性质划分金融科技企业,按不同的法律体系对不同性质的金融科技企业进行监管。美国拥有优越的人才优势和优越的资本环境,从而拥有以技术创新为主导的新型金融技术业态。鉴于此,美国实施了一项职能化的规制,认为无论以什么方式发展,都要把握其本质,把与其相关的金融服务根据职能融入现行的金融监管体制。例如,作为一个优秀的金融技术公司,Lending Club 的 P2P 业务受到美国 SEC 的监督,原因是它与资产证券化有关。这些法规的效力依赖于现行的法规体系的完善程度。美国的金融业历史源远流长,历经百年的经济危机。在现行的金融技术和政策规定范围内,可以通过适当的方式进行相应的调整。例如,2012 年,时任美国总统奥巴马在《创业企业融资法案》上签字,为的就是在这样的背景下,为股权众筹、创业投资项目的发展提供便利,填补美国监管空白。

总体来说,美国对金融科技的监管比较严格,主要还是以稳定为主。对于具有强大创新能力的金融科技来说,适度严格的监管有利于金融科技的均衡发展。

三、澳大利亚

澳大利亚金融监管机构成立了专门的监管团队,主要负责创新监管技术。欧盟国家在数据监管方面也有严格的法律法规，并于2018年通过了《通用数据保护条例》。澳大利亚在制定监管沙盒系统时，就已清楚地指出，要将"防范风险"与"支持创新"的两项政策目的结合起来，尤其是在澳大利亚证券和投资委员会（ASIC）的帮助下，与相关的政府相关措施，并进行相关的监管变革，在此基础上，可以实现监管沙盒的弹性与实效性。

政府积极主动的态度以及相关配套政策改革，在推动澳大利亚构建"监管沙盒"框架方面发挥了重要作用。澳大利亚金融科技产业在政府支持和有效、连贯的行业倡导下，得以迅速发展。

四、新加坡

随着新加坡努力成为智能技术和金融的中心，金融科技已经成为新加坡经济发展的一个重要优先事项。新加坡的金融监管机构和中央银行——新加坡金融管理局（MAS）出台了一系列措施，鼓励该国初创企业的成长和发展，并支持某些金融科技创新。2016年11月，新加坡金融管理局发布了《金融科技沙盒监管指南》，包含了关于沙盒监管方法的若干建议。为了给金融科技公司创造一个安全的发展环境，新加坡采取了沙盒的方式，给一些初创公司以发展空间，并根据实际的市场影响来执行监管。通过鼓励金融创新和采用安全技术，新加坡已经成为一个智能金融中心。金融科技是新加坡的重点发展项目之一，因为它希望成为全球智能技术的中心和智能金融中心。新加坡金融管理局作为该国的金融监管机构和中央银行，正在采取各种措施，鼓励该国初创企业生态系统的增长和发展，支持金融科技创新。征求意见稿概述了关于监管沙盒方法的若干建议。为了给金融科技公司创造一个安全的发展环境，新加坡采用了沙盒制度，即推出实验性的产品和服务，给一些初创公司以成长空间，并根据实际市场影响进行监管。通过鼓励金融业的创新和采用安全技术，新加坡将成为一个智能金融中心。

五、金融科技监管的国际发展比较

从英国、美国、澳大利亚与新加坡的金融科技监管发展历程与现状来看，各国监管措施各异，缺乏全球统一标准。由于各项金融科技的创新性与成熟度不同，目前各国主要考虑的是对网络融资和电子货币的监管。在其他金融科技类别中，各国对支付的监管规则已经相对成熟，而区块链等技术本身及其影响还处于探索阶段。

各国政府都十分注重对金融科技的监管，建立专业的科技监管机制，实行"沙盒试验""科技监管"等措施，以不断提升技术监督的质量。很多国家的政府和监管机构都提出了创新举措，或者说正处于创新阶段，可以将其划分成三种类型：监管沙箱、创新中心和创新加速器。这三个模型可以单独地应用，一些政府将管理的"沙箱"看作是一个广泛的创新。总之，政府希望通过政府、监管部门、传统金融机构、金融科技企业等方面的交流与合作，促进金融技术的发展，促进金融科技创新的发展，吸引金融科技人才的发展，增强和培育金融科技产业，鼓励科技创新，吸引金融技术人才，提高金融市场与金融系统效率，提升金融消费者的满意度。

在构建金融科技生态体系方面，可以通过政府的政策指导，鼓励各大银行和金融科技公司开展各种类型的战略协作和整合。当前,金融机构与金融科技公司进行了全方位的合作,主要有:并购核心技术、商业模式、股权合作、金融机构外包等。能够预料到的是,不同国家的金融技术发展水平会对传统的金融公司与技术公司的协作产生直接的关系。随着国际治理进程的加快,一些国家宣布双边合作取得进展。金融科技创新具有跨国界性质,双边合作协议数量增多、内容更加丰富,金融科技创新也呈现出跨国界的特点,完全可以达到甚至超越传统金融机构的东道国监管模式。

第四节 中国的金融科技监管

中国金融科技发展迅猛,金融科技发展速度快,金融服务的广泛性和覆盖面广,对提高金融服务效率、降低交易成本、满足多元化投融资需求、提高金融服务普惠性和覆盖面等都起到了重要的促进作用。金融科技的发展要求在创新和风险之间取得均衡,而对其进行有效的监督则是确保金融科技可持续发展的关键。所以,我们应该正确地理解和掌握金融科技的发展特征、现状和挑战,为构建符合我国国情的金融科技监督体制奠定了必要的基础。同时,应当在借鉴相关国家的成功经验的基础上,构建金融科技的金融监管"沙盒",构建具有包容性、差异化和一致性的金融科技监督机制。最后,要发挥科学技术的优势,加强对科学技术的监督,加强对科学技术的监督。

一、中国金融科技监管法规建设

中国人民银行在2019年8月发布了《金融科技(FinTech)发展规划(2019—2021年)》,明确了金融科技的定义与发展,是金融科技纳入监管的重要依据和基础。2021年3月,中央财经委员会第九次会议强调,要健全完善规则制度,加快健全平台经济法律法规,金融活动要全部纳入金融监管。

2020年,银保监会发布了《商业银行互联网贷款管理暂行办法》与《关于加强贷款公司监督管理的通知》,对于贷款的融资、集中度、用途、利率等予以进一步规范。2020年11月3日,中国银保监会与中国人民银行等部门共同起草了《网络小额贷款业务管理暂行办法(征求意见稿)》。

新规对网络贷款业务进行了多种规范与监管,在监管趋严的背景下,蚂蚁集团、京东数科相继终止在上交所上市,对现有经营现状进行整改。2021年6月,《中华人民共和国数据安全法》出台,为未来金融行业监管相关领域的大数据安全提供了立法保障。

二、中国金融科技监管的发展

中国金融科技发展迅速,规模庞大,尤其在提高金融服务的效能、降低交易费用、适应多样化的投融资需要、增强金融服务的普惠性和覆盖面等诸多领域都起到了很好的促进作用。金融科技发展要求在创新与风险之间实现均衡,对其进行有效的监督是保证其可持续发展的关键。所以,必须认识和把握我国金融科技发展的特征,认识我国金融科技发展所面对的新情况和新的挑战,为我国的金融科技创新制度建设奠定基础。其次,应在相关国家的成功经验基础上,构建我国的金融科技监督机制,构建具有包容性、差异化、连贯性的金融科技监督机制。再次,要充分发挥科学技术的优势,建立健全技术监督机制,以增强监督效果。

(一) 金融科技严监管

中国人民银行强调,在 2022 年实施"十四五"规划纲要的同时,积极推动金融科技数字化转型,将金融科技作为一项重要内容。中国人民银行金融科技委员会部署了五项重点工作,其中三项涉及监管:建立健全金融科技伦理监管框架与制度规范,深化金融科技创新监管工具的运用,加强金融科技监管能力建设。中国金融科技业务发展已有一定成就,近几年金融监管机构指导下,金融市场进入规范发展期。金融科技创新应以金融消费者的合法权利为基础,在金融监管框架内开展金融科技创新。因此,监管先行有助于金融新秩序的建立。加强监管有利于金融科技市场健康、规范地发展,金融机构和科技企业应积极拥抱监管,严格按照法律法规开展业务。

(二) 金融科技创新监管工具

数据是监管者做出监管判断和采取相应措施的重要依据。"监管沙箱"作为一种综合金融创新、防范风险的手段,近年来得到了广泛的认可和应用。超过百分之三十的银行家认为,应继续探索完善中国式监管沙箱,运用创新监管手段提升金融科技监管水平。

从近几年监管机构出台的政策看,金融科技创新监管工具正在逐步完善。中国人民银行于 2021 年 3 月 26 日发布并实施了《人工智能算法金融应用评价规范》,对金融领域人工智能算法应用的基本要求、评价方法和判定标准进行了规定,适用于金融机构、算法供应商和第三方安全评估机构。

金融科技的健康发展离不开一套长效监管机制。首先,要处理好监管者和被监管者的关系,建立信息共享和交流机制,共同推动创新;其次,要充分发挥金融科技创新与监管沙盒的作用;再次,要充分发挥金融科技公司在科技创新监管中的作用;复次,要加快金融科技监管中数据、隐私保护等问题的治理,同时实现数据要素的共享与流通,发挥数据要素资源配置的作用;最后,建立健全金融科技风险预警机制,及时预警、引导金融科技发展过程中出现的风险。

延伸阅读

加拿大在科技监管方面的投入是有目共睹的,Trulioo 在全球范围内的业务遍及全球各地,为客户提供认证服务。加拿大科技监管企业的发展具有国际化、国际化的特征,业务范围广泛。具有全球化趋势的大型企业,不仅能够获取更广泛的数据,而且能够迅速抢占全球市场份额,增强自身发展。

中国与加拿大有类似的金融体系,比如银行在两国金融体系中都占主导地位,且中加两国都需要对银行主导型金融体系。中加将积极发展监管技术,加拿大的发展可以为中国提供有益的参考。中国可以在国内加大与政府部门的协作力度。目前,中国监管技术仍主要依赖于监管机构自身的科技力量。加拿大有几十家受监管的科技公司为政府开发了许多产品。中国可以为市场上金融科技公司创造一个良好的发展空间,并与它们进行更多的沟通与协作。而通过科技监管这一手段,中国可以发挥其在跨国监管领域的协同效应。当前,合规方的科技应用以国内为主,我国的技术监督管理应该着眼于世界各地,与各有关部门开展协作，扩大自己的经营领域，为开展跨国监管工作打下良好的基础，从而获得更大的发展空间。

本章小结

1. 金融科技是通过技术手段推动金融创新，形成对金融市场、金融机构及金融服务供给产生重大影响的新业务模式、新技术应用以及新流程和新产品等。主要包括支付结算、存贷款与资本筹集、保险、投资管理以及市场设施五类。

2. 金融科技监管是对金融科技涉及的法律风险、操作风险、流动性风险、信用风险和市场风险等制定并完善法律规则，采取有针对性的监管措施，加强和改善监管，从而保护金融消费者、投资者利益，维护市场秩序，促进金融稳定和金融科技可持续发展。

3. 国际上对金融科技相关业务模式的监管，总体上是结合有关新业务的功能属性和法律关系，将其纳入现有金融监管框架，并适当调整或新增相应的业务监管要求。面对金融科技的快速发展以及由此带来的复杂风险结构，在传统金融监管经验成果的基础上，建立更具数字化时代适应性和有效性的金融科技监管体系成为国际社会共识。

4. 中国金融管理部门以促进金融科技规范健康可持续发展、提升金融服务实体能力为主线，统筹推进风险专项整治与长效监管机制建设，一个符合中国国情、与国际接轨、适应数字化时代要求的金融科技监管体系已初步形成。

关键词

金融科技　监管科技　创新监管工具

复习思考题

1. 简述沙盒（sandbox）及其原理。
2. 简述功能性监管的含义。
3. 论述准入式监管是否适应我国金融科技的发展？

参考文献

[1] 加特.管制、放松与重新管制[M].陈雨露,等译.北京:经济科学出版社,1999.
[2] 边香顺.国际股票市场监管制度比较研究[D].吉林:吉林大学,2016.
[3] 卞志村.金融监管学[M].北京:人民出版社,2011.
[4] 白钦先,张坤,张浩然.政策性非银行金融机构的实践与理论初探——以不良金融资产管理机构的发展为例[J].武汉金融,2022(1).
[5] 白瑞明,李娜.国际反洗钱新趋势[J].中国金融,2022(1).
[6] 陈纯柱,李昭霖.第三方支付洗钱:特征、风险、惩治困境及应对[J].重庆社会科学,2020(10).
[7] 程方楠,孟卫东.宏观审慎政策与货币政策的协调搭配——基于贝叶斯估计的DSGE模型[J].中国管理科学,2017,25(1).
[8] 陈颖,甘煜.巴塞尔协议Ⅲ的框架、内容和影响[J].中国金融,2011(1).
[9] 丁邦开,周仲飞.金融监管学原理[M].北京:北京大学出版社,2004.
[10] 威塔斯.金融规管——变化中的游戏规则[M].曹国琪,译.上海:上海财经大学出版社,2000.
[11] 冯科.金融监管学[M].北京:北京大学出版社,2019.
[12] 冯乾,高洋.银行业不当行为风险、行为成本与金融稳定——全球金融行为监管和风险治理的焦点领域[J].上海财经大学学报,2017(4).
[13] 方意.宏观审慎政策有效性研究[J].世界经济,2016,39(8).
[14] 方意,赵胜民,谢晓闻.货币政策的银行风险承担分析——兼论货币政策与宏观审慎政策协调问题[J].管理世界,2012(11).
[15] 郭田勇.金融监管学[M].北京:中国金融出版社,2020.
[16] 管同伟.金融科技概论[M].北京:中国金融出版社,2020.
[17] 高青松,杨萍.科创板问询式审核存在的问题与对策研究[J].南方金融,2020(5).
[18] 郭炎兴.中国银监会发布专门监督管理办法开发性政策性银行监管进入新阶段[J].中国金融家,2017(12).
[19] 胡滨.中国金融监管报告[M].北京:社会科学文献出版社,2022.
[20] 胡滨,郑联盛,尹振涛.金融监管蓝皮书:中国金融监管报告[M].北京:社会科学文献出版社,2022.
[21] 何小伟,王京虹,朱俊生.农业保险市场违法违规行为的特征及其治理——基于法院判决及监管处罚案例的分析[J].保险研究,2022(2).
[22] 郝争辉.注册制下我国证券交易所的自律监管[J].法制博览,2021(5).
[23] 黄辉.中国金融监管体制改革的逻辑与路径:国际经验与本土选择[J].法学家,2019(3).

[24] 韩钰.金融控股集团的监管逻辑[J].金融发展研究,2019(11).

[25] 胡晨迪.强化合规经营、推进规范管理——关于大监管时代下财务公司推进合规管理的几点思考[J].当代会计,2019(7).

[26] 侯成琪,刘颖.外部融资溢价机制与抵押约束机制——基于DSGE模型的比较研究[J].经济评论,2015(4).

[27] 韩忠亮.全球化背景下金融监管的博弈研究[M].北京:北京大学出版社,2013.

[28] 明斯基.稳定不稳定的经济———种金融不稳定视角[M].石宝峰,张慧卉,译.北京:清华大学出版社,2010.

[29] 黄达.金融学[M].北京:中国人民大学出版社,2003.

[30] 金鹏伟.注册制下中日证券发行审核制度的比较与启示[J].南方金融,2022(2).

[31] 金江东.银行国际业务反洗钱趋势及特征[J].中国金融,2022(10).

[32] 贾济东,胡扬.论我国反洗钱法域外适用的困境与出路[J].华中科技大学学报(社会科学版),2021,35(2).

[33] 季凌鹏.加拿大金融监管经验做法及对我国的启示[J].财经界(学术版),2016(8).

[34] 金华.跨国银行母国监管制度的缺陷及改革方向——东欧金融危机的启示[J].湘潭大学学报(哲学社会科学版),2012,36(3).

[35] 李腾飞,钱奕欣.后资管新规时代我国信托业转型发展[J].经济研究导刊,2022(26).

[36] 刘湾.政策性银行风险防范策略[J].中国外资,2022(6).

[37] 李伟群,尤冰宁.从"融资"走向"融物"——新监管体系下融资租赁合规展业的实现路径[J].华侨大学学报(哲学社会科学版),2021(5).

[38] 罗鹏,张译尹.厘清政策性业务边界优化政策性金融改革——以中国农业发展银行为例[J].河北金融,2021(9).

[39] 李志嘉.融资租赁监管法律制度存在问题及完善措施[J].法制与社会,2020(22).

[40] 罗瑶,詹琪,杨茗.美国金融监管处罚的特征及趋势[J].西南金融,2019(9).

[41] 李成.金融监管学[M].北京:高等教育出版社,2019.

[42] 刘伟,史晓玥,刘美玲.我国金融租赁监管研究[J].合作经济与科技,2018(18).

[43] 李东荣.构建互联网金融风险治理体系[J].中国金融,2016(12).

[44] 刘知博.我国企业集团财务公司合规风险管理——监管制度环境与现实挑战[J].内蒙古农业大学学报(社会科学版),2015,17(6).

[45] 李成.金融监管案例[M].陕西:西安交通大学出版社,2011.

[46] 林俊国.金融监管的国际合作机制[M].北京:社会科学文献出版社,2007.

[47] 李成,刘相友,刘毅.基于供求理论的金融监管强度边界及制度均衡解析[J].当代经济科学,2009,31(6).

[48] 刘宇飞.国际金融监管的新发展[M].北京:经济科学出版社,1999.

[49] 马理,何云.证券业对外开放对金融风险的影响效应研究[J].现代经济探讨,2021(1).

[50] 梅良勇,刘勇.巴塞尔协议Ⅲ的资本监管改革及其影响分析[J].金融理论与实践,2010(12).

[51] 马勇,杨栋,陈雨露.信贷扩张、监管错配与金融危机:跨国实证[J].经济研究,2009,44(12).

[52] 费尔德斯坦.20世纪80年代美国经济政策[M].北京:经济科学出版社,2000.

[53] 马红霞,严红波,陈革.美国的金融创新与金融监管[M].湖北:武汉大学出版社,1998.

[54] 宁子昂.中央与地方双层金融监管体制的形成及完善[J].经济纵横,2018(5).

[55] 潘红艳,高玉杨.最高人民法院第52号指导案例评析[J].中国保险,2021(4).

[56] 潘敏,周闯.宏观审慎监管、房地产市场调控和金融稳定——基于贷款价值比的DSGE模型分析[J].国际金融研究,2019(4).

[57] 彭建刚,马亚芳.基于《巴塞尔Ⅲ最终方案》的弹性杠杆率监管研究[J].湖南大学学报(社会科学版),2018,32(3).

[58] 潘功胜.微型金融监管的国际经验[M].北京:中国金融出版社,2015.

[59] 祁敬宇,祁绍斌.金融监管理论与实务[M].北京:首都经济贸易大学出版社,2007.

[60] 祁敬宇.金融监管学[M].陕西:西安交通大学出版社,2007.

[61] 盛建明.保险公司破产前置监管法律分析[J].中国金融,2020(8).

[62] 宋军超,张熠婧.新形势下信托公司合规风险管理研究——基于2016年至2019年监管处罚的分析[J].区域金融研究,2020(8).

[63] 孙国峰.金融科技时代的地方金融监管体系研究[M].北京:中国金融出版社,2019.

[64] 苏治,等.金融科技时代:冲击与变革[M].北京:经济科学出版社,2017.

[65] 谭任杰,洪醒醒,林铨.新零售时代汽车金融的创新与监管趋势初探[J].惠州学院学报,2020,40(5).

[66] 武艺.政策性银行合规风险管理的完善[J].商业文化,2021(21).

[67] 王丽.金融证券市场监管中的问题及对策探讨[J].中国外资,2020(10).

[68] 吴旭.欧美金融监管体制变迁及其启示[J].银行家,2017(1).

[69] 伍旭川.金融科技监管的国际经验与启示[J].北方金融,2017(7).

[70] 王爱俭,王璟怡.宏观审慎政策效应及其与货币政策关系研究[J].经济研究,2014,49(4).

[71] 王志军.欧美金融发展史[M].天津:南开大学出版社,2013.

[72] 卫新江.金融监管学[M].北京:中国金融出版社,2005.

[73] 万红.美国金融管理制度和银行法[M].北京:中国金融出版社,1987.

[74] 肖翔.金融科技监管:理论框架与政策实践[M].北京:中国金融出版社,2021.

[75] 谢宏,李鹏.金融监管与公司治理视角下的农村信用社省联社改革研究[J].农业经济问题,2019(2).

[76] 谢平,刘海二.金融科技与监管科技[M].北京:中国金融出版社,2019.

[77] 徐忠,孙国峰,姚前.金融科技:发展趋势与监管[M].北京:中国金融出版社,2017.

[78] 银保监会政策银行部公司治理研究课题组,周民源,孙晓明.我国政策性金融机构公司治理研究[J].金融监管研究,2020(5).

[79] 杨东.互联网金融治理新思维[J].中国金融,2016(23).

[80] 杨光.后金融危机时代域外金融监管体制的变革及启示[J].国际经济合作,2014(6).

[81] 周闯,潘敏.房产税改革、经济增长与金融稳定[J].财贸经济,2021,42(11).

[82] 中国人民银行金融科技委员会.中国金融科技创新监管白皮书[M].北京:中国金融出版社,2021.

[83] 张波,戚悦.完善政策性银行监管机制促进银行业市场健康发展[J].北方经济,2015(3).

[84] 赵然.金融危机背景下的金融监管国际合作[M].河南:河南人民出版社,2013.

[85] 钟伟,谢婷.巴塞尔协议Ⅲ的新近进展及其影响初探[J].国际金融研究,2011(3).

[86] 臧慧萍. 美国金融监管制度的历史演进[M]. 北京:经济管理出版社,2007.

[87] 周子衡. 金融管制的确立及其变革[M]. 上海:上海三联书店;上海:上海人民出版社,2005.

[88] ALAM N, GUPTA L, ZAMENI A. Challenges and success factors for islamic fintech[M]. Fintech and islamic finance, Palgrave Macmillan, Cham, 2019.

[89] ALLEN F, GALE D. Financial markets, intermediaries and intertemporal smoothing [J]. Journal of political economy, 1997, 105(3).

[90] BORIO C, ZHU H. Capital regulation, Risk-taking and monetary policy: a missing link in the transmission mechanism? [J]. Journal of financial stability, 2012, 8(4).

[91] BARROW G L, MUNN C W. The emergence of the Irish banking system 1820—1845 [J]. The economic history review, 1977, 30(1).

[92] BENSTON G J, SMITH C W. A transactions cost approach to the theory of financial intermediation[J]. Journal of finance, 1976, 31(2).

[93] CALOMIRIS C W, KAHN C M. The role of demandable debt in structuring optimal banking arrangements[J]. The American economic review, 1991, 81(3).

[94] DIAMOND D W, RAGHURAM G R. Liquidity risk, liquidity creation and financial fragility: a theory of banking[J]. Journal of political economy, 2001, 109(2).

[95] DIAMOND D W. Financial intermediation and delegated monitoring[J]. Review of economic studies, 1984, 51(3).

[96] DIAMOND D W, DYBVIG P H. Bank runs, deposit insurance and liquidity[J]. Journal of political economy, 1983, 91(3).

[97] GUERRIERI V, LORENZONI G. Credit crises, precautionary savings and the liquidity trap[J]. Quarterly journal of economics, 2017, 132(3).

[98] GUERRIERI V, LORENZONI G. Liquidity and trading dynamics [J]. Econometrica, 2009, 77(6).

[99] HUO Z, RIOS-RULL J V. Tightening financial frictions on households, recessions, and price reallocations[J]. Review of economic dynamics, 2015, 18(1).

[100] HANSON S G, KASHYAP A K, STEIN J C. A macroprudential approach to financial regulation[J]. Journal of economic perspectives, 2011, 25(1).

[101] IACOVIELLO M. Financial business cycles[J]. Review of economic dynamics, 2015, 18(1).

[102] IACOVIELLO M, NERI S. Housing market spillovers: evidence from an estimated DSGE model[J]. American economic journal macroeconomics, 2010, 2(2).

[103] IACOVIELLO M, MINETTI R. The credit channel of monetary policy: evidence from the housing market[J]. Journal of macroeconomics, 2008, 30(1).

[104] IACOVIELLO M. The fed and the housing boom[R]. Boston college working paper, 2006.

[105] IACOVIELLO M. House prices, borrowing constraints and monetary policy in the business cyce[J]. American economic review, 2005, 95(3).

[106] JEANNE O, KORINEK A. Managing credit booms and busts:a pigouvian taxation approach[R]. NBER working paper, 2010.
[107] KASHYAP A K, TSOMOCOS D P, VARDOULAKIS D P. How does macroprudential regulation change bank credit supply?[J]. National bureau of economic research working paper NO. 20165, 2014.
[108] KASHYAP A K, RAJAN R G, STEIN J C. Banks as liquidity providers: an explanation for the coexistence of lending and depoist-taking[J]. Journal of finance, 2002, 57(1).

图书在版编目(CIP)数据

金融监管理论与案例/舒海棠主编. —上海：复旦大学出版社,2024.12
信毅教材大系. 金融学系列
ISBN 978-7-309-16934-8

Ⅰ.①金… Ⅱ.①舒… Ⅲ.①金融监管-高等学校-教材 Ⅳ.①F830.2

中国国家版本馆 CIP 数据核字(2023)第 132270 号

金融监管理论与案例
JINRONG JIANGUAN LILUN YU ANLI
舒海棠　主编
责任编辑/方毅超

复旦大学出版社有限公司出版发行
上海市国权路 579 号　邮编：200433
网址：fupnet@fudanpress.com　http://www.fudanpress.com
门市零售：86-21-65102580　　　团体订购：86-21-65104505
出版部电话：86-21-65642845
浙江临安曙光印务有限公司

开本 787 毫米×1092 毫米　1/16　印张 16.75　字数 408 千字
2024 年 12 月第 1 版第 1 次印刷

ISBN 978-7-309-16934-8/F·2991
定价：58.00 元

如有印装质量问题,请向复旦大学出版社有限公司出版部调换。
版权所有　　侵权必究